2024 | 교육공무직원 | 직무능력검사

고시넷 교육공무직원

전라북도교육청

소양평가

최신기출유형 모의고사

9회

gosinet
(주)고시넷

전라북도교육청 교육공무직원

WWW.GOSINET.CO.KR

최고 강사진의 동영상 강의

류준상 선생님

수강생 만족도 1위

- 서울대학교 졸업
- 응용수리, 자료해석 대표강사
- 정답이 보이는 문제풀이 스킬 최다 보유
- 수포자도 만족하는 친절하고 상세한 설명

김지영 선생님

고시넷 취업강의 수강 인원 1위

- 성균관대학교 졸업
- 의사소통능력, 언어 영역 대표강사
- 빠른 지문 분석 능력을 길러 주는 강의
- 초단기 언어 영역 완성

양광현 선생님

공부의 神

- 서울대학교 졸업
- NCS 모듈형 대표강사
- 시험에 나올 문제만 콕콕 짚어주는 강의
- 중국 칭화대학교 의사소통 대회 우승
- 前 공신닷컴 멘토

정오표 및 학습 질의 안내

고시넷은 오류 없는 책을 만들기 위해 최선을 다합니다. 그러나 편집에서 미처 잡지 못한 실수가 뒤늦게 나오는 경우가 있습니다. 고시넷은 이런 잘못을 바로잡기 위해 정오표를 실시간으로 제공합니다. 감사하는 마음으로 끝까지 책임을 다하겠습니다.

WWW.GOSINET.CO.KR

고시넷 홈페이지 접속 ▶ 고시넷 출판-커뮤니티 ▶ 정오표

모바일폰에서 QR코드로 실시간 정오표를 확인할 수 있습니다.

학습 질의 안내

학습과 교재선택 관련 문의를 받습니다. 적절한 교재선택에 관한 조언이나 고시넷 교재 학습 중 의문 사항은 아래 주소로 메일을 주시면 성실히 답변드리겠습니다.

이메일주소

qna@gosinet.co.kr

스마트폰에서 검색 고시넷

차례

전라북도교육청 교육공무직원 소양평가 정복

권두부록 전라북도교육청 교육공무직원 소양평가 최신기출유형

파트1 전라북도교육청 교육공무직원 소양평가 기출예상문제

파트2 인성검사

파트3 면접가이드

책 속의 책_전라북도교육청 교육공무직원 소양평가 정답과 해설

구성과 활용

1

채용안내 & 채용직렬 소개

전라북도교육청 교육공무직원의 채용 절차 및 최근 채용직렬 등을 쉽고 빠르게 확인할 수 있도록 구성하였습니다.

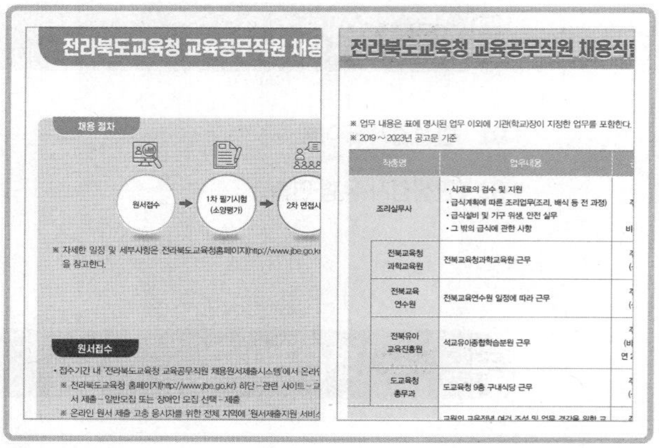

2

전라북도교육청 교육공무직원 소양평가 기출 유형분석

전라북도교육청 교육공무직원 소양평가의 최근 기출문제 유형을 분석하여 최신 출제 경향을 한눈에 파악할 수 있도록 하였습니다.

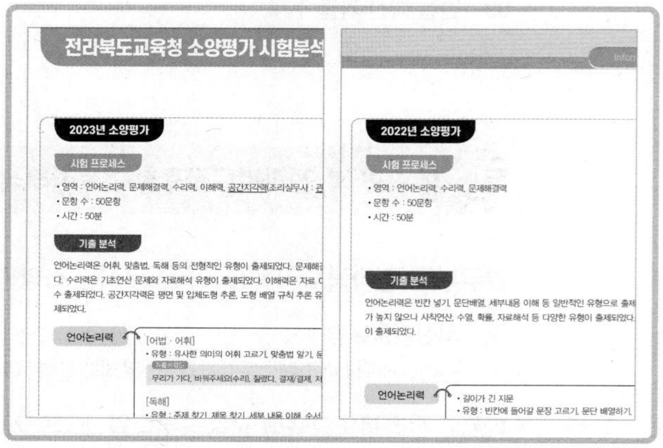

3

전라북도교육청 소양평가 최신기출유형 수록

전라북도교육청 교육공무직원 소양평가의 최신기출유형을 반영한 문제를 각 영역별 5문항씩 권두부록으로 수록하여 최신 출제의 경향성을 문제풀이 경험을 통해 자연스레 익힐 수 있도록 구성하였습니다.

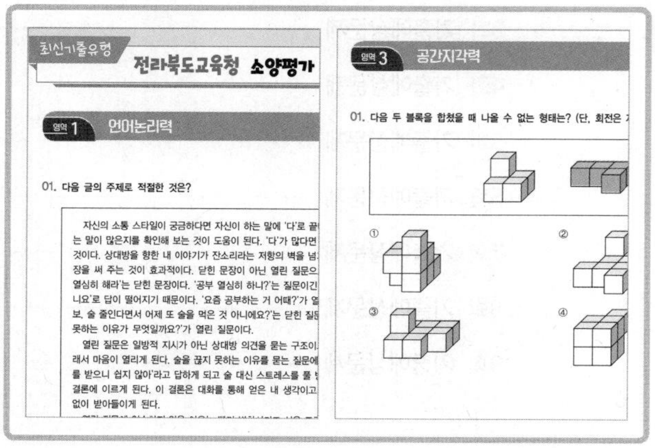

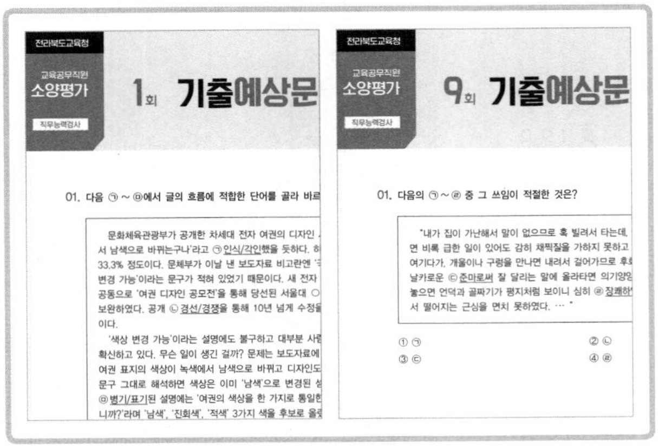

4

기출예상문제

최신 기출문제 유형에 맞게 구성한 총 9회의 기출예상문제로 자신의 실력을 점검하고 완벽한 실전 준비가 가능하도록 구성하였습니다.

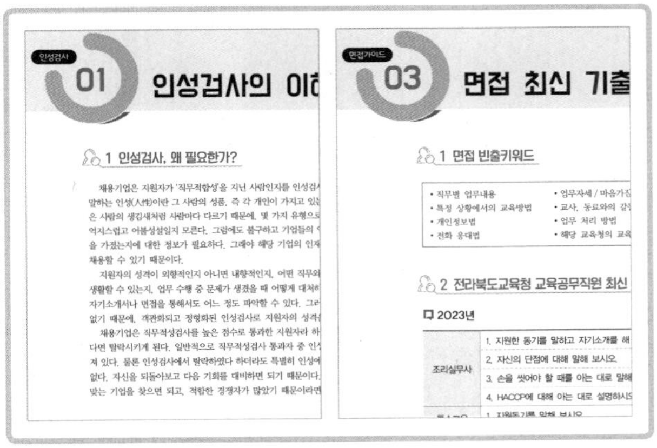

5

인성검사 & 면접가이드

최근 채용 시험에서 점점 중시되고 있는 인성검사와 면접 질문들을 수록하여 마무리까지 완벽하게 대비할 수 있도록 하였습니다.

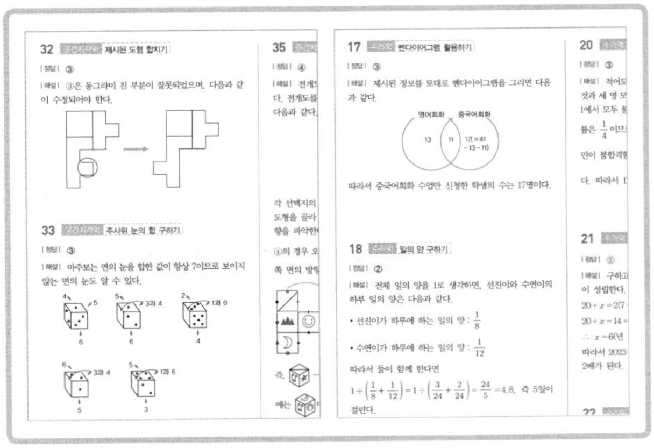

6

상세한 해설과 오답풀이가 수록된 정답과 해설

권두부록 및 기출예상문제의 상세한 해설을 수록하였고 오답풀이 및 보충 사항들을 수록하여 문제풀이 과정에서의 학습 효과가 극대화될 수 있도록 구성하였습니다.

전라북도교육청 교육공무직원 채용안내

채용 절차

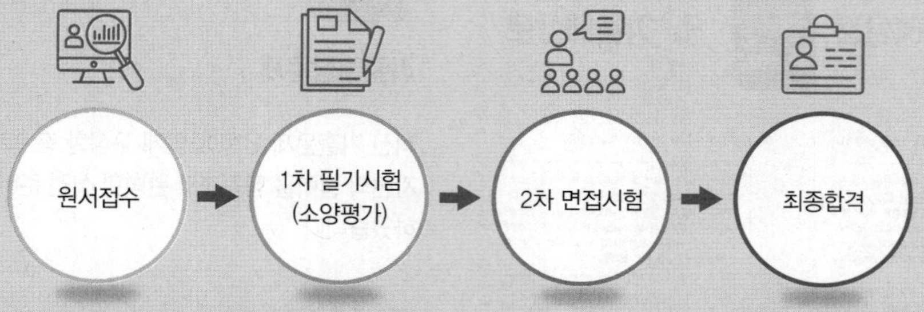

※ 자세한 일정 및 세부사항은 전라북도교육청홈페이지(http://www.jbe.go.kr) 또는 각 시 · 군 · 구 교육청에 게재된 공고문을 참고한다.

원서접수

- 접수기간 내 '전라북도교육청 교육공무직원 채용원서제출시스템'에서 온라인 원서제출
  - ※ 전라북도교육청 홈페이지(http://www.jbe.go.kr) 하단 – 관련 사이트 – 교육공무직원 채용 원서제출시스템(클릭) – 응시원서 제출 – 일반모집 또는 장애인 모집 선택 – 제출
  - ※ 온라인 원서 제출 고충 응시자를 위한 전체 지역에 '원서제출지원 서비스' 운영
- 응시연령 : 18세 이상 ~ 정년(만 60세)에 도달하지 아니한 사람
- 거주지 제한 : 채용공고일 전일부터 면접시험일까지 계속하여 본인의 주민등록상 주소지 또는 국내 거소 신고(재외국민에 한함)가 전라북도로 되어 있는 사람
- 지역과 직종에 중복하여 원서를 제출할 수 없고(하나의 지역 하나의 직종만 응시) 지역 · 직종에 중복하여 제출할 경우 무효 처리
- 일반모집과 장애인모집에 중복(동시) 제출 불가하고 제출 시 모든 접수는 무효 처리

시험방법

1차 필기시험 : 소양평가(100점)		2차 시험 : 면접심사(100점)
인성검사(50%)	직무능력검사(50%)	– 1차 시험 합격자에 한하여 응시 – 면접위원 3인 1조 편성, 개별면접

※ 1차 필기시험 총점이 40점 미만인 경우 과락

소양평가 시험

인성검사(객관식 200문항, 40분)

• 응시자가 평소 자신의 행동 성향과 가깝다고 생각하는 대로 응답하고 응답 결과에 따라 성실성, 대인관계성, 이타성, 심리적 안정성으로 구분하여 점수를 산출하고, 산출된 점수를 집단평균 중심의 표준편차 단위로 표준 점수화하여 최종점수를 산정한다.

직무능력검사(객관식 50문항, 50분)

• 직무를 수행하기 위해 기본적으로 갖추고 있어야 할 인지적 능력을 진단하는 검사로 언어논리력, 문제해결력, 수리력, 이해력, 공간지각력(조리실무사는 관찰탐구력) 등을 평가하고 그 결과를 점수로 산정한다.

면접시험

• 1차 필기시험 합격한 사람에 한하여 2차 면접시험을 실시한다.
• 면접시험은 100점 만점으로 교육공무직원으로서의 기본자세, 해당직종에 대한 전문지식과 응용능력, 업무 관련 창의성 및 발전가능성, 예의 · 품행 및 성실성 등을 평정한다.
• 면접위원은 3인 1조로 편성하며, 1차 시험 합격자를 대상으로 개별면접을 실시한다.

신분 및 처우

정년	만 60세
수습기간	신규채용 시 발령일로부터 3개월 이내(※ 수습기간 평가 있음)
보수 등 처우	매년 교육공무직원 처우개선 지침 및 사업부서 계획에 따름.
근무처	채용기관장이 지정하는 학교 및 기관
근무지 발령	정해진 인사발령 기간 내 신규채용후보자 명부(성적순)에 따라 순차적 발령

합격자 결정

[1차 시험] 소양평가	• 총점 40점 이상 득점자 중 고득점자 순으로 채용예정인원의 1.3배수를 합격자로 결정(소수점 이하 인원 절상) • 단, 채용예정인원이 1명일 경우 3배수를 합격자로 결정 • 1차 합격자 공고 후 거주지, 필수자격증 등 자격요건이 기준에 미달될 경우 1차 합격을 취소하고, 성적이 우수한 사람 순으로 추가 합격을 결정 • 동점자 발생(소수점 둘째자리에서 반올림) 시 1차 필기시험 합격 예정인원을 초과하여도 모두 합격 처리
[2차 시험] 면접시험	• 1차 필기시험 합격자를 대상으로 면접시험 실시 • 각 평정요소를 통해 직무수행에 필요한 능력 및 적격성 평가 • 총점은 소수점 둘째자리에서 반올림

최종합격자 결정

- 1차 필기시험(50%) 점수와 2차 면접시험(50%) 점수를 합산하여 평균 점수가 높은 사람 순으로 채용예정인원까지 합격처리한다.
- 동점자에 대해서는 ① 취업지원대상자, ② 1차 필기시험(소양평가) 고득점자, ③ 2차 면접시험 고득점자, ④ 주민등록상 생년월일이 빠른 사람(연장자) 순으로 합격자를 결정한다.
- 임용유예는 응시한 해에 고3 재학생의 경우에만 학업의 계속 사유(고등학교 졸업)로 해당되며, 그 외의 사유로는 임용을 유예할 수 없다.

추가합격자 결정

- 최종 합격된 자의 채용포기, 합격취소, 응시결격사유 확정, 수습기간 중 중도퇴직 등으로 결원 발생 시 최종합격자 발표일로부터 1년 이내에 불합격 기준에 해당하지 아니하는 사람 중에서 1차 필기시험(50%)과 2차 면접시험(50%) 점수를 합산하여 평균한 점수가 높은 사람 순으로 추가합격자를 결정한다.

※ 업무 내용은 표에 명시된 업무 이외에 기관(학교)장이 지정한 업무를 포함한다.

※ 2019 ~ 2023년 공고문 기준

직종명		업무내용	근무형태	자격 요건
조리실무사		• 식재료의 검수 및 지원 • 급식계획에 따른 조리업무(조리, 배식 등 전 과정) • 급식설비 및 기구 위생, 안전 실무 • 그 밖의 급식에 관한 사항	학교 주 40시간 (방학중 비상시 근무)	없음.
	전북교육청 과학교육원	전북교육청과학교육원 근무	주 40시간 (상시근무)	
	전북교육 연수원	전북교육연수원 일정에 따라 근무	주 40시간 (상시근무)	
	전북유아 교육진흥원	석교유아종합학습분원 근무	주 40시간 (비상시 근무, 연 275일 정도)	
	도교육청 총무과	도교육청 9층 구내식당 근무	주 40시간 (상시근무)	
교무실무사		교원의 교육전념 여건 조성 및 업무 경감을 위한 교무행정업무에 대한 전반적인 지원	주 40시간 (상시근무)	없음.
교육복지사		• 전라북도교육청 소속 기관 및 학교의 대상학생 발굴과 사례관리 등 학생의 맞춤형 성장지원 • 학교와 지역사회 요구를 파악하고 교육지원청의 사업 계획 수립 • 지역사회 교육복지 자원 발굴과 활용 • 교육복지 사업관련 행정업무 추진 • 교육복지 대상학생의 학교생활 적응 지원 • 교육복지 대상학생을 위한 문제의 원인과 해결에 관한 교육 • 교육복지 대상학생 지원을 위한 지역사회 자원의 연계, 활용 • 사업과 관련된 학부모 및 교사 지원	주 40시간 (상시근무)	아래 필수조건을 충족하고, 선택요건 중 하나 이상의 자격을 갖춘 자 • (필수조건) 1년 이상 교육, 문화, 복지 분야의 아동 및 청소년 대상 활동 경험과 전북지역에서 1년 이상 네트워크 사업 활동 경험이 있는 자 • (선택요건 1) 관련 학과 전공자 – 사회복지학, 청소년학, 교육학, 평생교육학 • (선택요건 2) 관련 자격증 소지자 – 사회복지사, 학교사회복지사, 청소년상담사, 청소년지도사, 평생교육사

과학실무사	• 과학교육 운영 지원 • 영재교육원 운영 지원 및 관리 • 영재 교육과정 및 현장체험학습 지원 • 영재교육 대상자 선발 · 운영 지원	주 40시간 (상시근무)	없음.
특수교육지도사	교사의 지시에 따라 특수교육대상학생의 교수학습 활동, 신변처리, 급식, 교내외활동, 등하교 등 교육 및 학교활동에 대한 전반적인 지원	주 40시간 (방학중 비상시 근무)	고등학교 이상 학력 소지자
급식보조	• 비조리교 배식 업무 • 식생활관 위생관리, 세척, 정리 등 • 그 밖의 급식에 관한 사항	주 20시간 (시간제)	없음.
전문상담사	• 프로그램 개발 및 운영, 개인, 집단 순회상담 • 상담실적 관리, 상담서식 개발 • 연수지원 및 학교지원 프로그램 개발 및 운영 • 학생상담을 지원하기 위한 센터 업무	주 40시간 (상시근무)	관련학과 전공자 또는 관련 자격증 소지자 • 관련학과 전공자 – 상담심리학과, 상담학과, 심리학과 등 관련 4년제 대학 및 대학원 졸업 • 관련 자격증 소지자 – 전문상담교사 1, 2급(교원자격증) – 청소년상담사 1, 2급(여성가족부) – 정신건강임상심리사 1, 2급(보건복지부) – 전문상담사 1, 2급(한국상담학회) – 상담심리사 1, 2급(한국상담심리학회) – 임상심리전문가(한국임상심리학회)

영양사	• 식단 작성, 검식 및 배식관리 • 식재료의 검수 및 관리 • 급식시설의 위생적 관리 • 조리종사자에 대한 지도 · 감독(작업관리, 위생 · 안전교육 등)	주 40시간 (상시근무)	영양사 면허증 소지자
영양실무사	영양(교)사와 교대(시차)근무 또는 영양(교)사 전반적인 업무 지원	주 40시간 (방학중 비상시)	영양사 면허증 소지자

전라북도교육청 소양평가 시험분석

2023년 소양평가

시험 프로세스

- 영역 : 언어논리력, 문제해결력, 수리력, 이해력, 공간지각력(조리실무사 : 관찰탐구력)
- 문항 수 : 50문항
- 시간 : 50분

기출 분석

언어논리력은 어휘, 맞춤법, 독해 등의 전형적인 유형이 출제되었다. 문제해결력은 명제 및 진위 추론 유형이 다수 출제되었다. 수리력은 기초연산 문제와 자료해석 유형이 출제되었다. 이해력은 자료 이해, 상황 판단 등의 다양하고 생소한 문제가 다수 출제되었다. 공간지각력은 평면 및 입체도형 추론, 도형 배열 규칙 추론 유형이 출제되었으며, 난도 높은 주사위 문제도 출제되었다.

언어논리력

[어법 · 어휘]
- 유형 : 유사한 의미의 어휘 고르기, 맞춤법 알기, 문장 수정하기, 한자 어휘 이해하기

기출키워드
무리가 가다, 바꿔주세요(수리), 질렸다, 결재/결제, 저희 회사/우리 회사, 바램/바람

[독해]
- 유형 : 주제 찾기, 제목 찾기, 세부 내용 이해, 순서 고르기

기출키워드
질병, 리더십, 택시기사의 보람

문제해결력

- 유형 : 명제 판단하기, 진위 추론하기, 조건에 따라 결론 도출하기

수리력

[응용수리]
- 유형 : 거리 · 속력 · 시간 활용, 도형 넓이 계산, 가격 할인, 일률

[자료해석]
- 그래프, 표 등이 제시되는 일반적인 자료해석 문제가 출제됨.

공간지각력

- 유형 : 펀칭, 블록 결합하기, 퍼즐 맞추기, 전개도, 주사위, 도형 추리, 블록 개수

이해력

- 유형 : 자료 이해, 상황에 맞는 행동 파악하기, 최단 경로 파악하기
- 다양한 유형의 문제들이 출제됨.

2022년 소양평가

시험 프로세스

- 영역 : 언어논리력, 수리력, 문제해결력
- 문항 수 : 50문항
- 시간 : 50분

기출 분석

언어논리력은 빈칸 넣기, 문단배열, 세부내용 이해 등 일반적인 유형으로 출제되었으나 난도는 높은 편이었다. 수리력은 난도가 높지 않으나 사칙연산, 수열, 확률, 자료해석 등 다양한 유형이 출제되었다. 문제해결력은 조건 추론, 명제, 도형 등의 유형이 출제되었다.

언어논리력

- 길이가 긴 지문
- 유형 : 빈칸에 들어갈 문장 고르기, 문단 배열하기, 세부내용 이해하기, 사자성어

기출키워드

민주주의, 자아실현

수리력

[응용계산]
- 유형 : 사칙연산, 수열, 방정식, 확률 계산, 시간 구하기
- 농도 문제는 출제되지 않음.

기출키워드

현재 시간, 도형 넓이, 학생 수

[자료해석]
- 그래프, 표 등이 제시되는 일반적인 자료해석 문제가 출제됨.

문제해결력

- 일반적인 문제해결력 문제가 출제됨.
- 유형 : 참 · 거짓 구분하기, 삼단논법 추론하기, 조건 추론하기, 순서 추론하기, 도형 등

고시넷 전라북도교육청 **교육공무직원**

영역별 기출 키워드

- ▶ 언어논리력 : 어휘 의미, 표현 수정, 제목, 주제, 글의 순서
- ▶ 수리력 : 비용, 속력, 일률, 표 분석
- ▶ 공간지각력 : 2개 블록 결합, 블록 개수, 그림 퍼즐, 전개도로 정육면체 추론, 펀칭, 도형 추리
- ▶ 문제해결력 : 역 · 이 · 대우, 파견지 추론, 명제, 진위 추론
- ▶ 이해력 : 상황 대처, 요금, 자료 이해

전라북도교육청 소양평가

권두부록 최신기출유형

전라북도교육청 소양평가

▸ 정답과 해설 2쪽

영역 1 언어논리력

5문항

01. 다음 글의 주제로 적절한 것은?

> 자신의 소통 스타일이 궁금하다면 자신이 하는 말에 '다'로 끝나는 말이 많은지 '까'로 끝나는 말이 많은지를 확인해 보는 것이 도움이 된다. '다'가 많다면 주로 닫힌 소통을 하고 있는 것이다. 상대방을 향한 내 이야기가 잔소리라는 저항의 벽을 넘기 원한다면 '까'로 끝나는 문장을 써 주는 것이 효과적이다. 닫힌 문장이 아닌 열린 질문으로 소통하라는 것이다. '공부 열심히 해라'는 닫힌 문장이다. '공부 열심히 하니?'는 질문이긴 한데 닫힌 질문이다. '네, 아니요'로 답이 떨어지기 때문이다. '요즘 공부하는 거 어때?'가 열린 질문이다. 마찬가지로 '여보, 술 줄인다면서 어제 또 술을 먹은 것 아니에요?'는 닫힌 질문이다. '여보, 술을 잘 줄이지 못하는 이유가 무엇일까요?'가 열린 질문이다.
>
> 열린 질문은 일방적 지시가 아닌 상대방 의견을 묻는 구조이므로 저항이 적게 생긴다. 그래서 마음이 열리게 된다. 술을 끊지 못하는 이유를 묻는 질문에 '술을 끊으려 해도 스트레스를 받으니 쉽지 않아'라고 답하게 되고 술 대신 스트레스를 풀 방법을 찾는 것이 중요하다는 결론에 이르게 된다. 이 결론은 대화를 통해 얻은 내 생각이고 내 결정이기 때문에 거부감 없이 받아들이게 된다.
>
> 열린 질문에 익숙하지 않은 이유는 빨리 변화시키고 싶은 조급함과 불안감 때문이다. 그러나 긍정적인 변화를 위한 소통에는 인내와 기다림이 필요하다.
>
> 열린 질문, 어떻게 생각하는가?

① 열린 질문은 원활한 소통에 도움이 된다.
② 열린 질문과 닫힌 질문은 각각의 장단점이 있다.
③ 소통 스타일은 매우 다양하다.
④ 적당한 음주는 친분 형성에 긍정적인 영향을 끼친다.

02. **다음은 발목 골절 수술을 받은 김 대리가 ○○의료원으로부터 고지받은 내용이다. 밑줄 친 부분을 고친 내용이 잘못된 것은?**

〈수술 후 주의사항〉

- 4주 동안 담배를 피지 마세요.
- 봉합 부분은 깨끗히 유지해 주세요.
- 수술 후 과격한 운동은 삼가해 주세요.
- 이상 징후가 나타나면 반듯이 내원하세요.

① 피지 → 피우지
② 깨끗히 → 깨끗이
③ 삼가해 주세요 → 삼가주세요
④ 반듯이 → 반드시

03. **다음 글의 내용과 일치하는 것은?**

인간은 누구나 건전하고 생산적인 사회에서 타인과 함께 평화롭게 살아가길 원한다. 하지만 도덕적이고 문명화된 사회를 가능하게 하는 기본적인 사회 원리를 수용할 경우에만 인간은 생산적인 사회에서 평화롭게 살 수 있다. 기본적인 사회 원리를 수용한다면, 개인의 권리는 침해당하지 않는다. 인간의 본성에 의해 요구되는 인간 생존의 기본 조건, 즉 생각의 자유와 자신의 이성적 판단에 따라 행동할 수 있는 자유가 인정되지 않는다면, 개인의 권리는 침해당한다.

또한 물리적 힘의 사용이 허용되는 경우에 개인의 권리는 침해당한다. 다른 사람의 삶을 빼앗거나 그 사람의 의지에 반하는 것을 강요하기 위해서는 물리적 수단을 사용할 수밖에 없기 때문이다. 이성적인 수단인 토론이나 설득을 사용하여 다른 사람의 의견이나 행동에 영향을 미친다면, 개인의 권리는 침해당하지 않는다. 인간이 생산적인 사회에서 평화롭게 살 수 있는 것은 매우 중요하다. 왜냐하면 그럴 때야 비로소 인간은 사회로부터 지식 교환의 가치를 얻을 수 있기 때문이다.

① 인간에게 생각과 행동의 자유가 인정된다면 물리적 힘의 사용은 사라질 것이다.
② 모든 사람들이 생산적인 사회에서 평화롭게 살기를 원하는 것은 아니다.
③ 개인의 권리가 침해되는 사건은 물리적 수단의 용인과 전혀 관련이 없다.
④ 인간이 사회로부터 지식 교환의 가치를 얻을 수 없다면 그 사회는 생산적인 사회가 아니다.

04. 다음 중 밑줄 친 ㉠과 바꾸어 쓸 수 있는 것은?

실제로 원치 않아서 한 고생들, 특히 불의에 의한 '억울함'을 겪은 사람들은 이후에 그렇지 않은 사람들에 비해 비슷한 고생을 한 사람들을 눈여겨보고 배려심이 넘치는 사람이 되어야 할 것 같지만, 도리어 더 이기적인 모습을 보이게 된다는 연구 결과들이 있다. 예컨대 코넬대 에밀리 지텍(Emily Zitek) 교수는 사람들에게 자신이 당한 억울한 일을 ㉠ <u>떠올리게</u> 하면 세상에서 나만 제일 억울하고 불쌍한 사람이라는 피해의식이 커지고 그 결과 다른 사람들은 몰라도 나는 더 이상 희생할 수 없다고 하는 등 이기심이 높아지는 현상이 나타난다고 보고했다.

① 공상(空想)하게
② 묵상(默想)하게
③ 상상(想像)하게
④ 회상(回想)하게

05. 다음 (가)~(바)를 논리적 순서에 맞게 배열한 것은?

(가) 그런데 많은 문화가 혼재돼 문화상대주의가 만연한 곳에서는 사람들은 자신이 보루로 삼을 문화의 형태나 기둥을 잃게 되며, 자기상실에 빠져들어 불안한 상태에 던져지게 된다.
(나) 이에 따라 사람은 사회의 불안정성이나 불확실성을 견딜 정신적 지주를 가질 수 있다.
(다) 따라서 모든 문화가 지리적 풍토를 벗어나 지구 전체로 퍼져나가는 21세기에는 문화의 혼재에서 오는 아이덴티티(Identity) 상실의 시대가 도래할지도 모른다.
(라) 그 문화적 풍토에서 나고 자란 사람은 그 형태 속에서 자기 자신의 아이덴티티를 형성한다.
(마) 종교로 봐도, 언어로 봐도, 습관으로 봐도, 문화라는 것은 각각 서로 다른 형태를 갖고 있다.
(바) 가치의 상대성을 주장하는 것은 그 나름대로 옳지만 그게 너무 과해질 경우, 줏대를 잃게 되어 신념을 가질 수 없게 되는 것이다.

① (다)－(바)－(마)－(라)－(가)－(나)
② (마)－(가)－(바)－(나)－(다)－(라)
③ (바)－(마)－(나)－(라)－(다)－(가)
④ (마)－(라)－(나)－(가)－(바)－(다)

01. A 혼자서 창고를 정리하면 4일이 걸리고, B 혼자서 정리하면 12일이 걸린다고 할 때, A와 B 두 명이 함께 창고를 정리한다면 며칠 만에 끝낼 수 있는가?

① 2일
② 3일
③ 4일
④ 5일

02. ○○사 김 대리는 10만 원으로 개당 가격이 각각 4,500원인 A 제품과 3,500원인 B 제품을 구매하려고 한다. A 제품을 B 제품보다 8개 적게 구매하고자 할 때, 김 대리가 구매할 수 있는 A 제품은 최대 몇 개인가?

① 6개
② 7개
③ 8개
④ 9개

03. 1,000m 떨어져 있는 차량 A와 차량 B가 왕복 2차선 도로에서 각각 일정한 속력으로 서로 마주 본 채로 달리고 있다. 차량 B의 속력이 10km/h이고 250m를 이동했을 때 차량 A와 마주쳤다면 차량 A의 속력은 몇 km/h인가?

① 20km/h
② 22km/h
③ 30km/h
④ 35km/h

04. 다음 20XX년 국내 주요 도시의 전출 · 입 인구 자료에 대한 분석으로 적절하지 않은 것은?

〈국내 5개 도시 전출 · 입 인구 자료〉

(단위 : 명)

전출 \ 전입	서울	부산	대구	인천	광주	계
서울	190,065	183	1,029	50,822	95	242,194
부산	3,225	81,566	75	4,550	152	89,568
대구	2,895	622	69,255	202	122	73,096
인천	8,622	326	192	19,820	256	29,216
광주	3,022	118	82	268	36,562	40,052
계	207,829	82,815	70,633	75,662	37,187	474,126

① 대구에서 부산으로 전입해 온 사람의 수는 622명이다.

② 같은 도시로 전출 간 사람의 수가 3번째로 적은 곳은 대구이다.

③ 국내 5개 도시에서 서울로 전출 간 전체 인구 중 서울로 진입해 온 다른 도시 사람의 수는 약 10% 이상을 차지한다.

④ 인천으로 전입해 온 사람의 수는 75,662명이다.

05. 다음 20X9년 유럽 주요 국가의 보건부문 통계 자료에 대한 옳은 분석을 〈보기〉에서 모두 고르면?

구분	기대수명(세)	조사망률(명)	인구 만 명당 의사 수(명)
독일	81.7	11.0	38.0
영국	79.3	10.0	27.0
이탈리아	81.3	10.0	37.0
프랑스	81.0	9.0	36.0
그리스	78.2	12.0	25.0

※ 조사망률 : 인구 천 명당 사망자 수

보기

ㄱ. 유럽에서 기대수명이 가장 낮은 국가는 그리스이다.
ㄴ. 인구 만 명당 의사 수가 많을수록 조사망률은 낮다.
ㄷ. 20X9년 프랑스의 인구가 6,500만 명이라면 사망자는 585,000명이다.

① ㄱ ② ㄷ ③ ㄱ, ㄴ ④ ㄱ, ㄷ

01. 다음 두 블록을 합쳤을 때 나올 수 없는 형태는? (단, 회전은 자유롭다)

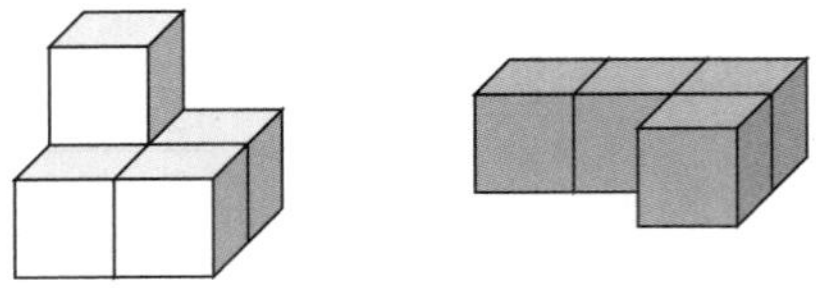

① 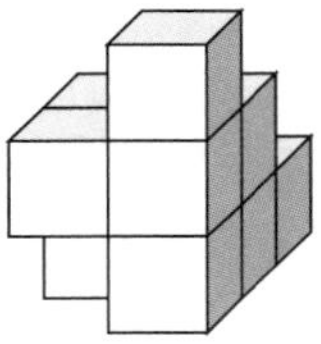

② 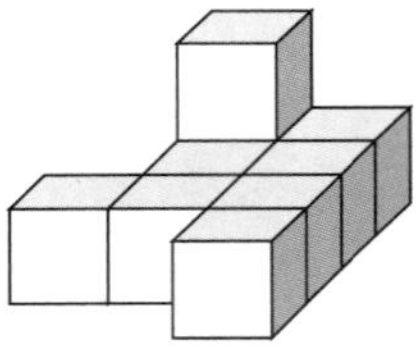

③ 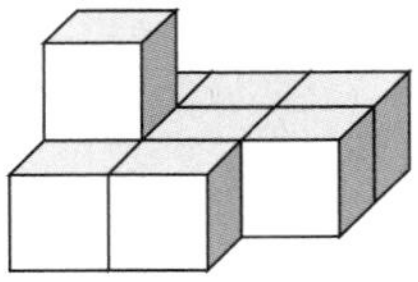

④ 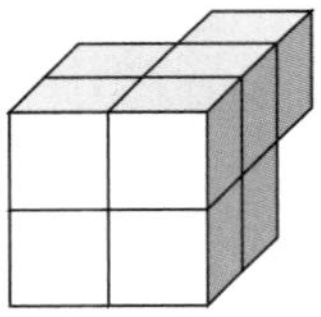

02. 다음 중 블록의 개수가 나머지와 다른 하나는?

① 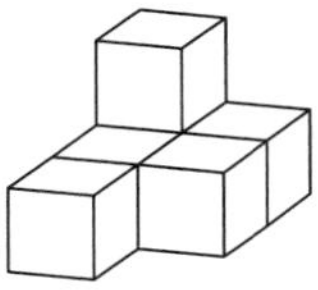

② 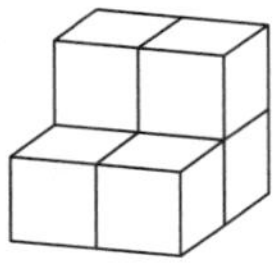

③ 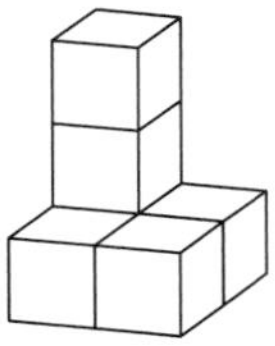

④ 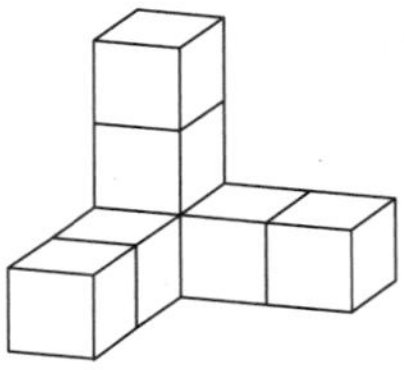

03. 다음과 같이 종이를 접은 다음 펀치로 구멍을 뚫은 후 다시 펼쳤을 때의 모양으로 옳은 것은?

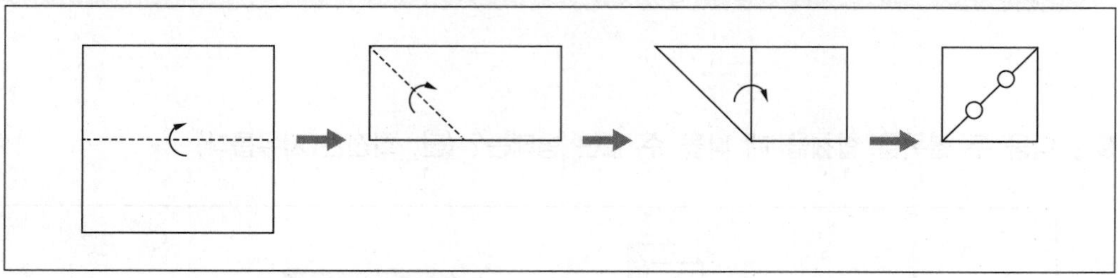

①

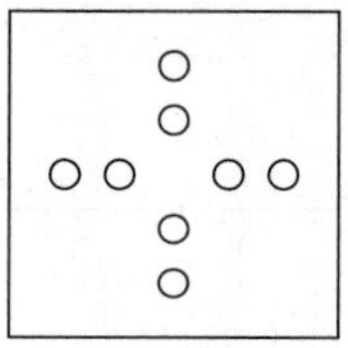

②

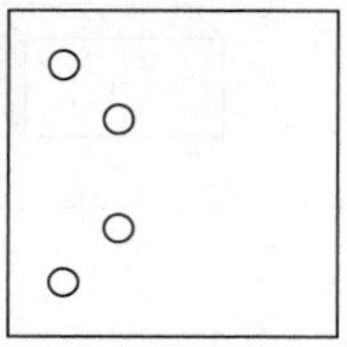

③

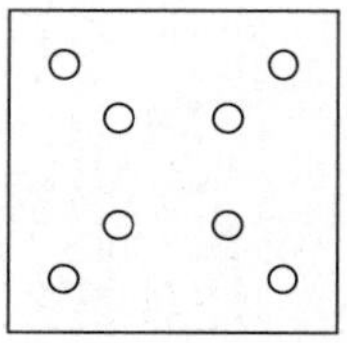

④

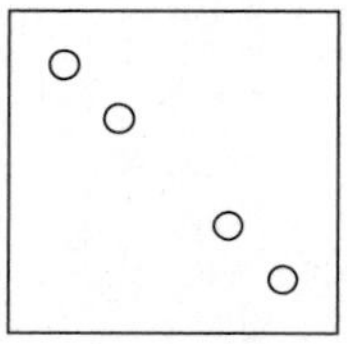

04. 다음 그림은 일정한 규칙에 따라 배열되어 있다. '?'에 들어갈 도형은?

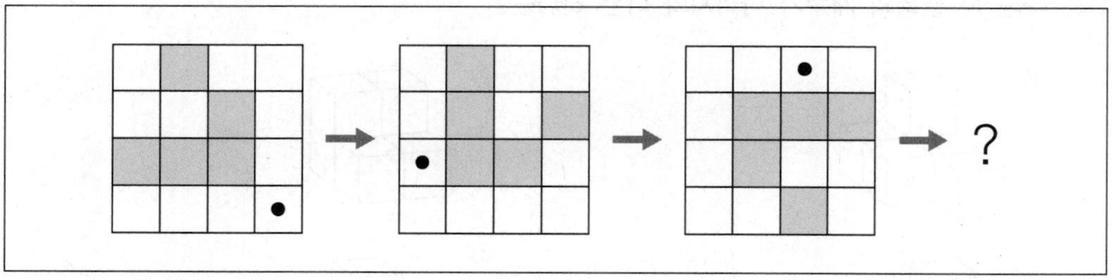

① 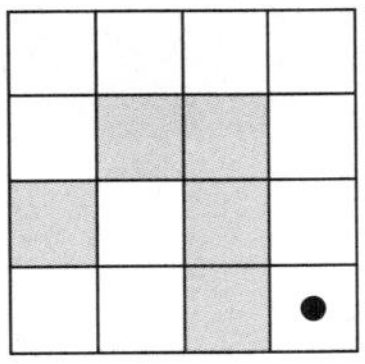

② 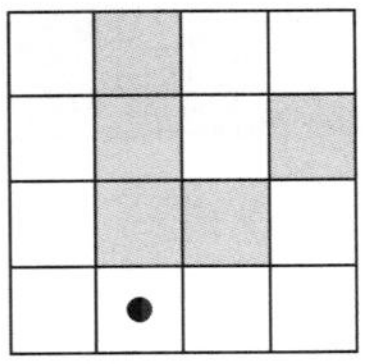

③ 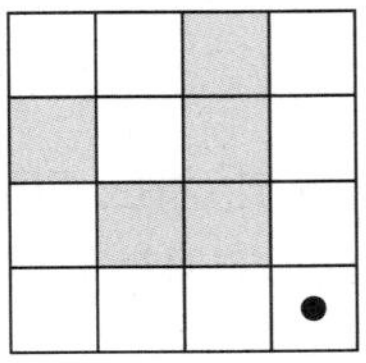

④ 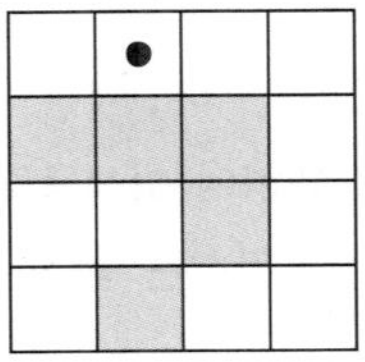

05. 〈보기〉의 왼쪽 전개도를 접어 오른쪽과 같은 주사위 모형을 만들 때, '?'의 방향에서 볼 수 있는 면의 모습으로 적절한 것은?

보기

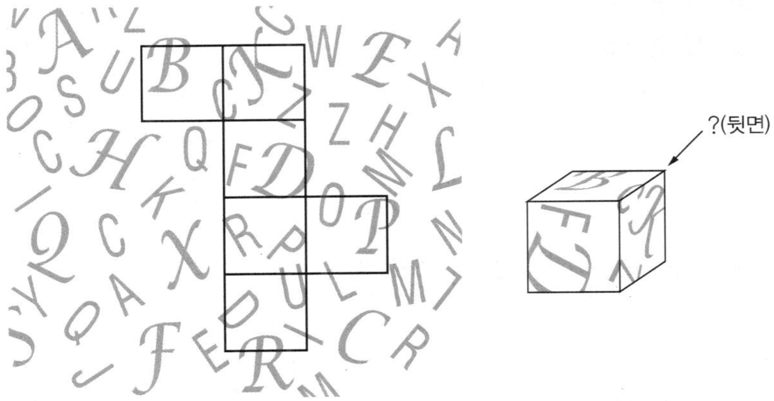

① 

② 

③ 

④ 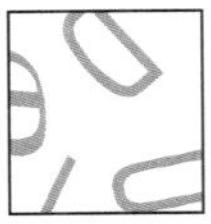

영역 4 문제해결력

01. 다음 〈조건〉을 참고할 때 A～D에 대한 설명으로 옳지 않은 것은?

- 야근하는 직원들을 위하여 야식을 준비했다. 준비한 야식은 떡볶이, 도넛, 치킨, 피자이다.
- A, B, C, D 4명이 좋아하는 음식은 네 개의 음식 중 하나이며, 서로 겹치지 않고 전부 다르다.

조건

- A는 피자를 좋아한다.
- B는 떡볶이를 좋아하지 않는다.
- C는 도넛과 피자를 좋아하지 않는다.
- D는 떡볶이와 치킨을 좋아하지 않는다.

① B는 도넛을 좋아하지 않는다.
② B는 치킨을 좋아한다.
③ C는 도넛을 좋아하지 않는다.
④ C는 떡볶이를 좋아하지 않는다.

02. 다음 전제에 따라 빈칸에 들어갈 결론으로 옳은 것은?

[전제] • 어린이들의 이는 충치가 생기기 쉽다.
• 혁이는 어린이다.

[결론] 따라서 (   )

① 혁이는 충치가 생기기 쉽다.
② 혁이는 충치가 안 생긴다.
③ 모든 어린이는 충치가 안 생긴다.
④ 모든 어린이는 충치가 생기기 쉽다.

03. S 기업 업무지원팀은 팀원 A, B, C, D, E 5명의 지방 파견 가능 여부를 체크하고 있다. 다음 〈조건〉을 바탕으로, 지방으로 파견될 팀원들은 누구인가?

조건

- D는 반드시 파견되기로 하였다.
- D가 파견되면 E도 같이 파견된다.
- C가 파견되면 B는 파견될 수 없다.
- A가 파견되면 D는 파견될 수 없다.
- E가 파견될 경우, A 혹은 C도 같이 파견된다.

① A, B, C ② A, C, D ③ C, D, E ④ A, B, C, E

04. 다음 〈조건〉을 통해 추론할 수 있는 것은?

조건

- A는 B의 집 앞을 통과하여 학교에 간다.
- C는 A의 집 앞을 통과하여 학교에 간다.
- D는 B의 집 앞을 통과하여 학교에 간다.

① A의 집이 학교에서 가장 가깝다.
② B의 집이 학교에서 가장 가깝다.
③ C의 집이 학교에서 가장 멀다.
④ D의 집이 학교에서 가장 멀다.

05. 다음 전제가 모두 참일 때의 결론으로 옳은 것은?

(A) 진달래를 좋아하는 사람은 꽃을 좋아한다.
(B) 나비를 좋아하는 사람은 꽃을 좋아한다.
(C) 개나리를 좋아하는 사람은 진달래를 좋아한다.

① 개나리를 좋아하는 사람은 꽃을 좋아한다.
② 꽃을 좋아하는 사람은 개나리를 좋아한다.
③ 진달래를 좋아하는 사람은 나비를 좋아한다.
④ 개나리를 좋아하는 사람은 나비를 좋아한다.

01. 다음 〈상황〉에서 남 대리가 취해야 할 가장 적절한 행동은?

> **상황**
>
> 일요일을 맞아 모처럼 봉사 활동을 하게 된 남 대리는 평소 틈만 나면 방문하던 고아원을 찾아가기로 하였다. 자신의 초등학생 아들과 동갑인 현호를 유달리 챙기는 남 대리는 현호에게 줄 선물까지 준비하고 맛있는 저녁도 함께하며 즐거운 시간을 선사해 주고 올 생각에 흐뭇한 마음을 감출 수 없었다. 그러던 중 갑자기 베트남 지사로부터 전화가 걸려 왔고 내일 도착하기로 했던 외국인 근로자 연수단 일행 중 두 명이 현지 비행기 사정으로 인해 오늘 오후 항공편으로 입국하게 되었다는 연락을 받았다. 그들의 입국부터 2박 3일간의 모든 일정은 남 대리가 밀착 동행을 하며 연수 프로그램 완수를 책임지는 것으로 계획된 터라 남 대리는 공항 픽업부터 호텔 투숙, 저녁식사 대접에 이르기까지 오늘의 향후 일정은 느닷없이 외국 손님들과의 시간으로 보내야 할 상황이 되었다.

① 손님을 맞이하기 위한 모든 일정에 현호를 대동하고 나간다.
② 업무상 긴급한 상황이지만 일요일인 만큼 계획대로 현호와의 시간을 갖는다.
③ 현호에게 아쉬움을 전하며 다음 기회를 약속하고 손님을 맞이하기 위해 공항으로 나간다.
④ 지난번 도움을 주었던 백 대리에게 연락하여 공항 픽업부터 호텔 투숙까지 대신 안내를 부탁한다.

02. 다음 〈상황〉에서 최 사원이 취해야 할 가장 적절한 행동은?

> **상황**
>
> 최 사원은 여느 때와 같이 출근 후 민원 전화를 받으며 업무를 수행하고 있는데, 현재 출장 중인 직원이 많아 사무실에는 최 사원과 동기인 추 사원 두 명만 있어 전화 연결이 평소보다는 지연되고 있는 상황이다. 전화를 받아 본인이 맡고 있는 업무가 아닐 경우에는 고객 정보를 받아 두고 순차적으로 연락하기로 했다. 그러자 한 민원인은 전화도 오래 기다려서 겨우 연결했는데 민원을 처리해 줄 때까지 전화를 끊지 않겠다며 거칠게 불만을 털어놓고 있다.

① 처리할 수 있는 선까지 처리한 후 나머지 부분은 담당자가 해결하도록 한다.
② 회사의 이미지나 가치가 침해당하는 것을 막아야 하기 때문에 다른 대처를 하기보다는 사과를 반복한다.
③ 바로 처리를 하지 못하는 업무라도 우선 처리해 줄 수 있을 것처럼 자신감 있게 말하여 기대감을 갖게 한다.
④ 최대한 심기를 건드리지 않기 위해 간접적으로 돌려 길게 말해 시간을 끌며 추 사원과 대책을 마련해 본다.

03. 다음 〈AA 역 공영주차장 요금〉을 기준으로 김 대리가 지불해야 하는 주차 요금은?

〈AA 역 공영주차장 요금〉

단기			장기
기본(30분)	추가(10분)	1일	월정기
1,000원	300원	15,000원	120,000원

1. 50% 할인 : 경형 자동차, 장애인, 국가유공자, 독립유공자
2. 30% 할인 : 열차 이용 고객
3. 30분 무료 : 철도승차권 예매 · 변경 · 반환 고객(단, 역 방문을 필요로 하지 않는 스마트 승차권 제외)

※ 마중, 배웅(승차권 미소지) 고객은 할인 · 감면 대상에 포함되지 않습니다.
※ 중복할인불가 : 일 정기차량 할인적용 제외, 2개 이상 해당하는 경우 높은 할인율 적용

김 대리는 AA 역에서 BB 역으로 가는 기차를 왕복으로 이용하였고, 본인 소유의 경형 자동차를 기차를 탄 5시간 동안 AA 역 공영주차장에 세워 두었다.

① 4,500원 ② 4,550원
③ 5,400원 ④ 6,370원

04. 다음 자료를 보고 제기한 의문 사항에 대한 답변으로 적절하지 않은 것은?

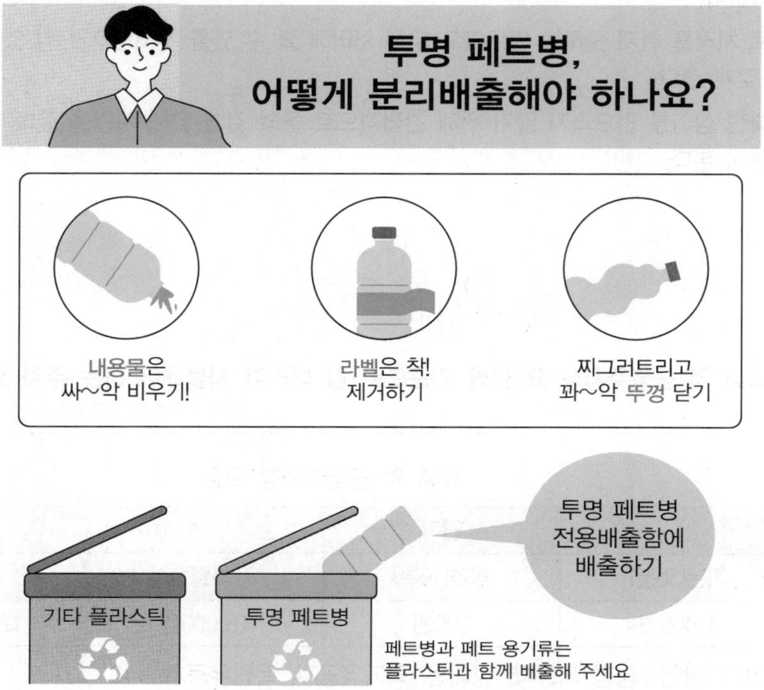

왜 투명 페트병에 대한 분리배출을 강조하나요?

① 투명 페트병으로 생산된 고품질 재활용 원료는 다른 제품으로 재생산이 가능합니다.
② 일반 플라스틱은 불순물이 많아 고품질 재생원료 확보에 제약이 있습니다.
③ 투명 페트병을 유색 페트병과 혼합 배출하면 고품질 재활용 원료 확보에 어려움이 있습니다.
④ 폐플라스틱을 회수하면 판매자가 이를 재사용하여 제품의 가격을 낮출 수 있습니다.

05. △△공사에서는 다음 자료와 같이 시민들에게 4호선 탐방학습을 제공하고 있다. 자료에 대한 설명으로 적절한 것은?

〈탐방학습 패키지〉

• 역사와 미래가 공존하는 4호선으로 탐방학습 오세요!
어린이 및 청소년들이 △△의 역사가 스며들어 있는 동래읍성 임진왜란 역사관 및 충렬사 등을 탐방하고 동시에 미래형 도시철도 무인전철의 우수성을 경험해 볼 수 있는 4호선 탐방학습 패키지 코스에 여러분을 초대합니다.

• 운영기준
 －대상 : 20인 이상 단체
 －일자 : 화 ~ 금요일(공휴일 · 공사 지정 휴일 제외)
 －개방시간 : 10 : 00 ~ 17 : 00

• 안내 순서
 －한 단체당 단체 승차권 1매로 A 코스 또는 B 코스를 선택하여 이용함.

[A 코스]

출발역		수안역		안평차량기지
단체 승차권 구매	→	동래읍성 임진왜란 역사관 견학	→	경전철홍보관, 관제센터, 테마공원 견학

[B 코스]

출발역		수안역		안평차량기지
단체 승차권 구매	→	동래읍성 임진왜란 역사관 견학	→	충렬사 견학

① 유치원생이 탐방학습 패키지에 참여하기 위해서는 청소년 이상의 보호자가 필요하다.
② 매주 월요일은 임진왜란 역사관이 휴관하므로, 패키지 코스를 이용할 수 없다.
③ 개방시간은 오전 10시부터 7시간으로, 1회 탐방에는 약 1시간 30분이 소요된다.
④ 15인의 청소년으로 구성된 단체는 단체 승차권을 구매할 수 없다.

고시넷 전라북도교육청 교육공무직원

영역별 출제비중

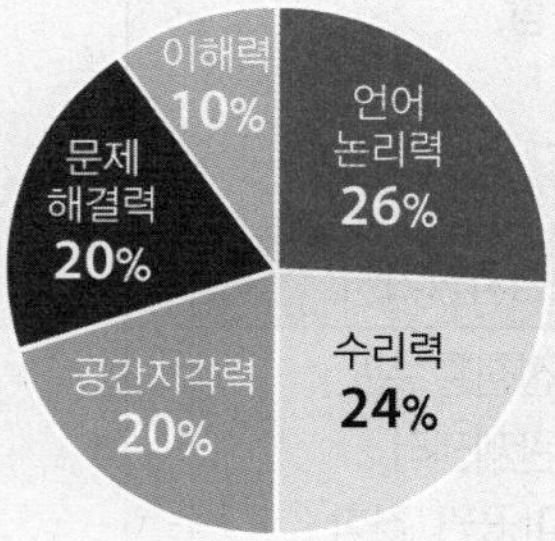

- ▶ 자료의 내용을 이해하는 문제
- ▶ 어휘의 의미를 파악하는 문제
- ▶ 기초적인 연산식을 계산하는 문제
- ▶ 도표 자료의 수치를 분석하는 문제
- ▶ 도형 또는 블록을 파악하는 문제
- ▶ 참인 명제를 찾는 문제
- ▶ 업무 중 갈등상황을 해결하는 문제

전라북도교육청 교육공무직원 소양평가는 1. 언어논리력 2. 수리력 3. 공간지각력 4. 문제해결력 5. 이해력 다섯 가지 영역으로 출제되었다(조리실무사는 이해력이 아닌 관찰탐구력 출제). 언어논리력은 제시된 글의 내용과 요지를 파악하는 문제와 적절한 의미의 어휘를 선택하는 문제가 출제되었다. 수리력에서는 일률, 거리 · 속력 · 시간 등의 기초적인 연산식을 세워 계산하는 문제와 도표 자료의 수치를 분석하는 문제가 출제되었다. 공간지각력에서는 입체도형과 그림을 분석하는 문제가 출제되었다. 문제해결력에서는 제시된 명제 혹은 조건에 따라 결과를 추론하는 문제가 출제되었다. 이해력에서는 제시된 상황에서의 적절한 행동을 선택하는 문제와 다양한 유형의 자료를 이해하는 문제가 출제되었다.

전라북도교육청 소양평가

파트 1 기출예상문제

1회 기출예상문제

시험시간	50 분
문항수	50 문항

▶ 정답과 해설 6쪽

01. 다음 ㉠ ~ ㉤에서 글의 흐름에 적합한 단어를 골라 바르게 나열한 것은?

> 문화체육관광부가 공개한 차세대 전자 여권의 디자인 시안을 보고 많은 국민들이 '녹색에서 남색으로 바뀌는구나'라고 ㉠ 인식/각인했을 듯하다. 하지만 엄밀히 말하면 바뀔 가능성은 33.3% 정도이다. 문체부가 이날 낸 보도자료 비고란엔 '국민 선호도 조사 결과에 따라 색상 변경 가능'이라는 문구가 적혀 있었기 때문이다. 새 전자 여권은 2007년 문체부와 외교부가 공동으로 '여권 디자인 공모전'을 통해 당선된 서울대 ○○○교수의 작품을 원안으로 수정, 보완하였다. 공개 ㉡ 경선/경쟁을 통해 10년 넘게 수정을 거쳐 지금의 시안으로 완성된 것이다.
>
> '색상 변경 가능'이라는 설명에도 불구하고 대부분 사람들은 '남색'으로 바뀌는 걸로 거의 확신하고 있다. 무슨 일이 생긴 걸까? 문제는 보도자료에 있다. 자료에는 '㉢ 현행/현재 일반 여권 표지의 색상이 녹색에서 남색으로 바뀌고 디자인도 ㉣ 개선/개수된다'라고 적혀 있다. 문구 그대로 해석하면 색상은 이미 '남색'으로 변경된 셈이다. 하지만 붙임 자료에 사진과 ㉤ 병기/표기된 설명에는 '여권의 색상을 한 가지로 통일한다면 어떤 색상이 좋다고 생각하십니까?'라며 '남색', '진회색', '적색' 3가지 색을 후보로 올렸다. 한 자료에 혼란을 일으키는 내용이 뒤섞인 것이다.

	㉠	㉡	㉢	㉣	㉤
①	각인	경선	현재	개수	병기
②	인식	경쟁	현재	개수	병기
③	각인	경선	현행	개선	표기
④	인식	경쟁	현행	개수	표기

02. 다음 글에서 추론할 수 없는 내용은?

우주는 물체와 허공으로 구성된다. 물체와 허공 이외에는 어떠한 것도 존재한다고 생각할 수 없다. 그리고 우리가 허공이라고 부르는 것이 없다면 물체가 존재할 곳이 없고 움직일 수 있는 공간도 없을 것이다. 허공을 제외하면 비물질적인 것은 존재하지 않는다. 허공은 물체에 영향을 주지도 받지도 않으며 다만 물체가 자신을 통과해서 움직이도록 허락할 뿐이다. 물질적인 존재만이 물질적 존재에 영향을 줄 수 있다

영혼은 아주 미세한 입자들로 구성되어 있기 때문에 몸의 나머지 구조들과 더 잘 조화를 이룰 수 있다. 감각의 주요한 원인은 영혼에 있다. 그러나 몸의 나머지 구조에 의해 보호되지 않는다면 영혼은 감각을 가질 수 없을 것이다. 몸은 감각의 원인을 영혼에 제공한 후 자신도 감각 속성의 몫을 영혼으로부터 얻는다. 영혼이 몸을 떠나면 몸은 더 이상 감각을 소유하지 않는다. 왜냐하면 몸은 감각 능력을 스스로 가진 적이 없으며 몸과 함께 태어난 영혼이 몸에게 감각 능력을 주었기 때문이다. 물론 몸의 일부가 소실되어 거기에 속했던 영혼이 해체되어도 나머지 영혼은 몸 안에 있다. 또한 영혼의 한 부분이 해체되더라도 나머지 영혼이 계속해서 존재하기만 한다면 여전히 감각을 유지할 것이다. 반면에 영혼을 구성하는 입자들이 전부 몸에서 없어진다면 몸 전체 또는 일부가 계속 남아 있더라도 감각을 가지지 못할 것이다. 더구나 몸 전체가 분해된다면 영혼도 더 이상 이전과 같은 능력을 가지지 못하고 해체되며 감각 능력도 잃게 된다.

① 허공은 물체의 운동을 위해 반드시 필요하다.

② 감각을 얻기 위해서는 영혼과 몸 모두가 필요하다.

③ 영혼은 비물질적인 존재이며 몸에게 감각 능력을 제공한다.

④ 영혼이 담겨 있던 몸 전체가 분해되면 영혼의 입자들은 흩어져 버린다.

03. 다음 글의 제목으로 적절한 것은?

> 현대인의 삶의 질이 점차 향상됨에 따라 도시공원에 대한 관심도 함께 높아지고 있다. 도시공원은 자연 경관을 보호하고, 사람들의 건강과 휴양, 정서 생활을 위하여 도시나 근교에 만든 공원을 말한다. 또한 도시공원은 휴식을 취할 수 있는 공간인 동시에 여러 사람과 만날 수 있는 소통의 장이기도 하다.
>
> 도시공원은 사람들이 선호하는 도시 시설 가운데 하나이지만 노인, 어린이, 장애인, 임산부 등 사회적 약자들은 이용하기 어려운 경우가 많다. 사회적 약자들은 그들의 신체적 제약으로 인해 도시공원에 접근하거나 도시공원을 이용하기에 열악한 상황에 놓여있기 때문이다.
>
> 우선, 도시공원이 대중교통을 이용해서 가기 어려운 위치에 있는 경우가 많다. 또한 공원에 간다 하더라도 사회적 약자를 미처 배려하지 못한 시설들이 대부분이다. 동선이 복잡하거나 안내 표시가 없어서 불편을 겪는 경우도 있다. 이런 물리적 · 사회적 문제점들로 인해 실제 공원을 찾는 사회적 약자는 처음 공원 설치 시 기대했던 인원보다 매우 적은 편이다. 도시공원은 일반인뿐 아니라 사회적 약자들도 동등하게 이용할 수 있는 공간이어야 한다. 그러기 위해서는 도시 공간 계획 및 기준 설정을 할 때 다른 시설들과 실질적으로 연계가 되도록 제도적 · 물리적으로 정비되어야 한다. 사회적 약자에게 필요한 것은 아무리 작은 도시공원이라도 편안하게 접근하여 여러 사람과 소통하거나 쉴 수 있도록 조성된 공간이다.

① 도시공원의 생태학적 특성

② 도시의 자연 경관을 보호하는 도시공원

③ 모두가 여유롭게 쉴 수 있는 도시공원

④ 도시공원, 사회적 약자만이 이용할 수 있는 쉼터

04. 다음 글의 글쓴이가 말하고자 하는 바에 반박하는 내용은?

> 우리가 기술을 만들지만 기술은 우리 경험과 인간관계 및 사회적 권력관계를 바꿈으로써 우리를 새롭게 만든다. 어떤 기술은 인간 사회를 더 민주적으로 만드는 데 기여하지만 어떤 기술은 독재자의 권력을 강화하는 데 사용된다. 예를 들어 라디오는 누가, 어떻게, 왜 사용하는가에 따라서 다른 결과를 낳는다. 그렇지만 핵무기처럼 아무리 민주적으로 사용하고 싶어도 그렇게 사용할 수 없는 기술도 있다. 인간은 어떤 기술에 대해서는 이를 지배하고 통제하는 주인 노릇을 할 수 있지만 어떤 기술에는 꼼짝달싹 못하게 예속되어 버린다.
>
> 기술은 새로운 가능성을 열어 주지만 기존의 가능성 중 일부를 소멸시키기도 한다. 따라서 이렇게 도입된 기술은 우리를 둘러싼 기술 환경을 바꾸고, 결과적으로 사회 세력들과 조직들 사이의 역학 관계를 바꾼다. 새로운 기술 때문에 더 힘을 가지게 된 그룹과 힘을 잃게 된 그룹이 생기며 이를 바탕으로 사회 구조의 변화가 생긴다.
>
> 기술 중에는 우리가 잘 이해하고 통제하는 기술도 있지만 대규모 기술 시스템은 한두 사람의 의지만으로는 통제할 수 없다. '기술은 언제나 사람에게 진다'라고 계속해서 믿다가는 기술의 지배와 통제를 벗어나기 힘들다. 기술에 대해 비판적이면서 균형 잡힌 철학과 사상이 필요한 것은 이 때문이다.

① 전문가를 통해 충분히 기술을 통제할 수 있다.

② 기술의 양면성은 철학과 사상이 아닌 새로운 기술로 보완해야 한다.

③ 기술의 순기능만을 더 발전시켜야 한다.

④ 새로운 기술로 힘을 잃게 된 그룹을 지원해 주는 정책이 필요하다.

05. 다음 밑줄 친 말과 바꿔 쓰기에 적절한 것은?

> 그는 자신의 변명은 듣지도 않고 그냥 <u>지나쳐 버리는</u> 그녀의 태도에 화가 났다.

① 경시(輕視)하는　　② 간과(看過)하는
③ 몰각(沒覺)하는　　④ 무시(無視)하는

06. 다음 글에 이어질 내용으로 적절한 것은?

> 나라를 위해 헌신한 이들에게 국가에서 적절한 보상과 지원제도를 마련하는 것은 당연하다. 따라서 관련법을 제정하고 이에 따라 최선의 지원이 될 수 있도록 나라에서 심혈을 기울이고 있다. 그런데 이를 실행에 옮기기 위해서는 적지 않은 국가 재정이 소요되므로 신중하고 합리적인 집행이 될 수 있도록 해야 한다. 나라를 위해 헌신한 이들에게 최대한 지원을 아끼지 않아야 하겠으나, 그렇다고 무한정 지원을 해 줄 수는 없다. 그렇기 때문에 한정된 재정을 활용하여 그 효과를 극대화하기 위한 고민을 해야 한다.
>
> 여기에서는 다른 측면의 고민 또한 포함되어 있다. 지원을 위한 재정이 국민들의 세금에 의해 마련된다는 점이다. 국민들의 세금이 어떤 의미를 담고 있으며 어떤 법적 근거에 의해 납부되는지를 생각한다면 결코 허투루 사용되어서는 안 된다.

① 세금이 국민의 의무사항이기는 하지만 나라는 이러한 예산을 신중하게 사용해야 한다.
② 나라를 위해 헌신한 이들도 국민의 한 사람으로서 세금을 납부해야 할 의무를 가지고 있다.
③ 세금으로 마련한 나라의 예산은 사용 목적에 따라 적절히 구분하여 집행되어야 한다.
④ 나라를 위해 헌신한 이들은 세금을 통해 마련한 지원을 받을 만한 자격이 충분히 있다.

07. 다음 (가) ~ (라)를 문맥에 따라 순서대로 나열한 것은?

(가) 4차 산업혁명이 도래하면 실시간 자동생산, 유연한 생산 체계 등이 가능해지며 초저비용, 초고효율의 새로운 경제, 새로운 산업이 열리게 되리라 전망하고 있다. 또한 소득 증가와 노동 시간 단축 등을 통해 삶의 질이 향상되는 긍정적인 효과를 기대할 수 있다.

(나) 이미 사회 곳곳에 그 여파가 드러나고 있다. 상당히 많은 수의 일자리가 사라졌으며 실업자 수는 계속 증가하고 있다. 국제노동기구(ILO)에 따르면 지난해 전 세계 실업자 수는 1억 9,710만 명이었고 올해 말에는 2억 50만 명으로 증가할 것으로 전망했다. 앞으로 전 산업군과 직종에서 일자리가 점차 사라질 것이며 4차 산업혁명이 본격화되는 시점에는 전체 일자리의 80 ~ 90%가 없어질 것으로 예상되고 있다.

(다) 하지만 4차 산업혁명이 노동 시장에 줄 수 있는 악영향 또한 지적되고 있다. 이전 산업혁명에서 기계가 인간의 노동력을 대체함으로써 엄청난 수의 실업자가 발생했던 것처럼 일자리가 사라져 노동 시장의 붕괴를 가져올 수 있다. 또한 향후 노동 시장에서 '고기술/고임금'과 '낮은 기술/낮은 임금' 간의 격차가 더욱 커질 뿐만 아니라 일자리 양분으로 중산층의 지위가 축소될 가능성이 크다.

(라) 이에 전 세계 각국의 정부가 4차 산업혁명 대응 전략을 적극 추진하고 있다. 세계경제포럼 창립자이자 집행 위원장인 클라우스 슈밥(Klaus Schwab)은 지금부터 10년 후까지 4차 산업혁명에 대비하지 못하는 국가와 기업은 위기를 맞게 될 것이라고 경고하였다. 하지만 4차 산업혁명에는 긍정적 영향력과 부정적 영향력이 공존하며 예상되는 변화의 정도가 크기 때문에 손익 계산이 쉽지 않다.

① (가)－(다)－(나)－(라)
② (가)－(라)－(나)－(다)
③ (나)－(가)－(다)－(라)
④ (라)－(가)－(다)－(나)

08. 다음 글의 주제로 적절한 것은?

> 아프리카 초원의 치타는 가젤을 사냥하기 위한 전문화에 성공한 경우다. 아프리카 초원에서 가젤은 작은 편에 속하는 사냥감이지만, 가젤만 잡아먹고 살 수 있다면 다른 사냥감들을 거들떠보지 않아도 될 만큼 그 수가 매우 많다. 대신 가젤은 매우 빠르다. 치타들은 속도를 최대한 높여 가젤을 사냥하기 위해 다른 많은 것을 포기했다. 턱과 어깨의 힘도 가젤을 잡기에 적합한 정도로만 유지했다. 순간 속도는 빠르지만 지구력은 턱없이 떨어지기 때문에 몸체를 더 이상 키우기도 힘들었다. 그 결과 치타는 사자나 하이에나에게 잡혀 죽기 일쑤고, 심지어는 원숭이의 일종인 바분에게도 잡혀 죽는다. 가젤보다 더 큰 사냥감을 거들떠보지도 못하고, 초원을 떠나 밀림이나 사막에서는 생존할 수도 없다. 현재 치타들이 멸종하지 않고 살아남을 수 있는 이유는 아프리카 초원에 가젤의 수가 충분히 많기 때문이다. 하지만 어떤 이유로 초원의 생태조건이 크게 변해서 가젤들의 몸집이 더 커지거나 더 빨라지거나 또는 멸종해 버린다면 치타들은 살아남기 힘들다.
>
> 중국의 판다 역시 전문화에 성공한 동물이다. 판다는 대나무, 그중에서도 직경 13mm 정도의 죽순을 주로 먹고 산다. 먹이가 절대적으로 부족할 때는 다른 종류의 식물이나 물고기, 설치류 등을 먹기도 하지만 기본적으로 판다는 대나무 숲이 없으면 살아갈 수 없다. 원래 육식동물로부터 진화했기 때문에 판다는 대나무의 식물성 셀룰로스를 효과적으로 분해하지 못한다. 따라서 자신의 커다란 체구를 유지하기 위한 에너지를 생산하려면 비슷한 크기의 다른 동물들보다 훨씬 많은 양의 먹이를 섭취해야 한다. 이들이 이렇게 진화하게 된 결정적인 이유는 과거 대나무 숲이 광활하게 펼쳐져 있었기 때문이다. 숲에서 대나무를 먹으면서 사는 것은 천적도 드물고 먹이 걱정도 없어서 효과적인 생활방식이었으나 지금은 대나무 숲 면적이 크게 줄어들면서 판다는 멸종위기에 놓였다.
>
> 반면 하이에나의 사냥 대상은 아주 큰 초식동물부터 작은 동물, 심지어 썩은 고기에 이르기까지 다양하고 물고기나 갑각류도 먹는다. 이들은 서식지도 아주 넓게 분포하며, 종 전체적으로는 멸종의 위험과도 거리가 멀다.

① 생물의 세계에서도 전문화는 양면성을 갖는 상당히 위험한 전략이다.

② 한 가지에 전문화되기보다는 다양성을 확보하는 것이 현명하다.

③ 전문화는 환경에 큰 변화가 일어날 때 유연하게 대응하지 못한다.

④ 생물들이 생태계에서 살아남기 위한 가장 중요한 요소는 먹잇감의 유무이다.

09. 다음 글에 나타난 사랑에 대한 필자의 입장으로 가장 적절하지 않은 것은?

> 사랑은 본래 '주는 것'이다. 시장형 성격의 사람은 사랑을 받는 것에 대한 교환의 의미로만 주어야 한다고 본다. 대부분의 비생산적인 성격의 사람은 주는 것을 가난해지는 것으로 생각해서 주려고 하지 않는다. 다만 어떤 사람은 환희의 경험보다 고통을 감수하는 희생이라는 의미에서 사랑을 주는 것을 덕으로 삼는다. 그들은 모두 사랑에 대해 오해하고 있다. 생산적인 성격의 사람은 사랑을 주는 것이 잠재적인 능력의 최고 표현이며 생산적인 활동이라고 본다. 이것은 상대방의 생명과 성장에 적극적인 관심을 가지는 것이고 자발적으로 책임지는 것이며, 착취 없이 존경하는 것이다.

① 사랑은 능동적으로 활동하여 자신의 생동감을 고양하는 것이다.
② 사랑은 상대방을 있는 그대로 존중하는 것이다.
③ 사랑은 상대방에 대해 적극적인 관심을 갖는 것이다.
④ 사랑은 자신을 희생하여 상대방이 원하는 것을 들어주는 것이다.

10. 다음 중 밑줄 친 부분이 〈보기〉와 같은 의미로 쓰인 것은?

> **보기**
>
> 그녀가 잠시 방을 비운 사이 친구들은 다급하게 풍선을 불기 시작했다.

① 박 씨는 쉴 사이 없이 일했다.
② 며칠 사이에 살이 쏙 빠졌다.
③ 편하게 앉아 있을 사이가 없다.
④ 그와 그녀는 결혼을 약속한 사이다.

11. 다음 글의 내용에 대해 제시한 견해로 적절하지 않은 것은?

> 한국 사회는 이미 '초저출산 사회'로 접어들었고 최근에는 초저출산 현상이 심화되는 양상이다. 일선 지방자치단체들이 인구 증가시책의 하나로 출산 · 양육지원금을 경쟁적으로 늘리고 있으나 출생아는 고사하고 인구가 오히려 점점 줄어들고 있다.
>
> 전북 진안군은 파격적인 출산장려금 지원에도 좀처럼 인구가 늘지 않아 고민이다. 2013년 2만 7천6명이던 진안군 인구는 지난해 2만 6천14명으로 줄었다. 해마다 감소하는 출산율을 높이기 위해 지난해 출산장려금을 대폭 늘렸는데도 효과를 보지 못했다. 진안군은 2007년부터 첫째 · 둘째 120만 원, 셋째 이상 450만 원씩 지원하던 출산장려금을 지난해 각 360만 원과 1천만 원으로 늘렸다. 열악한 군의 재정 상황에도 인구를 늘리기 위한 고육지책이었다.
>
> 경북 영덕군은 첫째 출산 때 30만 원, 둘째 50만 원, 셋째 이상 100만 원을 주고 첫돌에 30만 원, 초등학교 입학 때는 40만 원을 준다. 하지만 2013년 말, 인구가 4만 142명에서 2014년 3만 9천586명으로 줄어들어 4만 명 선이 무너졌다. 이후에도 2015년 3만 9천191명, 2016년 3만 9천52명에서 2017년 6월 3만 8천703명으로 계속 감소하고 있다.

① 우리나라는 지속적인 출산율 저하로 초저출산 현상을 겪고 있다.

② 일회적이고 단편적인 지원책으로는 출산율을 늘리는 데 한계가 있다.

③ 일선 지방자치단체들이 인구 증가시책의 하나로 출산 · 양육지원금제도를 시행하고 있으나 오히려 인구가 줄고 있다.

④ 지방자치단체들은 출산율을 높일 수 있는 실효성 있는 지원금 액수가 어느 정도인지 제대로 파악하지 못하고 있다.

12. 다음 글의 밑줄 친 ①～④ 중 글의 전체적인 내용과 관련이 없는 것은?

국제적으로 주택은 아동의 건강에 영향을 미치는 핵심 요소로 규정되고 있다. 영아기에는 물건을 빨고 배밀이로 기어다니는 등의 특징이 나타나는데, 점차 성장하면서 아동기의 호흡량과 물, 음식물 섭취량은 급격히 증가하게 된다. ① 이와 같은 아동기의 특징을 고려하면 여건이 열악한 주택은 아동에게 치명적인 영향을 미치므로 주택의 위생과 안전은 더욱 중요하다.

세계보건기구(WHO)가 2007년 18개 유럽도시를 대상으로 실시한 주택과 건강에 대한 연구에 의하면 냉난방의 적정성, 실내 공기의 질(습도, 곰팡이, 라돈, 해충), 소음, 안전 등이 건강에 영향을 미치는 주거 관련 요소이다. 추위는 호흡기 질환에 대한 저항력을 떨어뜨리며, 열악한 환기 시설과 습기는 박테리아, 바이러스, 곰팡이 같은 균류를 빠르게 번식하게 한다. ② 지속적으로 곰팡이, 집먼지진드기, 바퀴벌레 등에 노출되는 것은 천식과 호흡기 질환을 발생시키고 재발의 원인이 된다. 곰팡이가 번식하게 되면 카펫, 가구, 의류 등에 쉽게 확산되어 알레르기, 각종 감염, 유독물질 생성 등이 일어날 수 있다.

③ 특히 과밀한 곳은 결핵, 뇌수막염, 위암과 소화기 관련 질환과 밀접한 관계가 있다. 결핵은 열악한 환경에 지속적으로 노출될 경우 치명적일 수 있으며 천식은 성장과정에서 자연스럽게 치료되기도 하지만 성인기에 재발할 경우 비정상적인 폐 기능으로 이어질 수 있다. 뇌수막염은 장기간 지속될 경우 청각장애, 시각장애, 행동문제 등을 유발하며 생명을 위협할 수도 있다. 아동기에 과밀한 지역에 살았던 사람은 노인기에 헬리코박터 파일로리균에 감염될 가능성이 두 배 이상 높았다. ④ 소화기 관련 질환은 만성 질환으로 발전될 가능성이 높으며, 특히 음주 및 흡연 환경에 쉽게 노출되는 남성에게서 그러한 경향이 더욱 두드러진다. 서울시에 거주하는 미취학 아동을 대상으로 한 연구에서도 건물이 오래되고 주거 면적이 작을수록 숨 가쁨, 마른기침, 비염 등의 위험도가 높은 것으로 나타났다.

13. 취업준비생 나취달 씨는 □□회사에 지원하여 면접까지 보게 되었으나 면접 질문에 제대로 된 답을 하지 못해 불합격하였다. 다음 대화에서 나취달 씨가 귀담아 들어야 하는 조언은?

> 김합격 : 이번에 안타깝게 불합격했다면서? 다음엔 분명 합격할 거야.
> 나취달 : 이게 다 면접에 제대로 답을 하지 못해서 그런 것 같아.
> 이기자 : 면접 질문이 어려웠구나?
> 나취달 : 어려웠다기보다는 너무 황당했어.
> 김대기 : 어떤 질문이었는데?
> 나취달 : 면접관이 어떤 교통수단을 타고 왔는지 물어보길래 "시내버스를 타고 왔습니다."라고 대답을 했거든. 그랬더니 "그 버스에 탁구공을 넣는다면 몇 개나 들어갈까요?" 그러더라고.
> 박승리 : 어이쿠, 그래서?
> 나취달 : 그러고 나니까 머리가 하얘지더라고. "한 만 개 정도 들어갈 것 같습니다."라고 하니 면접관의 얼굴 표정이 안 좋아지더라.

① 김합격 : 정직성을 물어보는 질문 아닐까? 그러니까 솔직하게 "그 부분은 잘 모르겠습니다." 등의 대답을 하는 것이 적절할 수 있어.

② 이기자 : 음, 사실 이건 정답이 없는 질문이지. 이럴 땐 기발하면서도 재치 있는 답변을 해서 분위기를 유쾌하게 이끌어 갈 필요가 있어.

③ 김대기 : 공이 몇 개가 들어가는지는 아마 면접관도 모를 수 있어. 중요한 건 저런 질문에 논리적으로 답하는 거 아닐까? 예를 들면 "시내버스 크기는 대략 얼마 정도이고, 탁구공은 어느 정도이니 대략 얼마 정도 들어갑니다."와 같은 대답 말이야.

④ 박승리 : 저런 질문은 경험과 관련된 거야. 그러니까 내 경험을 살펴보고 면접 질문에 해당되는 경험이 없다면, 무엇이 문제인지 살펴본 후에 관련한 자신의 생각을 말하면 될 것 같아.

14. 다음 숫자들의 배열 규칙에 따라 '?'에 들어갈 알맞은 숫자는?

> 7　8　12　19　(?)　42　58

① 23　　② 25

③ 28　　④ 29

15. 어떤 일을 완료하는 데 A가 혼자서 하면 5일이 걸리고, B가 혼자서 하면 10일이 걸린다. 이 일을 A가 혼자서 2일 동안 하고 남은 일을 A와 B가 함께 진행했다면, 일을 완료하는 데 걸린 총기간은?

① 2일 ② 3일
③ 4일 ④ 5일

16. 피자가게에서 부가세를 15%로 잘못 알아 피자 가격을 부가세 포함 18,400원으로 책정하였다. 부가세를 10%로 계산하면 부가세를 포함한 피자 가격은 얼마인가?

① 16,600원 ② 16,800원
③ 17,600원 ④ 17,800원

17. A 다리를 건너는 데 5초 걸린 열차가 40m 길이의 터널을 통과하는 데 10초 걸렸다면 A 다리의 길이는 몇 m인가? (단, 열차는 등속운동을 하며, 열차의 길이는 무시한다)

① 30m ② 20m
③ 18m ④ 15m

18. 유미는 3일에 걸쳐 책을 읽고 있는데 첫째 날에는 책의 $\frac{1}{3}$을 읽었고, 둘째 날에는 책의 $\frac{1}{4}$을 읽었으며, 마지막 날에는 100장을 읽었더니 200장이 남았다. 책은 총 몇 장인가?

① 490장 ② 560장
③ 680장 ④ 720장

19. ○○교육청에 근무하는 A 주무관은 다음 자료를 바탕으로 중 · 고등학생에 대한 학교 정책을 마련하려고 한다. 자료에 대한 설명으로 적절하지 않은 것을 〈보기〉에서 모두 고르면?

〈중 · 고등학교 재학생의 학교생활 부문별 만족도〉

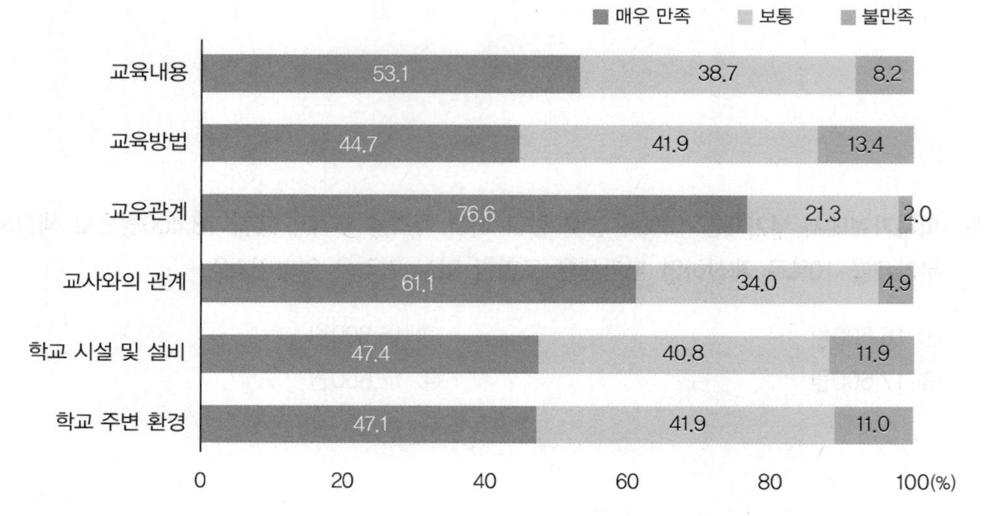

보기

㉠ 학교생활 부문별로는 '교우관계'에 대한 만족도가 76.6%로 가장 높았다.

㉡ 중 · 고등학생들은 학교 시설이나 학교 주변 환경에 대해서 매우 불만족스럽다는 반응을 나타냈다.

㉢ 교육방법에 대한 만족도가 다른 부문에 비하여 가장 낮게 나타났다.

㉣ 교사와의 관계에 있어서 불만족스럽다는 반응은 4.9%로 이는 교사에 대해 매우 만족하고 있음을 나타낸다.

① ㉠, ㉡　　② ㉡, ㉢

③ ㉡, ㉣　　④ ㉢, ㉣

20. 다음 중 가구의 주거유형 현황에 대한 설명으로 옳지 않은 것은?

〈가구의 주거유형〉

(단위 : 천 가구)

구분	20X7년	20X8년	20X9년
단독주택	6,549	6,415	6,312
아파트	9,671	10,013	10,405
연립 · 다세대	2,269	2,312	2,339
비거주용 건물 내 주택	327	319	318
주택 이외의 거처	858	920	969
계	19,674	19,979	20,343

① 주택 이외의 거처에 주거 중인 가구 수는 매년 증가했다.

② 20X7 ~ 20X9년 동안 주택 이외의 거처에 주거 중인 가구 수는 비거주용 건물 내 주택에 주거 중인 가구 수의 2배 이상이다.

③ 연립 · 다세대에 거주하는 가구 수는 증가하는 추세이다.

④ 아파트에 거주하는 가구 수는 매년 전체 가구의 50% 이상을 차지한다.

21. ○○회사의 셔틀버스 3대가 7시에 동시에 출발한다면 처음 이후 다시 동시에 출발하는 시간은 언제인가?

- A 버스는 25분만에 출발지로 돌아오고, 5분 휴식 후 다시 출발한다.
- B 버스는 50분만에 출발지로 돌아오고, 10분 휴식 후 다시 출발한다.
- C 버스는 1시간 10분만에 출발지로 돌아오고, 10분 휴식 후 다시 출발한다.

① 8시 ② 11시

③ 12시 ④ 12시 50분

22. 다음 그래프를 통하여 알 수 없는 것은?

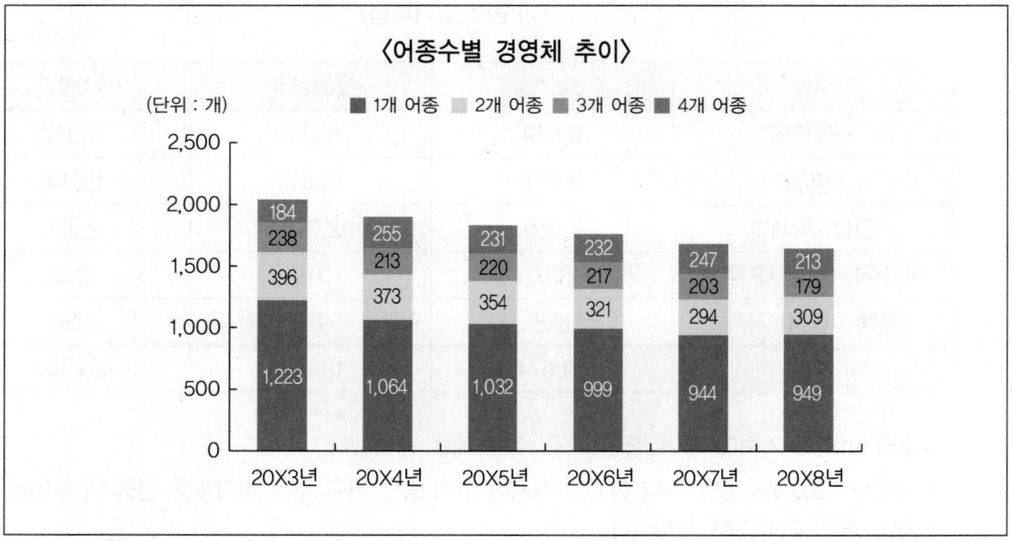

① 1개 어종만을 사육하는 경영체의 연도별 개수

② 연도별 1 ~ 4개 어종 사육 경영체의 총개수

③ 연도별 1 ~ 4개 어종 사육 경영체의 평균 사육 어종 수

④ 어종별 연도별 사육 경영체 증감 내역

23. 다음 이산가족 상봉 인원에 대한 자료를 바르게 해석한 것을 〈보기〉에서 모두 고르면?

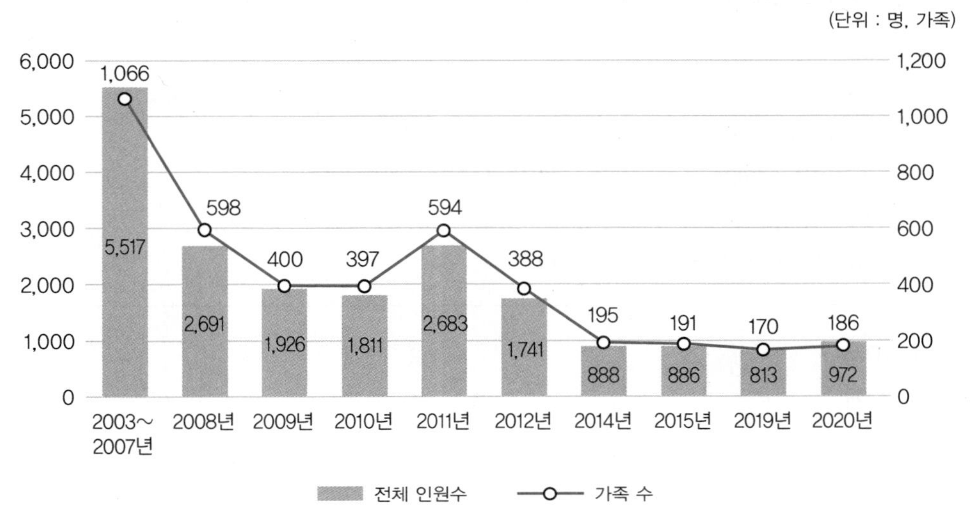

보기

(가) 해마다 이산가족 상봉 전체 인원수는 조금씩 감소하고 있다.
(나) 2011년 이후 이산가족 상봉 전체 인원수와 가족 수는 모두 감소하고 있다.
(다) 2008년 이후 이산가족 상봉 가족 수는 2008년이 가장 많다.

① (가)
② (다)
③ (가), (나)
④ (나), (다)

24. A 팀장은 해외출장지에서 기념품 15개를 구입했다. 귀국하기 위해 정리한 짐이 다음과 같다면, 위탁수하물로 부칠 캐리어에는 기념품을 최대 몇 개까지 넣을 수 있는가? (단, 위탁수하물의 허용 무게를 초과하는 기념품은 기내에 들고 탑승할 예정이다)

- 위탁수하물로 부칠 수 있는 무게는 캐리어를 포함하여 최대 20kg이다.
- 캐리어에는 서류와 옷, 신발, 기념품을 넣어야 한다.
- 캐리어의 무게는 4.5kg이고, 서류의 무게는 2.2kg이다.
- 옷은 1.7kg 무게의 꾸러미 2개가 있고, 신발의 무게는 1.2kg이다.
- 기념품 1개의 무게는 800g이다.

① 10개　② 11개
③ 12개　④ 13개

25. 다음은 A 기업 직원들의 출신지역을 구분하여 정리한 것이다. A 기업의 전체 직원 수는 750명이고, 서울 · 경기도 지역 출신자 수가 강원도 지역 출신자 수의 3배라면 강원도 출신 직원은 몇 명인가?

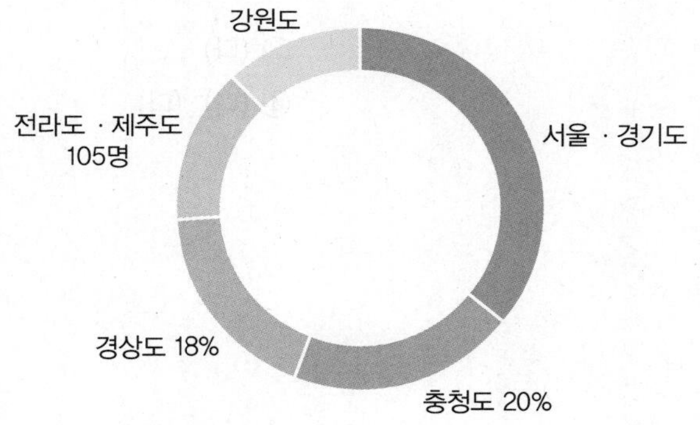

① 80명　② 85명
③ 90명　④ 95명

26. 다음과 같이 종이를 접은 다음 펀치로 구멍을 뚫은 후 다시 펼쳤을 때의 모양으로 옳은 것은?

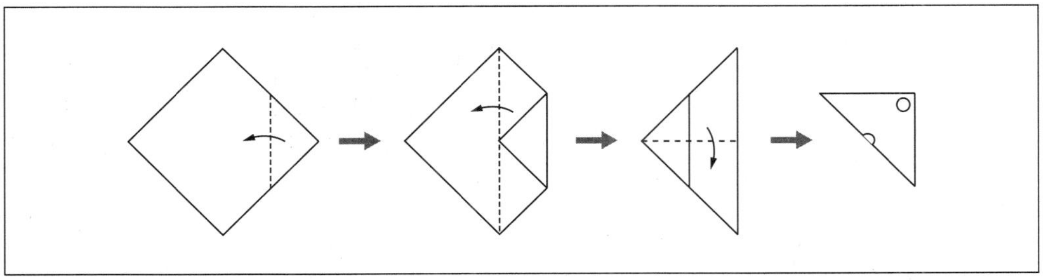

①

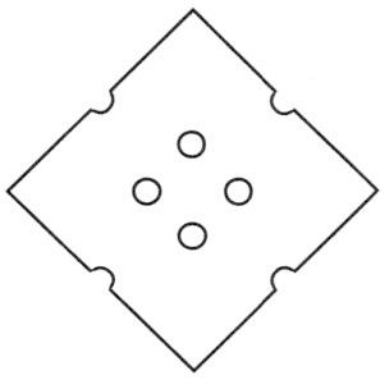

②

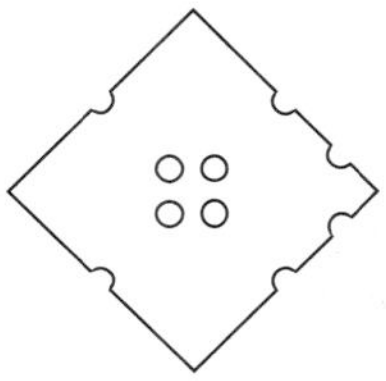

③

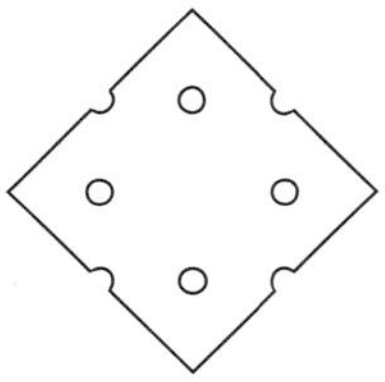

④

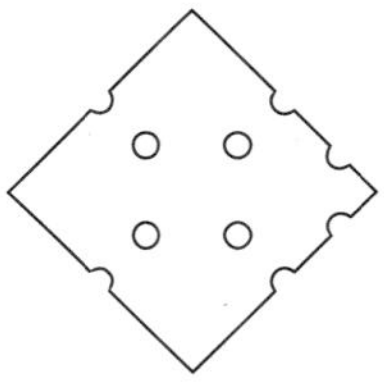

27. 다음 그림에서 찾을 수 있는 모든 크고 작은 평행사변형의 개수는? (단, 가로로 놓인 선분들과 세로로 놓인 선분들은 모두 평행하다)

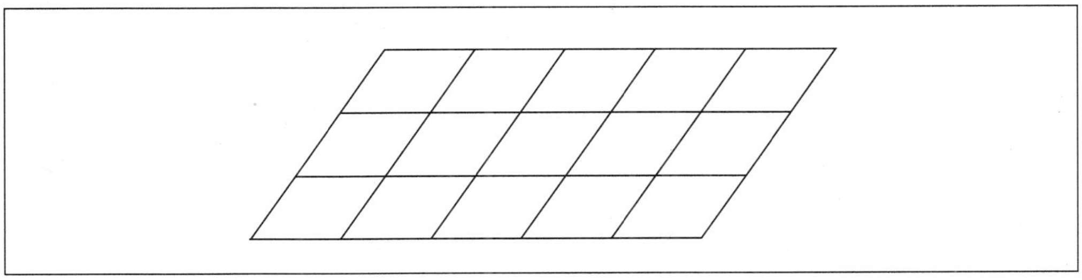

① 55개
② 75개
③ 88개
④ 90개

28. 다음 두 블록을 합쳤을 때 나올 수 없는 형태를 고르면? (단, 회전은 자유롭다)

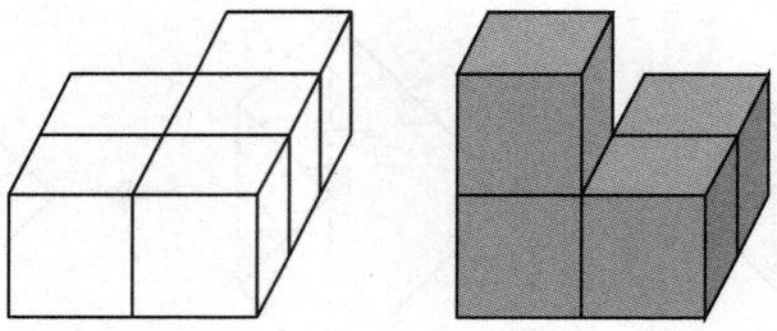

①

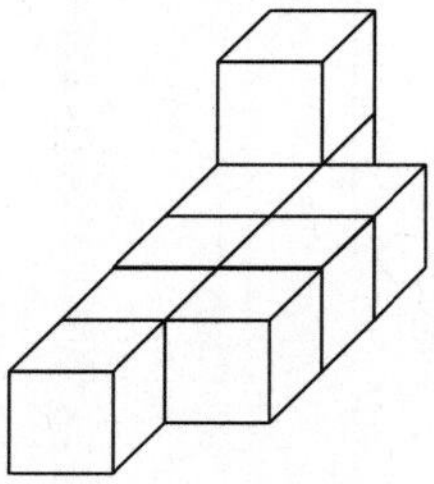

②

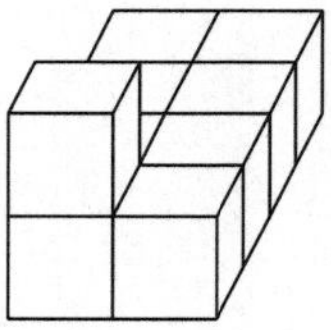

③

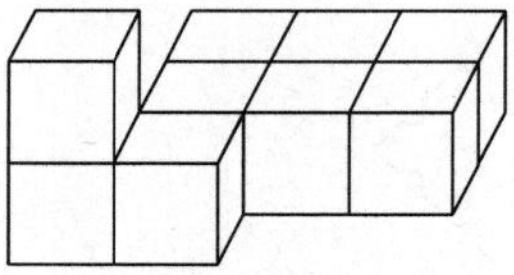

④

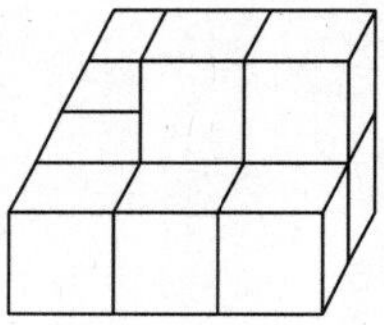

29. 다음 그림에서 찾을 수 없는 도형은? (단, 도형을 뒤집거나 회전하지 않는다)

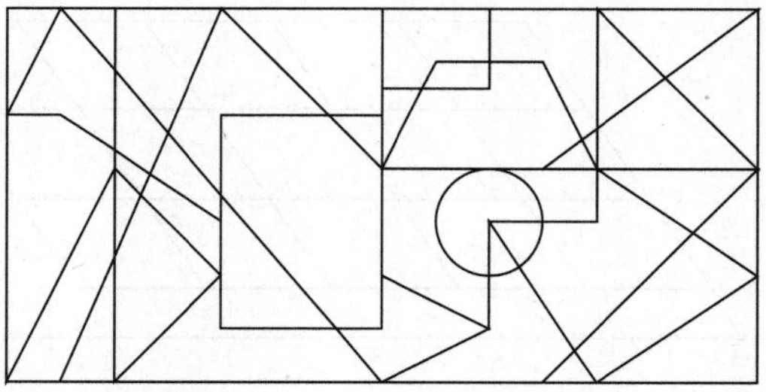

①
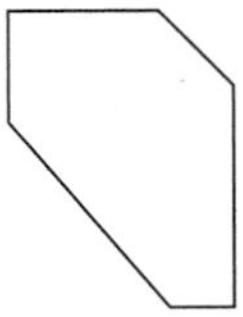

②

③
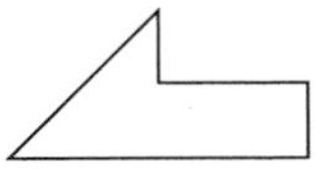

④

30. 다음 제시된 도형이 180° 회전했을 때의 모양으로 옳은 것은?

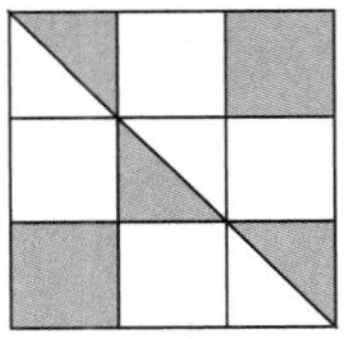

①
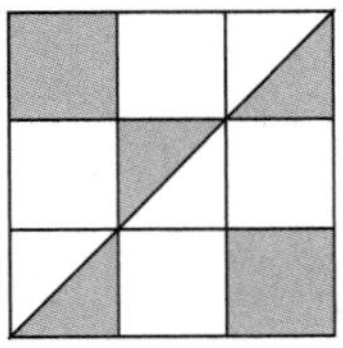

②
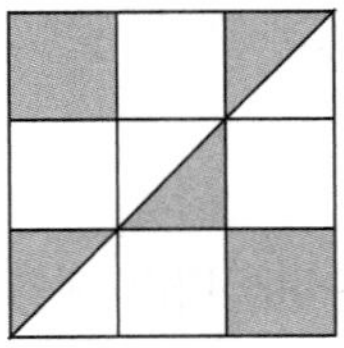

③
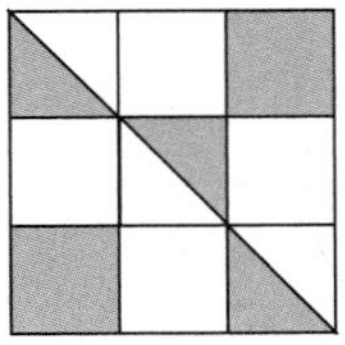

④
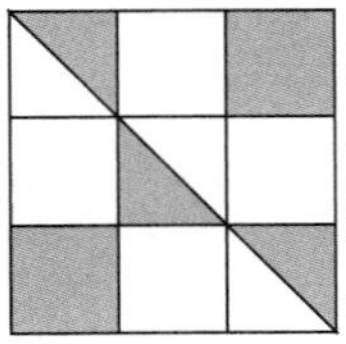

31. 다음 입체도형의 전개도로 적절한 것은?

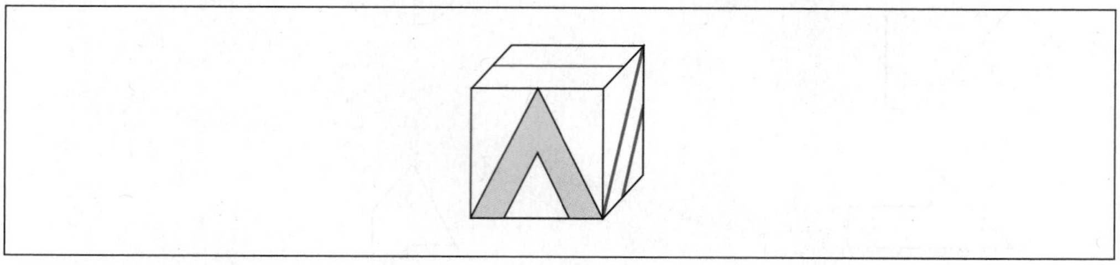

①

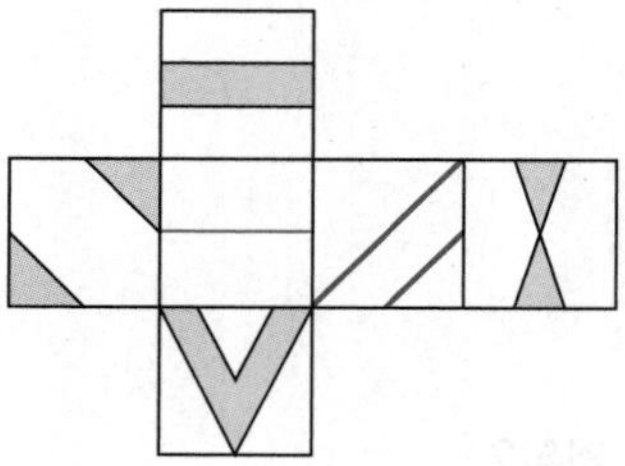

②

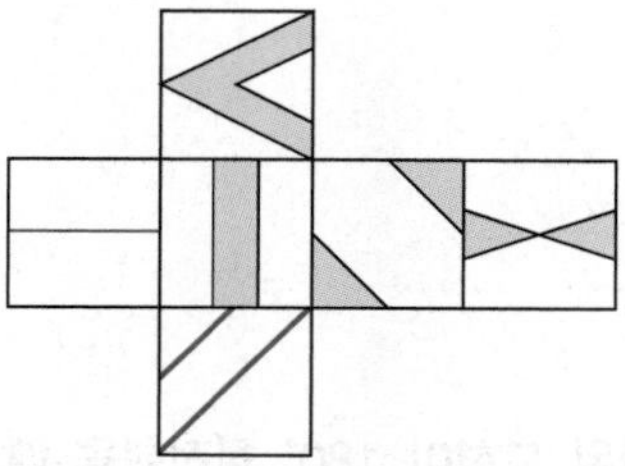

③

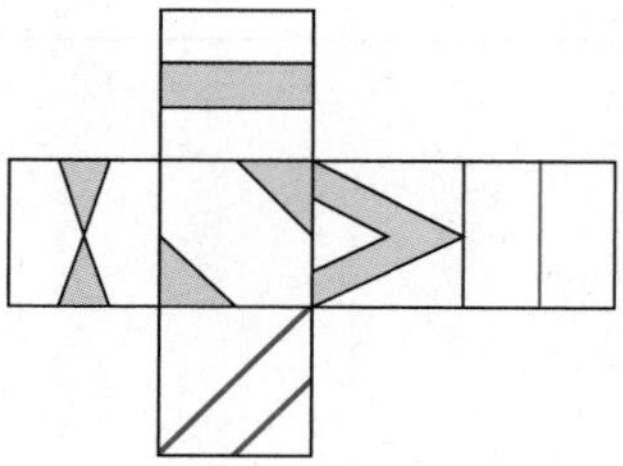

④

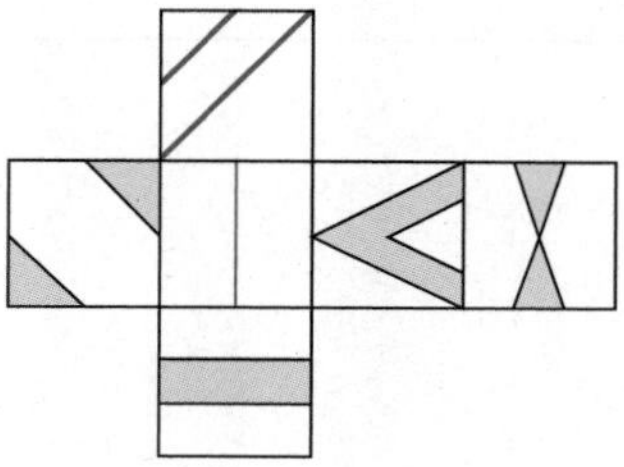

32. 다음 그림은 일정한 규칙에 따라 배열되어 있다. '?'에 들어갈 도형은?

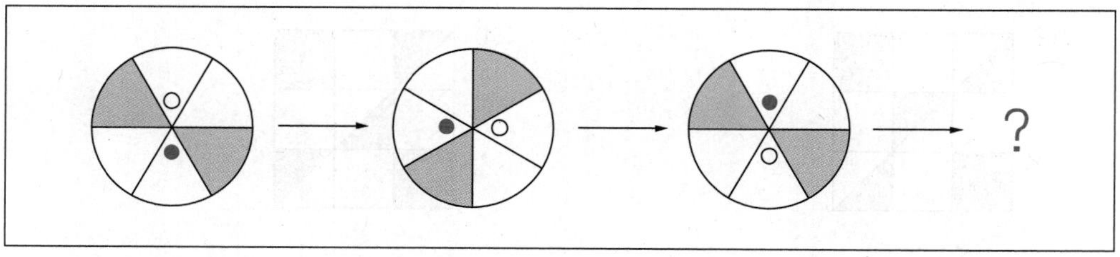

①
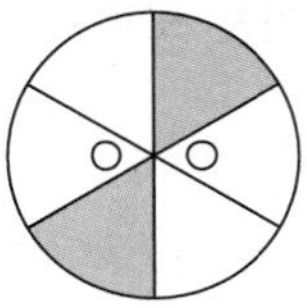

②
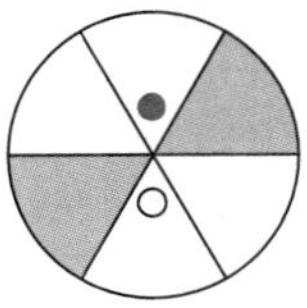

③
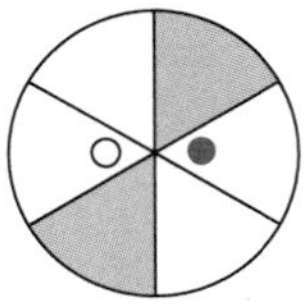

④
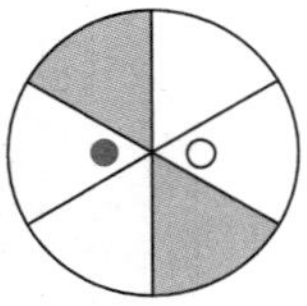

33. 다음 중 세 개는 동일한 그림을 회전한 것이다. 나머지와 다른 그림 하나는?

①
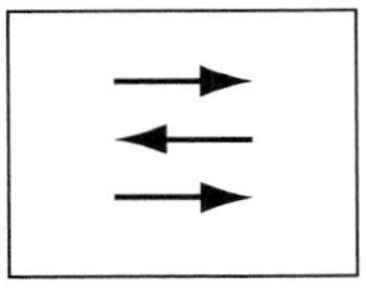

②
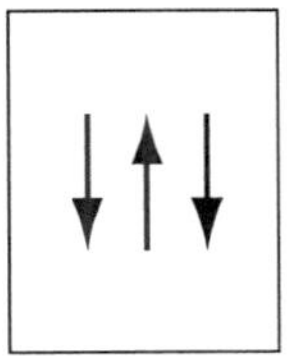

③
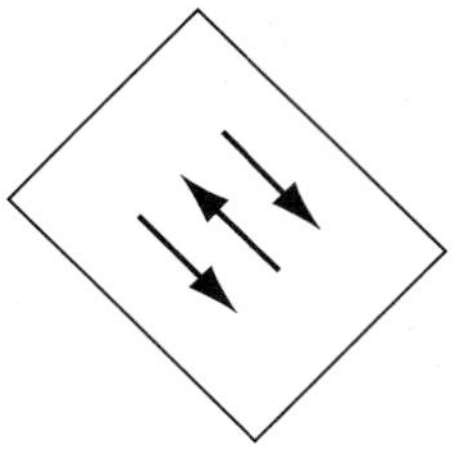

④
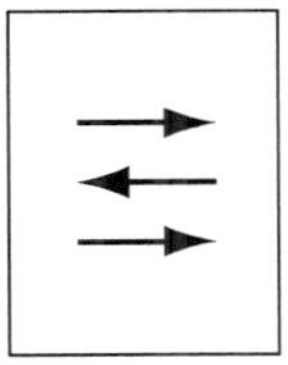

34. 다음 〈보기〉의 3차원 공간에서 세 면에 비친 그림자를 보고 이에 해당하는 도형을 고르면?

보기

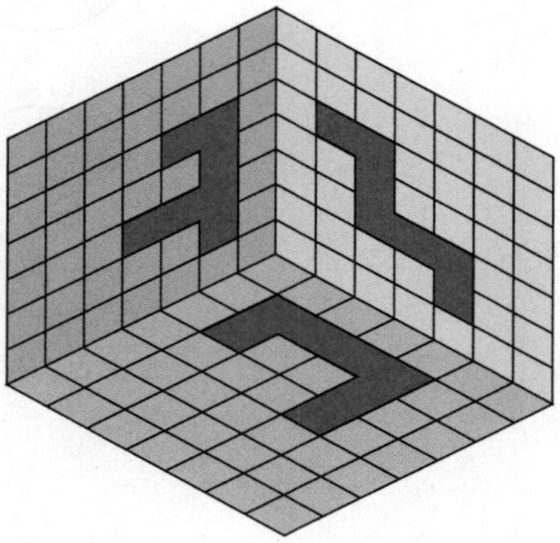

①

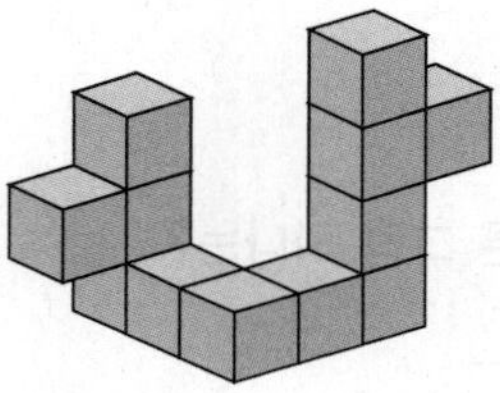

②

③

④

35. 다음은 같은 모양과 크기의 블록을 쌓아올린 그림이다. 블록은 모두 몇 개인가? (단, 보이지 않는 뒷부분의 블록은 없다)

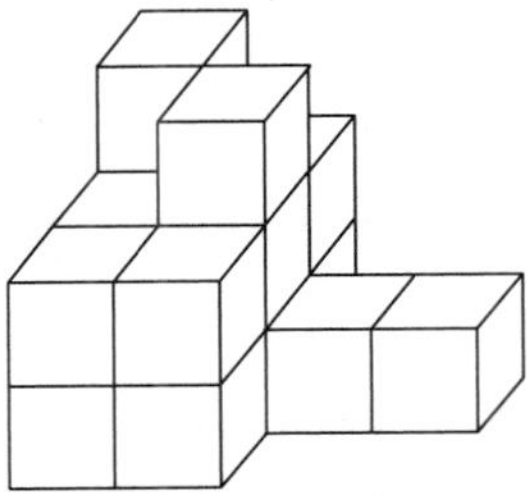

① 16개
② 18개
③ 20개
④ 22개

36. 다음 명제가 모두 참일 때 항상 옳은 것은?

- △△동아리에서는 매달 우수회원을 1명 선발한다.
- 우수회원은 연말에 추첨되는 행운권을 추가로 받는다.
- △△동아리의 모든 회원은 6개월에 1번씩 교육을 받으며 각각 한 장의 행운권을 받는다.
- 올해 가입한 신입회원에게는 다이어리를 제공한다.
- 올해 가입한 신입회원은 우수회원에 선발될 수 있다.

① 올해 다이어리를 받은 회원은 1명이다.
② 모든 회원은 행운권을 추가로 받는다.
③ 우수회원은 6개월에 1번씩 교육을 받는다.
④ 올해 다이어리를 받은 회원은 행운권을 추가로 받지 못한다.

37. 다음 결론이 참이 될 때, 빈칸에 들어갈 전제로 적절한 것은?

> [전제] • 은둔 생활을 지속하면 이웃과 사이가 나빠진다.
> • 질투하는 마음이 많으면 정서가 불안하다.
> • ____________________
>
> [결론] 질투하는 마음이 많으면 이웃과 사이가 나빠진다.

① 정서가 불안하면 은둔 생활을 지속하지 않는다.
② 이웃과 사이가 좋아지면 은둔 생활을 지속한다.
③ 질투하는 마음이 많으면 은둔 생활을 지속하지 않는다.
④ 은둔 생활을 지속하지 않으면 정서가 불안하지 않다.

38. 다음 글에서 나타나는 논리적 오류와 같은 형태의 오류를 범하고 있는 것은?

> 네가 내게 한 약속을 지키지 않은 것은 곧 나를 존경하지 않는다는 증거야.

① 항상 보면 신입생이 문제야.
② 내 부탁을 거절하는 것을 보니, 넌 나를 싫어하는구나.
③ 저 사람은 진실만을 말하는 사람이야. 그는 거짓말을 하지 않는 사람이기 때문이지.
④ 거짓말을 하는 것은 죄를 짓는 것이나 다름이 없어. 산타클로스가 있다고 믿는 아이에게 거짓말을 하는 부모는 죄를 짓는 거지.

39. A, B, C, D, E 다섯 사람이 〈조건〉에 맞추어 일렬로 서 있을 때 항상 옳은 것은?

조건

- D는 A의 왼쪽에 있다.
- E와 D의 사이에 C가 있다.
- A는 왼쪽에서 다섯 번째 자리에 있지 않다.
- A와 C의 사이에 B가 있다.

① A는 3번째에 있다.
② B는 4번째에 있다.
③ D는 2번째에 있다.
④ E는 5번째에 있다.

40. 갑, 을, 병, 정 네 명의 이번 달 지필고사 성적과 출석률을 각각 A, B, C, D 중 하나로 나타내었다. 〈조건〉을 참고하여 수강 과목의 수가 가장 많은 사람의 지필고사 성적과 출석률을 차례대로 나열한 것은? (단, 같은 평가영역 내에서 같은 등급을 여러 사람이 중복해서 받을 수는 없다)

조건

- 갑은 지필고사 성적이 B인 사람보다 수강한 과목의 수가 많다.
- 갑과 정은 지필고사 성적과 출석률에서 서로 반대로 받았다.
- 출석률에서 A를 받은 사람은 출석률에서 C를 받은 사람보다 수강한 과목의 수가 많다.
- 을은 수강한 과목의 수가 가장 적지만 이번 달 지필고사 점수는 A, 출석률은 B를 받았다.

① B, A
② B, C
③ C, A
④ C, D

41. 다음과 같은 조건이 주어졌을 때의 진술로 적절하지 않은 것은?

> 회사의 주요 안건을 조율하기 위해 A, B, C, D, E, F라는 임원 3명과 팀장 3명이 원탁에 같은 간격으로 앉아 긴급회의를 하려고 한다.
>
> - 임원과 팀장은 교대로 앉아야 한다.
> - A와 C의 사이에는 F만 앉을 수 있다.
> - B는 A와 마주 보아야 한다.
> - D는 B의 옆자리에 앉는다.
> - F는 확실히 팀장이다.

① A는 임원이다.
② B는 팀장이다.
③ C는 팀장이다.
④ D는 임원이다.

42. 다음 〈조건〉을 바탕으로 추론하였을 때 참인 것은? (단, 주어진 팀 외에 다른 팀은 고려하지 않는다)

> **조건**
>
> - 경영지원팀은 총무팀과 다른 층을 사용한다.
> - 개발팀은 총무팀과 다른 층을 사용한다.
> - 회계팀은 다른 세 팀과 다른 층을 사용한다.

① 회계팀과 개발팀은 같은 층을 사용한다.
② 경영지원팀은 회계팀과 다른 층을 사용한다.
③ 개발팀은 경영지원팀과 같은 층을 사용한다.
④ 총무팀은 회계팀과 같은 층을 사용한다.

43. **다음 중 '컴퓨터를 잘하는 사람은 키가 크지 않다'가 성립하기 위해 밑줄 친 부분에 들어갈 명제로 적절한 것은?**

> • 컴퓨터를 잘하지 못하는 사람은 내향적이지 않다.
> • 키가 큰 사람은 머리가 좋지 못하다.
> • ______________________________

① 컴퓨터를 못하는 사람은 머리가 좋지 못하다.
② 컴퓨터를 못하는 사람은 키가 크다.
③ 컴퓨터를 잘하는 사람은 머리가 좋다.
④ 컴퓨터를 잘하는 사람은 외향적이다.

44. **△△그룹 신입사원 최종면접에서 5명의 순위를 매겨 상위 2명을 뽑을 예정이다. 다음 대화를 통해 2위와 4위가 될 수 있는 사람을 바르게 연결한 것을 고르면? (단, 다섯 명 모두 진실을 말하며, 동점자는 없다)**

> A : 그렇지. 내가 꼴찌일 리가 없어.
> B : 내가 E보다도 점수가 낮을 것 같아.
> C : 나는 3등일 것 같아.
> D : 내 점수가 E보다는 높을 거야!
> E : A가 나보다 점수가 높다고?

	2위	4위
①	A	B
②	B	E
③	D	E
④	E	A

45. 다음의 전열기 사용 현황을 참고할 때, 반드시 참이라고 할 수 없는 것은?

> • 전기장판을 사용하면 열풍기도 사용한다.
> • 전기장판을 사용하면 전기히터도 사용하고, 전기밥솥을 사용하면 전기히터도 사용한다.
> • 전기스토브를 사용하면 열풍기도 사용한다.
> • 전기밥솥을 사용하지 않으면 열풍기도 사용하지 않는다.

① 전기장판을 사용하면 전기밥솥도 사용한다.
② 전기장판을 사용하면 전기스토브도 사용한다.
③ 전기밥솥을 사용하지 않으면 전기스토브를 사용하지 않는다.
④ 전기히터를 사용하지 않으면 열풍기도 사용하지 않는다.

46. 직장생활을 하다 보면 직장에서의 인간관계로 인해 여러 가지 갈등과 스트레스를 경험하게 된다. 다음 사례에서 A 과장에게 추천할 만한 대응전략이 아닌 것은?

> 직장생활 15년차인 영업3팀 A 과장은 오전에 예정된 상반기 실적에 관한 B 이사와의 미팅을 앞두고 골머리를 앓고 있다. B 이사는 전형적인 권위주의적 상사로 자신이 항상 옳다고 생각하며 팀원들에게 자신의 생각을 강요하는 스타일이다. 칭찬도 인색하고 팀원들이 열심히 노력해도 만족하지 못하며 상대방의 흠을 잡아 비난하고 질책하기만 한다. A 과장은 오랫동안 B 이사와 함께 일해 왔지만 늘 B 이사와의 미팅만 생각하면 가슴이 답답해져 온다.

① 우선 업무의 경계를 분명히 정하여 B 이사가 그 이상을 쓸데없이 침범하지 않도록 한다. B 이사가 업무 경계를 넘어와 갈등이 발생할 경우에 대한 대안을 요구한다.
② 우선 B 이사에게 부드럽고 관대하게 대한다. 작은 마찰이 더 큰 갈등으로 번지는 것을 막아 줄 객관적인 입장의 중재자를 두고 이를 활용한다.
③ B 이사가 말할 때마다 그의 의견을 끝까지 들어주고 업무의 핵심을 정확하게 이해시키려고 한다. 책임한계를 분명히 정하여 각자의 역할을 분명하게 구분하려고 한다.
④ B 이사를 인정해 주고 그의 의견에 동의를 나타낸다. 이후 확실한 근거를 가진 다음 서서히 B 이사를 변화시킬 실행방안을 준비한다.

47. 고객 응대 방법 중 서비스 정신에 입각하여 판단할 때 지양해야 할 행위가 아닌 것은?

① 시간이 걸리긴 하지만 고객의 질문에 답을 찾아주고자 별다른 설명 없이 장시간 고객을 기다리게 하는 행위

② 어지러운 책상 위가 산만하여 고객 응대에 앞서 먼저 서류 정리를 하는 행위

③ 고객의 시야에 들어오긴 하지만 연기나 냄새의 영향이 없을 정도의 거리에서 흡연을 하는 행위

④ 집안 문제로 일손이 잡히지 않지만 내가 맡은 일이라 어쩔 수 없이 고객의 민원에 응하는 강요된 서비스 행위

48. 다음 글의 상황에서 나타나는 갈등의 주된 원인을 적절히 분석한 것은?

> P는 당사자가 없는 자리에서 그 사람을 험담하는 일종의 뒷담화를 좋아하지 않는다. 그런데 M은 본인과 상대방이 공감대를 형성하고 있다는 증거로 본인의 뒷담화에 동참하는지 여부를 확인한다. P와 M이 오랜만에 만나게 되었는데, M은 항상 그렇듯 요즘 자신의 눈에 거슬리는 인물을 화젯거리로 삼아 뒷담화를 하기 시작했다. P는 M이 얘기하는 내용이 듣기 거북했고, 계속해서 이야기의 화제를 돌리고자 했다. M은 이런 P의 모습이 못마땅했으며, P가 자신과 잘 맞지 않는다고 생각했다. 결국 P와 M은 자리를 서둘러 정리하고, 어색하게 헤어지게 되었다.

① P가 M의 뒷담화를 적당히 들어 주었어야 했는데, 그렇게 하지 못했다.

② M은 자신이 하는 뒷담화를 불편해하는 사람이 있을 것이라는 점을 인지하지 못했다.

③ M이 험담하는 사람이 P의 지인일 수 있다는 점을 M이 고려하지 못했다.

④ P가 M의 뒷담화가 어떤 맥락에서 시작되었는지 사려 깊게 살피지 못하였다.

49. 다음 △△사 홍보관에 대한 안내에 따라 세운 방문 계획으로 가장 적절한 것은?

> • 관람 전 안내사항
> – 자유관람은 별도 예약신청 없이 자유롭게 이용 가능합니다.
> – 10명 이상 단체견학은 온라인 견학신청을 해 주시기 바랍니다.
> – 안전한 관람을 위하여 바퀴 달린 신발, 인라인 스케이트, 킥보드 등의 착용 및 휴대를 삼가 주시기 바랍니다.
> – 홍보관 내에서는 시각장애 안내견 이외의 애완동물의 출입은 금지되어 있습니다.
> – 관람운영일 : 매일 오전 9시 ~ 오후 6시(오후 5시 입장마감)
> ※ 휴관일 : 1월 1일, 설 · 추석연휴
>
> • 홍보관 해설 시간
> – 매주 화 ~ 일요일 오전 11시 / 오후 2시 / 오후 4시 총 3회, 회당 40명 이내
> – 해설코스 : 홍보관 1층 로비(회사소개 영상관람) → 홍보관 → 특별전시
> – 해설 소요시간 : 40분(회사소개 영상 10분, 해설 30분)
> – 참여방법 : 홍보관 1층 데스크에서 선착순 접수, 방문기념품 제공
> ※ 해당 시간 단체견학이 있을 경우 동반 해설 진행
> ※ 외국인 대상 영어 해설 : 관람 4일 전까지 유선 신청
> ※ 관람 입장시간 및 관람 소요시간은 당일 신청인원과 홍보관 내부 사정에 따라 지연 · 변경될 수 있습니다.
>
> • 자체 제작 애니메이션 상영 안내
> – 애니메이션명 : 네버랜드를 구하라(20분), 트러스트(8분) 총 2편
> – 매일 오전 10시 30분 / 오후 1시 30분 / 오후 3시 30분 총 3회, 홍보관 로비 멀티비전

① 홍보관 관람을 위해서는 바퀴 달린 신발을 신고 가는 것뿐만 아니라 소지하는 것도 안 되겠구나. 또한 모든 애완동물의 출입이 금지되므로 시각장애인 친구와 함께 방문하는 것은 어렵겠어.

② 이번 주 일요일에 아이들과 함께 방문하여 관련 애니메이션을 볼 수 있겠어. 이 애니메이션은 일반 극장에서도 쉽게 볼 수 있겠구나.

③ 외국인 친구와 함께 방문할 때에는 미리 인터넷 홈페이지에서 영어 해설을 신청하는 것이 좋겠구나.

④ 반 친구들 8명과 함께 단체 견학을 하려고 하는데 별도의 예약신청은 필요 없겠구나. 홍보관 해설도 들으려면 일찍 가서 홍보관 1층 데스크에서 신청하는 게 필요하겠어.

50. A 씨는 아내, 두 자녀와 함께 왕복 KTX를 타고 서울에서 부산으로 여행을 다녀오려고 한다. 다음 자료를 통해 예상되는 A 씨 가족의 총 KTX 비용은 얼마인가?

조건

- 아들 : 만 6세
- 딸 : 만 3세
- 딸이 서울에서 부산으로 내려갈 때는 아빠 무릎에 앉아서 가고, 부산에서 서울로 올라갈 때는 좌석을 지정해서 간다.

자료

KTX 구간별 요금표
(서울－부산 59,800원)

- 만 4세 미만 : 어른 요금의 75% 할인
- 만 4～6세 : 어른 요금의 50% 할인
- 만 4세 미만의 경우 별도로 표를 구매하지 않고 보호자와 함께 동승할 수 있음.

① 313,500원
② 313,700원
③ 313,950원
④ 331,550원

2회 기출예상문제

시험시간	50 분
문항수	50 문항

▶ 정답과 해설 15쪽

01. 다음 (가) ~ (라)를 문맥에 맞도록 바르게 나열한 것은?

(가) 이는 'hyper(초월한)'와 'text(문서)'의 합성어이며, 1960년대 미국 철학자 테드 넬슨이 구상한 것으로, 컴퓨터나 다른 전자 기기로 한 문서를 읽다가 다른 문서로 순식간에 이동해 읽을 수 있는 비선형적 구조의 텍스트를 말한다. 대표적인 예시인 모바일의 경우 정보에 접근하는 속도는 매우 빠르지만 파편성은 극대화되는 매체다.

(나) 밀레니엄 세대(Y세대)와는 다르게 다양성을 중시하고 사물인터넷(IoT)으로 대표되는 Z세대는 대개 1995년부터 2010년까지 출생한 세대를 보편적으로 일컫는 말이다. 이들은 어렸을 때부터 인터넷 문법을 습득하여 책보다는 모바일에 익숙하다. 책은 선형적 내러티브의 서사 구조를 갖는 반면 인터넷은 내가 원하는 정보에 순식간에 접근할 수 있게 해 준다는 측면에서 정보들 사이의 서사적 완결성보다는 비선형적 구조를 지향한다. 이러한 텍스트 구조를 하이퍼텍스트라고 한다.

(다) 따라서 앞으로는 무한하게 확장된 정보 중에서 좋은 정보를 선별하고, 이를 올바르게 연결하는 개인의 능력이 중요하게 부각될 것이다.

(라) 이러한 경우, 정보의 시작과 끝이 없으므로 정보의 크기를 무한대로 확장할 수 있다는 특징을 가진다. 일반적인 문서로는 저자가 주는 일방적인 정보를 받기만 하지만 하이퍼텍스트로는 독자의 필요에 따라 원하는 정보만 선택해 받을 수 있다.

① (가) – (나) – (다) – (라)
② (가) – (다) – (나) – (라)
③ (나) – (가) – (라) – (다)
④ (나) – (라) – (가) – (다)

02. 다음 ㉠ ~ ㉣ 중 그 쓰임이 올바른 것은?

> 산꼭대기에는 해를 비롯한 ㉠ <u>천채</u>의 움직임을 보여 주는 ㉡ <u>금빛</u> 혼천의가 돌고, 그 아래엔 4명의 선녀가 매시간 종을 울린다. ㉢ <u>산기슥</u>은 동서남북 사분면을 따라 봄 · 여름 · 가을 · 겨울 산이 펼쳐져 있다. 산 아래 평지에는 밭 가는 농부, 눈 내린 기와집 등 조선땅의 사계절이 ㉣ <u>묘사돼</u> 있고, 쥐 · 소 · 호랑이와 같은 12지신상이 일어섰다 누웠다를 반복하며 시간을 알린다.

① ㉠　　② ㉡
③ ㉢　　④ ㉣

03. 다음 밑줄 친 부분의 띄어쓰기가 잘못된 것은?

① 여름 <u>날씨치고</u> 선선하다.
② 공부는 하면 <u>할∨수록</u> 더 어렵다.
③ 이번 공모전에 선정이 <u>안∨되다.</u>
④ 많이 아팠다고 하더니 얼굴이 많이 <u>안됐구나.</u>

04. 다음 중 문장 성분의 호응이 가장 어색하지 않은 것은?

① 우리말을 바르게 사용하는 것이 우리말을 지키는 첫걸음이며, 나아가 한국의 문화를 세계에 알리는 지름길이다.
② 깊은 슬픔에 빠진 사람은 그 어둠 속에서 보이는 것이 바늘 끝만한 한 줄기 희망뿐이라서 그것이라도 잡기 위해 고군분투할 수밖에 없었다.
③ 내 친구는 고등학생 때부터 신춘문예에 소설을 공모했으나 여전히 등단하지 못했다.
④ 중요한 것은 네가 지금까지의 잘못을 반성하고 앞으로 진실하게 살아가야 한다는 것이다.

05. 다음 글의 제목으로 가장 적절한 것은?

> 본격적인 여름이 시작되기 전 우리를 잊지 않고 찾아오는 불청객이 있다. 바로 우리의 목과 눈을 괴롭히는 오존(Ozone)이다. 오존은 특유의 냄새가 나고, 눈을 자극해서 따갑게 하며 호흡기 질환도 일으키기 때문에 노약자, 어린이는 외출을 자제해야 할 정도로 위험하다. 이렇게 오존은 인체에 해로운 물질이다.
>
> 그러나 오존이라고 해서 모두 나쁜 것은 아니다. 기후변화와 관련된 이야기를 할 때면 항상 언급되는 것이 오존층 파괴다. 오존층은 지구 표면에서 약 10 ~ 50km 상공의 성층권에 존재한다. 인류를 포함해 지구상에 생명체가 존재할 수 있도록 태양의 자외선을 차단하는 기능을 수행하며 태양에서 오는 강력한 자외선을 걸러 주는 필터 역할을 하여 피부암, 피부노화 등을 막아 준다.
>
> 지구상 2번째로 강한 살균력을 자랑하는 오존은 적절히만 사용하면 우리에게 더 없이 유익하다. 더러운 하수를 살균하고 악취를 제거하는 기능은 물론이고 농약 분해, 중금속 제거, 유해물질 분해, 세균 사멸, 면역 반응 증진 등에도 오존이 활용된다. 또 고도의 청결을 요하는 반도체 생산공정에도 오존이 사용되고 최근엔 오존이 세포에 산소를 공급해 면역력을 높인다는 사실이 밝혀져 의료 분야에도 응용되고 있다.
>
> 반면 대기 오염 부산물로 발생하는 오존은 인체를 비롯한 생명체에 치명적이다. 자동차 배기가스, 공장 매연으로 인한 대기 오염이 오존 생성을 촉진한다. 특히 바람 한 점 없는 무더운 날에는 오존이 더욱 잘 생성된다.
>
> 오존은 자극성 및 산화력이 강한 기체이기 때문에 감각기관이나 호흡기관에 민감한 영향을 미친다. 오존으로 가장 치명적인 손상을 입는 기관은 호흡기다. 또 호흡기를 통해 체내에 들어온 고농도 오존은 기도나 폐포 등과 접촉하게 된다. 이 조직들은 여러 물질들을 함유한 액체의 막으로 덮여 있는데, 이 막이 얇은 경우에는 오존에 의해 조직이 직접 손상을 받을 수 있다. 두꺼운 경우에는 오존이 액체와 반응하는 과정에서 2차적으로 반응성이 강한 물질들을 만들어 내 조직에 손상을 줘서 폐 기능을 약화시킬 수 있다.

① 강력한 살균기, 오존
② 오존의 발생원인
③ 오존층이 지구에 주는 영향
④ 오존의 두 얼굴

06. 다음 밑줄 친 단어의 뜻이 나머지와 다르게 쓰인 것은?

① 내 동생은 <u>의사</u>표현이 확실하다.
② <u>의사</u>인 둘째 사위의 권고로 담배를 끊었다.
③ 그 국회의원은 국민의 <u>의사</u>를 무시했다.
④ 싸울 <u>의사</u>가 없으면 얼른 물러나라.

07. 다음 중 밑줄 친 부분의 의미가 〈보기〉와 가장 유사한 것은?

보기
지용성 비타민은 기름에 <u>녹는다</u>.

① 날씨가 따뜻해져 고드름이 <u>녹아</u> 흐른다.
② 서운한 감정이 봄눈처럼 <u>녹는</u> 듯하였다.
③ 생선회가 입안에서 살살 <u>녹는다</u>.
④ 폐수 속에 <u>녹아</u> 있는 독성 물질은 유해하다.

08. 다음 글의 내용을 포괄하는 주제로 적절한 것은?

원시공동체의 수렵채취 활동은 그 집단이 소비해 낼 수 있는 만큼의 식품을 얻는 선에서 그친다. 당장 생존에 필요한 만큼만 채취할 뿐 결코 자연을 과다하게 훼손하지 않는 행태는 포악한 맹수나 원시 인류나 서로 다를 바 없었다. 이미 포식한 뒤에는 더 사냥하더라도 당장 먹을 수 없고, 나중에 먹으려고 남기면 곧 부패되므로 욕심을 부릴 까닭이 없기 때문이었다. 또 각자 가진 것이라고는 하루분 식품 정도여서 강탈해도 얻는 것이 별로 없으니 목숨을 걸고 다툴 일도 없었다. 더 탐해도 이익이 없으므로 더 탐하지 않기 때문에 원시공동체의 사람이나 맹수는 마치 스스로 탐욕을 절제하는 것처럼 보인다.

신석기시대에 이르면 인류는 수렵채취 중심의 생활을 탈피하고 목축과 농사를 주업으로 삼기 시작한다. 목축과 농사의 생산물인 가축과 곡물은 저장 가능한 내구적 생산물이다. 당장 먹는 데 필요한 것보다 더 많이 거두어도 남는 것은 저장해 두었다가 뒷날 쓸 수 있다. 따라서 본격적인 잉여의 축적도 이 시기부터 일어나기 시작하였다. 그리고 축적이 늘어나면서 약탈로부터 얻는 이익도 커지기 시작했다. 많이 생산하고 비축하려면 그만큼 힘을 더 많이 들여야 한다. 그런데 그 주인만 제압해 버리면 토지와 비축물을 간단히 빼앗을 수 있다. 내 힘만 충분하면 토지를 빼앗고 원래의 주인을 노예로 부리면서 장기간 착취할 수도 있으니 가장 수익성 높은 '생산' 활동은 약탈과 전쟁이다. 이렇게 순수하고 인간미 넘치던 원시 인류도 드디어 탐욕으로 오염되었고, 강한 자는 거리낌 없이 약한 자의 것을 빼앗기 시작하였다.

① 저장의 시작에서 발현한 인류의 탐욕
② 목축과 농사의 인류학적 가치
③ 약탈 방법의 다양성과 진화
④ 사적 소유의 필요성

09. 다음 글의 중심내용으로 적절한 것은?

정보 사회라고 하는 오늘날, 우리는 실제적 필요와 지식 정보의 획득을 위해서 독서하는 경우가 많다. 사실은 일정한 목적의식이나 문제의식을 안고 달려드는 독서일수록 능률적인 것이다. 르네상스시대의 만능인이었던 괴테는 그림에 열중하기도 했다. 그는 의아해하는 주위 사람들에게 그림의 대상이 되는 집이나 새를 더 관찰하기 위해서 그림을 그리는 것이라고 대답했다고 전해진다. 그림을 그리겠다는 목적의식을 가지고 집이나 꽃을 관찰하면 평소보다 분명하고 세세하게 그 대상이 떠오를 것이다. 마찬가지로 일정한 주제의식이나 문제의식을 가지고 독서를 할 때, 보다 창조적이고 주체적인 독서 행위가 성립될 것이다.

① 특정 목적이나 문제의식을 가진 독자일수록 효율적인 독서를 할 수 있다.
② 독서의 목적은 독자들이 무엇을 필요로 하느냐에 따라 달라진다.
③ 독자들은 각자 필요한 지식 정보를 획득하기 위해 다양한 책을 읽는다.
④ 독자들이 그림을 그린다면 주체적인 독서를 하는 데에 도움이 될 것이다.

10. 다음에서 설명하는 사자성어로 옳은 것은?

달아난 양을 찾다가 여러 갈래 길에서 길을 잃었다는 뜻으로, 학문의 길이 나뉘어져 진리를 찾기 어려움.

① 곡학아세(曲學阿世)
② 다기망양(多岐亡羊)
③ 입신양명(立身揚名)
④ 읍참마속(泣斬馬謖)

11. 다음 글의 밑줄 친 ㉠～㉣에서 각각 알맞은 단어를 골라 순서대로 나열한 것은?

> 조현병의 진단은 주로 환자의 증상을 바탕으로 임상적으로 내리게 된다. 미국 정신의학회의 ㉠ <u>진단/치료</u> 기준을 보면 망상, 환각, 와해된 언어, 와해된 행동이나 긴장증적 행동, 음성 증상의 5가지 중 2가지 이상 증상이 1개월 이상 ㉡ <u>존재/상존</u>하는 경우를 조현병으로 본다. 그 외에도 혹시 다른 내과, 신경과적 ㉢ <u>약물/질환</u> 때문에 조현병과 유사한 증상을 보이는지를 확인하기 위해 내과적 검사와 뇌 자기공명영상(MRI) 등의 검사를 이용하기도 한다.
>
> 조현병의 치료에 있어 가장 중요한 것은 항정신병약물을 이용한 약물치료이다. 약물치료는 조현병의 중요한 원인 중 하나로 알려진 신경 전달물질의 불균형을 바로 잡아주고, 이를 통해 증상을 ㉣ <u>이완/완화</u>시키고 나아가 조현병의 재발을 막아줄 수 있다. 그 외에도 인지행동치료, 환자 가족들에 대한 교육, 직업재활 등의 치료가 도움이 될 수 있다.

	㉠	㉡	㉢	㉣
①	치료	상존	질환	완화
②	진단	존재	질환	완화
③	치료	존재	약물	이완
④	진단	상존	약물	완화

12. 다음에서 설명하는 접두어의 쓰임이 잘못된 것은?

> • 새- : 어두음이 된소리나 거센소리이고, 어간의 첫음절 모음이 양성모음일 때 사용한다.
> • 샛- : 어두음이 유성자음이고, 어간의 첫음절 모음이 양성모음일 때 사용한다.
> • 시- : 어두음이 된소리나 거센소리이고, 어간의 첫음절 모음이 음성모음일 때 사용한다.
> • 싯- : 어두음이 유성자음이고, 어간의 첫음절 모음이 음성모음일 때 사용한다.

① 유채꽃 축제가 열리는 한강공원의 유채꽃밭은 정말 <u>샛노랗다</u>.
② 여름휴가를 보내고 돌아오니 얼굴이 햇볕에 <u>새까맣게</u> 탔다.
③ 그 아기는 정말 호수처럼 <u>새말간</u> 눈동자를 가졌다.
④ 칼에 베인 엄지손가락에서 <u>시뻘건</u> 피가 흘렀다.

13. 다음 글의 내용과 일치하지 않는 것은?

중세 이탈리아 상인들은 어떤 물건들을 취급해서 막대한 부를 축적했을까? 피렌체 출신의 상인 페골로티의 '상업 실무'와 발루타(Valuta)라 불리는 일종의 상품 시세표는 그에 대한 답을 알려 준다. 두 기록에 따르면 중세 말 이탈리아 상인들이 일상적으로 취급했던 품목은 대략 2백 개 정도였다고 한다. '상업 실무'에 언급된 상품은 총 288가지였지만 같은 종류의 상품들이 생산지, 가공 상태, 품질 등에 따라 중복 분류된 것을 제외하면 대략 193종의 품목이 이탈리아 상인들을 통해 유통되고 있었다.

페골로티의 목록에서 눈에 띄는 점은 이 상품들이 향신료로 불렸다는 것이다. 오늘날 엄격한 의미의 향신료로 간주되지 않는 꿀, 설탕, 쌀, 오렌지, 다트 등의 식품들과 명반, 백연 등의 염색 재료들 그리고 원면, 밀랍, 종이와 같은 산업 원료들까지도 중세 향신료로 분류되었다. 193개의 중세 향신료 중에서 오늘날에도 여전히 향신료로 간주되는 것들은 극소수이다. 이 중 인도와 중국을 포함한 동방으로부터 온 상품들은 31개 정도이며 그중에서도 진정한 의미의 향신료는 후추, 생강, 육계, 계피, 정향, 소두구, 갈링가, 육두구 정도였다.

고대부터 시작된 아시아산 향신료에 대한 유럽인들의 열광적인 소비는 시간이 갈수록 늘어났다. 유럽인들은 아시아 향신료에 매료되었고, 이탈리아 상인들은 늘어나는 향신료 수요를 충족시키면서 막대한 이익을 얻었다. 향신료에 대한 수요가 많았던 이유 중 하나는 다양한 용도 덕분이었다. 음식에 향미를 더해 주기도 하고 육식을 금하는 사순절 동안 생선만 먹는 지루함을 달래주었으며 신을 부르거나 악마를 쫓아내고 병과 전염병을 치료하는 용도 등으로 활용되기도 하였다. 중세 고급 요리에서 향신료는 없어서는 안 되는 필수 품목이었다.

① 중세 이탈리아 상인들은 약 200여 개의 물품을 취급하였다.

② 중세 이탈리아 상인들이 취급한 물품은 일정 기준에 의해 분류되어 있었다.

③ 중세 이탈리아 상인들은 양념류와 식품 등을 향신료로 분류하였다.

④ 중세 유럽인들이 향신료를 좋아했던 이유 중 하나는 향신료가 음식을 대신할 수 있었기 때문이다.

14. A와 B 사이의 거리는 120km이다. 고진이는 A 지점에서 오토바이를 타고 시속 36km로, 애정이는 B 지점에서 도보로 시속 4km로 각각 B, A 지점을 향해 달렸다. 두 사람은 몇 시간 후에 만나는가?

① 1시간 후 ② 1시간 30분 후
③ 2시간 후 ④ 3시간 후

15. 가로와 세로의 길이가 각각 10cm, 14cm인 직사각형의 가로와 세로를 똑같은 길이만큼 늘려 새로운 직사각형을 만들었더니 넓이가 기존보다 80% 증가하였다. 새로운 직사각형의 가로 길이는 몇 cm인가?

① 12cm ② 14cm
③ 16cm ④ 18cm

16. A와 B가 가진 돈의 비는 5 : 4이다. B가 2,000원을 가지고 있을 때, A가 가지고 있는 돈은 얼마인가?

① 2,500원 ② 3,000원
③ 3,500원 ④ 4,000원

17. A 레스토랑에서는 샐러드와 피자, 스파게티 세 가지 메뉴를 세트로 묶어 판매하고 있다. 샐러드는 8,800원, 피자는 16,000원, 세트 가격은 32,400원이다. 세트 가격은 각 메뉴의 가격을 합한 금액에서 10%를 할인한 값이라고 할 때, 스파게티의 원래 가격은 얼마인가?

① 7,600원
② 10,080원
③ 11,200원
④ 12,700원

18. A 통신사와 B 통신사의 인터넷 요금이 다음과 같을 때, 두 통신사의 요금이 같아지려면 인터넷을 한 달에 몇 분 사용해야 하는가?

〈각 통신사의 인터넷 요금〉

구분	기본요금	사용요금
A 통신사	10,000원/월	10원/분
B 통신사	5,000원/월	20원/분

※ 인터넷 요금은 '기본요금+사용요금'으로 계산한다.

① 350분
② 400분
③ 450분
④ 500분

19. 사내 비품 담당인 이 대리는 겨울을 대비해 가습기를 구매하려고 한다. A 업체는 구매 금액 1,000,000원당 50,000원을 할인해 주는 동시에 10대를 사면 1대를 무료로 주고, B 업체는 같은 가습기 9대를 사면 1대를 무료로 준다. 1대당 100,000원인 가습기 50대를 구매한다면 두 업체 중 어디에서 사는 것이 얼마나 더 저렴한가?

① A 업체, 100,000원
② B 업체, 100,000원
③ A 업체, 200,000원
④ B 업체, 200,000원

20. 기상청에서 A 지역에 비가 올 확률이 0.7이고 A와 B 지역 모두에 비가 올 확률이 0.4라고 발표하였다. B 지역에 비가 오지 않을 확률은?

① $\frac{1}{7}$ ② $\frac{2}{7}$

③ $\frac{3}{7}$ ④ $\frac{4}{7}$

21. 다음은 우리나라 부패인식지수(CPI)의 연도별 변동 추이에 대한 자료이다. 이에 대한 설명으로 적절하지 않은 것은?

〈부패인식지수(CPI)의 연도별 변동 추이〉

(단위 : 점, 개국, 위)

구분		20X1년	20X2년	20X3년	20X4년	20X5년	20X6년	20X7년	20X8년
CPI	점수	56.0	55.0	55.0	54.0	53.0	54.0	57.0	59.0
	조사대상국	176	177	175	168	176	180	180	180
	순위	45	46	44	43	52	51	45	39
OECD	회원국	34	34	34	34	35	35	36	36
	순위	27	27	27	28	29	29	30	27

※ 점수가 높을수록 청렴도가 높다.

① 우리나라의 CPI 순위와 OECD 순위가 가장 낮은 해는 각각 20X5년, 20X7년이다.

② 청렴도가 가장 높은 해와 20X1년도의 청렴도 점수의 차이는 3.0점이다.

③ 조사 기간 동안 우리나라의 CPI는 OECD 국가에서 항상 상위권을 차지하였다.

④ 우리나라는 다른 해에 비해 20X8년에 가장 청렴했다고 볼 수 있다.

22. 다음 자료를 이용하여 자동차 등록 현황에 대한 〈보고서〉를 작성할 때, 추가로 필요한 자료를 〈보기〉에서 모두 고르면?

〈2022년 지역별 자동차 등록 현황〉

(단위 : 천 대, 명)

순위	지역	자동차 등록대수	자동차 1대당 인구수
1	서울	239	2.9
2	인천	88	3.7
3	부산	65	3.1
4	대구	42	2.8
⋮			
10	광주	10	3.6
⋮			

〈보고서〉

자동차 등록대수의 지역별 순위를 보면 2022년에 서울이 약 23만 9천 대로 전년에 이어 1위를 차지했으며 인천이 약 8만 8천 대로 서울의 뒤를 이었다. 광주는 10위를 차지했으며 자동차 1대당 인구수는 3.6명을 기록했다.

보기

ㄱ. 2022년 지역별 인구수
ㄴ. 2021년 지역별 자동차 등록대수
ㄷ. 2022년 대한민국 자동차 등록대수

① ㄱ
② ㄴ
③ ㄱ, ㄷ
④ ㄴ, ㄷ

권두부록 1회 기출예상 2회 기출예상 3회 기출예상 4회 기출예상 5회 기출예상 6회 기출예상 7회 기출예상 8회 기출예상 9회 기출예상 인성검사 면접가이드

23. 다음은 1인 가구의 주거환경 만족/불만족 실태를 조사한 자료이다. 이를 토대로 작성한 그래프 중 자료의 내용과 일치하지 않는 것은?

1. 우리나라 1인 가구 비율은 1985년 6.7%에서 2015년 27.2%로 급격히 증가하였으며 2025년에는 31.9%가 될 것으로 예측된다.
2. 1인 가구의 위험 요소로는 '대중교통 이용', '늦은 귀가', '만취 귀가', '빈 집'의 순으로 비중이 높았다.
3. 1인 가구의 52.1%가 단독주택에 거주하고 있으며 이어 아파트(27.6%), 다세대 주택(8.3%), 주택 이외의 거처(8.0%)의 순으로 비중이 높았다. 이는 원룸이 단독주택으로 분류되기 때문이다.
4. 주택환경 만족도는 재난 · 재해(산사태나 홍수, 지진 피해 등) 안전성(52.1%), 주택 방범상태(27.6%), 화재로부터의 안전성(화재예방, 전기시설, 화재대피시설 유무)(8.3%)의 순이었다.

①
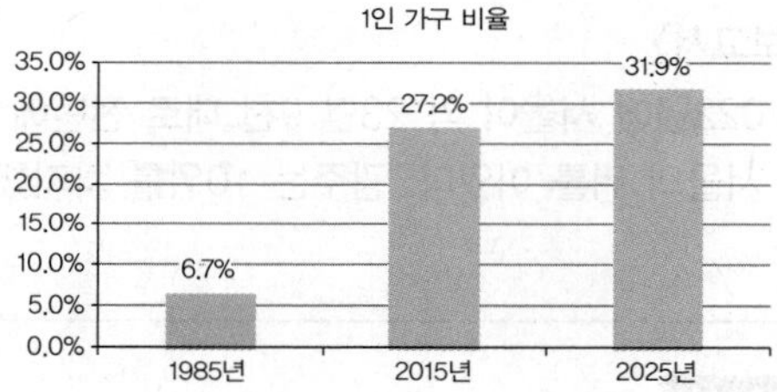

②
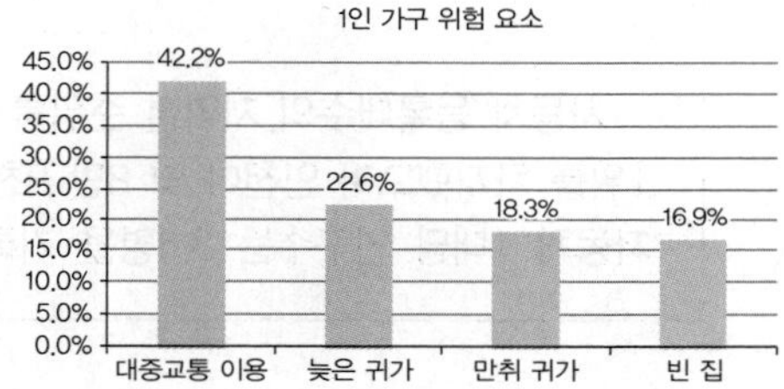

③
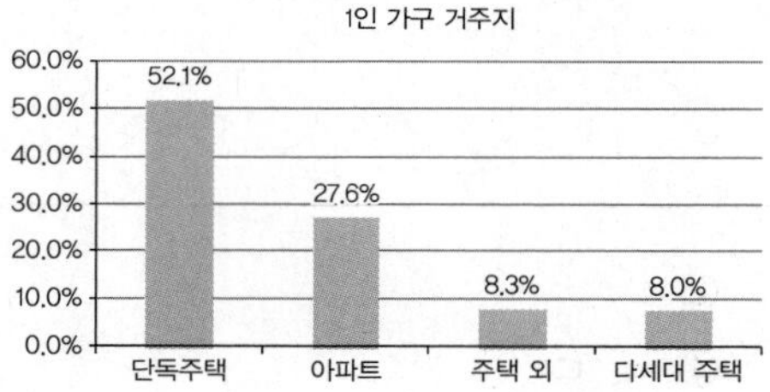

④
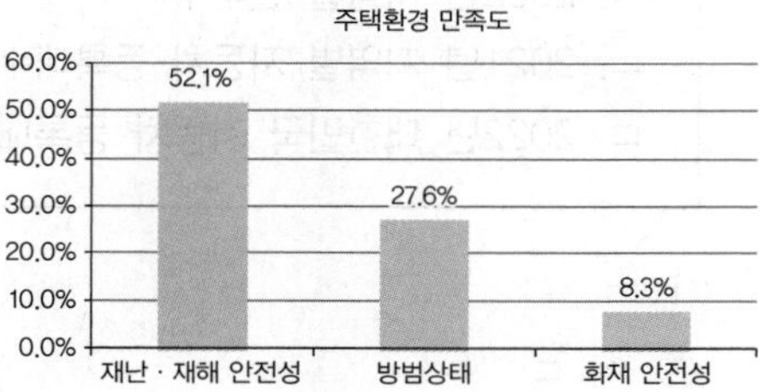

24. 다음은 어느 고등학교에서 시행 중인 학업 평가 결과를 나타낸 표이다. 영역별 1 ~ 5등급으로 나누어진다고 할 때, 이에 대한 설명으로 옳지 않은 것은?

〈학업 평가 4 ~ 5등급 비율〉

(단위 : %)

구분	A 영역	B 영역	C 영역	D 영역
20X8년	56.0	47.2	45.6	43.1
20X9년	45.9	44.5	39.9	35.4

① 20X8년 대비 20X9년에 4 ~ 5등급 비율이 가장 크게 변한 영역은 A 영역이다.

② 20X9년 C 영역에서 1 ~ 3등급을 받은 학생의 비율은 54.4%이다.

③ 20X8년 D 영역에서 4 ~ 5등급을 받은 학생 수가 B 영역에서 4 ~ 5등급을 받은 학생 수보다 적다.

④ 20X8년과 20X9년 모두 학업 평가 4 ~ 5등급 비율은 D 영역－C 영역－B 영역－A 영역 순으로 낮다.

25. 다음 자료에 대한 설명으로 옳은 것은?

〈20XX년 6 ~ 9월의 A ~ H시 순이동인구〉

(단위 : 명)

구분	6월	7월	8월	9월
A시	3,946	3,305	－3,404	－7,117
B시	－1,378	－223	－399	－958
C시	－1,034	－1,569	－1,670	－970
D시	－3,328	－2,067	－2,026	－1,640
E시	220	－511	－447	388
F시	－714	－1,059	－1,323	－230
G시	－614	－2,013	－3,123	－1,696
H시	1,495	1,303	746	210

※ 순이동인구(명)＝전입인구－전출인구

① A ~ H시 중 20XX년 7월에 전입인구가 가장 많은 시는 A시이다.

② C시의 6월부터 9월까지 전출인구는 전입인구보다 많다.

③ H시의 전입인구는 감소하고 있는 추세이다.

④ A ~ H시 중 6월부터 9월까지 매월 전입인구가 전출인구보다 많은 시는 다섯 곳이다.

26. 다음 두 블록을 합쳤을 때 나올 수 없는 형태는? (단, 회전은 자유롭다)

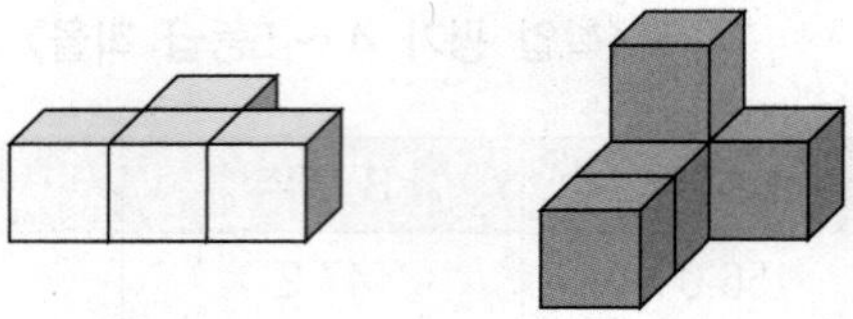

① 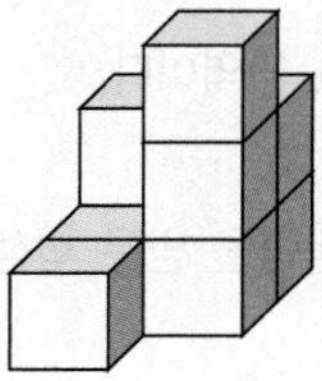

② 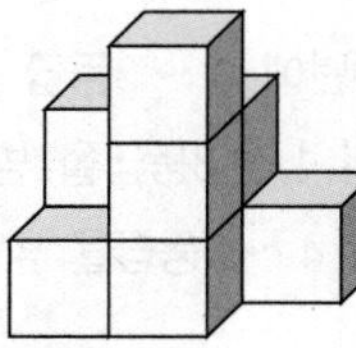

③ 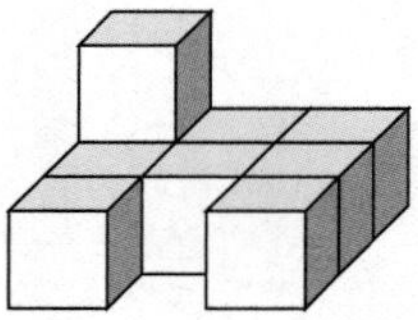

④ 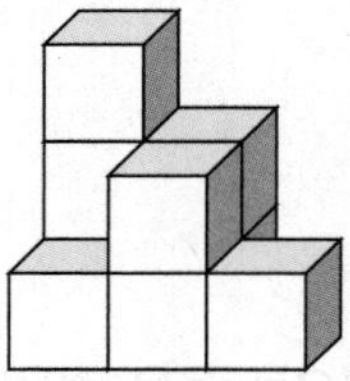

27. 다음 그림에서 두 면만 보이는 블록은 모두 몇 개인가?

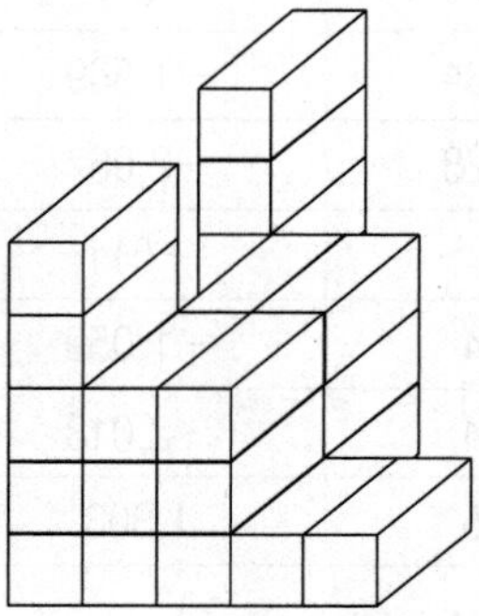

① 6개
② 7개
③ 8개
④ 9개

28. 다음 제시된 도형과 같은 것을 고르면?

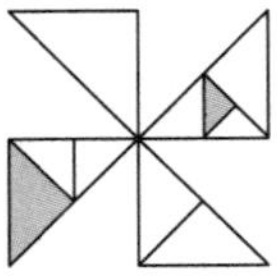

① 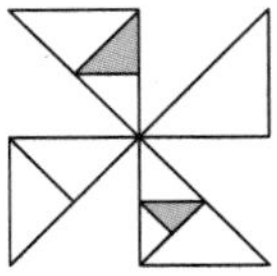

② 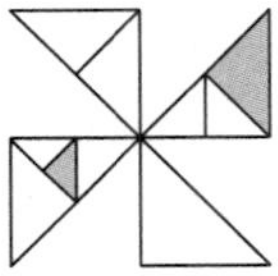

③ 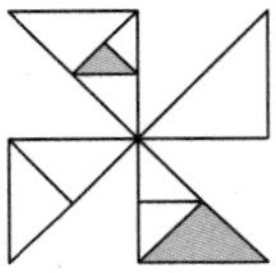

④ 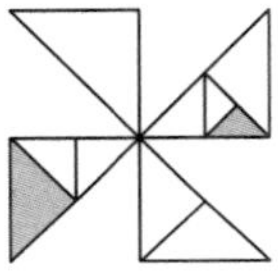

29. 다음 그림과 같이 쌓기 위해 필요한 블록의 개수는? (단, 블록의 모양과 크기는 모두 동일한 정육면체이며, 보이지 않는 뒷부분의 블록은 없다)

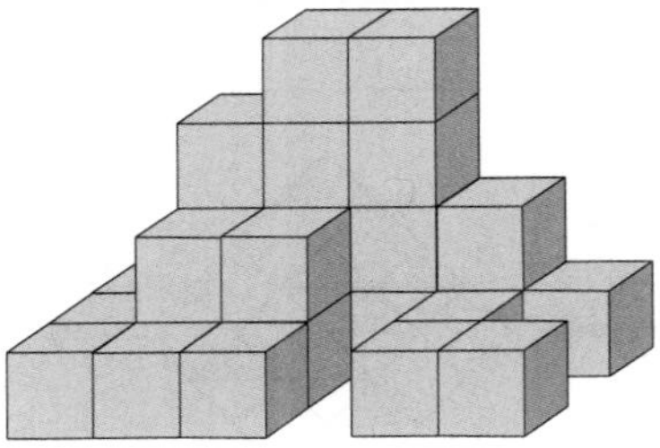

① 24개
② 25개
③ 26개
④ 27개

30. 다음 그림의 조각을 순서대로 바르게 배열한 것은?

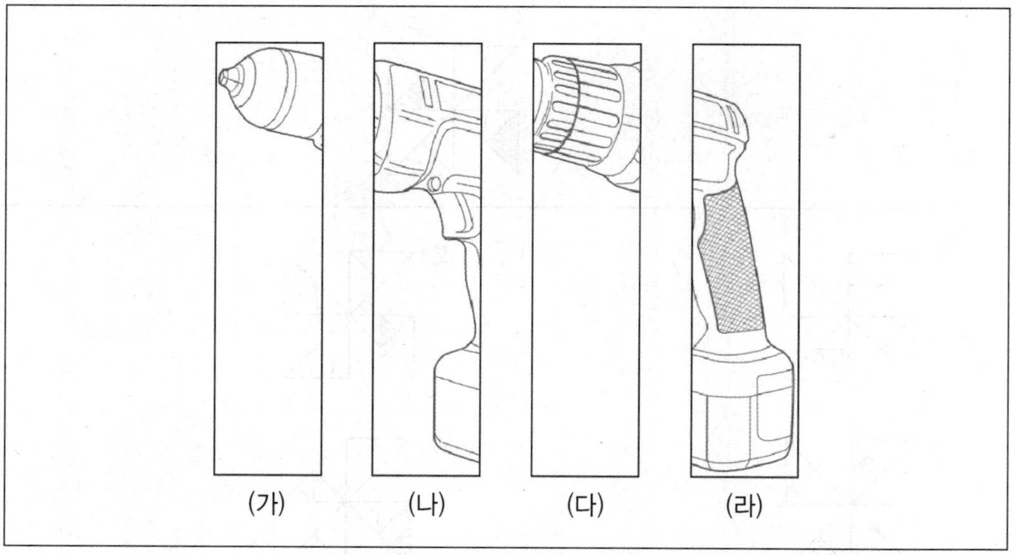

① (가)-(다)-(나)-(라)
② (가)-(라)-(나)-(다)
③ (나)-(가)-(라)-(다)
④ (나)-(라)-(가)-(다)

31. 다음 그림은 일정한 규칙에 따라 배열되어 있다. '?'에 들어갈 도형은?

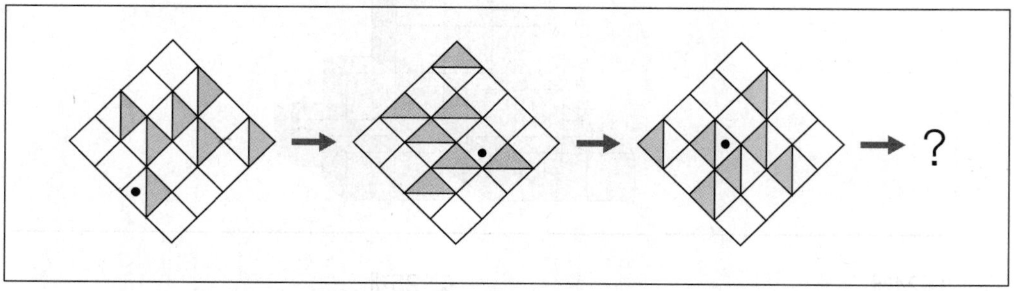

①

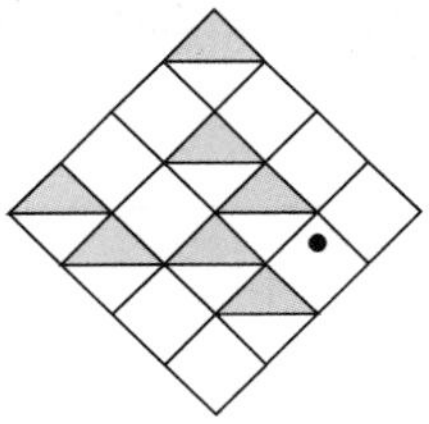

②

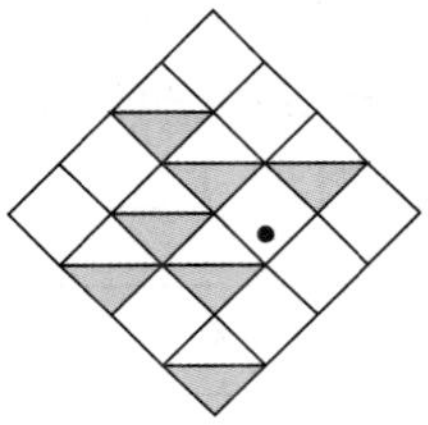

③

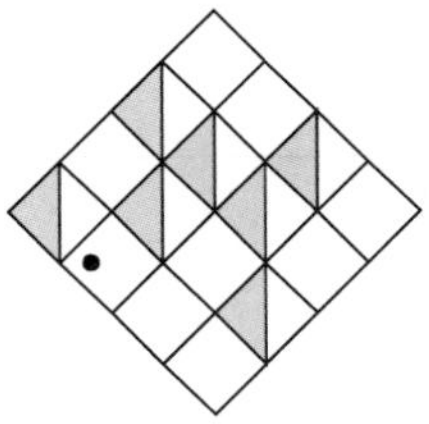

④

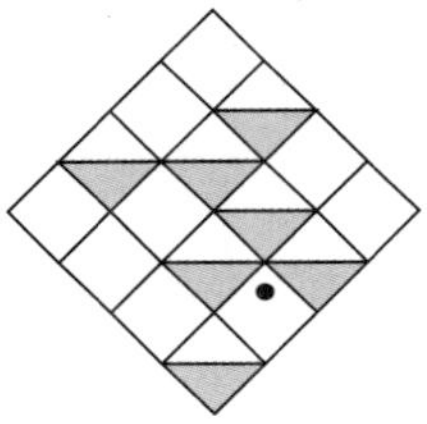

32. 다음 〈보기〉의 도형 3개를 합쳤을 때 나오는 모양으로 적절하지 않은 것은?

보기

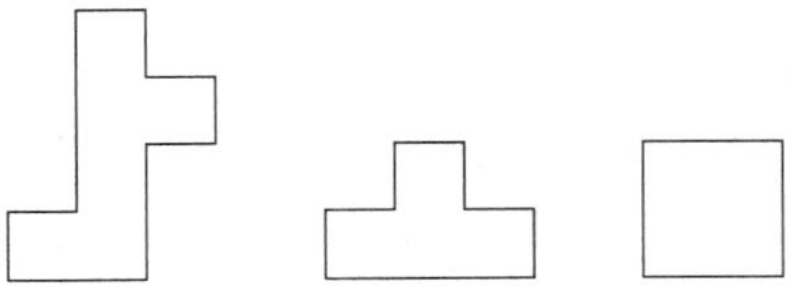

①

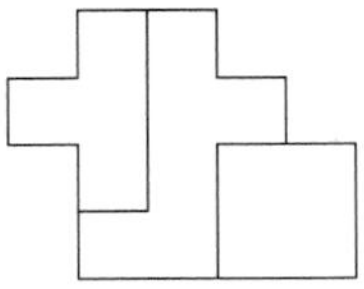

②

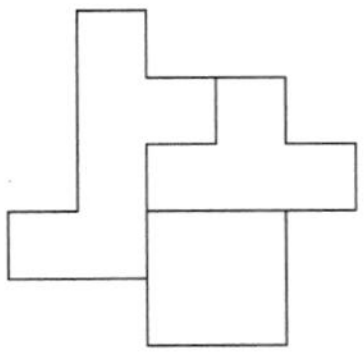

③

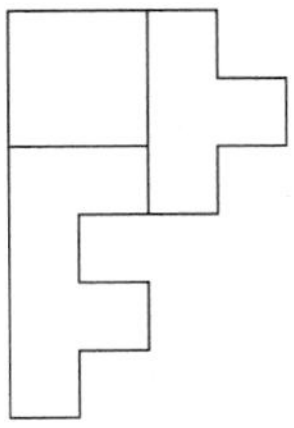

④

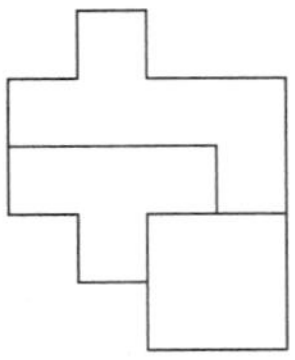

33. 다음과 같이 연결된 5개의 주사위가 있다. 서로 접하고 있는 면의 눈을 합한 값으로 적절한 것은? (단, 주사위의 마주보는 면에 그려진 눈의 합은 7이다)

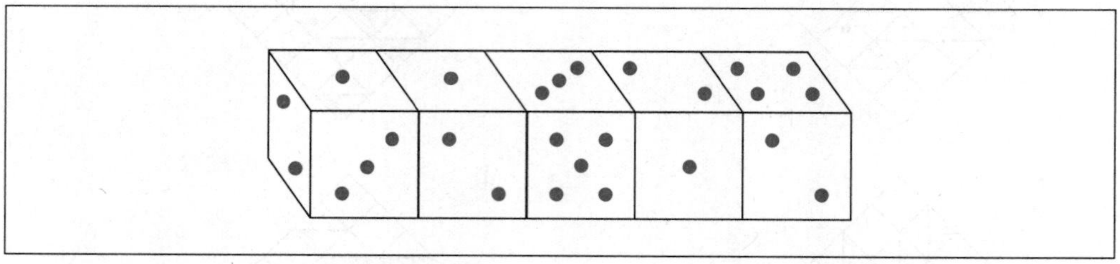

① 28 ② 30
③ 32 ④ 34

34. 다음과 같이 종이를 접은 다음 펀치로 구멍을 뚫은 후 다시 펼쳤을 때의 모양으로 옳은 것은?

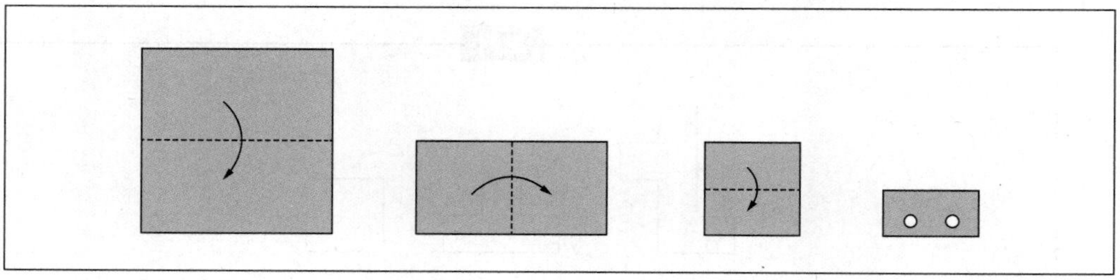

①

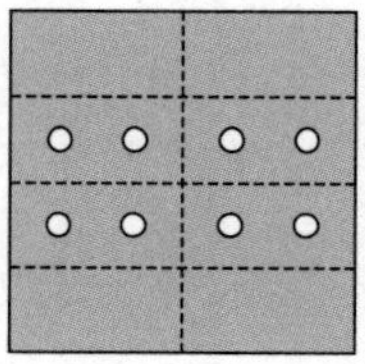

②

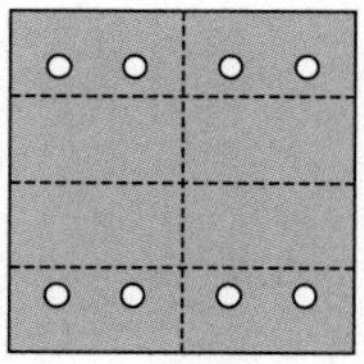

③

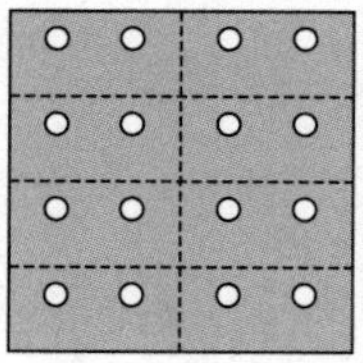

④

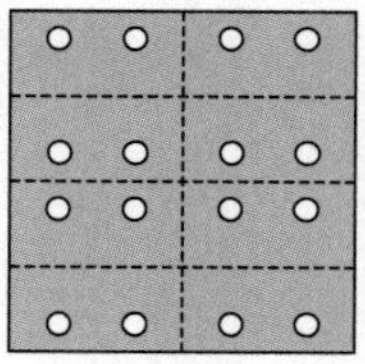

35. 다음 전개도를 접어 완성할 때 나올 수 없는 모양은?

①

②

③

④

36. 같은 엘리베이터에 탄 사원 A ~ E 중 한 명은 거짓말을 하고 있다. 〈보기〉를 고려할 때 다음 중 항상 참인 것은? (단, 같은 층에서 내린 사람은 없다)

보기

- A : B는 확실히 1층에서 내렸어.
- B : C는 1층에서 내렸어.
- C : 잘은 모르겠지만, D는 적어도 3층에서는 내리지 않았어.
- D : E는 4층에서 내렸어.
- E : 나는 4층에서 내렸고 A는 5층에서 내렸어.

① A는 4층에서 내렸다.
② B는 3층에서 내렸다.
③ C는 1층에서 내렸다.
④ D는 2층에서 내렸다.

37. 다음 A, B 두 개의 명제가 모두 참일 경우, 빈칸에 들어갈 명제로 적절한 것은?

> • A : 게으르지 않은 사람은 운동을 싫어하지 않는다.
> • B : 긍정적이지 않은 사람은 운동을 싫어한다.
> • C : 그러므로 (   )

① 긍정적이지 않은 사람은 게으르다.
② 운동을 싫어하는 사람은 긍정적이다.
③ 운동을 싫어하지 않는 사람은 긍정적이지 않다.
④ 긍정적이지 않은 사람은 운동을 싫어하지 않는다.

38. 다음 밑줄 친 부분에 들어갈 문장으로 적절한 것은?

> 축구를 좋아하는 사람은 유산소 운동을 열심히 한다. 야구를 좋아하는 사람은 유산소 운동을 열심히 한다. 그러므로 ______________________________

① 유산소 운동을 열심히 하는 사람은 축구도 야구도 좋아한다.
② 유산소 운동을 열심히 하지 않는 사람은 축구도 야구도 좋아하지 않는다.
③ 축구를 좋아하는 사람은 야구를 좋아한다.
④ 야구를 좋아하는 사람은 축구를 좋아하지 않는다.

39. 다음의 조건을 충족하는 리그의 구성으로 적절한 것은?

> 여섯 개의 야구 팀 A, B, C, D, E, F를 세 팀씩 두 리그로 나누고자 한다. 단, E와 F 팀은 다른 리그에 속해야 하며, C가 소속된 리그에는 A 혹은 B 팀이 반드시 소속되어야 한다.

① B, C, F
② A, B, E
③ A, B, C
④ B, E, F

40. 해외영업 1팀의 A 부장, B 과장, C 대리, D 대리, E 사원, F 사원 여섯 명은 올해 해외영업을 진행할 지역을 정하려고 한다. 지역은 중남미, 미주, 아시아 지역으로 각각 2명씩 나뉘어 담당하며, 다음 〈조건〉에 따라 해외영업 지역을 정한다고 할 때 항상 참이 아닌 것은?

조건

- A 부장과 B 과장은 서로 다른 지역을 담당해야 한다.
- C 대리는 아시아 지역을 담당해야 한다.
- D 대리와 F 사원은 서로 같은 지역을 담당해야 한다.
- E 사원은 중남미 지역을 담당할 수 없다.

① B 과장은 미주 지역 또는 아시아 지역의 영업을 담당하게 된다.
② D 대리와 F 사원은 중남미 지역의 영업을 담당하게 된다.
③ A 부장과 E 사원은 같은 지역의 영업을 담당하게 된다.
④ C 대리와 E 사원은 같은 지역의 영업을 담당하지 않는다.

41. 다음 중 논리적 오류가 발생하지 않은 것은?

① 난간에 기대면 추락 위험이 있다고 적혀 있으므로 난간에 기대는 사람은 추락하고 싶은 것이다.
② 눈이 내리는 곳에 꽃이 핀다. 그 지역은 눈이 내리지 않았으므로 꽃이 피지 않는다.
③ 내가 고양이를 좋아하는 것보다 동생이 고양이를 더 많이 좋아한다.
④ 제훈이네 어머니가 수학과 교수님이시니 제훈이도 틀림없이 수학을 잘할 것이다.

42. 다음의 사실들을 참고할 때, 결론에 대한 설명으로 옳은 것은?

> [사실] • 떡볶이를 좋아하는 사람은 화통하다.
> • 화통한 사람은 닭강정을 싫어한다.
> • 떡볶이를 좋아하는 사람은 닭강정을 싫어한다.
>
> [결론] A. 닭강정을 좋아하는 사람은 떡볶이를 싫어한다.
> B. 닭강정을 싫어하는 사람은 화통하다.

① A만 항상 옳다.
② B만 항상 옳다.
③ A, B 모두 항상 옳다.
④ A, B 모두 항상 그르다.

43. 다음 명제의 빈칸에 들어갈 말로 적절한 것은?

> 어떤 펀드매니저는 운동을 좋아한다. 어떤 수필가는 운동을 좋아한다. 모든 수필가는 잠이 많다. 그러므로 (   )

① 모든 수필가는 운동을 좋아하지 않는다.
② 모든 펀드매니저는 잠이 많지 않다.
③ 모든 펀드매니저는 운동을 좋아한다.
④ 어떤 수필가는 운동을 좋아하면서 잠이 많다.

44. 용인의 ○○화랑에서 지난 금요일 오후 10시에 도둑이 들어 그림을 도난당하는 사건이 발생하였다. 용의자는 A, B, C, D, E 5명으로 이 중 두 사람이 거짓을 말하고 있고, 거짓을 말한 사람들 중 한 명이 그림을 훔친 범인이다. 용의자들의 진술이 다음과 같을 때, 그림을 훔친 범인은?

> • A : 나는 지난 금요일 오후 10시에 종로에 있었다.
> • B : 나는 그날 오후 10시에 A와 C랑 함께 있었다.
> • C : B는 그날 오후 10시에 A와 함께 인천에 있었다.
> • D : C는 그날 오후 10시에 나와 단둘이 있었다.
> • E : B의 진술은 참이다.

① A　　② B
③ C　　④ D

45. 부장, 과장, 대리, 사원 A, 사원 B는 기획안에 관한 회의 진행을 위해 6인용 원형 테이블에 앉아 있다. 앉은 위치가 다음 〈조건〉과 같다고 할 때, 부장의 오른쪽 옆자리에 앉은 사람은?

조건

- 대리와 사원 A는 나란히 앉아 있다.
- 사원 B의 왼쪽 옆자리에는 아무도 앉아 있지 않다.
- 과장은 대리의 왼쪽 옆자리에 앉아 있다.
- 사원 A는 부장과 마주 보고 앉아 있다.

① 과장
② 대리
③ 사원 B
④ 아무도 앉아 있지 않음.

46. 다음 〈상황〉에서 양 부장이 취해야 할 행동으로 가장 적절한 것은?

상황

연구개발(R&D) 업무를 수행하는 양 부장은 영업부에서 신제품이 언제 나오는지에 대해 매일 성화를 부리고 있는 상황이어서 신제품 출시를 위한 기자재를 빠른 시일 내에 구입해야 한다. 그러나 총무부에서는 항상 투자 대비 효과를 입증하는 자료를 무리하게 요구한다. 규모가 큰 기자재뿐만 아니라 사소한 물품 구매 시에도 복잡한 절차를 요구하기 때문에 총무부는 항상 타 부서와의 갈등이 많이 발생하는 편이며, 직원들의 불만이 날이 갈수록 심해지고 있다.

① 신제품 출시를 미루고 우선 현 상황에서 진행할 수 있는 연구만 진행한다.
② 전 직원이 해당 사안에 대해 심각성을 느낄 수 있도록 홈페이지에 익명으로 글을 쓴다.
③ R&D, 총무부, 영업부 세 부서 모두 각자 처한 입장이 있으므로 이를 인정하고 자료를 준비한다.
④ R&D 부서에서는 기자재가 있어야 업무가 진행되므로 영업부가 총무부를 직접 만나서 설득해 보라고 한다.

47. 다음과 같은 상황에서 고선영 씨의 행동에 대한 해석으로 적절한 것은?

고선영 씨는 A 시의 한 기관에서 기록과 관련된 업무를 수행하고 있다. 주말을 보내고 출근한 월요일 아침, 사내 공지사항에 타 지역 발령 대상자가 통보되었고, 본인이 대상자 명단에 포함되어 있다는 것을 알게 되었다. 고선영 씨는 이러한 통보가 매우 당황스러웠다. 사전에 근무지 변경에 대한 협의가 전혀 없었기 때문이다. 더욱이 현재 진행하고 있는 업무를 당장 인계하거나 마무리하기에는 버거운 상태이다. 고선영 씨의 부서장은 해당 결정에 대하여 어쩔 수 없으니 이해하라는 말만 하고 있는 상황이다.
〈고선영 씨의 행동〉 발령 통보를 받아들이고 현재 진행 중인 업무에 대한 처리 방안을 고안한다.

① 발령 통보와 관련된 인물과 적절히 타협하여 일을 진행하고 있다.
② 결정된 사안에 대하여 문제를 제기하기 않고 조직의 결정에 순응하고 있다.
③ 해당 상황이 가지고 있는 문제가 무엇인지 전혀 이해하지 못하고 있다.
④ 조직 내 개선해야 할 사항에 대하여 적극적으로 개선 요청을 하고 있다.

48. 다음 〈상황〉에서 이 대리가 취해야 할 행동으로 가장 적절한 것은?

상황

인재개발원에서 사용하는 자료를 총괄하고 있는 이 대리는 현재 신입사원 연수에 필요한 자료들을 제작하는 업무도 함께 진행하고 있다. 전체 부서와 협의해 자료 제작 일정을 결정하였으며, 각 부서에게서 자료 내 수록될 내용을 협의한 기간에 맞춰 전달받기로 했다. 대부분의 부서에서 기간 내에 전달해 주었지만, 몇몇 부서에서는 자료 전달이 늦어질 것 같다고 연락이 왔으며, 연락이 안 되는 부서도 있다. 부서들의 편의를 최대한 봐주는 선에서 기간을 정했기 때문에 더 늦어지면 이 대리의 부담이 커지는 상황인데, 사측에서는 신입사원 연수 일정을 앞당겼다.

① 자료 제작 시간을 확보할 수 있도록 신입사원 연수 날짜를 조정하자고 한다.
② 기한 내에 제출하지 못한 부서에게 책임이 있으므로 자료 제작을 해당 부서에 맡긴다.
③ 계획된 일정에 맞추어 자료를 제작할 수 있도록 회신이 안 된 부서의 자료는 삭제하자고 한다.
④ 인력을 추가로 확보해 일정을 맞추고, 그에 대한 비용은 자료 전달이 늦어진 부서에서 지불할 것을 제안한다.

49. ○○사 이 대리는 사무실에서 사용할 볼펜 31개를 구매하기 위해 판매처를 알아보았다. 판매처별 가격 정보가 다음과 같을 때, 이 대리가 볼펜 구매에 지불할 최소 금액은 얼마인가?

구분	볼펜 개당 가격	택배비
판매처 A	1,560원	4,300원
판매처 B	1,550원	4,500원
판매처 C	1,540원	5,000원

① 52,480원　② 52,550원
③ 52,660원　④ 52,740원

50. 다음 문서를 보고 이해한 내용으로 적절하지 않은 것은?

〈국제공단〉

수신 : 국제공단 협력사

참조 :

제목 : 공단 신입사원 교육안내

1. 귀사의 무궁한 발전을 기원합니다.
2. 국제공단은 협력사의 신입사원 역량강화를 위해 다음과 같이 교육을 실시합니다.
3. 협력사 여러분의 많은 관심과 협조 부탁드립니다.

– 다음 –

가. 교육명 : 국제공단 협력사 신입사원 연수교육

나. 시행목적 : 신입사원 기초업무 및 역량개발 교육

다. 일시 : 20X7년 3월 30일 (금) 10 : 00 ~ 17 : 00

라. 장소 : 국제대학교 예지관 2층 대강당

마. 접수 : 공단 홈페이지에서 온라인 등록

※ 붙임 : 1. 국제공단 연수교육 세부 일정 1부

2. 20X7년 연간 연수교육 계획(안) 1부

3. 본회 약도 1부. 끝.

국제공단 이사장 홍길동

① 협력사를 대상으로 국제공단에서 발송한 공문이다.

② 연수비용은 국제공단에서 부담한다.

③ 연수교육에 참여하기 위해서는 홈페이지를 통해 등록해야 한다.

④ 연수교육의 세부 일정은 붙임 문서를 통해서 확인할 수 있다.

3회 기출예상문제

시험시간	50 분
문항수	50 문항

▶ 정답과 해설 23쪽

01. 다음 중 단어의 발음이 적절하지 않은 것은?

① 닭다[닥따] ② 키읔과[키윽꽈]
③ 핥다[할따] ④ 잃고[일꼬]

02. 다음 괄호에서 적절한 단어를 골라 순서대로 나열한 것은?

> • 그는 초상화를 (묘사 / 모사)에 불과하다며 한사코 그리지 않았다.
> • 동생의 글은 개미에 대한 (묘사 / 모사)가 아주 정확했다.
> • 자세한 내용은 사무실 밖에 게시된 안내문을 (참고 / 참조)하십시오.
> • 너한테 (참고 / 참조) 거리가 될는지 모르지만 얘기해 줄게.

① 묘사, 모사, 참고, 참조 ② 묘사, 묘사, 참조, 참고
③ 모사, 묘사, 참고, 참조 ④ 모사, 묘사, 참조, 참고

03. 다음 중 외래어표기법에 따른 표기로 옳지 않은 것은?

	외래어	표기
①	Valentine Day	밸런타인 데이
②	collaboration	콜라보레이션
③	stereo	스테레오
④	ensemble	앙상블

[04 ~ 05] 다음 글을 읽고 이어지는 질문에 답하시오.

(가) 만약 정글에서 악어에게 다리를 물렸다면 어떻게 해야 가장 좋을까. 손을 사용해 다리를 빼내려고 발버둥치면 다리에 이어 손, 심하면 목숨까지 잃게 된다. 할 수 없이 다리 하나만 희생하는 것이 가장 현명한 선택일 것이다. 이를 '악어의 법칙'이라고 부른다.

(나) 포기를 한다는 것은 반대로 또 다른 어떤 것을 얻기 위한 길이기도 하다. 뭔가를 어쩔 수 없이 포기해야 될 때, 빠른 판단을 통해 오히려 더욱 많은 것을 얻게 될 수도 있는 것이 인생이다.

(다) 하지만 주위를 보면 포기를 모르고 포기하는 고통을 두려워하다 결국은 더 큰 고통을 피하지 못하는 안타까운 경우가 많다. 절대 포기한다고 해서 끝나는 것이 아니며 방법이 오직 그 하나밖에 없는 것이 아님을 우리는 알아야 한다.

(라) '악어의 법칙'을 일상생활에 대입해 보면, 결정적 순간에 포기할 줄 아는 지혜로운 마음과 시기적절하게 버릴 줄 아는 능력을 가진 사람이 결국 빛을 발할 수 있다는 이론이다.

04. 윗글의 (가) ~ (라)를 문맥에 따라 바르게 나열한 것은?

① (가)－(라)－(다)－(나)
② (나)－(다)－(가)－(라)
③ (라)－(가)－(다)－(나)
④ (라)－(나)－(다)－(가)

05. 윗글을 읽고 설명한 내용으로 적절하지 않은 것은?

① 욕심이 과하면 망한다는 말처럼 제때 포기하지 않으면 더 큰 손해를 볼 수도 있다.
② 악어의 법칙은 한쪽 다리를 잃더라도 일단 살아서 다른 길을 모색하는 것이 더 현명함을 설명하는 법칙이다.
③ 불가능한 것을 포기하지 못한다면 스스로에게 고통을 주고, 그 고통은 결국 스트레스로 작용할 것이다.
④ 포기를 많이 하는 사람이 결국 현명한 사람이다.

06. 다음 글의 중심내용으로 적절한 것은?

> 문학 작품은 실로 일국(一國)의 언어 운명을 좌우하는 힘을 가지고 있다. 왜냐하면 문학 작품은 그 예술적 매력으로 하여 대중에게 다가가고 지상(紙上)에 고착됨으로써 큰 전파력을 발휘하기 때문이다. 이렇게 볼 때 문학 작품을 산출하는 작가야말로 매우 존귀한 위치에 있으며, 동시에 국가나 민족에 대하여 스스로 준엄하게 책임을 물어야 하는 존재라고 할 수 있다. 사실, 수백 번의 논의를 하고 수백 가지의 방책을 세우는 것보다 한 사람의 위대한 문학가가 그 언어를 더 훌륭하게 만든다고 할 수 있다. 괴테의 경우가 그 좋은 예이다. 그의 문학이 독일어를 통일하고 보다 훌륭하게 만드는 데 결정적인 역할을 했다는 것은 이미 주지의 사실이기도 하다.

① 작가는 언어에 대하여 막중한 책임을 지고 있다.
② 문학 작품은 국어에 큰 영향력을 미친다.
③ 작가는 문학 작품을 씀으로써 사회에 기여한다.
④ 언어는 문학 작품에 영향을 끼친다.

07. 다음 글에 대한 설명으로 옳지 않은 것은?

> 프랑스와 이탈리아 사람들은 @를 '달팽이'라고 부른다. 역시 이 두 나라 사람들은 라틴계 문화의 뿌리도 같고, 디자인 강국답게 보는 눈도 비슷하다. 그런데 독일 사람들은 그것을 '원숭이 꼬리'라고 부른다. 그리고 동유럽의 폴란드나 루마니아 사람들은 꼬리를 달지 않고 그냥 '작은 원숭이'라고 부른다. 더욱 이상한 것은 북유럽의 핀란드로 가면 '원숭이 꼬리'가 '고양이 꼬리'로 바뀌게 되고, 러시아로 가면 그것이 원숭이와는 앙숙인 '개'로 둔갑한다는 사실이다. 아시아는 아시아대로 다르다. 중국 사람들은 @를 점잖게 쥐에다 노(老)자를 붙여 '라오수(小老鼠)' 또는 '라오수하오(老鼠號)'라 부른다. 일본은 쓰나미의 원조인 태풍의 나라답게 '나루토(소용돌이)'라고 한다. 혹은 늘 하는 버릇처럼 일본식 영어로 '앳 마크'라고도 한다. 팔이 안으로 굽어서가 아니라 30여 개의 인터넷 사용국 중에서 @와 제일 가까운 이름은 우리나라의 골뱅이인 것 같다. 골뱅이 위의 단면을 찍은 사진을 보여 주면 모양이나 크기까지 어느 나라 사람이든 무릎을 칠 것이 분명하다.

① 사람들은 문화에 따라 같은 대상을 다르게 표현한다.
② 프랑스는 라틴계 문화의 영향을 받았다.
③ 다른 나라 사람들은 현재 @을 골뱅이라고 부르는 것에 동의한다.
④ 핀란드에서는 @을 고양이 꼬리로 부른다.

08. 다음 글의 밑줄 친 부분과 바꾸어 쓰기에 적절한 것은?

> 하얀색을 돋보이게 하고 싶을 때 하얀색만 보여 주기보다는 그 옆에 정반대되는 색, 즉 검정색을 가져다 놓으면 더 눈에 띄게 된다. 이와 마찬가지로 글쓴이도 자신의 의견을 <u>두드러지게</u> 하기 위해서 자신의 의견과 정반대인 일반론이나 개념을 가져오는 경우가 있다.

① 강세(強勢)　　② 모색(摸索)
③ 약조(弱調)　　④ 강조(强調)

09. 다음 글의 밑줄 친 부분과 가장 유사한 의미로 단어가 쓰인 것은?

> 정부는 물론이고 국내 태양광 대기업들이 미래 신성장동력으로 앞세워 추진해 오던 태양광산업은 지난 2 ~ 3년 동안 유럽의 재정위기에 따른 태양광 보조금 축소와 전 세계적인 공급과잉으로 침체기를 보냈다. 하지만 올해에 접어들면서 태양광 관련 제품의 가격이 반등세를 보이며 시장 회복에 대한 기대감을 갖게 하고 있다. 시장조사 전문기관인 ○○리서치는 최근 전 세계 태양광 설치시장이 작년 27.8GW에서 올해는 31.5GW, 내년에는 35.5GW까지 늘어날 것으로 <u>전망했다</u>. 이미 올해부터 시작된 태양광시장의 대폭적인 구조조정과 지속적 수요 증가로 여러 전망치들이 상향 조정되고 있다

① 그들은 거리를 <u>전망할</u> 수 있는 테이블을 찾아 앉았다.
② 민규는 졸업할 것이라는 생각 외에 미래를 <u>전망해</u> 본 적이 없었다.
③ 그는 산 정상에 올라 발밑의 풍경을 <u>전망하였다</u>.
④ 산 정상에서 망원경으로 넓은 지역을 <u>전망할</u> 수 있었다.

10. 다음 중 밑줄 친 부분의 띄어쓰기가 적절하지 않은 것은?

① 나도 <u>너만큼은</u> 잘할 수 있다.
② 도서관 안은 숨소리가 <u>들릴만큼</u> 조용했다.
③ 어른이 심하게 <u>다그친 만큼</u> 그의 말투와 행동은 달라져 있었다.
④ 바람이 몹시 휘몰아쳐 얼굴을 들 수 <u>없을 만큼</u> 대기가 차가웠다.

11. 다음 글의 내용과 일치하지 않는 것은?

> 우리가 흔히 영화를 사실적이라고 할 때, 그것은 영화의 재현 방식에 반응해서 영화 속 내용을 현실처럼 보는 데에 동의함을 뜻한다. 영화 속 내용은 실제 현실과 같지 않다. 우리는 영화가 현실의 복잡성을 똑같이 모방하기를 원하지 않으며, 영화 역시 굳이 그러기 위해 노력하지 않는다. 이렇게 관객과 감독 사이에 맺어진 암묵적 합의를 '영화적 관습'이라고 한다. 영화적 관습은 영화사 초기부터 확립돼 온 산물로, 관객과 감독의 소통을 돕는다. 반복적인 영화관람 행위를 통해 관객은 영화적 관습을 익히고, 감독은 그것을 활용하여 관객에게 친숙함을 제공한다.
>
> 확립된 관습을 무시하거나 그것에 도전하는 것은 쉬운 일이 아니다. 그런데 프랑스의 누벨바그 감독들은 고전적인 영화 관습을 파괴하며 영화의 현대성을 주도하였다. 이들은 불필요한 사건을 개입시켜 극의 전개를 느슨하게 만들거나 단서나 예고 없이 시간적 순서를 뒤섞어 사건의 인과 관계를 교란하기도 했다. 이들은 자기만족적이고 독창적인 미학적 성취를 위해 영화의 고전적인 관습을 파괴하였다.

① 관객은 반복적인 영화관람을 통해 암묵적으로 합의된 영화적 관습을 익힐 수 있다.

② 자기만족을 위해 영화적 관습에 도전하는 행위는 영화의 현대성을 주도한다.

③ 현실의 복잡성을 그대로 모방한 영화는 사실적이라는 평가를 받는다.

④ 영화 속 내용이 시간적 순서에 따라 재현되는 방식은 영화적 관습의 예가 될 수 있다.

12. 다음 글을 알맞게 요약한 것은?

세계보건기구(WHO)가 휴대폰 전자파를 발암 가능성이 있는 물질인 'Group 2B'로 분류한 이후 전자파에 대한 사람들의 불안이 커지고 있는 가운데 이동전화의 전자파가 성인에 비해 7세 미만의 어린이들에게 더 잘 흡수된다는 조사 결과가 나왔다. 방송통신위원회는 한국전자통신연구원(ETRI)과 한국전자파학회, 단국대 의대, 이화여대 약대, 한국원자력의학원을 통해 어린이들에 대한 전자파의 영향을 조사한 결과 7세 어린이들은 성인에 비해 특정 주파수 대역에서 전자파가 더 높게 흡수되는 것으로 조사되었다고 밝혔다. 해당 주파수 대역은 FM방송 주파수 대역 등으로 활용 중인 100MHz 전후의 주파수 대역과 이동통신용 주파수 대역으로 활용하고 있는 1GHz 이상의 주파수 대역이다. 국내 이동통신 서비스는 현재 800MHz 주파수를 사용하는 한 회사의 2세대(2G) 이동통신 서비스를 제외하고는 모두 1GHz 대역 이상의 주파수를 사용하고 있기 때문에 모든 휴대폰의 전자파가 어린이들에게 더 많이 흡수된다고 볼 수 있다. 또한 휴대폰을 포함한 무선 기기에서 나오는 전자파가 뇌에 손상을 입혀 십대 청소년의 노화를 촉진할 수 있다는 연구결과나 휴대폰을 많이 사용하는 어린이가 주의력 결핍 · 과잉행동 장애(ADHD) 가능성이 높다는 조사 결과가 속속 발표됨에 따라 휴대폰 전자파의 위험성에 대한 각별한 대책이 필요하게 되었다.

① 휴대폰 전자파는 성인보다 어린이들에게 더 해로울 수 있다.

② 성장기의 어린이에게 휴대폰을 사용하게 해서는 안 된다.

③ 휴대폰 전자파는 주파수 대역에 따라 흡수율이 달라진다.

④ 현재 유통되고 있는 휴대폰에서 나오는 전자파 강도는 국제기준에 비해 훨씬 낮은 수준이므로 그 영향이 크지 않다.

13. 다음 숫자들의 배열 규칙에 따라 '?'에 들어갈 알맞은 숫자는?

6	8	13	19	20	30	27	(?)	34

① 29 ② 33
③ 37 ④ 41

14. 김 과장은 사내 퀴즈대회에서 60점을 획득했다. 전체 20문제를 풀 때 문제를 맞히면 5점씩 획득하고 틀리면 5점씩 감점된다면 김 과장이 맞힌 문제는 몇 개인가?

① 7개 ② 12개
③ 15개 ④ 16개

15. 진영이와 성은이가 함께 만두를 빚기로 하였다. 진영이는 한 시간에 만두 20개를 빚을 수 있고, 성은이는 한 시간에 15개를 빚을 수 있다고 할 때, 만두 210개를 함께 빚는 데 걸리는 시간은?

① 2시간 ② 4시간
③ 6시간 ④ 8시간

16. 40명으로 구성된 어느 학급에서 설문조사를 하였더니 야구를 좋아하는 학생은 24명, 농구를 좋아하는 학생은 17명이었다. 야구와 농구 중 어느 것도 좋아하지 않는 학생이 6명이었다면 농구만 좋아하는 학생은 몇 명인가?

① 7명　② 10명
③ 12명　④ 14명

17. 영수는 자동차를 타고 시속 100km로, 준희는 오토바이를 타고 시속 85km로 동시에 같은 지점에서 같은 방향으로 출발했다. 20분 후에 영수와 준희의 간격은 몇 km 벌어지는가?

① 3km　② 4km
③ 5km　④ 6km

18. 다음 도형에 색을 칠하려고 한다. 색을 여러 번 사용할 수는 있으나 이웃하는 영역은 서로 다른 색으로 칠해야 한다. 노란색, 보라색, 빨간색, 검정색, 회색 5가지 색을 사용할 때, 색을 칠할 수 있는 경우의 수는 총 몇 가지인가?

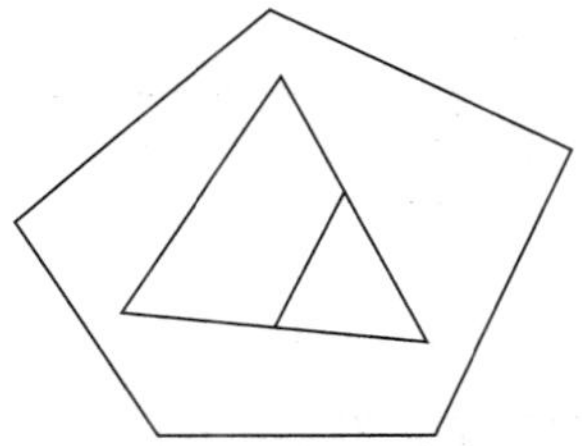

① 25가지　② 40가지
③ 55가지　④ 60가지

19. 물품구매를 담당하고 있는 김 대리는 흰색 A4 용지 50박스와 컬러 A4 용지 10박스를 구매하는데 5,000원 할인 쿠폰을 사용해서 총 1,675,000원을 지출했다. 컬러 용지 한 박스의 단가가 흰색 용지 한 박스보다 2배 높았다면, 흰색 A4 용지 한 박스의 단가는 얼마인가?

① 20,000원　② 22,000원
③ 24,000원　④ 26,000원

20. 다음 경지규모별 농가 비중 추이에 관한 그래프를 잘못 해석한 것은?

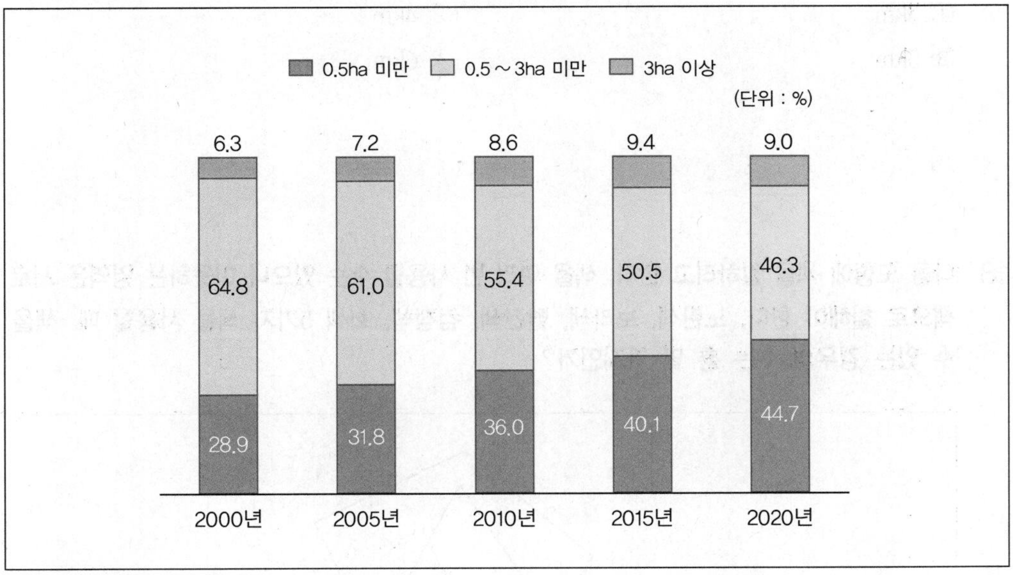

① 3ha 이상 농가 비중은 계속 증가하였다.
② 0.5 ~ 3ha 미만 농가 비중은 계속 감소하였다.
③ 0.5 ~ 3ha 미만 농가가 전체에서 차지하는 비중이 항상 가장 크다.
④ 0.5ha 미만 농가의 비중은 꾸준히 증가하였다.

21. 다음 그래프를 보고 잘못된 추측을 한 사람은?

〈연도별 등록 외국인 · 불법체류 외국인 현황〉

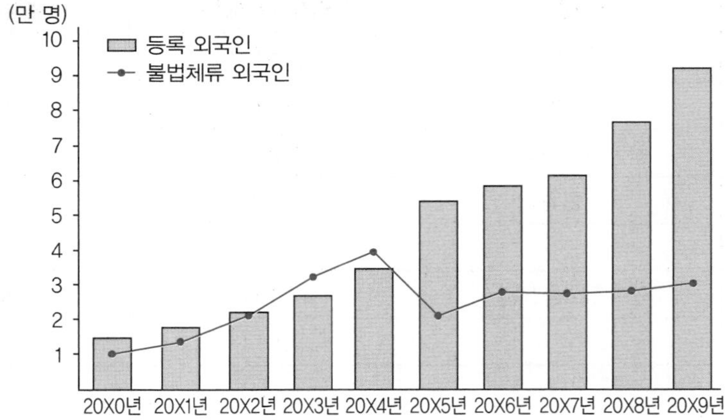

- A : 등록 외국인 수가 매년 증가하고 있지만 변수가 발생하면 그 수가 줄어들 수도 있어.
- B : 불법체류 외국인의 수는 20X4년에 최고치를 기록하면서 처음으로 등록 외국인 숫자보다 많아졌어.
- C : 20X5년에 등록 외국인 수가 급격히 증가한 이유는 불법체류 외국인이 등록 외국인이 되었기 때문은 아닐까?
- D : 20X6년 이후 불법체류 외국인의 숫자는 비교적 안정적으로 유지되고 있어.

① A　　② B

③ C　　④ D

22. 다음 자료를 이용하여 산업별 전체 재해 현황에 대한 〈보고서〉를 작성하려고 한다. 〈보고서〉를 작성하기 위해 추가로 필요한 자료를 〈보기〉에서 모두 고르면?

〈20X1년 산업별 재해 현황〉

연번	산업	사업장 수(개소)	재해자 수(명)
1	광업	1,078	2,225
2	제조업	379,387	27,377
3	전기가스수도업	2,493	108
4	건설업	441,758	27,686
⋮		⋮	
10	운수창고통신업	77,160	5,291
⋮		⋮	

〈보고서〉

산업별 재해 현황을 보면 20X1년에 건설업 재해자 수가 27,686명으로 전년에 이어 가장 많음을 알 수 있었다. 전체 근로자 중 재해자의 비중을 나타내는 재해율은 광업이 가장 높았다.

보기

ㄱ. 20X1년 산업별 전체 근로자 수
ㄴ. 20X1년 산업별 사망자 수
ㄷ. 20X0년 산업별 재해 현황

① ㄱ
② ㄴ
③ ㄱ, ㄷ
④ ㄴ, ㄷ

23. 하연이는 밸런타인데이를 맞아 친구들에게 초콜릿을 선물하려고 한다. 도보로 갈 수 있는 편의점에서는 초콜릿을 개당 1,700원에 판매하고, 버스를 타고 가야 하는 대형 마트에서는 초콜릿을 개당 1,300원에 판매한다. 이때 초콜릿을 최소 몇 개 이상 구매하여야 대형 마트에서 구매하는 것이 더 저렴한가? (단, 버스 요금은 편도 1,250원이며 초콜릿 구입 후 원래 위치로 돌아온다)

① 5개
② 6개
③ 7개
④ 8개

24. 해바라기 호와 장미 호는 항구에서 30km 떨어진 목적지까지 갈 때와 다시 돌아올 때의 속력을 각각 달리하여 운항한다. 해바라기 호는 갈 때는 2시간 반, 돌아올 때는 1시간 반이 걸리고, 장미 호는 갈 때는 3시간, 돌아올 때는 2시간이 걸린다. 해바라기 호와 장미 호의 평균 시속은 각각 몇 km/h인가?

① 15km/h, 11km/h
② 15km/h, 12km/h
③ 17km/h, 10.5km/h
④ 17km/h, 11km/h

25. 다음 시기별 보이스피싱 사고 발생 현황에 관한 그래프를 통해 알 수 없는 것은?

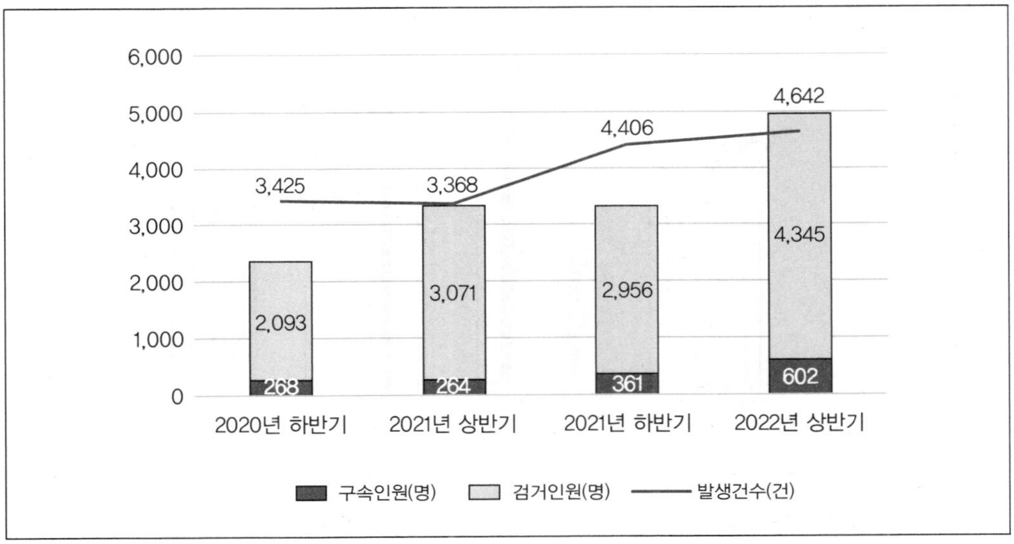

① 발생건당 평균 피해금액
② 시기별 검거인원 증감률
③ 구속 및 검거인원 최소 시기
④ 발생건당 평균 검거인원

26. 다음 그림은 일정한 규칙에 따라 배열되어 있다. '?'에 들어갈 도형은?

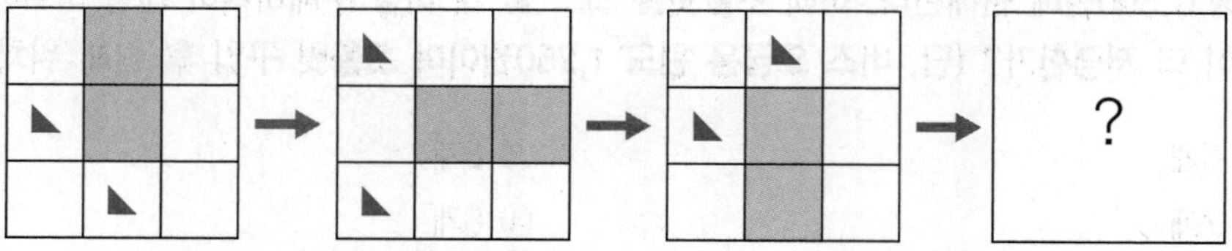

①

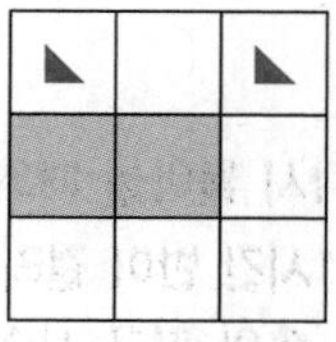

②

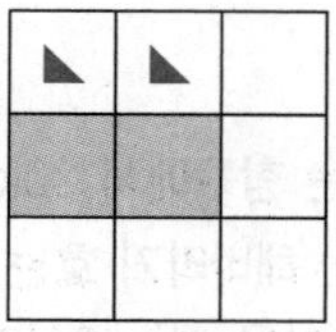

③

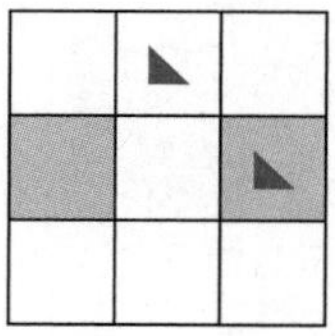

④

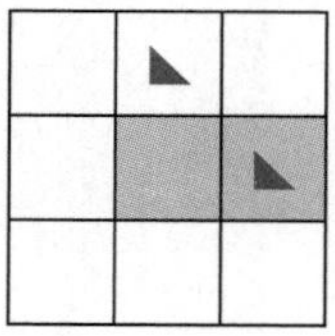

27. 다음 그림의 조각을 순서대로 바르게 배열한 것은?

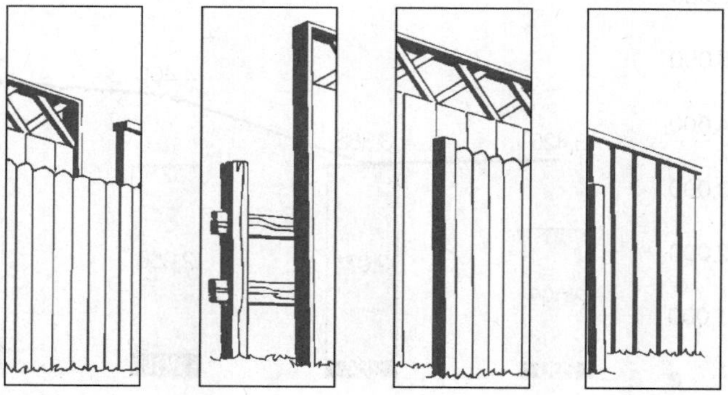

(가) (나) (다) (라)

① (나)－(다)－(가)－(라)
② (나)－(다)－(라)－(가)
③ (라)－(나)－(가)－(다)
④ (라)－(나)－(다)－(가)

28. 다음 그림과 같이 쌓기 위해 필요한 블록의 개수는? (단, 블록의 모양과 크기는 모두 동일한 정육면체이며, 보이지 않는 뒷부분의 블록은 없다)

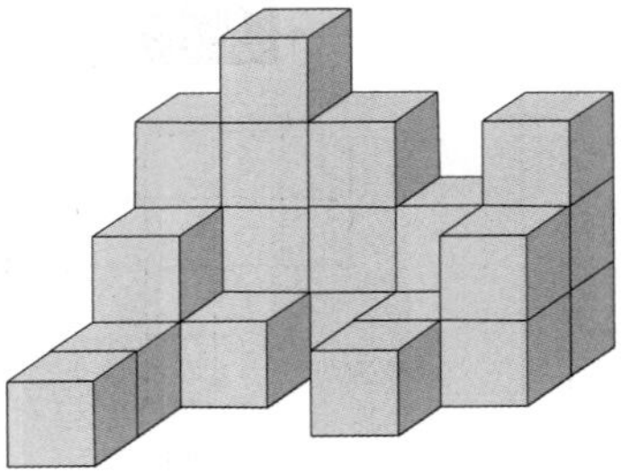

① 20개 ② 22개
③ 24개 ④ 26개

29. 다음 그림에서 한 면도 보이지 않는 블록은 몇 개인가? (단, 블록의 모양과 크기는 모두 동일한 정육면체이며, 보이지 않는 뒷부분의 블록은 없다)

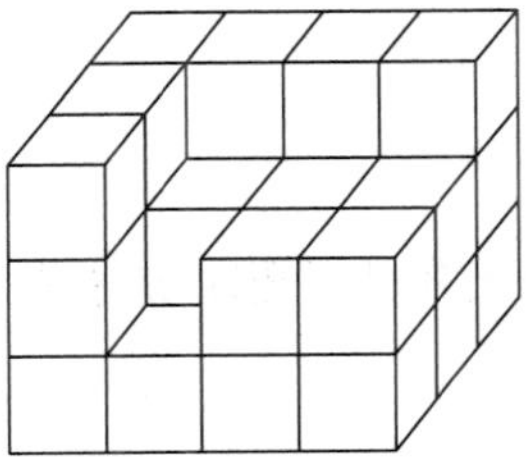

① 9개 ② 10개
③ 11개 ④ 12개

30. 다음 〈보기〉는 같은 모양과 크기의 블록을 쌓아 만든 입체도형을 앞에서 본 정면도, 위에서 본 평면도, 오른쪽에서 본 우측면도를 그린 것이다. 이에 해당하는 입체도형으로 알맞은 것은? (단, 화살표 방향은 정면을 의미한다)

보기

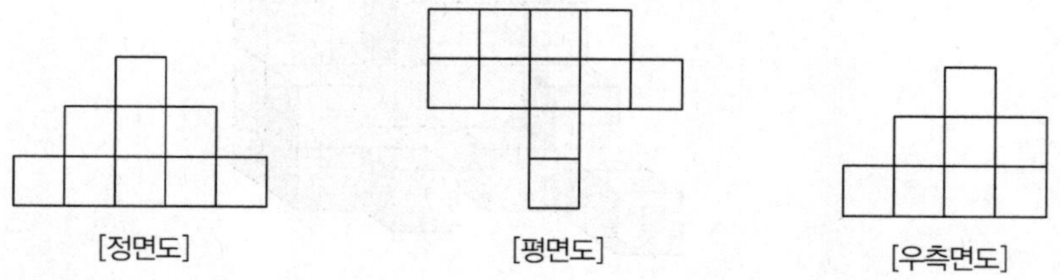

① 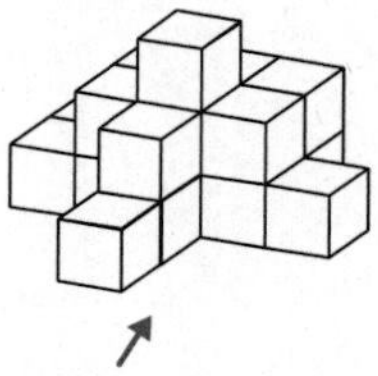

② 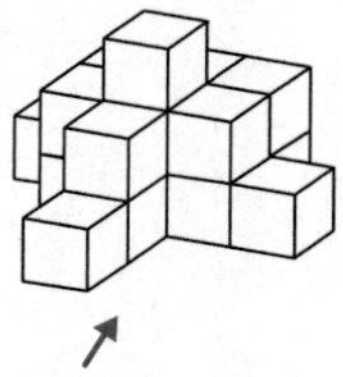

③ 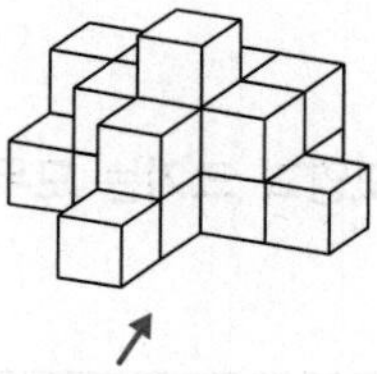

④ 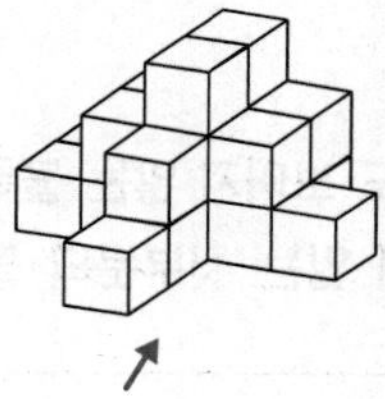

31. 다음과 같이 종이를 접은 다음 펀치로 구멍을 뚫은 후 다시 펼쳤을 때의 모양으로 옳은 것은?

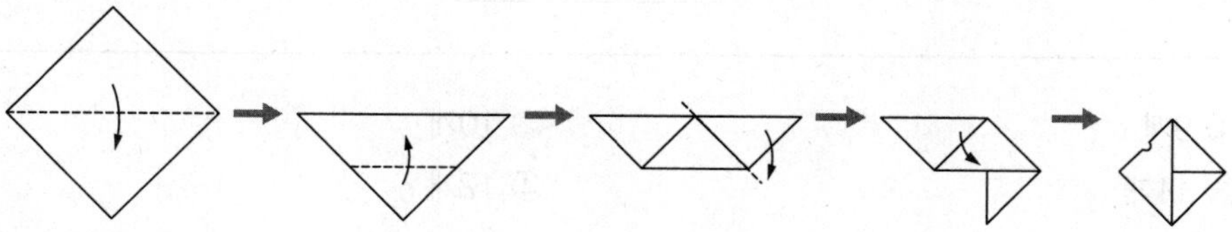

①
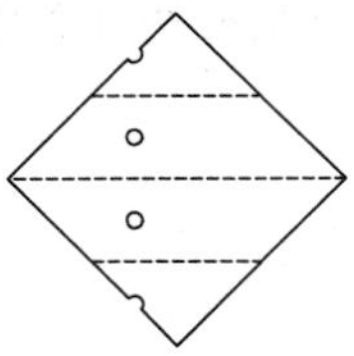

②
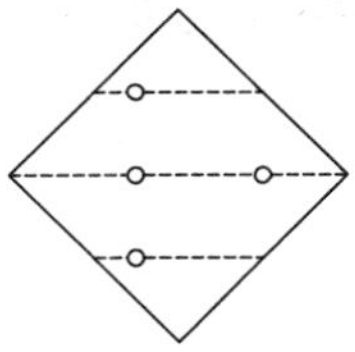

③
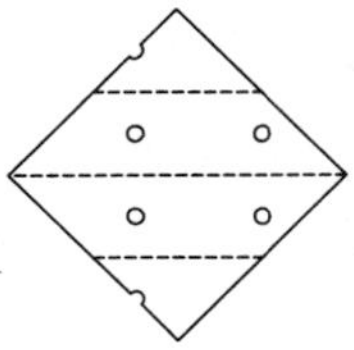

④
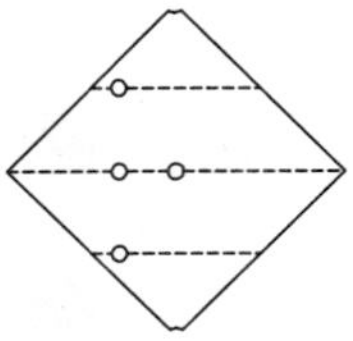

32. 다음 〈보기〉의 입체도형과 동일한 것은?

보기

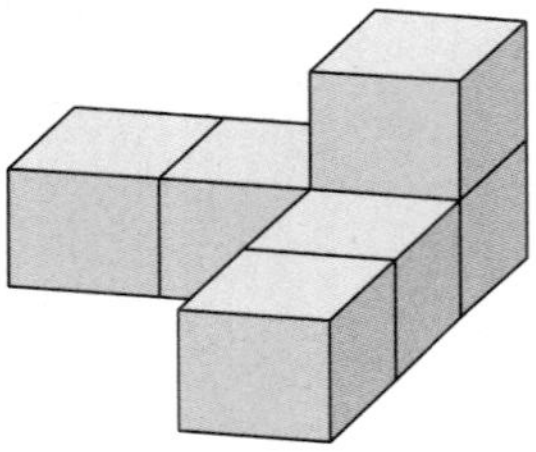

①
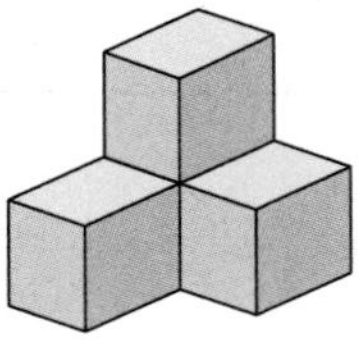

②
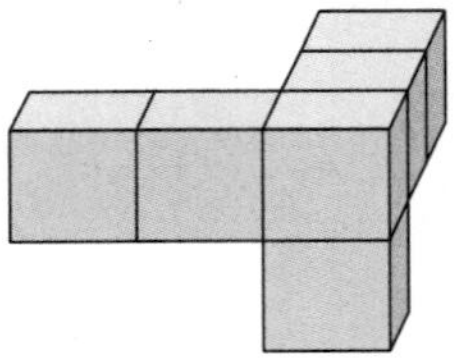

③

④

33. 다음 〈보기〉의 왼쪽 전개도를 접어 오른쪽 주사위를 만들 때, 화살표 방향에서 바라본 면의 모습으로 적절한 것은?

보기

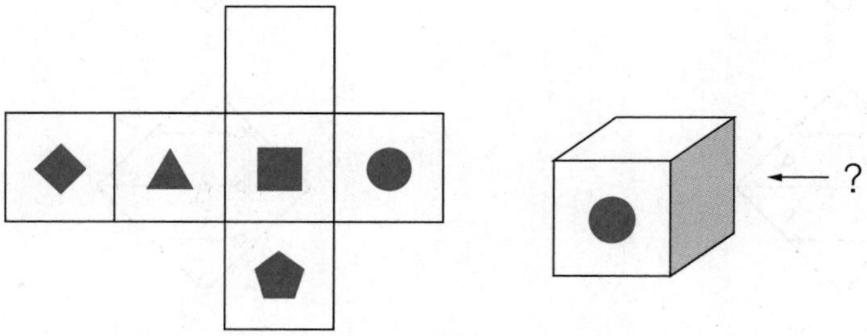

① 

② 

③ 

④ 

34. 동일한 주사위 3개를 다음 그림과 같이 배치해 놓을 때, 주사위끼리 접하여 보이지 않는 면에 그려진 눈의 합은? (단, 주사위의 마주 보는 면에 그려진 눈의 합은 7이다)

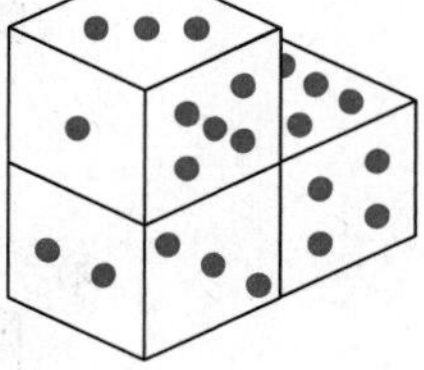

① 12

② 17

③ 20

④ 22

35. 다음 두 블록을 합쳤을 때 나올 수 있는 형태는? (단, 회전은 자유롭다)

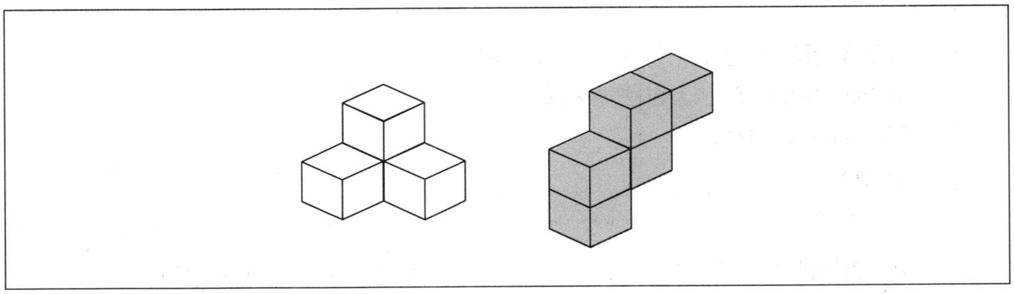

①

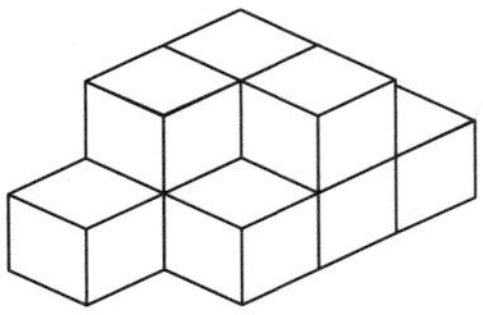

②

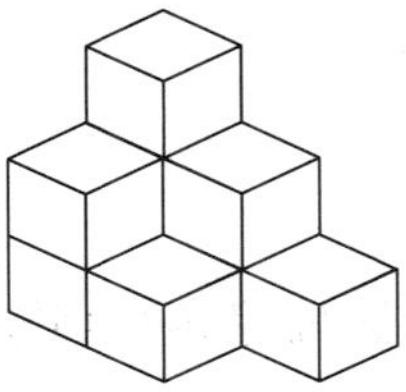

③

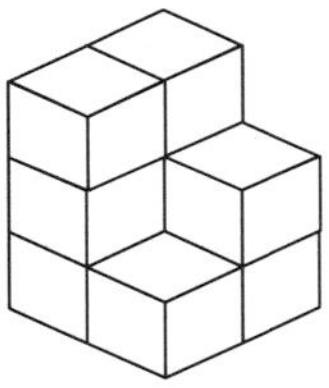

④

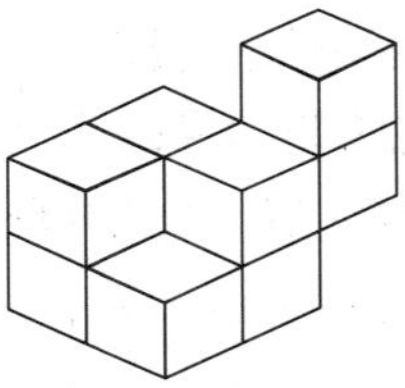

36. 다음 밑줄 친 부분에 들어갈 적절한 문장은?

> • 축구를 잘하는 사람은 감기에 걸리지 않는다.
> • 감기에 걸리지 않는 사람은 휴지를 아껴 쓴다.
> • 나는 축구를 잘한다.
> • 그러므로 ______________________

① 나는 감기에 자주 걸린다.
② 환자는 휴지를 아껴 쓴다.
③ 나는 축구를 자주 한다.
④ 나는 휴지를 아껴 쓴다.

37. 다음의 사실을 참고할 때 결론에 대한 설명으로 옳은 것은?

> **[사실]** • 쇼핑을 좋아하면 신용카드가 많다.
> • 구두가 많으면 쇼핑을 좋아한다.
> • 구두가 많지 않으면 신용카드가 많지 않다.
>
> **[결론]** A. 쇼핑을 좋아하면 구두가 많다.
> B. 신용카드가 많지 않으면 구두가 많지 않다.

① A만 항상 옳다.
② B만 항상 옳다.
③ A, B 모두 항상 옳다.
④ A, B 모두 항상 그르다.

38. 각각 직업이 판사, 검사, 변호사인 A, B, C 세 사람이 다음과 같이 진술하였다. A는 진실만 말하고 B는 거짓만 말할 때, 반드시 참인 것은?

> • A : 검사는 거짓말을 하고 있다.
> • B : C는 검사이다.
> • C : B는 변호사이다.

① 검사는 A이다.
② C의 진술은 거짓이다.
③ 변호사는 거짓말을 하고 있다.
④ 모든 경우의 수는 세 가지이다.

39. **다음 글에 나타나는 논리적 오류와 같은 형태의 오류를 범하고 있는 것은?**

> 이번 수학능력시험에서 A 고등학교의 평균 점수가 B 고등학교의 평균 점수보다 더 높았대. 아마 A 고등학교에 다니는 민수가 B 고등학교에 다니는 철수보다 더 높은 점수를 받았을 거야.

① 세상에서 이 TV가 가장 성능이 좋을 거야. 왜냐하면 이 TV는 최고 성능의 부품들로 만들어졌거든.

② 영민이의 아버지가 축구 국가대표 출신이래. 분명 영민이도 축구를 잘할 거야.

③ 우리나라 국민 5명 중 1명이 이 영화를 보았대. 따라서 이 영화가 올해 최고의 영화라고 할 수 있지.

④ 미선이는 일류 대학에 들어갈 수 있어. 작년에 그녀가 다니는 학교에서 가장 많은 일류 대학 합격자를 배출했으니까.

40. **예원, 철수, 경희, 정호, 영희 5명은 다음과 같이 긴 의자에 일렬로 앉아 사진을 찍었다. 사진을 보고 앉은 순서에 대해 다음과 같이 말하였을 때, 사진상 정호의 왼쪽에 앉아 있는 사람은?** (단, 이 중 1명의 모든 진술은 거짓이며, 나머지 4명의 진술은 참이다)

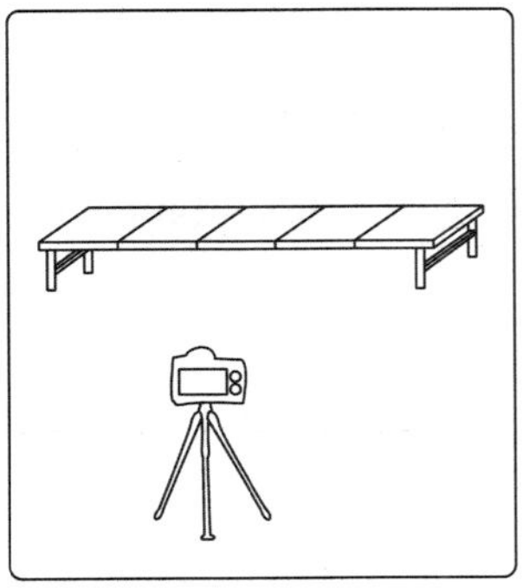

- 예원 : 영희가 맨 왼쪽에 앉아 있고, 정호는 경희보다 왼쪽에 앉아 있다.
- 철수 : 나는 영희보다 오른쪽에 앉아 있고, 경희는 예원이보다 왼쪽에 앉아 있다.
- 경희 : 예원이는 철수보다 오른쪽에 앉아 있다.
- 정호 : 철수는 경희보다 왼쪽에, 예원이는 나보다 오른쪽에 앉아 있다.
- 영희 : 철수는 정호보다 왼쪽에, 예원이는 경희보다 왼쪽에 앉아 있다.

① 예원 ② 철수

③ 경희 ④ 영희

41. ○○영화관에는 4개(1 ~ 4관)의 상영관이 있고, 영화 A, B, C, D가 각 상영관에서 상영되고 있다. 다음 〈조건〉을 참고할 때 옳은 것은?

조건

- 영화 B는 2관에서 상영된다.
- 영화 A와 C가 상영되는 두 상영관은 서로 이웃한다.
- 4관에서는 영화 C를 상영하지 않는다.

1관	2관	3관	4관

① 1관에서는 영화 A가 상영된다. ② 1관에서는 영화 C가 상영된다.
③ 영화 D는 3관에서 상영된다. ④ 영화 C는 3관에서 상영된다.

42. A, B, C, D, E, F, G, H 8개 회사의 빌딩이 길을 사이에 두고 네 개씩 마주 보고 서 있다. 위치관계가 다음 〈조건〉과 같을 때 옳은 것은?

조건

- F사의 빌딩은 B사와 D사의 빌딩 사이에 서 있다.
- E사 빌딩의 양 옆에는 A사와 G사 빌딩이 있다.
- C사와 D사의 빌딩은 길을 사이에 두고 서로 마주 보고 있다.
- E사의 빌딩을 등 뒤로 하고 길 위에 서면, 오른쪽 대각선상에 F사의 빌딩이 있다.
- B사 빌딩의 옆에는 H사 빌딩이 있다.
- A사의 빌딩과 마주 보는 곳에는 H사의 빌딩이 있다.

① B사의 빌딩과 E사의 빌딩은 대각선 위치에 서 있다.
② A사의 빌딩은 C사의 빌딩과 이웃하고 있다.
③ 길을 사이에 두고 B사 빌딩의 정면에 G사의 빌딩이 있다.
④ G사의 빌딩과 F사의 빌딩은 서로 마주 보고 서 있다.

43. 다음 〈명제〉가 항상 참이라 할 때 옳은 것은?

> **명제**
>
> • 어떤 수영 강사는 담배를 피운다.
> • 모든 흡연자는 당구를 친다.
> • 어떤 수영 강사는 당구를 치지 않는다.

① 담배를 피우지 않는 수영 강사는 모두 당구를 친다.
② 당구를 치지 않으면서 담배만 피우는 수영 강사도 있다.
③ 담배를 피우는 수영 강사는 모두 당구를 친다.
④ 당구를 치는 사람은 모두 수영 강사이다.

44. 다음 〈명제〉가 항상 참이라 할 때 옳은 것은?

> **명제**
>
> • 사과를 좋아하는 사람은 귤을 좋아한다.
> • 딸기를 좋아하지 않는 사람은 귤을 좋아하지 않는다.
> • 바나나를 좋아하는 사람은 딸기를 좋아한다.

① 귤을 좋아하는 사람은 사과를 좋아한다.
② 사과를 좋아하지 않는 사람은 딸기를 좋아한다.
③ 딸기를 좋아하는 사람은 바나나를 좋아하지 않는다.
④ 사과를 좋아하는 사람은 딸기를 좋아한다.

45. A, B, C, D는 가수, 탤런트, 개그맨, MC의 네 분야 중 각각 두 분야에서 활동하고 있다. 이들의 활동 영역에 대한 〈조건〉이 다음과 같을 때 B의 활동 분야는?

조건

- 개그맨인 사람은 가수 또는 MC가 아니다.
- 가수와 탤런트 분야에서 활동하는 사람들은 두 분야 모두 3명씩이다.
- D는 개그맨이다.
- B와 C의 활동 분야는 동일하다.
- MC인 사람은 한 명이다.

① 가수, 탤런트　　② 가수, MC
③ 개그맨, 탤런트　　④ MC, 탤런트

46. 박 대리는 '성과기반 평가 시스템 구축(안)'에 대한 임원 보고용 발표 자료를 만들면서 발표의 요지를 어느 정도 알게 되었다. 발표를 하루 앞둔 날, 회사 정문에서 승용차를 기다리던 임원이 박 대리를 알아보고 "내가 내일 보고회에 참석하지 못하는데, 지금 간단하게 설명을 해주게"라는 요청을 했다. 이때 박 대리가 취해야 할 행동으로 가장 적절한 것은?

① 작성 중인 자료를 꺼내 중요한 부분을 위주로 보여 주면서 설명한다.
② 본인이 준비했던 기본데이터를 위주로 간략하게만 설명한다.
③ 잘못된 내용을 전달할 경우 문제가 될 수 있으므로 준비가 안 되었음을 밝히고 양해를 구한다.
④ 발표의 요지에 대해 간략히 설명하고 추후 완성된 발표자료를 보내 드리겠다고 말한다.

47. A는 ○○백화점에서 의류를 판매하는 점원이다. A가 판매하고 있는 제품에 대하여 자신의 과시욕을 드러내며 제품을 폄하하는 고객이 매장에서 옷을 고르고 있을 경우, A가 대처할 수 있는 가장 적절한 방법은?

① 내버려두고 고객의 호감을 얻을 수 있도록 노력해 본다.

② 책임자로 하여금 응대하도록 한다.

③ 이야기를 경청하고, 맞장구치고, 추켜세우고, 설득해 가는 방법이 효과적이다.

④ 만사를 시원스럽게 처리하는 모습을 보여 준다.

48. 다음은 A 도서관에서 운영하는 직장인 독서동아리 강의 계획서의 일부이다. 이를 보고 알 수 없는 것은?

강좌명	직장인 독서동아리 '○○○ 작가의 독서와 글쓰기'		
일정	202X. 6. 20. ~ 9. 12. (10회) 18 : 00 ~ 20 : 00	장소	A 도서관 3층
교육 내용	독서와 글쓰기가 어렵게 느껴지는 직장인들이 쉽고 간단하게 독서와 글쓰기를 생활화하는 방법을 현직 작가와 함께 실습을 통해 알아봅니다. 어렵게만 느껴졌던 독서와 글쓰기를 생활 속에서 실천할 수 있는 기회를 제공합니다.		
강사 소개	• 15년차 방송작가, 콘텐츠 디렉터 • B 학교, C 기업 글쓰기 강의(201X ~ 202X년) • 저서 : 『하루 10분 메모, 글쓰기의 시작』, 『어쩌면 쉽게 쓰게 될지도…』		
비고	• 준비물 : 필기도구, 강의 회차별 선정도서 • 모집 인원 : 25명		

① 독서동아리 강의의 주요 내용

② 강사의 경력 및 주요 저서

③ 직장인 독서동아리 모집 인원

④ 강의 회차별 선정 도서 목록

49. 다음 설문 결과를 참고하여 자기소개서를 작성할 때 고려할 사항으로 적절하지 않은 것은?

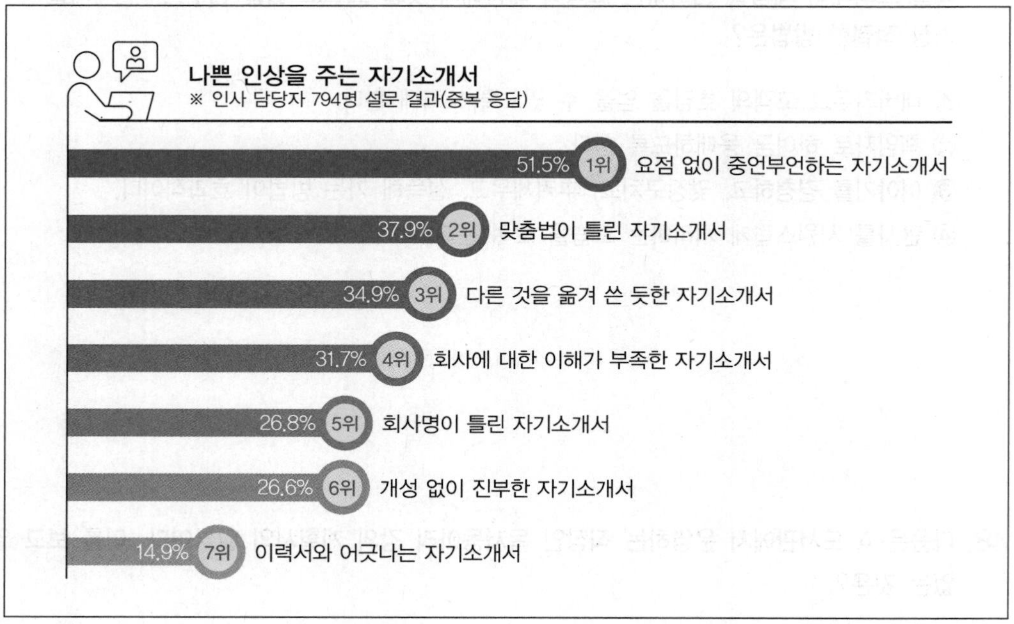

① 자기소개서 내 회사명이 정확히 기재되어 있는지 확인하기
② 지원한 회사에 관한 다양한 정보를 수집하고 분석하기
③ 지원한 회사에 입사한 선배의 자기소개서 모방하기
④ 이력서에 있는 사실들을 바탕으로 자신을 어필하는 내용 쓰기

50. ○○기업은 광고를 하기 위해 A ~ D 광고업체의 현수막 광고와 전단지 광고 비용을 비교하고자 한다. 다음 중 현수막 광고 최소 30일과 전단지 10,000부의 계약을 가장 저렴한 비용으로 체결할 수 있는 광고업체는?

구분 업체	현수막	전단지
A	- 처음 7일 : 30만 원 - 7일 단위로 연장 가능 - 7일당 추가비용은 25만 원	- 처음 5,000부 : 30만 원 - 1,000부 단위로 추가 가능 - 1,000부 추가비용은 5만 원
B	- 처음 7일은 하루에 5만 원 - 그 이후 추가되는 날짜는 하루에 3만 원	- 처음 3,000부까지는 1,000부당 8만 원 - 그 다음 3,000부까지는 1,000부당 6만 원 - 그 이후는 1,000부당 4만 원
C	- 5일 단위로 계약 가능 - 5일당 18만 원	- 2,000부 단위로 계약 가능 - 2,000부당 12만 원
D	- 처음 10일은 하루에 4만 원 - 그 이후 추가되는 날짜는 하루에 2.5만 원	- 3,000부 단위로 계약 가능 - 3,000부당 비용은 17만 원

① A　　② B

③ C　　④ D

4회 기출예상문제

시험시간	50 분
문항수	50 문항

▶ 정답과 해설 32쪽

01. 다음 중 밑줄 친 부분의 의미가 〈보기〉와 가장 유사한 것은?

> **보기**
>
> 이 카페는 생과일로 아이스크림과 주스를 직접 <u>만들었다</u>.

① 오랜 공사를 벌인 끝에 마침내 터널을 <u>만들었다</u>.

② 새로 취임한 감독은 재미있는 배구로 팬들에게 사랑받는 팀을 <u>만들겠다는</u> 포부를 밝혔다.

③ 전반적인 생산단계를 실시간으로 분석하면서 최적의 생산 환경을 <u>만드는</u> 것이다.

④ 어떤 나라에서는 자국어 보호법과 같은 법을 <u>만드느라</u> 법석이다.

02. 다음 밑줄 친 어휘 중 올바른 단어를 골라 순서대로 나열한 것은?

> • 첨단산업단지에 <u>걸맞는/걸맞은</u> 인공지능 아파트를 건설할 예정이다.
> • 이 일을 반대하려면 그에 <u>알맞는/알맞은</u> 명분을 찾아야 한다.

① 걸맞는, 알맞는　　② 걸맞는, 알맞은

③ 걸맞은, 알맞는　　④ 걸맞은, 알맞은

03. 다음과 같이 밑줄 친 단어를 바꾸어 썼을 때 바르지 않은 것은?

① 제품의 품질이 썩 좋아졌군요. → 매우
② 개성 땅을 옮겨다 놓은 것처럼 맨 그쪽 사투리여서 우선 마음이 놓였다. → 온통
③ 어머니께서 저렇게 통 기동을 못하시니 걱정입니다. → 전혀
④ 장비가 영 신통치 않다. → 내내

04. 다음 중 띄어쓰기가 잘못된 문장은?

① 그 집 사정이 참 딱하데 그려.
② 홍보팀의 김 사원은 일을 잘할뿐더러 성격도 좋다.
③ 그냥 내가 잘못했다고 먼저 사과할걸.
④ 여야는 함께 협조한다는 데 의견을 같이했다.

05. 다음 중 나열된 단어의 관계가 나머지와 다른 하나는?

① 옷감－홍두깨－다듬이질
② 나무－불－연소
③ 공책－펜－필기
④ 셔틀콕－라켓－배드민턴

06. 단어의 의미를 이용하여 두 글자 끝말잇기를 하였다. 각 의미에 해당하는 단어 중 사전에서 가장 먼저 표기되는 것은?

㉠ 어떤 방위를 향한 쪽
↓
㉡ 꽃, 향, 향수 따위에서 나는 좋은 냄새
↓
㉢ 어떤 일이 원하는 대로 이루어지길 바라면서 기다림.
↓
㉣ 양자가 맞서서 우열이나 승패를 가림.

① ㉠　　② ㉡
③ ㉢　　④ ㉣

07. 다음 글에서 필자가 말하고자 하는 바는?

> 완벽한 글을 써 나가겠다는 압박감은 글을 쓰지 못하게 한다. 이 글에서는 이것만 써야 하는데, 저것도 안다고 말하고 싶고 좀 더 멋있게 표현하고 싶을 것이다. 그러다 보면 글쓰기 진도가 나가지 않을뿐더러 글도 나빠진다. 핵심에서 벗어나 중언부언하기 십상이며 형용사, 부사가 난무하여 글이 느끼해진다. 글의 성패는 여기서 갈린다. 취사선택의 분별력과 결단이 필요하다.

① 글을 잘 쓰려는 욕심 버리기
② 누군가에게 잘 보이려는 욕심 버리기
③ 아는 것을 최대한으로 표현하기
④ 자신의 현재 상태를 그대로 받아들이기

[08 ~ 09] 다음 글을 읽고 이어지는 질문에 답하시오.

> '오컴의 면도날'이라는 표현이 있다. '경제성의 원리'라고도 불리는 이 용어는 14세기 영국의 논리학자였던 오컴의 이름에서 탄생하였으며, 어떤 현상을 설명할 때 필요 이상의 가정과 개념들은 면도날로 베어낼 필요가 있다는 권고로 쓰인다.
>
> 인간의 욕구에 대한 대표적인 이론에는 20세기 미국의 심리학자인 매슬로(Maslow)의 욕구단계설이 있다. 인간의 다양한 욕구들은 강도와 중요성에 따라 피라미드 모양의 다섯 단계로 이루어진다는 것이다. 이 이론의 전제는 아래 단계의 기본적인 하위 욕구들이 채워져야 자아 성취와 같은 보다 고차원적인 상위 욕구에 관심이 생긴다는 것이다. 하지만 매슬로의 이론에 의문을 제기해 볼 수 있다. 왜 사람은 세상에서 가장 뛰어난 피아니스트가 되려 하고, 가장 빠른 기록을 가지려고 할까? 즉, 왜 자아 성취를 하려고 할까? 그동안 심리학자들은 장황한 이유를 들어 설명하려 했다. 그러나 진화 생물학적 관점에서는 모든 것이 간명하게 설명된다. 자아 성취를 위해 생리적 욕구를 채우는 것이 아니라, 식욕이나 성욕과 같은 인간의 본질적 욕구를 채우는 데 도움이 되기 때문에 자아 성취를 한다는 것이다.
>
> 행복도 오컴의 면도날로 정리할 필요가 있다. 행복은 가치나 이상, 혹은 도덕적 지침과 같은 거창한 관념이 아닌 레몬의 신맛처럼 매우 구체적인 경험이다. 그것은 쾌락에 뿌리를 둔, 기쁨과 즐거움 같은 긍정적 정서들이다. 쾌락이 행복의 전부는 아니지만, 이것을 뒷전에 두고 행복을 논하는 것은 (㉠   )이다.

08. 윗글에 대한 이해로 적절하지 않은 것은?

① 진화 생물학적 견해는 불필요한 사고의 절약에 도움을 준다.
② '오컴의 면도날'은 어떤 현상을 설명할 때 경제성의 측면에서 권고사항으로 쓰인다.
③ 매슬로와 진화 생물학적 관점은 인간의 본질에 대한 해석이 근본적으로 같다.
④ 매슬로는 하위 욕구가 전제되지 않으면 고차원적 욕구에 관심이 생기지 않는다고 본다.

09. 윗글의 흐름을 고려할 때, ㉠에 들어갈 사자성어로 적절한 것은?

① 중언부언(重言復言)
② 어불성설(語不成說)
③ 교언영색(巧言令色)
④ 유구무언(有口無言)

10. 다음 글의 주제로 적절한 것은?

> 우리는 학교에서 한글 맞춤법이나 표준어 규정과 같은 어문 규범을 교육받고 학습한다. 어문 규범은 언중들의 원활한 의사소통을 위해 만들어진 공통된 기준이며 사회적으로 정한 약속이기 때문이다. 그러나 문제는 급변하는 환경에 따라 변화하는 언어 현실에서 언중들이 이와 같은 어문 규범을 철저하게 지키며 언어생활을 하기란 쉽지 않다는 것이다. 그래서 이러한 언어 현실과 어문 규범과의 괴리를 줄이고자 하는 여러 주장과 노력이 우리 사회에 나타나고 있다.
>
> 최근, 어문 규범이 언어 현실을 따라오기에는 한계가 있기 때문에 어문 규범을 폐지하고 아예 언중의 자율에 맡기자는 주장이 있다. 또한 어문 규범의 총칙이나 원칙과 같은 큰 틀만을 유지하되, 세부적인 항목 등은 사전에 맡기자는 주장도 있다. 그러나 어문 규범을 부정하는 주장이나 사전으로 어문 규범을 대신하자는 주장에는 문제점이 있다. 전자의 경우, 언어의 생성이나 변화가 언중 각각의 자율에 의해 이루어져 오히려 의사소통의 불편함을 야기할 수 있다. 후자의 경우 우리나라의 사전 편찬 역사가 짧기 때문에 어문 규범의 모든 역할을 사전이 담당하기에는 무리가 있으며, 언어 현실의 다양한 변화를 사전에 전부 반영하기 어렵다는 문제점이 있다.

① 의사소통의 편리함을 위해서는 어문 규범을 철저히 지켜야 한다.

② 언어 현실과 어문 규범의 괴리를 해소하기 위한 방법을 모색하는 노력이 나타나고 있다.

③ 언어의 변화와 생성은 사람들의 의사소통을 혼란스럽게 할 수 있기 때문에 최대한 자제해야 한다.

④ 어문 규범과 언어 현실의 괴리를 없애기 위해서는 언중의 자율과 사전의 역할 확대가 복합적으로 진행되어야 한다.

11. 다음은 '머리'가 나타내는 다양한 의미이다. 이를 같은 맥락으로 확장하여 다른 신체 부위를 지칭하는 단어에 적용했을 때 그 용례로 적절하지 않은 것은?

> ㉠ 신체의 일부 : 사람이나 동물의 목 위의 부분(눈 · 코 · 입 · 귀가 있는 얼굴, 머리카락이 있는 부위 포함)
> ㉡ 위치 : 해당 지역의 가장 위쪽
> ㉢ 물체의 부분 : 사물의 맨 앞이나 윗부분
> ㉣ 시간 : 어떤 때 · 시기가 시작될 즈음

① ㉠－그녀가 멀리서 손을 흔들었다.
② ㉡－분단선이 한반도의 허리를 관통했다.
③ ㉢－부러진 의자 다리를 고쳤다.
④ ㉣－그는 눈 깜짝할 새 지나갔다.

12. 다음 중 대화의 공통 주제와 다른 이야기를 하는 사람을 고르면?

> A : 아이들 자신과 관련 있는 이야기를 쓴 책이 좋다고 생각해. 자신과 관련있는 이야기라면 재미도 있고 공감도 많이 할 수 있어.
> B : 아이들은 재미가 없으면 책을 잘 읽으려고 하지 않아. 하지만 재미가 없더라도 좋은 책을 많이 읽는 습관을 기르는 것이 중요해.
> C : 많이 팔리는 책이 좋다고 생각해. 사람들이 많이 읽었다면 좋은 책일 거야.
> D : 누가 책을 썼느냐가 중요하다고 생각해. 글쓴이가 유명하면 책 내용도 좋지 않겠어?
> E : 그런 책이 모두 좋다고는 할 수 없어. 그보다는 아이들 수준에 맞아야 한다고 생각해. 어른들이 좋다고 해도 너무 어려워서 읽지 못한다면 소용없어.

① A ② B
③ C ④ D

13. 세로의 길이가 120cm, 가로의 길이가 90cm인 벽에 남는 부분 없이 정사각형 모양의 타일을 붙이려고 한다. 타일을 최소한으로 사용하려고 할 때, 붙일 수 있는 타일 한 변의 길이는?

① 10cm
② 15cm
③ 20cm
④ 30cm

14. N사 신입사원들이 연수원에 도착하여 인원수에 맞게 방을 배정하려고 한다. 한 방에 6명씩 들어가면 4명이 남고, 한 방에 8명씩 들어가면 방이 3개 남으며 마지막 방에는 2명만이 들어가게 된다. 연수원에 도착한 신입사원은 모두 몇 명인가?

① 88명
② 92명
③ 102명
④ 106명

15. 정은이는 한 개에 1,500원인 참외와 한 개에 2,500원인 오렌지를 합하여 총 10개를 구매하고 20,000원을 지불하였다. 정은이가 산 참외의 개수는?

① 3개
② 4개
③ 5개
④ 6개

16. 은지의 영어와 수학 점수의 합은 82점이고 영어와 국어 점수의 합은 74점이다. 수학과 국어의 점수 차는 몇 점인가?

① 7점
② 8점
③ 9점
④ 10점

17. 일정한 속력으로 달리는 A, B가 400m 트랙의 반대편에서 동시에 출발하였다. B가 1,000m를 달렸을 때 A가 B를 따라잡았다면 A와 B의 속력의 비는?

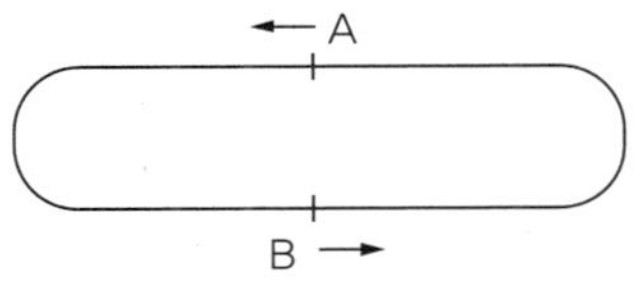

① 3 : 1
② 4 : 3
③ 6 : 5
④ 5 : 6

18. 어떤 프로젝트를 수행하는 데 A가 혼자 하면 10일, B가 혼자 하면 15일이 걸린다. 이 프로젝트를 A, B가 함께 수행한다면 며칠만에 완료할 수 있는가?

① 3일
② 4일
③ 5일
④ 6일

19. 정가가 30,000원인 신발은 30% 할인된 가격으로 구입하고, 정가가 x원인 옷은 20% 할인된 가격으로 구입해서 총 125,000원을 지불하였다. 할인 전 신발과 옷의 총 금액은 얼마인가?

① 151,000원
② 160,000원
③ 170,000원
④ 180,000원

20. 한 개의 육면체 주사위를 한 번 던졌을 때 2의 배수가 나올 확률은?

① $\frac{1}{2}$　　② $\frac{1}{3}$

③ $\frac{2}{3}$　　④ $\frac{3}{4}$

21. 다음 자료에 대한 분석으로 적절하지 않은 것은?

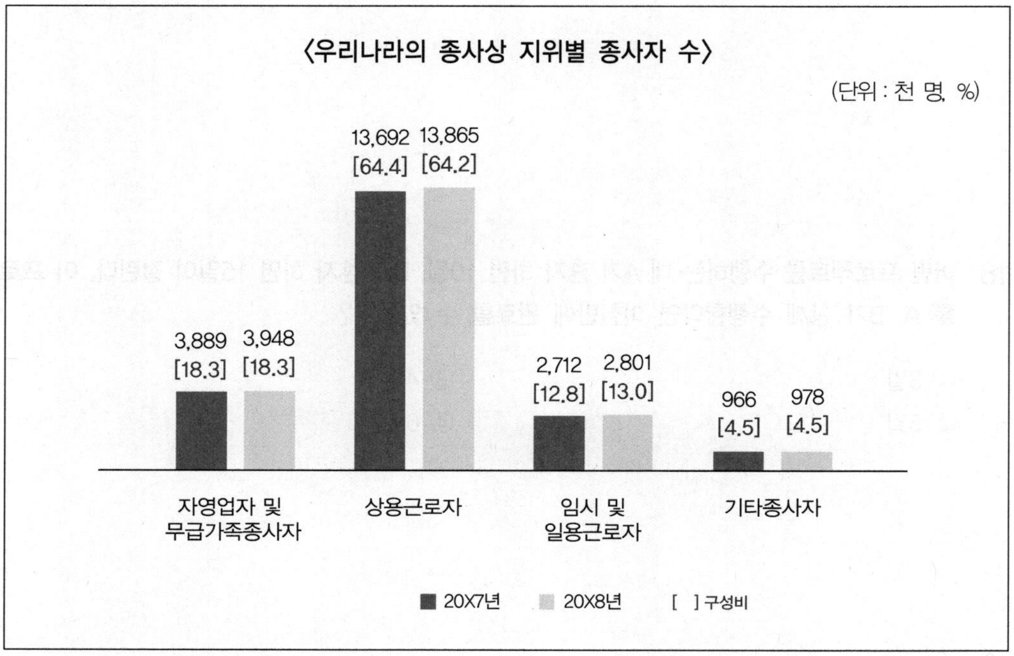

① 우리나라는 상용근로자 수가 가장 많군.
② 20X8년에 1년 전보다 종사자 수가 가장 많이 증가한 지위는 상용근로자네.
③ 종사자 수가 증가했다고 해서 그 비중도 반드시 증가하는 것은 아니로군.
④ 20X8년에 1년 전보다 종사자 수가 감소한 지위는 기타종사자뿐이구나.

22. 다음은 우리나라의 코로나19 바이러스 확진자 추이이다. 이에 대한 설명으로 옳지 않은 것은? (단, 완치자는 바로 퇴원했다고 가정한다)

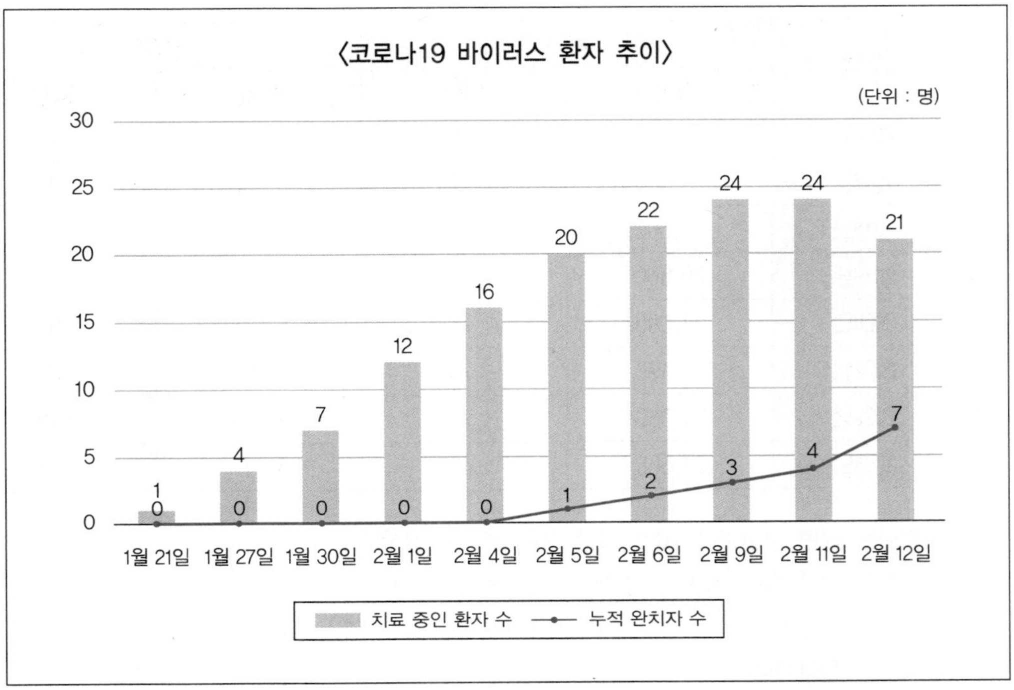

① 1월 21일부터 2월 12일까지 총 28명의 환자가 발생했다.

② 2월 9일과 2월 11일 사이에는 추가로 확진자가 발생하지 않았다.

③ 확진 판정을 받고 치료 중인 환자는 2월 12일 기준 21명이다.

④ 그래프의 추세로 보면 누적 완치자 수는 점차 증가하고 있다.

23. 다음 자료에 대한 분석으로 적절하지 않은 것은?

〈남북한 광물 생산 현황〉

(단위 : 천 톤)

구분	석탄		철광석	
	북한	남한	북한	남한
2016년	25,000	2,080	5,093	513
2017년	25,500	2,084	5,232	542
2018년	25,800	2,094	5,190	593
2019년	26,600	1,815	5,486	663
2020년	27,090	1,748	5,471	693
2021년	27,490	1,764	5,906	445
2022년	31,060	1,726	5,249	440
2023년	21,660	1,485	5,741	311

① 북한은 매년 남한보다 10배 이상 많은 석탄을 생산했네.
② 남한은 최근 들어 철광석 생산량이 줄어들고 있구나.
③ 석탄 생산량이 북한은 매년 증가했는데 남한은 매년 감소했군.
④ 북한은 철광석보다 석탄 생산량이 월등히 많군.

24. 다음 숫자들의 배열 규칙을 찾아 '?'에 들어갈 알맞은 숫자를 고르면?

2 6 14 30 62 (?)

① 124
② 125
③ 126
④ 127

25. 다음은 H사 직원 350명을 대상으로 차량 보유 현황 및 운용비용을 조사한 자료이다. 이에 대한 분석으로 옳은 것은?

〈H사 직원들의 차량 보유 현황〉

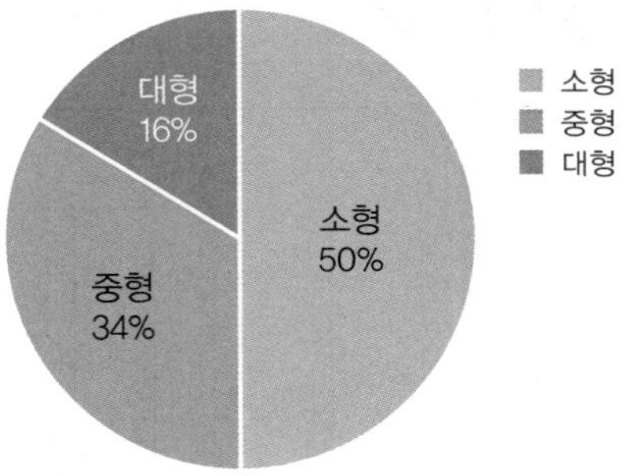

〈1인당 월간 교통비용〉

소형	중형	대형
30만 원	45만 원	55만 원

※ 총 교통비용=1인당 월간 교통비용×직원 수

ㄱ. 중형 자동차를 보유하고 있는 직원은 100명 이상이다.
ㄴ. 소형 자동차를 보유하고 있는 직원들의 총 교통비용은 5천만 원 이하이다.
ㄷ. 보유하고 있는 차량의 크기가 큰 집단일수록 총 교통비용 또한 많아진다.

① ㄱ
② ㄴ
③ ㄱ, ㄴ
④ ㄱ, ㄷ

26. 다음 두 블록을 합쳤을 때 나올 수 없는 형태는? (단, 회전은 자유롭다)

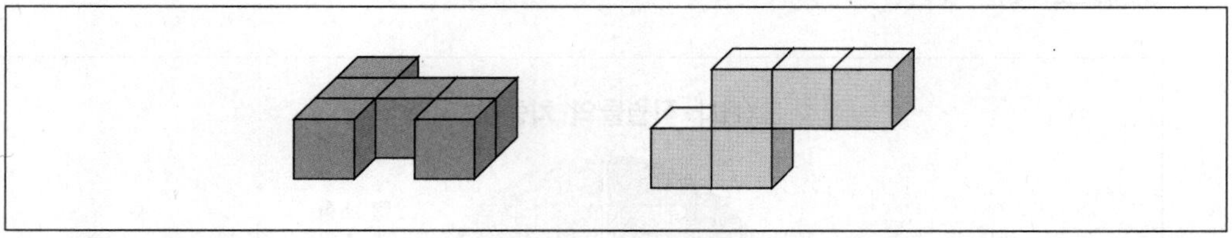

①

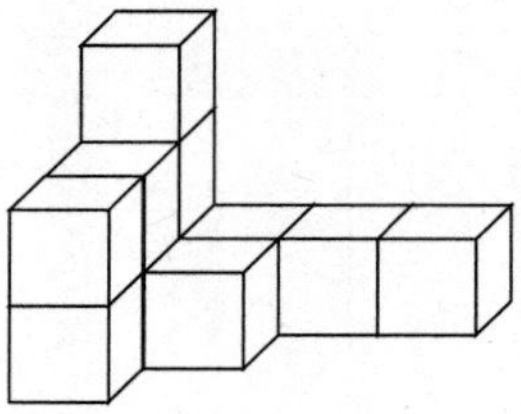

②

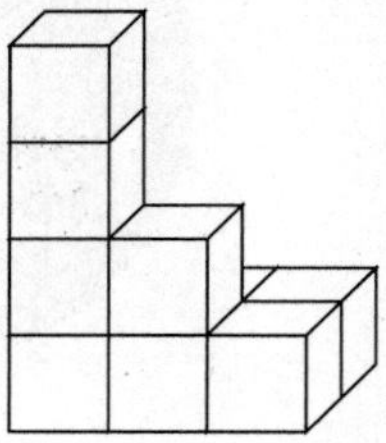

③

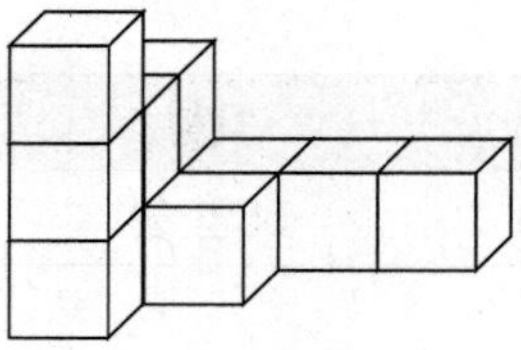

④

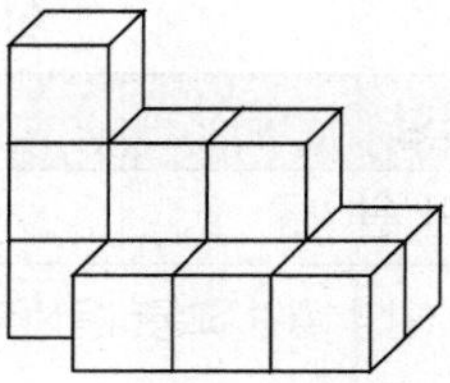

27. 다음과 같이 종이를 접은 다음 펀치로 구멍을 뚫은 후 다시 펼쳤을 때의 모양으로 옳은 것은?

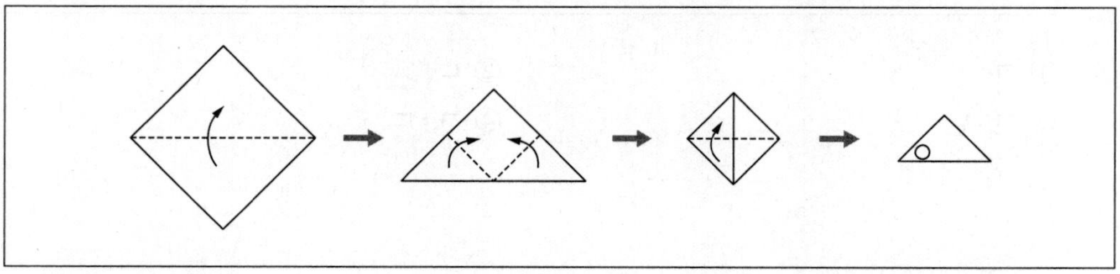

① ② ③ ④

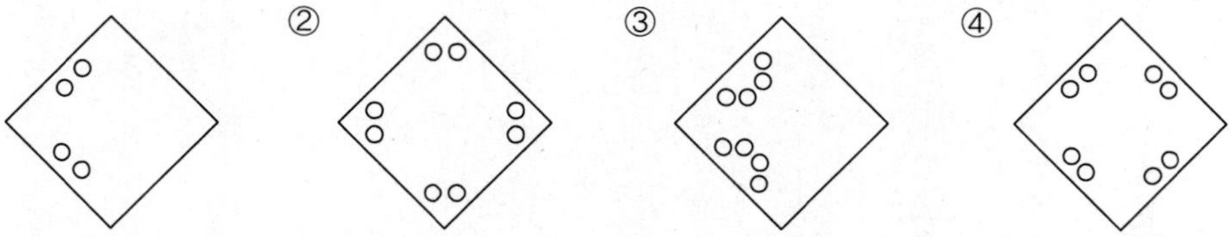

28. 다음 〈보기〉는 같은 모양과 크기의 블록을 쌓아 만든 입체도형을 가지고 앞에서 본 정면도, 위에서 본 평면도, 오른쪽에서 본 우측면도를 그린 것이다. 이에 해당하는 입체도형으로 알맞은 것을 고르면? (단, 화살표 방향은 정면을 의미한다)

보기

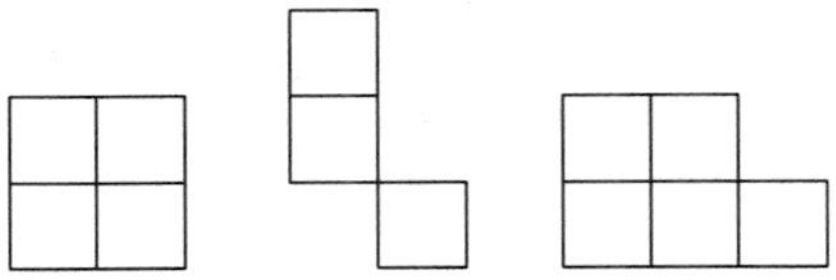

[정면도]　[평면도]　[우측면도]

① 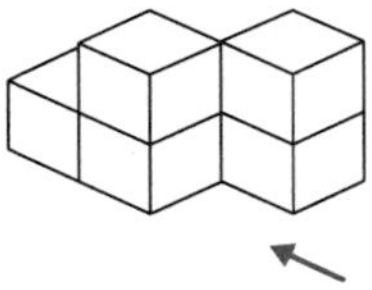

② 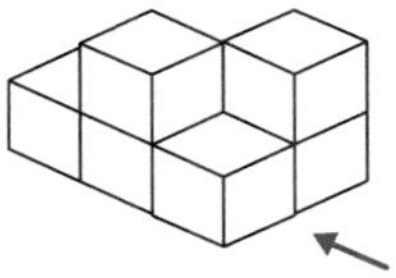

③ 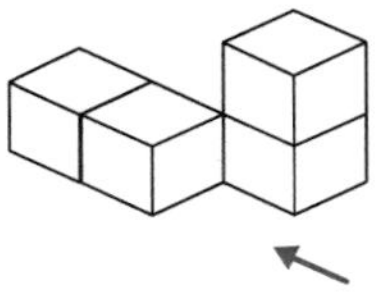

④ 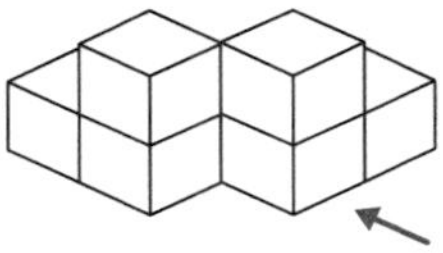

29. 다음 〈보기〉에 제시된 도형 3개를 합쳤을 때 나오는 모양으로 적절하지 않은 것은? (단, 각 도형은 회전할 수 없다)

보기

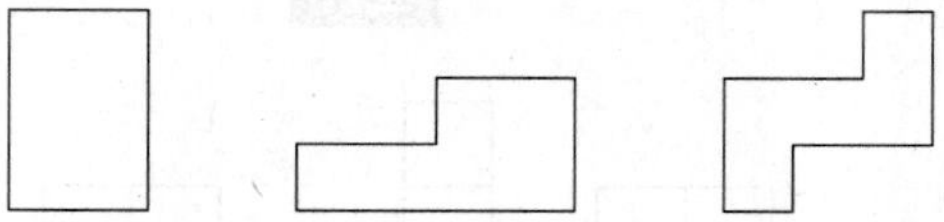

① 

② 

③ 

④ 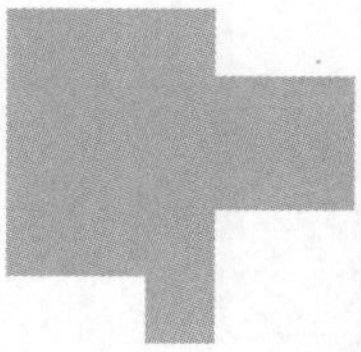

30. 다음 왼쪽의 도형을 오른쪽에 나타난 각도만큼 회전시킨 모양으로 적절한 것은?

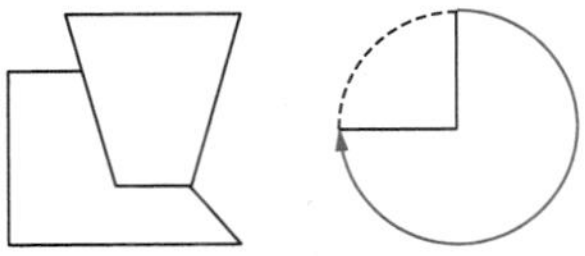

① 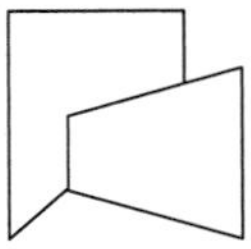

② 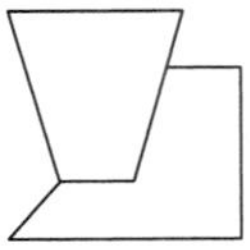

③ 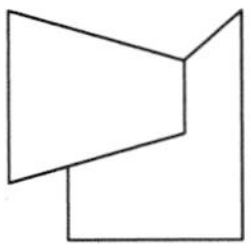

④ 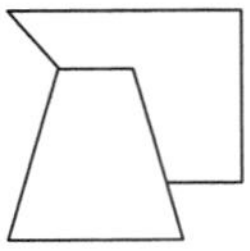

31. 다음 전개도를 접어 완성할 때 나올 수 없는 모양은?

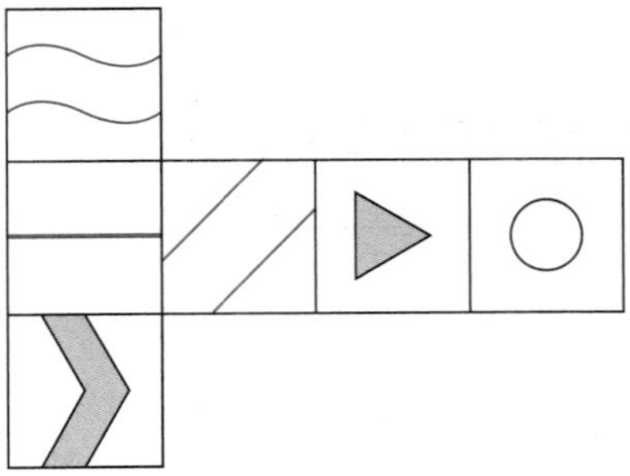

① 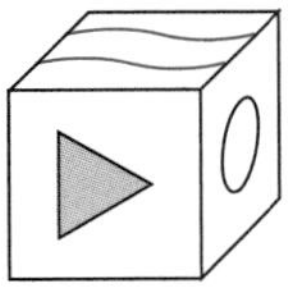

② 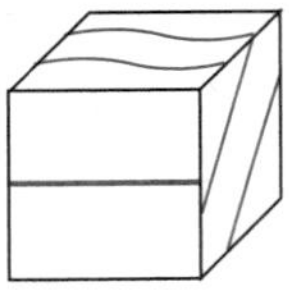

③ 

④ 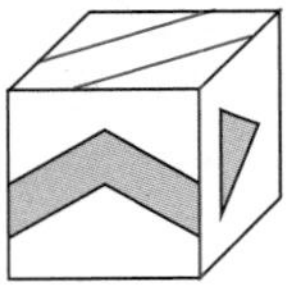

32. 다음 그림에서 찾을 수 없는 도형은?

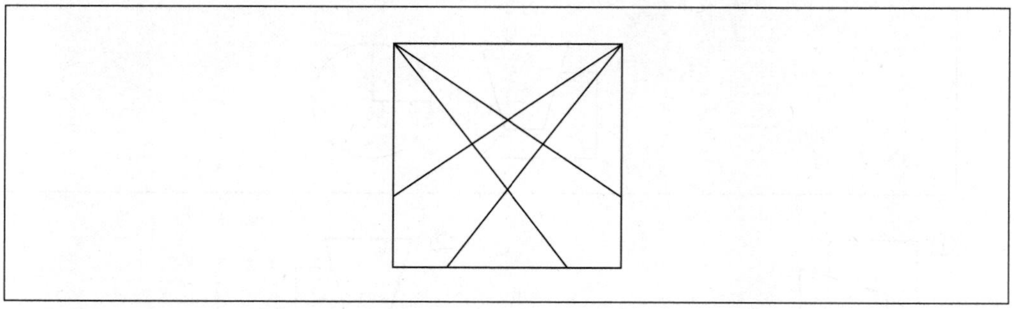

①

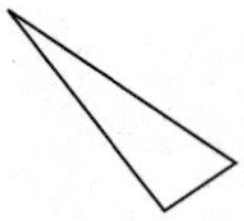

②

③

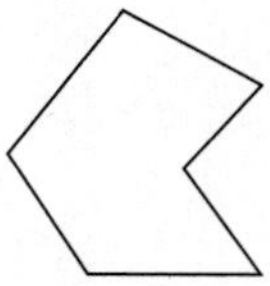

④

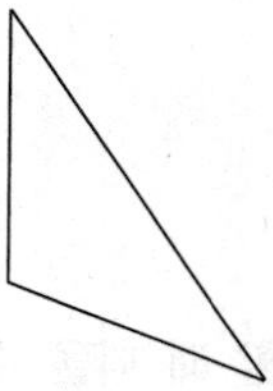

33. 다음 그림의 조각을 순서대로 바르게 배열한 것은?

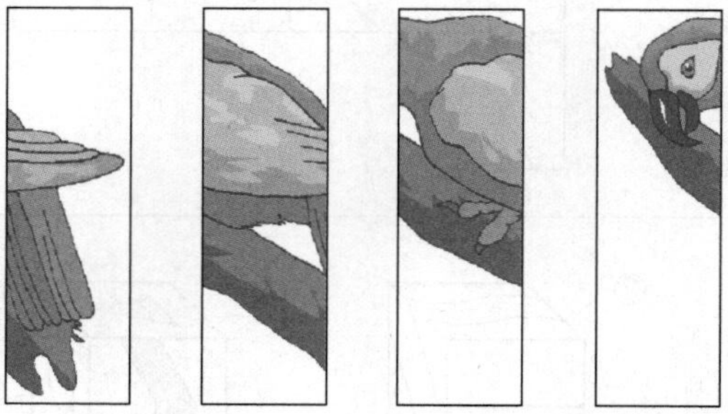

(가) (나) (다) (라)

① (라)－(다)－(가)－(나)
② (다)－(라)－(가)－(나)
③ (라)－(다)－(나)－(가)
④ (다)－(나)－(라)－(가)

[34 ~ 35] 다음은 같은 모양과 크기의 블록을 쌓아 올린 그림이다. 이어지는 질문에 답하시오. (단, 보이지 않는 뒷부분의 블록은 없다)

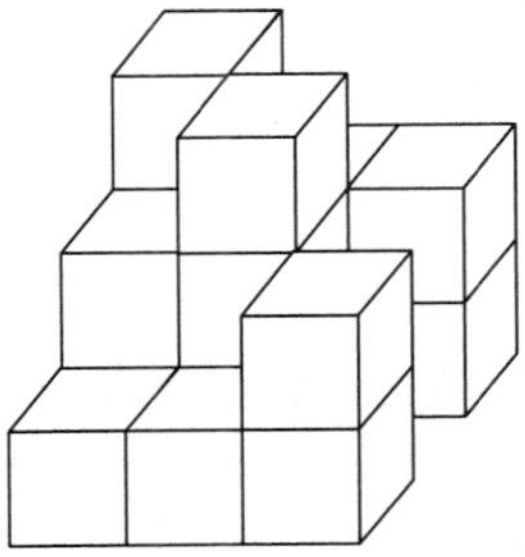

34. 블록의 개수는 몇 개인가?

① 13개　　② 14개　　③ 15개　　④ 16개

35. 블록에서 밑면을 제외한 모든 면에 페인트를 칠할 때 2개의 면이 칠해지는 블록의 개수는 몇 개인가?

① 4개　　② 5개　　③ 6개　　④ 7개

36. 다음 결론이 참이 되게 하는 전제로 적절한 것은?

> [전제] • 매주 토요일마다 소개팅을 하는 사람은 결혼정보업체 회원이다.
> • ______________________________
>
> [결론] 결혼정보업체 회원이 아닌 사람은 올해 안에 결혼을 하고 싶지 않은 것이다.

① 매주 토요일마다 소개팅을 하지 않는 사람은 올해 안에 결혼을 하고 싶지 않은 것이다.
② 올해 안에 결혼을 하고 싶지 않은 사람은 매주 토요일마다 소개팅을 하지 않는다.
③ 결혼정보업체 회원이 아닌 사람은 매주 토요일마다 소개팅을 한다.
④ 올해 안에 결혼을 하고 싶지 않은 사람은 결혼정보업체 회원이 아니다.

37. 다음 명제가 모두 참일 때 옳은 것은?

> • 껌을 좋아하는 아이는 사탕도 좋아한다.
> • 초콜릿을 좋아하지 않는 아이는 사탕도 좋아하지 않는다.
> • 감자칩을 좋아하는 아이는 사탕도 좋아한다.

① 감자칩을 좋아하는 아이는 초콜릿도 좋아한다.
② 감자칩을 좋아하는 아이는 껌을 좋아하지 않는다.
③ 초콜릿을 좋아하는 아이는 감자칩도 좋아한다.
④ 껌을 좋아하는 아이는 초콜릿은 좋아하지 않는다.

[38 ~ 39] L사는 다음 〈조건〉에 따라 신입사원을 2개의 조로 나누려고 한다. 이어지는 질문에 답하시오.

조건

- 신입사원 중 남자사원은 갑, 을, 병, 정으로 4명, 여자사원은 A, B, C, D, E, F로 6명이다.
- 한 조마다 남자사원은 2명, 여자사원은 3명씩 배치한다.
- 을과 D는 다른 조이다.
- 병과 F는 다른 조이다.
- B와 F는 같은 조이다.
- D와 병은 같은 조이다.

38. A와 E가 같은 조일 때, 같은 조가 될 수 없는 사원의 조합은?

① 을, A
② 정, F
③ 병, E
④ 갑, D

39. 정과 C가 다른 조일 때, 조를 만들 수 있는 경우의 수는? (단, 조의 구성원이 같으면 동일한 조로 간주한다)

① 3가지
② 4가지
③ 5가지
④ 6가지

40. 다음 결론이 참이 되게 하는 전제로 적절한 것은?

[전제] • 모든 사탕은 색이 빨갛거나 모양이 둥글다.
• 둥근 모양의 사탕은 딸기 맛이 난다.
• 소연이가 산 사탕은 딸기 맛이 아니다.

[결론] 그러므로 ______________________

① 모든 사탕은 딸기 맛이 아니다.
② 소연이가 산 사탕은 색이 빨갛다.
③ 소연이가 산 사탕은 레몬 맛이다.
④ 소연이가 산 사탕은 모양이 둥글다.

41. ○○건설의 인사부는 6인용 스틱 승합차를 타고 워크숍에 가려고 한다. 부장, 차장, 과장, 대리, 사원 A, 사원 B가 다음과 같은 〈조건〉에 따라 자리에 앉을 경우, 과장이 앉는 자리는? (단, 운전석의 위치는 1로 한다)

조건

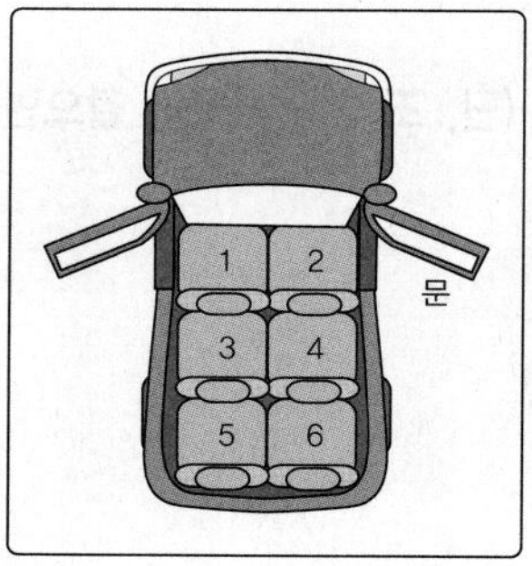

(가) 6인용 스틱 승합차를 운전할 수 있는 사람은 과장과 대리뿐이다.
(나) 부장 옆에는 차장이 앉아야 한다.
(다) 차장은 멀미 때문에 맨 뒷줄에 앉을 수 없다.
(라) 사원 A와 사원 B는 같이 앉을 수 없다.
(마) 부장은 짝수 번호 좌석에는 앉지 않는다.
(바) 과장은 부장의 대각선 자리에 앉아야 한다.

① 1　　② 2
③ 5　　④ 6

42. 일 년 동안 개근한 사원에게 포상을 하기 위해 사내 설문조사를 실시하였다. 결과가 다음과 같을 때 추론한 내용으로 적절한 것은?

> • 포상의 종류는 네 가지로 상여금, 진급, 유급 휴가, 연봉 인상이 있다.
> • 설문지에는 '선택함'과 '선택하지 않음'의 두 가지 선택지만 존재한다.
> • 진급을 선택한 사람은 상여금을 선택하지 않는다.
> • 유급 휴가를 선택하지 않은 사람은 상여금을 선택한다.
> • 유급 휴가를 선택한 사람은 연봉 인상을 선택하지 않는다.

① 상여금을 선택한 사람은 연봉 인상을 선택한다.
② 진급을 선택한 사람은 연봉 인상을 선택한다.
③ 유급 휴가를 선택한 사람은 진급을 선택하지 않았다.
④ 연봉 인상을 선택한 사람은 진급을 선택하지 않는다.

43. 2명은 학생, 2명은 회사원인 갑 ~ 정 4명은 〈보기〉와 같이 말했으며, 회사원 2명은 모두 거짓말을 하고 학생 2명은 모두 진실을 말하고 있다. 다음 중 진실을 말하는 학생 2명은 누구인가?

> **보기**
> • 갑 : 저와 정은 학생입니다.
> • 을 : 저는 회사를 다니지 않습니다.
> • 병 : 갑은 회사를 다니지 않습니다.
> • 정 : 병은 회사를 다닙니다.

① 을, 정　　② 갑, 정
③ 갑, 병　　④ 갑, 을

44. 명품 매장에서 도난 사건이 발생했다. CCTV 확인 결과, A ~ E가 포착되어 이들을 용의자로 불러서 조사했다. 범인인 한 사람만 거짓을 말한다고 할 때 범인은 누구인가?

> A : B는 범인이 아니다.
> B : C 또는 D가 범인이다.
> C : 나는 절도하지 않았다. B 또는 D가 범인이다.
> D : B 또는 C가 범인이다.
> E : B와 C는 범인이 아니다.

① A　　② B
③ C　　④ D

45. 사내 체육대회에서 각 부서별 대표 총 7명(A, B, C, D, E, F, G)이 달리기 시합을 진행하였다. 시합 결과가 다음과 같다면 첫 번째로 결승점에 들어온 직원은 누구인가?

> • 네 번째로 들어온 사람은 D이다.
> • F보다 D가 나중에 들어왔다.
> • G보다 F가 나중에 들어왔다.
> • B보다 E가 나중에 들어왔다.
> • D보다 E가 나중에 들어왔다.
> • G보다 B가 나중에 들어왔다.
> • A보다 F가 나중에 들어왔으나 A가 1등은 아니다.

① A　　② B
③ E　　④ G

46. 다음 중 A 씨의 사례를 통해 얻을 수 있는 교훈은?

> 경력사원인 A 씨는 ○○사에 취직할 때 자기소개서와 이력서를 허위로 기재하였다. 이렇게 한 이유는 다른 사람들에게 전문가로 보이고 싶었고, 이전 직장보다 훨씬 더 많은 연봉을 받고 싶었기 때문이다. 그러나 A 씨의 거짓말과 무능함은 오래지 않아 들통이 났고, 얼마 후 A 씨는 ○○사로부터 해고통보를 받았다.

① 실수를 저질렀을 경우 바로 상대방에게 잘못을 인정해야 한다.

② 당장 눈앞의 이익이 되는 일보다는 바람직한 일을 해야 한다.

③ 항상 해오던 방식이 언제나 옳은 것은 아니다.

④ 개인적인 삶과 일 사이에 균형을 찾는 것이 중요하다.

47. 다음 〈상황〉에서 강 계장이 취해야 할 가장 적절한 행동은?

> **상황**
>
> A 은행 ★★지점에서 근무하는 강 계장은 현재 일주일 된 신입사원과 단 둘이 창구에 있고, 신입사원에게 업무를 진행하는 모습을 보여 주며 교육도 병행하고 있어 매우 바쁜 상황이다. 이러한 상황에서 아직 순번이 아닌 고객이 강 계장에게 급히 달려와 지금 당장 인출해야 한다며 본인부터 처리해 줄 것을 요구하고 있다. 대기 고객이 많아 해당 고객의 업무를 먼저 처리해 줄 경우 대기 고객들의 항의가 예상된다.

① 번호표 순서대로 진행해야 한다고 완강하게 말한다.

② 신입사원에게 고객과 함께 ATM으로 가 업무를 처리해 드리라고 한다.

③ 다른 곳에서도 인출할 수 있다고 하며 다른 지점으로의 방문을 유도한다.

④ 신입사원에게 대기 중인 고객들의 업무를 맡기고 해당 고객의 요구를 들어준다.

48. 다음 〈상황〉에 등장하는 인물들이 보였어야 할 바람직한 행위로 적절하지 않은 것은?

> **상황**
>
> A 씨가 일하는 □□기관은 해마다 1회의 정기 외부감사를 받아야 한다. 감사 결과, A 씨의 부서장이 결정하여 추진한 사안에 대하여 문제가 제기되었다. 이에 대하여 기관장은 부서장에게 문제 원인을 파악하도록 지시하였고, 부서장은 본인이 결재하였으나 부서 내 실무자의 실수를 미처 확인하지 못하였다고 보고하였다. 이로 인해 기관장은 해당 업무 관련자에게 경위서를 제출하도록 하였으며, 해당 실무자는 잘못이 없음에도 부서장의 허위 보고로 인해 경위서를 제출하였다. 그리고 그 실무자는 A 씨에게 이러한 사실을 털어놓았다.

① 기관장은 부서장의 보고에 대하여 사실 관계를 추가 확인하여야 했다.
② 해당 실무자는 부서장에게 경위서 제출의 불합리함을 주장해야 했다.
③ 부서장은 허위 보고에 대하여 정정 보고를 해야 했다.
④ 감사 업무 담당자는 문제가 확인된 사안에 대하여 관련인의 책임여부를 검토해야 했다.

49. 다음 〈대화〉에서 두 사람의 근본적인 갈등 원인은 무엇인가?

> **대화**
>
> 김 대리 : 어이, 박 주임! 지난주에 얘기한 보고서 아직 제출 안 했지? 언제 제출할 거야?
> 박 주임 : 무슨 보고서요? 저는 듣지 못했는데요.
> 김 대리 : 아니, 듣지 못했다니 무슨 소리야? 이 사원에게 전달했는데 못 들었어?
> 박 주임 : 네, 처음 듣는 얘기인데요.
> 김 대리 : 나 참, 그런데 내가 이 사원에게 얘기할 때 박주임도 그 옆을 지나가지 않았나?
> 박 주임 : 네, 그런데 무슨 말씀 하시는지 알지 못했어요. 급하신 건가요? 지금 시작할게요.
> 김 대리 : 지금 시작해서 언제 끝내겠다는 거야? 이렇게 의사소통이 되지 않아서야.
> 박 주임 : 아니, 김 대리님! 이 사원이 실수한 걸 왜 저한테 짜증을 내십니까? 기분이 좋지 않네요.
> 김 대리 : 뭐야! 상사가 하는 말에 토를 다는 거야?

① 지시한 내용이 하위 직급자 간에 적절히 소통되지 않은 것이 갈등요인이다.
② 보고서 제출 기간이 너무 짧아 해내기가 불가능한 업무를 지시한 것이 갈등의 원인이다.
③ 부서 하급자 간에 서로 일을 미루는 행동이 갈등의 원인이다.
④ 상급자가 하급자에게 고압적으로 지시하는 모습이 갈등의 원인이다.

50. 다음 정부 부처에서 발표한 보도자료를 이해한 내용으로 적절하지 않은 것을 〈보기〉에서 모두 고르면?

> ‘우리 과일’ 시장 안착 위해 연구기관 · 업계 뭉친다
> –30일 비대면 업무협약… 신품종 생산 · 유통 · 가공 · 수출 협력–
>
> ㅁ 농촌진흥청(청장 김△△)은 우리 과수 신품종의 안정적인 시장 정착을 돕고자 생산자, 유통 · 가공 · 수출업체와 힘을 합친다.
>
> ㅁ 국립원예특작과학원은 202X년 6월 30일 생산자연합회, 12개 민간업체와 ‘과수 신품종 시장 인큐베이팅(지원) 프로젝트’ 추진에 관한 업무협약을 맺었다. 협약식은 코로나19 확산을 막기 위해 서울과 제주, 나주 등 전국 4곳을 화상회의시스템으로 연결해 비대면 방식으로 진행했다.
>
> ㅁ 이번 협약에 따라 업체와 생산자연합회는 앞으로 신품종 과일의 생산 · 유통 · 가공 · 수출과 브랜딩 · 마케팅에 힘을 보탤 계획이다.
>
> 〈주요 추진 내용〉
>
> – 국립원예특작과학원은 프로젝트 책임 기관으로 푸드 브랜딩, 마케팅 전문가와 함께 시장 평가와 각 업체의 원활한 업무 협력 진행을 원조
> – 유통 · 수출 과정에서 품질이 유지될 수 있도록 환경 모니터링 진행
> – 생산자연합회는 생과일과 가공용 냉동 과일을 제공, 유통 · 가공업체는 과일 구매 후 주스 등 가공품 개발을 추진, 판매업체는 가공 제품을 판매, 수출업체는 해외 구매상을 발굴하고 수출과 해외 시장에 대한 평가 진행
> – ○○공사는 국내 과일의 약 50%가 유통되는 도매시장에서 경매사, 중도매인을 대상으로 우리 품종을 알리는 교육 · 홍보 진행

보기

ㄱ. 농촌진흥청이 우리 과수 신품종의 안정적인 시장 정착을 돕기 위해 독자적으로 진행한다.
ㄴ. 협약식은 코로나19의 확산을 막기 위해 비대면 방식으로 진행되었다.
ㄷ. 이번 협약의 내용에는 제공, 가공, 판매, 수출의 과정이 모두 포함되어 있다.
ㄹ. ○○공사 직원들은 국내 품종의 우수함에 대한 교육을 받아야 한다.

① ㄱ, ㄴ　　② ㄱ, ㄹ
③ ㄴ, ㄷ　　④ ㄷ, ㄹ

5회 기출예상문제

시험시간	50 분
문항수	50 문항

▶ 정답과 해설 40쪽

01. 다음 밑줄 친 ㉠ ~ ㉣ 중 그 쓰임이 올바른 것은?

> 5월 31일은 세계보건기구(WHO)가 지정한 세계 금연의 날이다. 담배는 폐암뿐 아니라 후두암, 구강암, 식도암, 신장암, ㉠ 체장암, 방광암 등 각종 암과 사망의 주요 원인이며, 심혈관질환, 만성호흡기질환 등 각종 만성질환을 유발하는 물질이다. 그러나 금연은 누구에게나 쉽지 않은 과제다. 담배를 ㉡ 끈으려다 실패한 ㉢ 사람만이 금연의 어려움을 안다. 담배를 태우지 않는 사람은 ㉣ 번번히 금연에 실패하는 흡연자를 이해하기 어렵다. 건강에 무책임하거나 의지가 약한 사람으로 보이고 때론 가족들로부터 안쓰러운 시선을 받기도 한다.

① ㉠ ② ㉡
③ ㉢ ④ ㉣

02. 다음 중 자음동화 현상의 예로 적절하지 않은 것은?

> 〈자음동화〉
> 1) 비음화 : 비음(ㅁ, ㄴ, ㅇ)의 영향으로 비음이 아닌 소리가 비음으로 동화되는 현상
>   a. ㅂ, ㄷ, ㄱ + ㄴ, ㅁ → ㅁ, ㄴ, ㅇ
>   b. ㅇ, ㅁ + ㄹ → ㄴ
>   c. ㅂ, ㄷ, ㄱ + ㄹ → ㅁ, ㄴ, ㅇ + ㄴ
> 2) 유음화 : 유음 'ㄹ'의 영향으로 'ㄴ'이 유음으로 동화되는 현상
>   a. ㄴ + ㄹ → ㄹㄹ
>   b. ㄹ + ㄴ → ㄹㄹ

① 밥물[밤물] ② 신라[실라]
③ 굳이[구지] ④ 섭리[섬니]

03. 다음 밑줄 친 부분의 띄어쓰기가 잘못된 것은?

① 그 녀석을 골탕∨먹일 좋은 수가 없을까?
② 지금은 때를 기다리는 수밖에 없다.
③ 이 전망대에서 서울 시내를 한∨눈에 내려다볼 수 있다.
④ 그 책을 다 읽는∨데 삼 일이 걸렸다.

04. 다음 글의 주제로 적절한 것은?

신(神)은 신성하거나 성스러운 것으로 간주되는 자연적 혹은 초자연적 존재로, 모르는 것이 없고 못하는 일이 없으며 어떠한 일이라도 다 해내는 절대자의 지혜와 능력을 가진 전지전능한 존재로 정의된다. 철학자들은 신이 존재하는가에 대해 다양한 신 존재 증명 이론을 내세웠다. 신의 존재에 대한 다양한 증명 이론 중 목적론적 신 존재 증명은 존재론적 증명, 우주론적 증명과 함께 신의 존재를 증명하기 위한 고전적 3대 증명으로 손꼽힌다.

목적론적 신 존재 증명에서 이 세계는 정연한 목적론적 질서를 드러내고 있고, 그것은 전지전능한 신에 의해 만들어진 것이라는 추론형식을 취한다. 목적론적인 질서에는 복잡한 유기체의 구조나 본능적 행동의 합목적성에서부터 우주의 정연한 질서가 상정되어 있으며, 목적론적 신 존재 증명은 이 세계가 매우 탁월한 질서를 가지고 있다고 전제한다. 이 세계를 설계하고 유기체를 창조한 고도의 이성적 능력을 가진 원인으로서의 신이 존재해야 한다고 추론하는 것이다. 따라서 목적론적 신 존재 증명은 결과인 자연현상으로부터 그 원인인 신을 추론하는 증명이다.

① 신의 존재를 증명하는 고전적 3대 이론의 비교
② 목적론적 신 존재 증명 이론의 개념
③ 고전 철학자들의 진화이론과 우주의 이해
④ 삼단추론논법을 활용한 신 존재 이론에 대한 이해

05. 다음 중 밑줄 친 부분이 〈보기〉와 같은 의미로 쓰인 것은?

> **보기**
>
> 어제 교통사고로 많은 사람들이 죽었다.

① 화롯불이 죽었다.

② 시계가 죽었다.

③ 그는 결국 기가 죽었다.

④ 기르던 병아리가 결국 죽었다.

06. 다음 (가) ~ (마)를 문맥에 따라 순서대로 배열한 것은?

> (가) 자신의 이름을 따 상트페테르부르크로 도시명을 정한 그는 1712년 이곳으로 수도를 옮길 정도로 애착과 기대가 컸다.
>
> (나) 그는 발트해 연안의 이곳을 '유럽으로 향하는 항'으로 삼기로 하고 새로운 도시건설에 착수하였다.
>
> (다) 지금도 학술, 문화, 예술 분야를 선도하며 그러한 위상에는 변함이 없다.
>
> (라) 제정 러시아의 표트르 1세는 스웨덴이 강점하고 있던 네바강 하구의 습지대를 탈환했다.
>
> (마) 이렇게 시작된 이 도시는 이후 발전에 발전을 거듭하여 러시아 제2의 대도시가 되었다.

① (다)－(가)－(라)－(나)－(마)

② (다)－(나)－(가)－(라)－(마)

③ (라)－(나)－(가)－(마)－(다)

④ (라)－(나)－(다)－(가)－(마)

07. 다음 글에 대한 설명으로 적절한 것은?

> 우리가 자유를 제한하지 않을 수 없는 이유는 모든 사람들에게 무제한의 자유를 허용했을 경우에 생기는 혼란과 일반적 불이익에 있다. 모든 사람들이 제멋대로 행동하는 것을 허용한다면 서로가 서로의 길을 방해하게 될 것이고, 결국 대부분의 사람들이 심한 부자유의 고통을 받는 결과에 이르게 될 것이다. 자유의 역리(逆理)라고 부를 수 있는 이러한 모순을 방지하기 위하여 자유의 제한은 불가피하다. 자유를 제한하는 것이 바람직하기 때문이 아니라, 더 큰 악(惡)을 막기 위하여 자유를 제한한다는 이 사실을 근거로 우리는 하나의 원칙을 얻게 된다. 자유의 제한은 모든 사람들을 위해서 불가피할 경우에만 가해야 한다는 것이다. 자유에 대한 불필요한 제한은 정당화될 수 없다. 사회의 질서와 타인의 자유를 해치지 않는 한 최대한의 자유를 허용하는 것이 바람직하다.

① 자유의 역리란 무조건 사람들의 자유를 빼앗아야 한다는 이론이다.
② 사람들의 자유를 제한하는 행위는 매우 바람직하다.
③ 사람들이 서로의 자유를 침해하지 않는다면 자유를 보장해야 한다.
④ 사람들에게 법률에 의한 자유침해는 전혀 필요치 않다.

08. 다음 중 밑줄 친 단어의 의미와 가장 유사한 것은?

> 그는 생판 남인 아이를 데려다 <u>거두고</u> 닦달질해 제 식구로 만들었다고 한다.

① 수습(收拾)하고
② 양육(養育)하고
③ 정리(定理)하고
④ 훈육(訓育)하고

[09 ~ 10] 다음 글을 읽고 이어지는 질문에 답하시오.

1950년대 프랑스의 영화 비평계에는 작가주의라는 비평 이론이 새롭게 등장했다. 작가주의란 감독을 단순한 연출자가 아닌 '작가'로 간주하고, 작품과 감독을 동일시하는 관점을 말한다.

작가주의는 상투적인 영화가 아닌 감독 개인의 영화적 세계와 독창적인 스타일을 일관되게 투영하는 작품들을 옹호한다. 감독의 창의성과 ㉠ 개성은 작품 세계를 관통하는 감독의 세계관 혹은 주제 의식, 그것을 표출하는 나름의 이야기 방식, 고집스럽게 되풀이되는 특정한 상황이나 배경 혹은 표현 기법 같은 일관된 문체상의 ㉡ 특징으로 나타난다는 것이다.

한편, 작가주의적 비평은 할리우드 영화를 재발견하기도 했다. 작가주의적 비평가들에 의해 복권된 대표적인 할리우드 감독이 바로 스릴러 장르의 거장인 알프레드 히치콕이다. 히치콕은 제작 시스템과 장르의 제약 속에서도 일관된 주제 의식과 스타일을 관철한 감독으로 평가받았다. 그는 관객의 오인을 부추기는 '맥거핀' 기법을 자신만의 이야기 법칙을 만들어 가는 데 하나의 극적 장치로 종종 활용하였다. 즉, 특정 소품을 맥거핀으로 활용하여 확실한 단서처럼 보이게 한 다음 일순간 허망한 것으로 만들어 관객을 당혹스럽게 한 것이다.

09. 윗글의 ㉠, ㉡과 단어 관계가 같은 것은?

① 타격 : 피해
② 꽃 : 해바라기
③ 축구 : 공
④ 이기적 : 이타적

10. 다음 중 윗글의 내용과 일치하는 것은?

① 작가주의 비평 이론은 감독을 연출자로 고정시켜 버리는 관점을 말한다.
② 작가주의는 할리우드를 영화의 범주에 들이지 않으며 무시해 버렸다.
③ 맥거핀은 관객의 오인을 부추겨 당혹스럽게 만드는 영화적 장치이다.
④ 알프레드 히치콕은 할리우드 감독으로 작가주의와는 거리가 멀다.

11. 다음 글의 내용과 가장 관련 있는 한자성어는?

> A시는 산림자원을 보존하기 위해 숲 가꾸기 사업 및 산물 수집단을 적극적으로 운영한 결과 2만 명이 넘는 일자리를 창출하였다. 결과적으로 일자리 창출과 함께 산림자원도 증대시키는 만족스러운 결과를 얻었다고 평가받고 있다.

① 지록위마(指鹿爲馬)
② 일거양득(一擧兩得)
③ 유비무환(有備無患)
④ 건곤일척(乾坤一擲)

12. 다음 〈보기〉 중 빈칸에 들어갈 단어를 골라 바르게 연결한 것은?

> 17세기 초 갈릴레이는 당시로서는 배율이 가장 높은 망원경을 사용하여 달을 (가)한 뒤, 달에서 산과 계곡을 (나)했다고 보고했다. 그러나 당시 아리스토텔레스의 추종자들은 갈릴레이의 망원경이 달을 있는 그대로 보여 준다는 것을 믿을 수 없다고 (다)했다. 이러한 반대는 더 높은 배율의 망원경이 개발되고, 아리스토텔레스의 천상계의 완전성 개념이 무너질 때까지 수십 년간 (라)되었다.

보기

ⓐ 개척　ⓑ 지속　ⓒ 발명　ⓓ 주장
ⓔ 발견　ⓕ 전파　ⓖ 관측　ⓗ 계측

	(가)	(나)	(다)	(라)
①	ⓐ	ⓒ	ⓔ	ⓖ
②	ⓑ	ⓔ	ⓖ	ⓗ
③	ⓒ	ⓗ	ⓐ	ⓗ
④	ⓖ	ⓔ	ⓓ	ⓑ

13. 다음 글의 '나'가 결론에 도달하기 위하여 암묵적으로 전제하고 있는 것은?

> 나는 티코의 관측 자료를 가지고 작업을 시작했다. 나는 다섯 행성의 위치를 나타내는 수만 개의 숫자로 표현된 그의 자료를 빠짐없이 반영하는 모형을 만들기 위해 나의 모든 수학적 능력을 동원했다. 하지만 이 작업은 결코 단순치 않았다. 거의 6년에 걸친 작업 끝에 마침내 화성의 위치를 설명하고 예측할 수 있도록 해 주는 화성 궤도의 수학적 모형을 완성하였다. 나는 이 모형의 정확성을 확신했다. 나는 이 모형을 토대로 하짓날 자정쯤 화성이 정확히 백조자리의 베타별과 중첩되어 보일 것으로 예측했다. 그러나 지난 하짓날 밤의 관측 결과는 실망스러웠다. 화성과 백조자리 베타별의 위치 사이엔 6분 정도의 차이가 나타났다. 더욱 중요한 것은 티코의 자료와 이 모형의 예측 값 사이에 종종 8분까지 오차가 벌어진다는 사실이었다. 나는 이 정도의 오차가 어디에서 비롯되었는가를 밝히는 데 몰두했다. 문제는 내 모형이 화성의 궤도를 완전한 원으로 가정하고 있다는 사실이었다. 실제로 화성의 궤도를 원이 아닌 타원이라 가정하고 원래 모형에 약간의 간단한 수정을 가하자마자 오차들은 마법처럼 사라져 버렸다. 이렇게 해서 나는 화성의 궤도가 타원이라는 확신을 가질 수 있었다.

① 행성의 공전 궤도는 타원형이어야 한다.
② 화성은 태양이 아닌 지구 주위를 회전하는 천체다.
③ 화성의 위치에 관한 티코의 자료는 신뢰할 만하다.
④ 백조자리 베타별은 행성의 위치를 가늠하는 주요 기준이다.

14. A 대리와 B 사원은 컴퓨터 프로그램 코딩 업무를 하고 있다. 이번에 진행된 프로그램 코딩 일정이 다음과 같을 때, A 대리와 B 사원이 함께 일한 날은 며칠인가?

> • 컴퓨터 프로그램을 코딩하는 데 A 대리가 혼자 하면 8일, B 사원이 혼자 하면 12일이 걸린다.
> • A 대리가 혼자 코딩을 하던 중 납기가 급작스럽게 앞당겨져 A 대리가 업무를 시작한 지 4일째부터 B 사원과 함께 업무를 진행했다.

① 2일　　② 3일
③ 4일　　④ 6일

15. (주)A의 주식이 7월에는 20% 하락하고 8월에는 25% 올랐다. 7월 말, 8월 초에 주가가 같았다면 7월 초, 8월 말의 두 주가를 바르게 비교한 것은?

① 5% 인상
② 25% 인상
③ 5% 인하
④ 동일하다.

16. 김치를 담그기 위해 시장에서 무 5개와 배추 8개를 구입하니 2만 원이 있었던 지갑에 4,500원이 남았다. 무가 배추보다 개당 500원씩 비싸다고 할 때 무와 배추의 개당 가격은 각각 얼마인가?

	무	배추
①	1,500원	1,000원
②	1,800원	1,300원
③	2,200원	1,700원
④	2,500원	2,000원

17. 연봉이 3,750만 원인 윤 사원은 매달 급여 실수령액의 10%를 적금으로 불입하려고 한다. 매달 세액 공제가 32만 원일 경우, 월 적금액은 얼마인가?

① 250,000원
② 275,000원
③ 280,500원
④ 312,500원

18. 원가가 2,000원인 상품에 50%의 이익을 붙여 정가를 매겼는데 잘 팔리지 않아 할인하여 팔았더니 원가의 30%가 이익으로 남았다. 할인한 금액은 얼마인가?

① 200원
② 400원
③ 600원
④ 800원

19. ○○기업에서는 배드민턴 동아리와 탁구 동아리를 지원하기로 결정해 직원 40명을 대상으로 가입 신청을 받았다. 신청 현황이 아래와 같을 때 탁구 동아리만 신청한 직원의 수는?

> • 직원들은 신청을 안 하거나 두 동아리 모두를 신청할 수 있다.
> • 배드민턴 동아리에는 17명이 신청했고, 탁구 동아리에는 25명이 신청했다.
> • 적어도 하나의 동아리를 신청한 직원은 35명이다.

① 16명 ② 18명
③ 20명 ④ 22명

20. 동전을 5개 던졌을 때 적어도 한 개가 앞면이 나올 확률은?

① $\frac{30}{32}$ ② $\frac{31}{32}$
③ $\frac{3}{5}$ ④ $\frac{4}{5}$

21. A ~ E 다섯 명의 영어시험 평균 점수는 72점이다. A, B의 점수가 65점, C, D의 점수가 75점이라고 할 때 E의 점수는 몇 점인가?

① 70점 ② 75점
③ 80점 ④ 85점

22. 다음은 초 · 중 · 고등학교의 사교육비 총액을 기록한 표이다. 이에 대한 설명으로 옳은 것은?

〈학생 사교육비 총액 규모〉

(단위 : 억 원, %)

구분	20X5년	20X6년		20X7년		20X8년		20X9년	
	비용	비용	전년 대비 증감률	비용	전년 대비 증감률	비용	전년 대비 증감률	비용	전년 대비 증감률
전체	190,395	185,960	-2.3	182,297	-2.0	178,346	-2.2	180,605	1.3
초등학교	77,554	77,375	-0.2	75,948	-1.8	75,287	-0.9	77,438	2.9
중학교	61,162	57,831	-5.4	55,678	-3.7	52,384	-5.9	48,102	-8.2
고등학교	51,679	50,754	-1.8	50,671	-0.2	50,675	0.0	55,065	8.7

※ 20X8년 대비 20X9년 학생 수 감소 : 초등학교 2,715 → 2,673천 명, 중학교 1,586 → 1,457천 명, 고등학교 1,788 → 1,752천 명

① 조사기간 동안 전년 대비 증감률은 매년 고등학교가 가장 크다.

② 총사교육비는 20X9년에 전년 대비 최고 증가폭을 보였다.

③ 20X8년 대비 20X9년의 중학교 사교육비 감소는 비용의 순수 경감 효과이다.

④ 전체적으로 사교육에 쏟아 붓는 비용이 시간의 흐름에 따라 감소하였다.

23. 다음 자료를 이용하여 〈보고서〉를 작성할 때 추가로 필요한 자료를 〈보기〉에서 모두 고르면?

〈유턴 시도 중 교통사고 사망자 및 부상자 수(20X1 ~ 20X5년)〉

구분	20X1년	20X2년	20X3년	20X4년	20X5년	합계
사고건수(건)	8,239	8,690	8,261	8,123	8,013	41,326
사망자 수(명)	89	72	77	65	65	368
부상자 수(명)	12,869	13,491	12,864	12,469	12,332	64,025
치사율(%)	1.08	0.83	0.93	0.80	0.88	0.89

〈보고서〉

유턴 시도 중 교통사고는 5년간 총 41,326건이 발생하여, 약 5일에 1명이 사망하고 하루에 35명이 부상당하는 것으로 나타났다. 유턴 시도 중 교통사고 발생유형별 사망사고는 측면 충돌(66.3%), 보행자 충돌(11.4%), 정면 충돌(6.3%), 추돌(5.2%)의 순으로 나타났다. 측면 충돌 사고에 의한 사망자를 분석하면 반대 방향 직진차량 외에도 같은 방향으로 직진하는 차량과 충돌하는 사망사고가 10건 중 4건으로 확인됐다.

보기

㉠ 유턴 시도 중 교통사고 발생유형별 사망자 수
㉡ 유턴 시도 중 교통사고 운행유형별 부상자 수
㉢ 유턴 시도 중 교통사고 가해자 및 피해자 유형별 현황

① ㉠
② ㉡
③ ㉠, ㉢
④ ㉡, ㉢

24. 다음 ○○프로그램의 시청률 그래프를 바르게 해석한 것은?

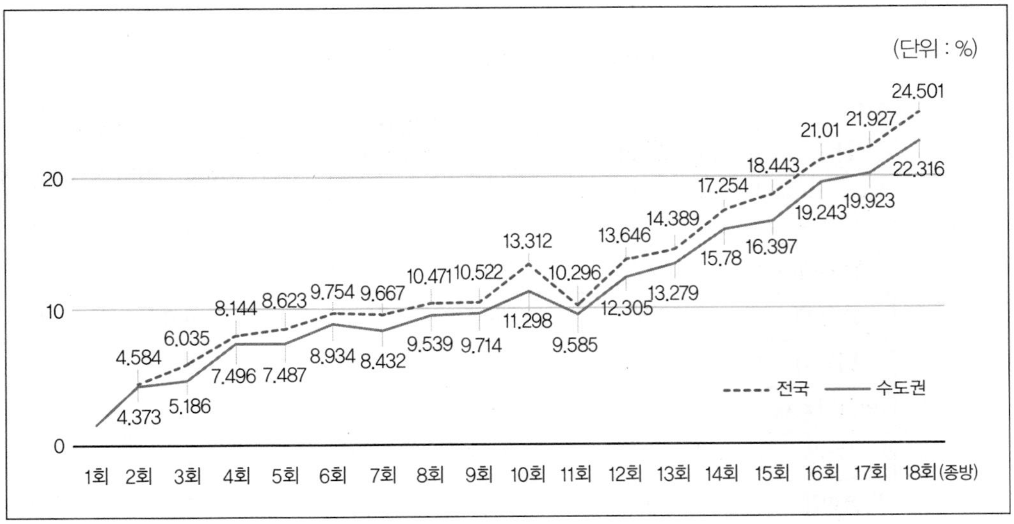

① 전반적으로 수도권의 시청률이 전국보다 더 높았다.

② 이 프로그램은 1회부터 종료 시까지 계속해서 시청률이 상승하였다.

③ 최고시청률은 마지막회에서 기록하였다.

④ 이 프로그램은 전체 회차의 $\frac{1}{3}$을 방영한 시점에 전국 시청률이 10%를 넘었다.

25. 다음은 ○○경제원의 A 연구원이 작성한 보고서의 일부이다. 이에 대한 해석으로 바르지 않은 것은?

〈20X7년 회계연도 총 세입 현황〉

(단위 : 조 원)

구분	20X6년 결산	20X7년		증감량	
		예산	결산	전년 대비	예산 대비
① 국세수입	242.6	251.1	265.4	22.8	14.3
일반회계	235.7	244.0	258.6	22.9	14.6
소득세	68.5	69.6	75.1	6.6	5.5
법인세	52.1	57.3	59.2	7.1	1.9
부가가치세	61.8	62.6	67.1	5.3	4.5
기타	53.3	54.6	57.3	4.0	2.7
특별회계	6.8	7.1	6.9	0.1	-0.2
② 세외수입	102.4	98.8	94.1	-8.3	-4.7
일반회계	46.0	41.0	34.4	-11.6	-6.6
특별회계	56.5	57.8	59.7	3.2	1.9
총세입(①+②)	345.0	349.9	359.5	14.5	9.6

※ 구성항목별 계산금액은 단수조정으로 조정될 수 있음.

① 세외수입을 제외한 20X7년 회계연도 총세입은 359.5조 원이며 20X6년 대비 14.5조 원 증가하였다.

② 20X7년 세외수입은 94.1조 원으로 20X7년 예산 대비 4.7조 원 감소하고, 20X6년 결산 대비 8.3조 원 감소하였다.

③ 20X7년 국세수입은 265.4조 원으로 20X7년 예산 대비 14.3조 원 초과하였으며 20X6년 결산 대비 22.8조 원 증가하였다.

④ 세목별로 살펴보면 20X7년 기준 법인세는 20X6년도와 비교하여 7.1조 원 증가하였고 부가가치세는 5.3조 원 증가하였다.

[26 ~ 28] 다음은 같은 모양과 크기의 블록을 쌓아 올린 그림이다. 이어지는 질문에 답하시오. (단, 보이지 않는 뒷부분의 블록은 없다)

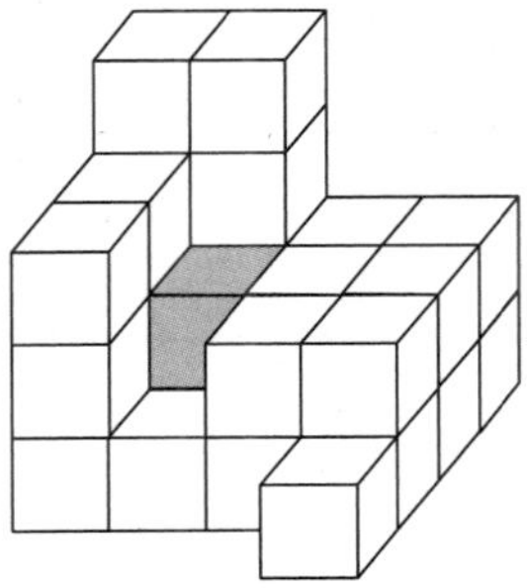

26. 블록을 더 쌓아 정육면체를 만들려면 최소 몇 개의 블록이 추가로 필요한가?

① 30개 ② 32개
③ 34개 ④ 36개

27. 그림에서 두 면만 보이는 블록은 모두 몇 개인가?

① 6개 ② 7개
③ 8개 ④ 9개

28. 색칠된 블록에 직접 접촉하고 있는 블록은 모두 몇 개인가?

① 2개 ② 3개
③ 4개 ④ 5개

29. 다음 두 블록을 결합하여 만들 수 있는 형태는? (단, 회전은 자유롭다)

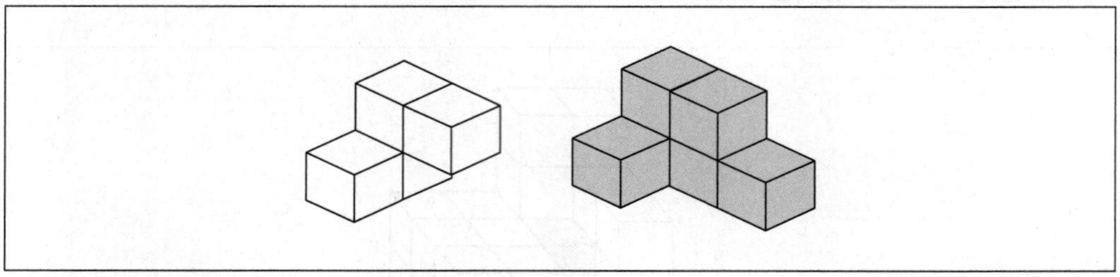

①

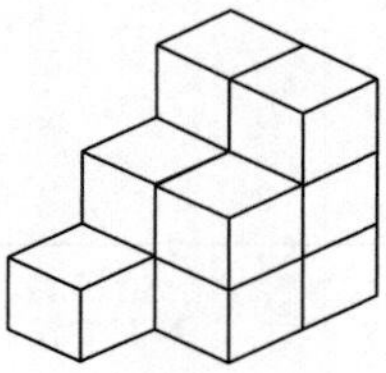

②

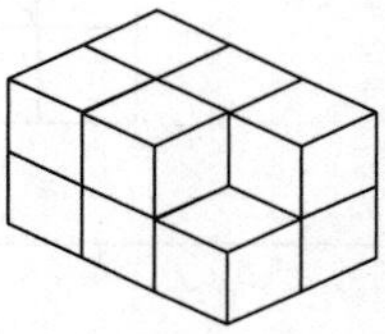

③

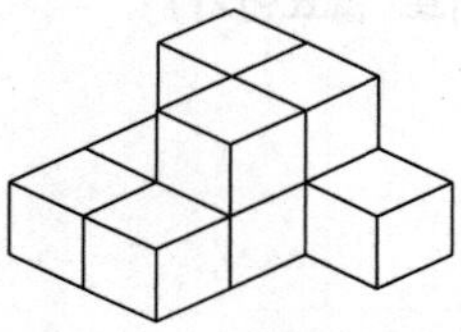

④

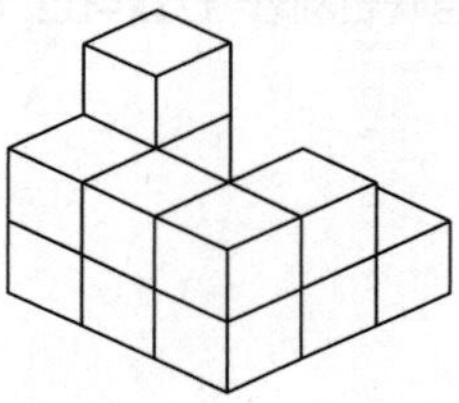

30. 다음의 도형과 동일한 것은?

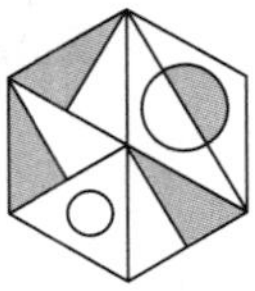

①

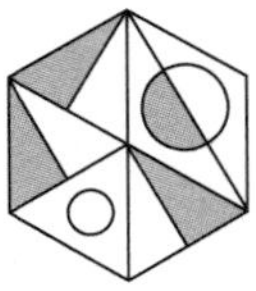

②

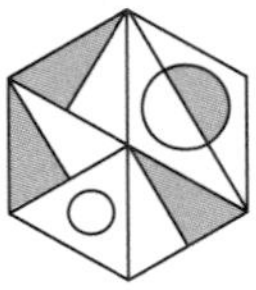

③

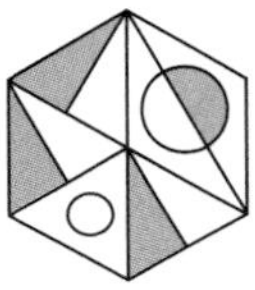

④

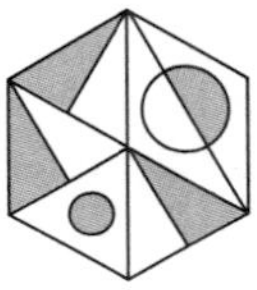

31. 다음 그림의 조각을 순서대로 바르게 배열한 것은?

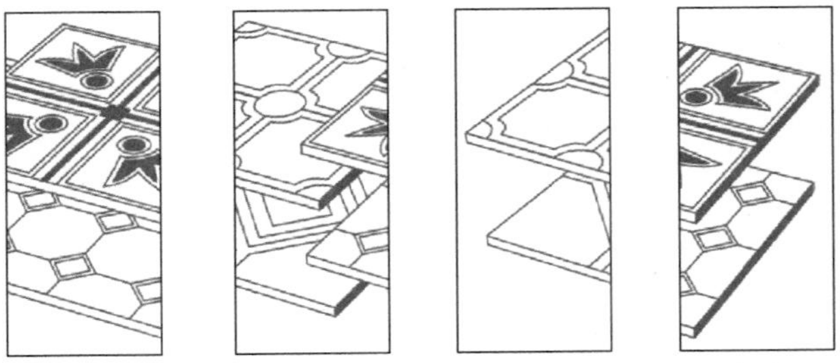

(가) (나) (다) (라)

① (가)－(나)－(다)－(라)

② (다)－(가)－(나)－(라)

③ (다)－(나)－(가)－(라)

④ (라)－(가)－(나)－(다)

32. 다음 〈보기〉의 도형 3개를 합쳤을 때 나오는 모양으로 적절하지 않은 것은? (단, 제시된 도형은 회전할 수 없으며 보이는 대로만 합칠 수 있다)

보기

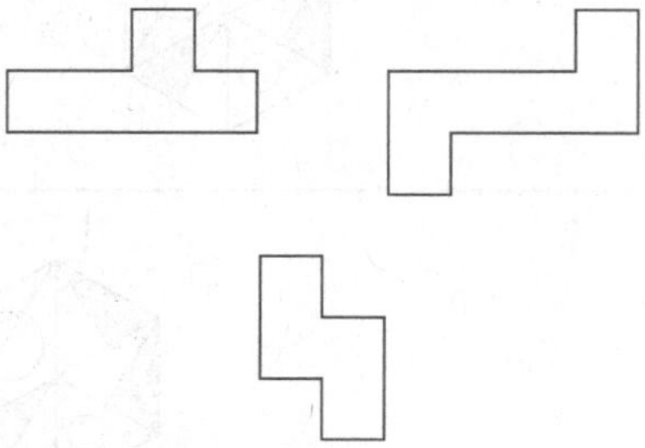

①

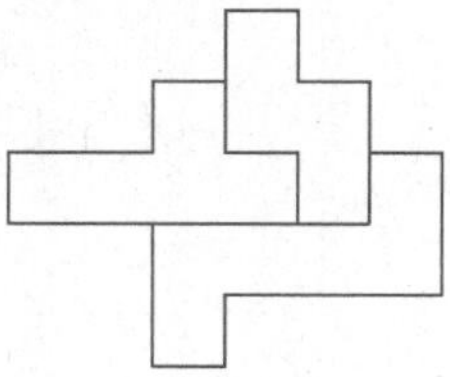

②

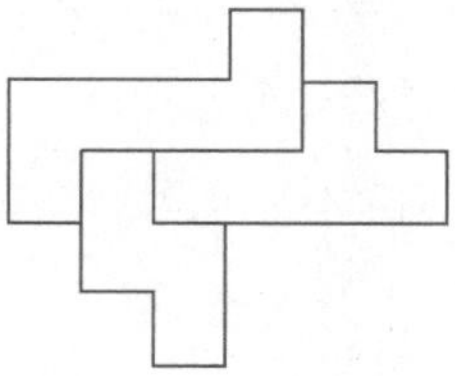

③

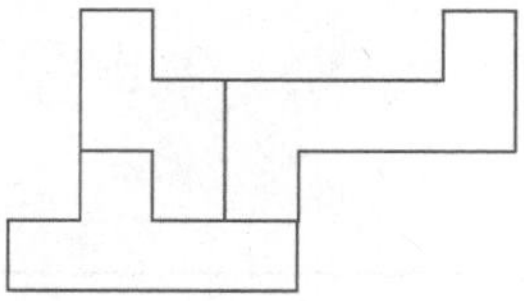

④

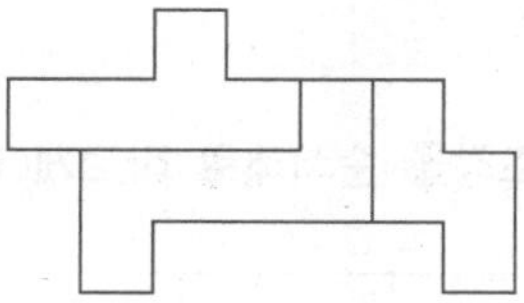

33. 다음 그림과 같이 종이를 접은 다음 색칠된 부분을 자른 후 다시 펼쳤을 때의 모양으로 옳은 것은?

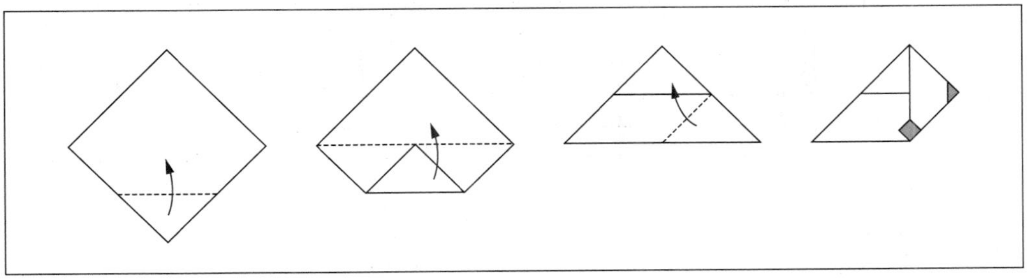

①

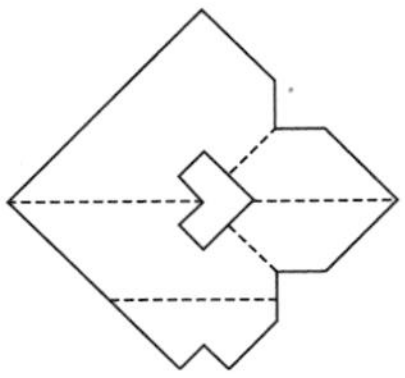

②

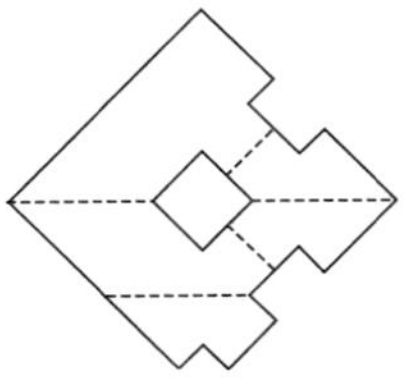

③

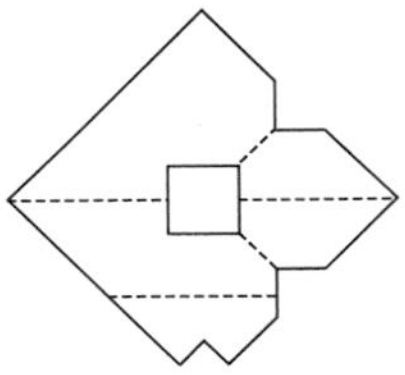

④

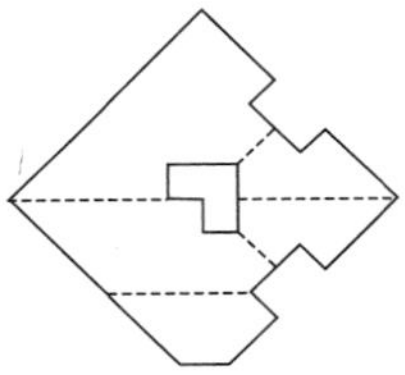

34. 다음 그림은 일정한 규칙에 따라 배열되어 있다. '?'에 들어갈 도형은?

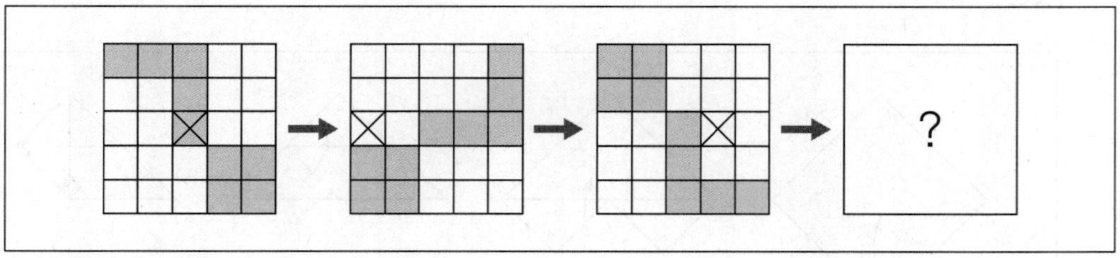

①

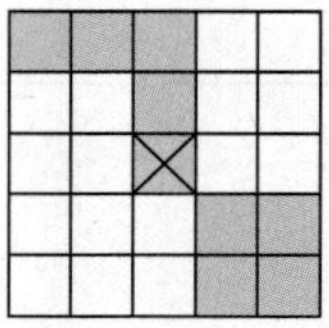

②

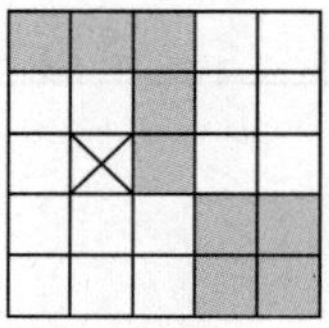

③

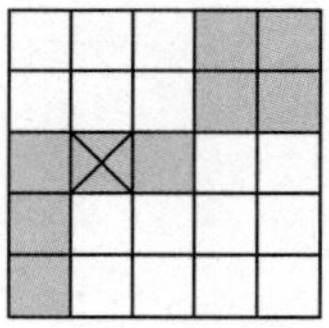

④

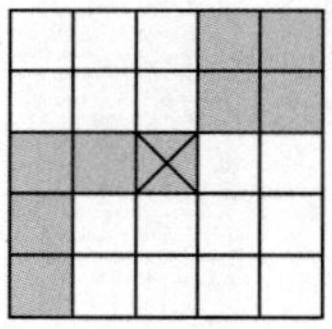

35. 주사위를 다음 전개도와 같이 펼쳤을 때 A에 들어갈 눈의 개수는? (단, 주사위의 마주 보는 면에 그려진 눈의 합은 7이다)

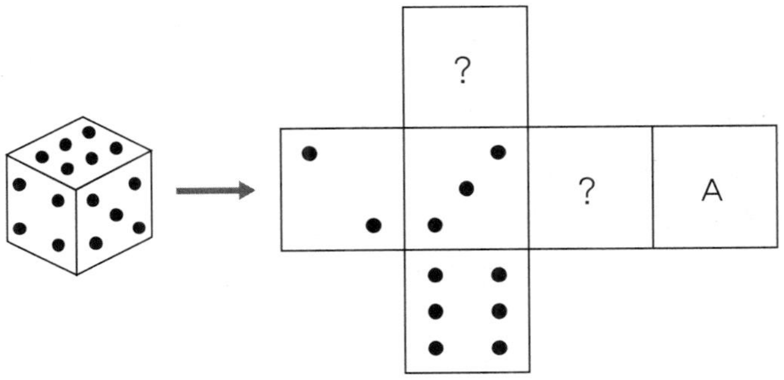

① 1개
② 2개
③ 4개
④ 5개

36. 다음 빈칸에 들어갈 전제로 적절한 것은?

> **[전제]** • 하얀 옷을 입는 사람은 모두 깔끔하다.
> • 깔끔한 사람들은 모두 안경을 쓴다.
> • (   )
>
> **[결론]** 따라서 수인이는 하얀 옷을 입지 않는다.

① 하얀 옷을 입지 않는 사람은 수인이가 아니다.
② 수인이는 안경을 쓰지 않는다.
③ 안경을 쓰는 사람들은 모두 하얀 옷을 입는다.
④ 깔끔하지 않은 사람들은 모두 안경을 쓰지 않는다.

37. 다음 밑줄 친 부분에 들어갈 문장으로 알맞은 것은?

아기는 천사다. 천사는 번개를 부릴 수 있다. 천사가 아니면 신의 노예다. 그러므로 ____________________

① 천사는 아기다.

② 아기는 번개를 부릴 수 없다.

③ 번개를 부릴 수 있으면 아기다.

④ 신의 노예가 아니면 번개를 부릴 수 있다.

38. 다음 명제에 따라 반드시 참이 되는 결론은?

• 나무를 좋아하는 사람은 새를 좋아한다. • 하늘을 좋아하는 사람은 꽃을 좋아하며 숲을 좋아한다. • 숲을 좋아하는 사람은 나무를 좋아한다. • 그러므로 ____________________

① 숲을 좋아하는 사람은 꽃을 좋아한다.

② 꽃을 좋아하는 사람은 자연을 좋아한다.

③ 새를 좋아하는 사람은 하늘을 좋아한다.

④ 하늘을 좋아하는 사람은 새를 좋아한다.

39. 다음 〈명제〉가 항상 참이라 할 때 적절한 것은?

명제

- 달리기를 못하는 사람은 수영을 못한다.
- 달리기를 잘하는 사람은 항상 운동화를 신는다.
- 윤재는 항상 구두를 신는다.

① 윤재는 달리기를 잘한다.
② 윤재는 수영을 못한다.
③ 수영을 잘하는 사람은 구두를 신는다.
④ 수영을 못하는 사람은 운동화를 신지 않는다.

40. 다음 명제들을 참고할 때, 빈칸에 들어갈 말로 적절한 것은?

- 중국을 방문해 본 사람은 대만을 방문해 보았다.
- 일본을 방문해 보지 않은 사람은 대만도 방문해 보지 않았다.
- 일본을 방문해 본 사람은 인도를 방문해 보지 않았다.
- 따라서 (   )

① 일본을 방문해 본 사람은 대만을 방문해 보았다.
② 중국을 방문해 본 사람은 인도를 방문해 보지 않았다.
③ 대만을 방문해 본 사람은 일본을 방문해 보지 않았다.
④ 일본을 방문해 본 사람은 중국을 방문해 보지 않았다.

41. 네 자리 숫자로 이루어진 자물쇠 비밀번호가 다음 〈조건〉을 만족한다고 할 때, 비밀번호로 알맞은 것은?

조건
• 각 자리의 비밀번호는 1에서 9까지의 숫자이고 모두 홀수이다. • 첫 번째와 세 번째 숫자의 합이 두 번째와 네 번째 숫자의 합보다 작다. • 연속된 두 숫자의 합은 모두 같다. • 두 번째 숫자와 네 번째 숫자의 곱은 9이다.

① 1313 ② 3159
③ 3413 ④ 9137

42. 발표 수업에서 한 조가 된 영희와 철수, 미정이는 발표 순서를 정하고 다음과 같이 발표 순서에 대한 발언을 하였다. 두 번째로 발표를 하게 되는 사람은? (단, 철수는 항상 거짓말을 하고, 미정이는 사실만을 말하며, 영희는 거짓말을 하는지 사실을 말하는지 알 수 없다)

㉠ 첫 번째로 발표하는 사람 : 두 번째로 발표하는 사람은 영희이다. ㉡ 두 번째로 발표하는 사람 : 세 번째로 발표하는 사람은 철수이다. ㉢ 세 번째로 발표하는 사람 : 세 번째로 발표하는 사람은 영희가 아니다.

① 영희 ② 철수
③ 미정 ④ 알 수 없음.

43. L사 영업부는 부장, 차장, 과장, 대리, 사원, 인턴 6명이 근무하는데, 이들 가운데 4명이 한 팀을 구성하여 해외 출장을 가게 되었다. 만일 사원이 불가피한 사정으로 갈 수 없게 되었다면, 다음 〈조건〉을 모두 만족하는 팀 구성은?

조건

- 부장 또는 차장은 반드시 가야 하지만, 부장과 차장이 함께 갈 수는 없다.
- 대리 또는 사원은 반드시 가야 하지만, 대리와 사원이 함께 갈 수는 없다.
- 만일 과장이 가지 않게 된다면 대리도 갈 수 없다.
- 만일 차장이 가지 않게 된다면 인턴도 갈 수 없다.

① 차장, 대리, 사원, 인턴
② 차장, 과장, 대리, 인턴
③ 부장, 차장, 대리, 인턴
④ 부장, 과장, 대리, 인턴

44. 예지, 지수, 은주, 지유는 함께 카페에 들러 커피 2잔과 홍차 2잔을 주문하였고 내용물을 보지 않은 채 무작위로 받았다. 〈보기〉를 참고할 때, 다음 중 옳은 것은?

보기

- 예지는 자신이 주문한 음료를 받지 않았다.
- 지수는 자신이 주문한 음료를 받았다.
- 은주는 홍차를 주문했으나 커피를 받았다.
- 지유는 커피를 받았다.

① 지수는 커피를 받았다.
② 지유는 자신이 주문한 음료를 받지 않았다.
③ 지유는 홍차를 주문했다.
④ 예지는 커피를 주문했다.

45. 어느 날 밤 P사에 도둑이 들었다. 목격자를 찾기 위해 전날 야근한 사람에 대해 물어보니 직원 A, B, C, D, E가 다음과 같이 진술했다. 이 중 야근을 한 사람은 한 명이고 두 명은 거짓말을 하고 있다고 할 때, 전날 야근을 한 사람은?

진술

- A : E는 항상 진실만을 말해.
- B : C가 야근을 했어.
- C : 나는 야근을 하지 않았어.
- D : B의 말이 맞아.
- E : A가 야근을 했어.

① A
② B
③ C
④ D

46. 직장 내 성희롱 발생 시 문제 해결 과정으로 적절하지 않은 것은?

① 직장 내 성희롱 사건이 제기되었을 때에는 지체 없이 조사에 착수하여 최대한 신속하게 처리해야 한다.

② 직장 내 성희롱 사건에 대한 철저한 조사를 위해서는 행위자와 피해자의 신원을 공개하고, 성희롱 발생 사실 또는 정황을 확인하며, 입증 자료를 충분히 확보해야 한다.

③ 직장 내 성희롱 사건을 처리한 후에는 피해자의 2차 피해 여부, 사건 처리에 대한 조직구성원의 인식 등을 지속적으로 모니터링하여 필요시 조치를 취해야 한다.

④ 직장 내 성희롱 사건 해결의 목적은 피해자의 권리 회복과 안전하고 평등한 근로환경의 조성이며, 피해자의 권리 회복은 직장 내에서 해결되는 것이 바람직하다.

47. 다음과 같은 상황에서 황 대리의 대응 방안으로 가장 바람직한 것은?

> 중소기업에 다니고 있는 황 대리는 최근 대기업으로의 인수합병에 대한 소문을 들었다. 인수합병을 하면 급여 수준은 올라가지만 현 직장의 단란한 분위기는 기대하기 어려울 것이다. 또, 향후 승진이나 기회 측면에서 불이익을 받지 않을까 하는 걱정도 있다. 황 대리는 이 상황을 어떻게 받아들여야 하며, 앞으로 어떻게 처신해야 하는지 근심에 쌓여 있다.

① 대기업에 인수되어 불이익을 받기 전에 다른 회사로 이직한다.
② 합병될 대기업 임원들과의 인맥관리에 힘쓴다.
③ 이러한 분위기를 절호의 기회로 삼아 업무 수행보다 자기개발에 힘쓴다.
④ 아직 소문에 불과하므로 단단한 마음을 가지고 하던 대로 직업 생활을 한다.

48. 다음에 제시된 상황에서 박 사원이 취해야 할 가장 적절한 행동은?

이름	박지원	부서 / 직급	콜센터 / 사원
성별 / 나이	여 / 26	담당 업무	콜택시 배차

> 박 사원의 업무는 콜택시 이용을 원하는 고객들의 전화를 받아 접수한 후 원활하게 배차가 이루어질 수 있도록 하는 것이다. 평소와 같이 전화를 받고 있는데, 한 시간째 배차가 안 되고 있다며 따지는 고객의 전화를 받게 되었다. 현재 이용하려는 거리가 짧아서 일부러 누락시킨 건 아니냐며 막무가내로 언성을 높이고 있는데, 고객의 정보를 조회해 봤더니 접수한 내역은 없었다.

① 해당 지역은 일하기 피곤하다고 생각하며 전근을 신청한다.
② 억지를 부리는 민원인이 안타깝지만 업무에 방해가 되므로 경찰을 불러 인계한다.
③ 불편을 느낀 것에 동감하고 전화 목록을 확인시켜 주며 누락한 것이 아니라고 충분히 설명한 후 배차를 진행한다.
④ 계속 통화를 이어 나가기에는 다른 고객들의 대기가 길어지므로 고객의 말을 중단시킨 후 원하는 것이 무엇이냐고 단도직입적으로 묻는다.

49. 다음 〈거소투표신고 안내문〉의 일부를 읽고 나눈 대화 내용으로 적절하지 않은 것은?

〈거소투표신고 안내문〉

20XX. 6. 13. (수) 실시하는 전국동시지방선거의 거소투표신고에 관하여 안내하오니 거소투표신고 대상에 해당하는 선거인 여러분은 한 분도 빠짐없이 신고하여 소중한 투표권을 행사하시기 바랍니다.

• 신고기간 : 20XX. 5. 22. ~ 5. 26. (5일간)

• 신고서식 : 가까운 구 · 시 · 군청, 읍 · 면사무소 및 동주민센터에 비치

구분	신고대상자
거소(자택 · 요양소 등 머무는 곳)에서 투표할 자	① 사전투표소 및 투표소와 멀리 떨어진 영내 또는 함정에서 오랫동안 생활하는 군인이나 경찰공무원 ② 병원 · 요양소에 머물거나 수용소 · 교도소 또는 구치소에 수용 · 수감된 사람 ③ 신체에 중대한 장애가 있어 거동할 수 없는 사람 ④ 중앙선거관리위원회규칙이 정하는 외딴섬에 사는 사람 ⑤ 중앙선거관리위원회가 공고한 지역에 오랫동안 머무는 사람

• 신고서 작성 및 발송

– 신고서는 한글로 기재하고 반드시 본인이 날인하여 20XX년 5월 26일(토) 오후 5시까지 본인의 주민등록지 구 · 시 · 군청 또는 읍 · 면사무소, 동주민센터에 도착되도록 우편발송하여야 합니다.

– 위 신고대상 ① · ②에 해당하는 경우에는 소속기관 · 시설의 장의, ③의 경우(「장애인 복지법」 제32조에 따라 등록된 장애인은 제외함)에는 통 · 리 · 반장의 확인을 받아야 합니다.

– 우편으로 거소투표신고를 하려는 경우에는 가급적 거소투표신고기간 만료일 전일까지 거소투표신고서를 우체국에 접수해 주시기 바랍니다.

① 거소투표는 직접 투표장소에 나올 수 없는 사람을 대상으로 하는 투표방식이군.

② 거소투표를 원하는 사람은 투표일 약 20일 전에 우선 신고를 해야 되는 거구나.

③ 신고서를 작성해서 가까운 곳의 동주민센터에 제출하면 거소투표가 가능하군.

④ 병원에 입원 중인 환자가 거소투표를 원할 경우, 병원장의 확인이 필요하네.

50. 다음은 J사의 진행 예정 사업에 입찰한 업체 가 ~ 마에 대한 평가자료이다. 이를 기준으로 할 때 최종 선정될 업체로 알맞은 것은?

〈평가자료〉

• 업체별 평가항목 점수

평가항목 \ 업체	가	나	다	라	마
실적평가	91	87	89	92	85
경영평가	B	A	B	C	C
수행능력평가	91	95	96	89	97

• 점수 산정 기준

<table>
<tr><th>평가항목</th><th colspan="2">상위 1개 업체</th><th>중위 2개 업체</th><th colspan="2">하위 2개 업체</th></tr>
<tr><td>실적평가</td><td colspan="2">5점</td><td>3점</td><td colspan="2">1점</td></tr>
<tr><td>경영평가</td><td colspan="2">5점</td><td>3점</td><td colspan="2">1점</td></tr>
<tr><td rowspan="2">수행능력평가</td><td>95점 이상</td><td>90점 이상</td><td>85점 이상</td><td>80점 이상</td><td>75점</td></tr>
<tr><td>5점</td><td>4점</td><td>3점</td><td>2점</td><td>1점</td></tr>
</table>

※ 최종 점수는 점수 산정 기준에 따른 합산 점수이며, 최종 점수가 가장 높은 업체를 선정한다.

※ 최종 점수가 동일할 경우 수행능력평가 점수가 높은 업체를 최종 선정한다.

① 가 ② 나

③ 다 ④ 라

6회 기출예상문제

시험시간	50 분
문항수	50 문항

▶ 정답과 해설 49쪽

01. 다음 중 밑줄 친 단어의 쓰임이 잘못된 것은?

① 병뚜껑이 너무 꼭 닫혀서 열 수가 없다.
② 그 아이는 다른 사람들에 비해 실력이 많이 딸린다.
③ 한 학년 사이에 아들의 키가 훌쩍 커 버려 바짓단을 늘였다.
④ 밤늦게 들어온 남편을 위해 찌개를 데우고 밥상을 차렸다.

02. 다음 빈칸에 공통적으로 들어갈 문법적 요소로 적절한 것은?

> 우리말은 ( )이 발달한 언어이다. 영어로는 인사를 할 때 한참 어른께도, 한참 어린 아이에게도 똑같이 'Hi'라고 인사할 수 있지만 국어에서는 상대에 따라 '안녕하세요', '안녕' 등 다른 방식으로 인사해야 한다. 아주 오랜 옛날부터 우리 선조들은 ( )을 사용해 왔다. 말은 시간이 지나면서 변하기 마련이다. 우리 사회에서는 갈수록 청자 중심의 ( ) 사용이 주를 이루게 될 것이다.

① 경어법
② 주체 높임법
③ 객체 높임법
④ 상대 높임법

03. 다음 글을 읽고 유추할 수 있는 속담으로 적절한 것은?

> 대왕 단보가 빈(邠)이라는 곳에 있었을 때 오랑캐가 쳐들어왔다. 왕이 모피와 비단을 보내어 달래려 했으나 받지 않고, 이후 보낸 말도 받지 않았다. 오랑캐가 바라는 것은 땅이었다. 대왕 단보가 말했다.
>
> "나는 백성의 아비나 형과 살면서 그 아들이나 동생을 죽도록 내버려두는 일은 차마 견딜 수가 없다. 너희들은 모두 힘써 격려하며 이곳에 살도록 하라. 내 신하가 되든 오랑캐의 신하가 되든 무슨 차이가 있겠느냐. 나는 '사람을 먹여 살리는 땅을 뺏으려고 사람을 해쳐서는 안 된다'는 말을 들었다."
>
> 그래서 대왕 단보가 지팡이를 짚고 그곳을 떠나자 백성들은 서로 잇달아 그를 따랐으며, 이윽고 기산(岐山) 밑에서 나라를 다시 이룩했다.

① 가난 구제는 임금도 못 한다.
② 벙어리 호적(胡狄)을 만나다.
③ 사또 행차엔 비장이 죽어난다.
④ 사람이 돈이 없어서 못 사는 게 아니라 명이 모자라서 못 산다.

04. 밑줄 친 부분과 바꾸어 쓸 수 없는 단어는?

> 가벼운 접촉사고를 내서 보험금을 타 내려는 너의 계획은 결국 <u>수포(水泡)로 돌아가고</u> 말 거야.

① 깨지고
② 힐책하고
③ 그르치고
④ 박타고

05. 다음 글을 읽고 추론한 내용으로 적절한 것은?

> 우리 민족은 활에 대해 각별한 관심을 가지고 있었으며, 활을 중요한 무기로 여겼다. 이에 따라 활 제작 기술도 발달했는데, 특히 조선 시대의 활인 각궁(角弓)은 매우 뛰어난 성능과 품질을 지니고 있었다. 그렇다면 무엇이 각궁을 최고의 활로 만들었을까?
>
> 활은 복원력을 이용한 무기이다. 복원력은 탄성이 있는 물체가 힘을 받아 휘어졌을 때 원래대로 돌아가는 힘으로, 물체의 재질과 변형 정도에 따라 힘의 크기가 변한다. 이를 활에 적용해 보자. 활의 시위를 당기면 당기는 만큼의 복원력이 발생한다. 복원력은 물리학적인 에너지의 전환 과정이기도 하다. 사람이 시위를 당기면 원래의 시위 위치에서 시위를 당긴 거리만큼의 위치 에너지가 화살에 작용하게 된다. 따라서 시위를 활대에서 멀리 당기면 당길수록 더 큰 위치 에너지가 발생하게 된다. 이때 시위를 놓으면 화살은 날아가게 되는데, 바로 이 과정에서 위치 에너지가 운동 에너지로 전환된다. 즉, 시위를 당긴 거리만큼 발생한 위치 에너지가 운동 에너지로 바뀌어 화살을 날아가게 하는 것이다.
>
> 또한 복원력은 활대가 휘는 정도와 관련이 있다. 일반적으로 활대가 휘면 휠수록 복원력은 더 커지게 된다. 따라서 좋은 활이 되기 위해서는 더 큰 위치 에너지를 만들어 낼 수 있는 탄성이 좋은 활대가 필요하다. 각궁은 복원력이 뛰어난 활이다. 그 이유는 각궁이 동물의 뿔이나 뼈, 힘줄, 탄성 좋은 나무 등 다양한 재료를 조합해서 만든 합성궁이기 때문이다. 합성궁은 대나무와 같은 나무만을 재료로 만든 활보다 탄력이 좋아서 시위를 풀었을 때 활이 반대 방향으로 굽는 것이 특징이다. 바로 이러한 특성으로 인해 각궁은 뛰어난 사거리와 관통력을 갖게 되었다.

① 고려 시대 때의 활은 여러 재료의 조합이 아닌 한 가지 재료로만 만들어졌다.

② 위치 에너지가 운동 에너지로 전환되는 힘의 크기가 활의 사거리와 관통력을 결정한다.

③ 활대가 많이 휠수록 복원력은 더 커지므로, 활이 많이 휠수록 가격은 비싸진다.

④ 각궁의 탄력이 좋은 이유는 나무로만 만들어져 시위를 풀었을 때 활이 반대 방향으로 굽는 특징 덕분이다.

[06 ~ 07] 다음 글을 읽고 이어지는 질문에 답하시오.

읽는 문화의 실종, 그것이 바로 현대사회의 특징이다. 신문의 판매 부수가 날로 떨어져 가는 반면에 텔레비전의 시청률은 나날이 증가하고 있다. 또한 깨알 같은 글로 구성된 20쪽 이상의 책보다 그림과 여백이 압도적으로 많이 들어간 만화책 같은 것이 늘어나고 있다. 보는 문화가 읽는 문화를 대체해 가고 있는 것이다. 읽는 일에는 피로가 동반하지만 보는 놀이에는 휴식이 따라온다. 그러니 일을 저버리고 놀이만 좇는 문화가 범람하고 있지 않은가. 보는 놀이가 머리를 비게 하는 것은 너무나 당연하다. 읽는 일이 (　　)되지 않는 한 우리 사회는 생각 없는 사회로 치달을 수밖에 없다. 책의 문화는 바로 읽는 일과 직결되며 생각하는 사회를 만드는 지름길이다.

06. 윗글의 주제로 적절한 것은?

① 만화책을 통해 읽는 즐거움을 느껴야 한다.
② 놀이 후에는 충분한 휴식을 취해야 한다.
③ 사회에 책 읽는 문화가 퍼지도록 권장해야 한다.
④ 사람이라면 누구나 생각하며 살아야 한다.

07. 윗글의 빈칸에 들어갈 말로 적절한 것은?

① 장려　　② 근절
③ 제거　　④ 추가

08. 다음 중 띄어쓰기가 잘못된 것은?

① 보란 듯이　　② 스물다섯
③ 할텐데　　④ 후회할 걸 알고

09. 다음 중 (가) ~ (라)를 문맥에 따라 순서대로 배열한 것은?

> (가) 예를 들면 손을 자주 씻어 손에 묻어 있을 수 있는 감기 바이러스를 제거하고 손으로 얼굴을 비비지 않도록 한다.
> (나) 감기를 예방하기 위해서는 감기 바이러스와 접촉할 수 있는 기회를 아예 없애야 한다.
> (다) 특히 어린이는 성인에 비해 감기 바이러스에 감염될 확률이 더 높기 때문에 사람들이 많이 모여 있는 곳에는 가지 않도록 주의해야 한다.
> (라) 또한 다른 사람들과 수건 등의 일상 용품을 함께 사용하지 않는 것이 좋다.

① (나)－(가)－(라)－(다)
② (나)－(라)－(다)－(가)
③ (라)－(가)－(다)－(나)
④ (라)－(나)－(가)－(다)

10. 다음 중 밑줄 친 부분이 〈보기〉와 같은 의미로 쓰인 것은?

> **보기**
>
> 첨부 파일로 온 자료를 읽기 위해 그는 인쇄기에 종이를 걸었다.

① 너에게 한 약속만큼은 내 인생을 걸고 맹세할 수 있어.
② 너무 슬프고 속상한 마음에 방문을 걸어 잠그고 오래 울었다.
③ 할머니는 손녀에게 줄 솜이불을 만들기 위해 물레에 솜을 걸었다.
④ 그는 거금의 현상금을 걸고 범인을 꼭 잡겠다는 집념을 보였다.

11. 다음 글에서 사용된 서술방법에 대한 설명으로 적절한 것은?

> 가족은 성원들 간의 공유와 협동이 이루어지는 집단이다. 그러나 집단 안에서만 공유와 협동이 이루어지는 배타적 권리를 주장하고 사적 이익만을 추구한다면 이타성과 공공선을 추구하는 전 사회적 공동체의 원리와 대립하게 된다.
>
> 그동안 우리 사회는 경제적으로 급성장을 하였지만 불균등한 분배 구조로 계층 간의 차이가 지속적으로 확대되고, 그 차이는 다음 세대로 전승됨으로써 사회적 불평등 구조가 재생산되고 있다. 이러한 사회적 불평등 재생산 구조는 한국 특유의 배타적 가족주의와 결합하게 되면서 온갖 사회 모순을 확대시켜 왔다. 기업의 족벌 경영 체제, 부동산 투기, 사치성 소비성향, 고액 과외 등의 부정적 현상들은 개개인들이 자기 가족의 안락과 번영을 위해 헌신한 행위로 정당화되어 결과적으로 가족 집단의 공동 이익이 다른 가족들의 경제적 빈곤을 악화시키는 반공동체적 행위를 강화해 온 것이다.
>
> 이와 같이 가족 내에서의 공동체적 삶의 원리가 전체 사회의 공동체적 언어를 파괴할 뿐만 아니라 가족 생활 자체도 점차 공동체적 성격을 상실해 간다면 가족은 더 이상 전체 사회에 유익한 일차 집단이 될 수 없다. 그럼에도 가족에 대한 비판을 금기시하고 신성화하는 이데올로기를 고집한다면 우리 사회가 당면한 문제들을 해결하기는 더욱 어려워질 것이다.

① 대상의 특성을 파악하며 비교 설명하고 있다.

② 개별적 사례에서 보편적 원리를 이끌어내고 있다.

③ 필자의 가설을 제시하고 사례를 통해 입증하고 있다.

④ 사회현상을 연속적인 흐름에 따라 설명하고 있다.

12. 다음 글의 중심내용으로 적절한 것은?

> 사람들은 흔히 뉴스를 세상에서 일어난 일을 사실적이고 객관적으로 기술한 정보라고 생각한다. 만약 어떤 사건이나 이슈가 완벽하게 사실적이고 객관적으로 기술될 수 있다면 서로 다른 미디어가 취재해서 보도하더라도 같은 뉴스가 만들어질 것이니 우리 사회에는 굳이 그렇게 많은 뉴스 미디어가 존재할 필요가 없을 것이다. 하지만 현실에는 언론사, 포털 뉴스, 뉴스 큐레이션 서비스, 소셜 미디어 및 개인 미디어 등 수많은 뉴스 생산 주체들이 뉴스를 생산한다. 이렇게 많은 언론사 및 개인들이 뉴스를 생산한다는 것은 현실에서 일어난 하나의 사건이 뉴스 미디어에 따라 다르게 보도될 수 있다는 것을 의미한다.
>
> 과거에는 뉴스를 만드는 사람들은 언론사에 속해 있었고, 언론사의 수도 많지 않았기 때문에 누가 뉴스를 만들었는지에 대한 대답을 쉽게 얻을 수 있었다. 하지만 미디어 환경 및 뉴스 산업 구조의 변화로 인해 뉴스 생산환경이 급속하게 변화하였고, 지금은 언론사에 속한 기자뿐만 아니라 블로거, 시민기자, 팟캐스터 등 다양한 사람들이 뉴스 생산에 기여한다. 따라서 뉴스를 바르게 이해하기 위해서는 뉴스 생산자의 역할과 임무에 대한 이해가 선행되어야 한다.

① 뉴스가 가지는 가치는 다양성에 있다.
② 뉴스는 생산자에 따라 다르게 구성된다.
③ 뉴스에는 생산자의 특정한 시각과 가치가 담겨 있다.
④ 올바른 뉴스 소비를 위해서는 이용자의 능동적인 판단이 필요하다.

13. 사탕 10개를 형과 남동생이 나누어 가지기로 했다. 남동생과 형이 가지게 되는 사탕의 비가 3 : 2일 때, 형이 가지게 되는 사탕의 개수는?

① 1개
② 2개
③ 3개
④ 4개

14. 민수가 각 영역별로 100점 만점인 영어 시험을 봤는데 말하기, 독해, 문법, 듣기 네 영역의 점수 총합이 250점이었다. 말하기와 문법 점수의 합은 독해 점수와 같고, 듣기 점수는 문법 점수의 두 배이다. 말하기 점수가 55점이라고 할 때, 듣기 점수는 몇 점인가?

① 35점
② 55점
③ 70점
④ 90점

15. 어느 뷔페의 이용 요금은 어른 1인당 12,900원, 어린이 1인당 8,200원이다. 총 8명이 이 뷔페에서 식사를 하고 9만 원 이하를 지불했다고 할 때, 어른은 최대 몇 명인가?

① 4명
② 5명
③ 6명
④ 7명

16. 수현이가 올라간 길 그대로 내려오는 A 등산로를 따라 등산을 하는데 올라갈 때는 시속 2km로 올라가고, 내려올 때는 올라갈 때의 2배 속력으로 내려왔다. A 등산로를 왕복한 총소요시간이 4시간 30분이라면 내려오는 데 걸린 시간은?

① 1시간 20분
② 1시간 25분
③ 1시간 30분
④ 1시간 35분

17. 캠페인을 준비 중인 ○○기업 홍보팀에서 캠페인 참여자들에게 나누어 줄 선물로 핫팩 4개, 기념볼펜 1개, 배지 2개가 1세트인 기념품 125세트를 준비하고 있다. 총예산은 490,000원이고 핫팩은 한 상자에 16개씩 들어 있다고 할 때, 핫팩 한 상자는 얼마인가? (단, 핫팩은 상자로만 구매 가능하며 예산은 낭비 없이 전부 사용되었다)

구분	가격(개당)
기념볼펜	800원
배지	600원

① 7,000원
② 7,200원
③ 7,500원
④ 7,800원

18. 육면체 주사위를 두 번 던졌을 때 나온 주사위 눈의 합이 5의 배수가 되는 경우는 모두 몇 가지인가?

① 4가지
② 5가지
③ 6가지
④ 7가지

19. 다음 그림과 같이 A ~ F 상점 사이에 길을 뚫어 하나의 상점에서 다른 상점으로 한 번에 향할 수 있도록 연결하려고 한다. 인접한 상점끼리는 이미 길이 뚫려 있다고 할 때, 연결되지 않은 나머지 상점 각각을 직접 연결하려면 몇 개의 길을 뚫어야 하는가? (단, 뚫려있는 길의 길이는 모두 같다)

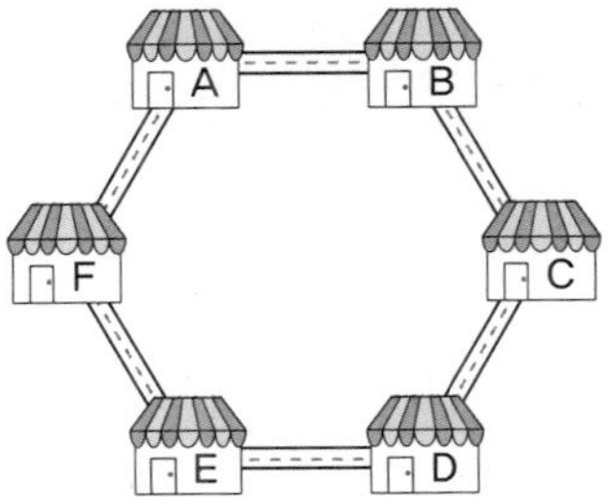

① 6개　② 7개
③ 8개　④ 9개

20. 기호를 〈보기〉와 같이 가정할 때, 주어진 식의 값은?

보기

A◈B=(A+B)−(A−B)

38◈15

① 10　② 13
③ 25　④ 30

21. 다음 자료를 분석하기 위해 팀원들이 회의를 진행하고 있다. 이를 본 팀원들의 해석으로 적절하지 않은 것은?

〈교역 국가 수별 · 기업규모별 수출입 기업 수〉

(단위 : 개, %)

구분		수출			수입		
		20X1년	20X3년	구성비	20X1년	20X3년	구성비
전체		90,761	93,922	100.0	169,044	178,104	100.0
10개국 미만		83,734	86,440	92.0	162,262	170,530	95.7
	대기업	446	450	(0.5)	577	544	(0.3)
	중견기업	1,036	977	(1.1)	1,335	1,240	(0.7)
	중소기업	82,252	85,013	(98.3)	160,350	168,746	(99.0)
20개국 이상		2,432	2,616	2.8	1,318	1,545	0.9
	대기업	191	203	(7.8)	309	333	(21.6)
	중견기업	334	322	(12.3)	313	309	(20.0)
	중소기업	1,907	2,091	(79.9)	696	903	(58.4)

① 우리나라 수출입 기업은 교역 국가 수 10개 미만인 기업과 20개 이상인 기업으로 나뉘는군.
② 우리나라엔 교역 국가 수 10개 미만인 기업이 가장 많군.
③ 중소기업은 두 가지 교역 국가 수 구분 기준에서 모두 가장 많은 기업 수를 보이네.
④ 수입에서 20X3년 20개국 이상 교역 국가 수를 가진 대기업이 21.6%라는 것은 우리나라 전체 기업 수에 대한 비중을 말하는 게 아니로군.

22. 다음은 A 대학교 학생들을 장학금을 받는 학생과 장학금을 받지 못하는 학생으로 나누고 이들이 해당 학년 동안 참가한 1인당 평균 교내 특별활동 수를 조사한 자료이다. 이에 대한 설명 중 옳지 않은 것을 〈보기〉에서 모두 고르면?

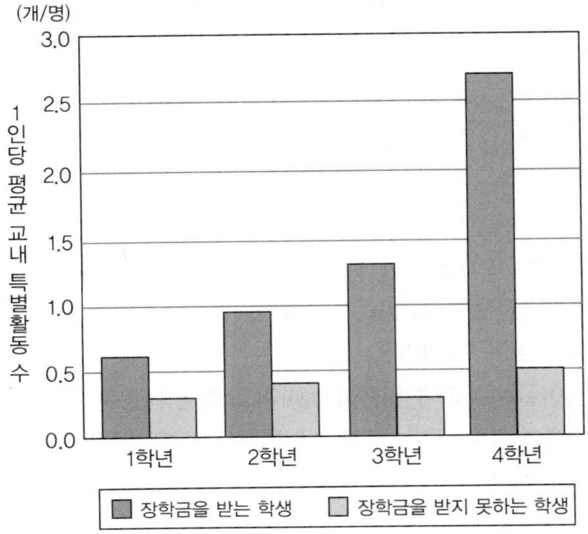

보기

㉠ 학년이 높아질수록 장학금을 받는 학생 수는 늘어났다.

㉡ 장학금을 받는 4학년생이 참가한 1인당 평균 교내 특별활동 수는 장학금을 받지 못하는 4학년생이 참가한 1인당 평균 교내 특별활동 수의 5배 이하이다.

㉢ 장학금을 받는 학생과 받지 못하는 학생 간의 1인당 평균 교내 특별활동 수의 차이는 4학년이 가장 크다.

㉣ 전체 2학년생이 참가한 1인당 평균 교내 특별활동 수보다 전체 3학년생이 참가한 1인당 평균 교내 특별활동 수가 많다.

① ㉠, ㉣　　② ㉡, ㉢

③ ㉠, ㉡, ㉣　　④ ㉠, ㉢, ㉣

23. 다음은 청년들의 주택 점유형태를 나타내는 자료이다. 이에 대한 설명으로 옳지 않은 것은?

〈청년(20 ~ 39세)의 연령계층별 점유형태 비율〉

(단위 : %)

구분	자가	임차			무상	계
		전세	보증부월세	순수월세		
20 ~ 24세	5.1	11.9	62.7	15.4	4.9	100
25 ~ 29세	13.6	24.7	47.7	6.5	7.5	100
30 ~ 34세	31.9	30.5	28.4	3.2	6.0	100
35 ~ 39세	45.0	24.6	22.5	2.7	5.2	100

① 20 ~ 24세 청년의 약 78.1%가 월세 형태로 거주하고 있으며 자가 비율은 5.1%이다.

② 20 ~ 39세 전체 청년의 자가 거주 비중은 약 31.1%이나 이 중 20대 청년의 자가 거주 비중은 약 9.4%로 매우 낮은 수준이다.

③ 연령계층이 높아질수록 자가 비율이 높아지고 월세 비중은 작아지는 것으로 나타났다.

④ 25 ~ 29세 청년의 경우, 20 ~ 24세에 비해서는 자가 거주의 비중이 높고 전체의 78.9%가 임차이며, 전체의 54.2%가 월세로 거주한다.

[24 ~ 25] 다음 자료를 보고 이어지는 질문에 답하시오.

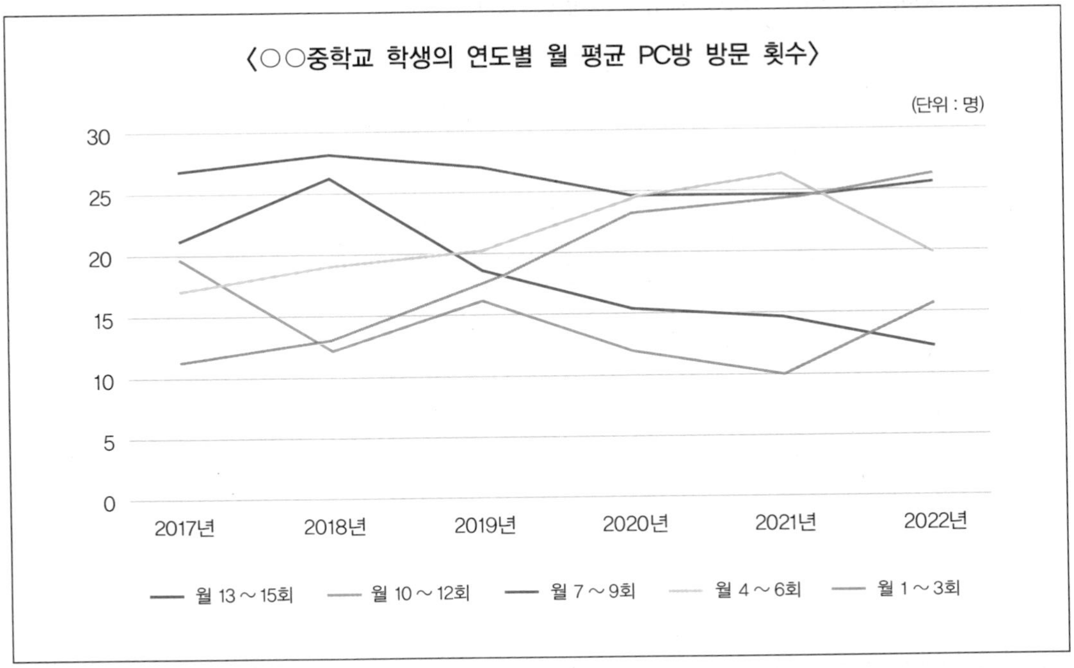

24. 다음 중 2017 ~ 2020년 기간 동안 PC방 방문 횟수에 대한 응답자 증감 추이가 동일한 빈도끼리 짝지은 것은?

① 월 1 ~ 3회, 월 4 ~ 6회
② 월 4 ~ 6회, 월 7 ~ 9회
③ 월 1 ~ 3회, 월 13 ~ 15회
④ 월 1 ~ 3회, 월 7 ~ 9회

25. 위의 자료에 대한 설명으로 옳은 것은?

① 전체 기간 동안 매년 응답자 수가 증가한 빈도는 2개 항목이다.
② 5개 빈도 항목 모두 응답자 수가 전년보다 감소한 시기는 한 번이다.
③ 2022년에 전년보다 응답자 수가 증가한 빈도는 3개 항목이다.
④ 2017년보다 2022년에 응답자 수가 더 많은 빈도 항목은 1개이다.

26. 다음 그림과 같이 쌓기 위해 필요한 블록의 개수는? (단, 블록의 모양과 크기는 모두 동일한 정육면체이며, 보이지 않는 뒷부분의 블록은 없다)

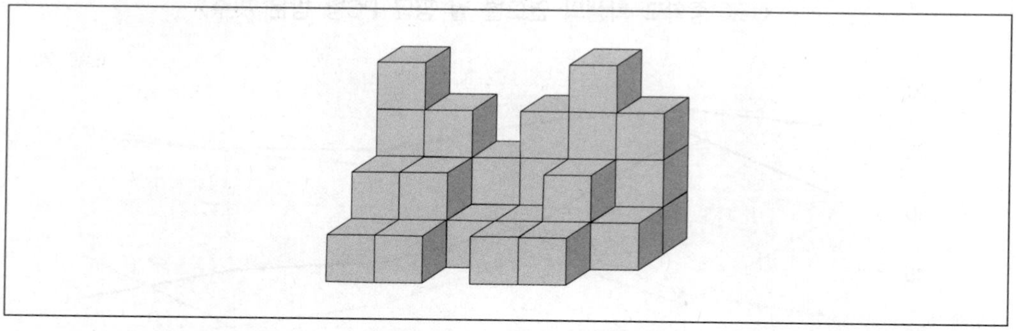

① 31개
② 32개
③ 34개
④ 35개

27. 다음 그림은 일정한 규칙에 따라 배열되어 있다. '?'에 들어갈 도형은?

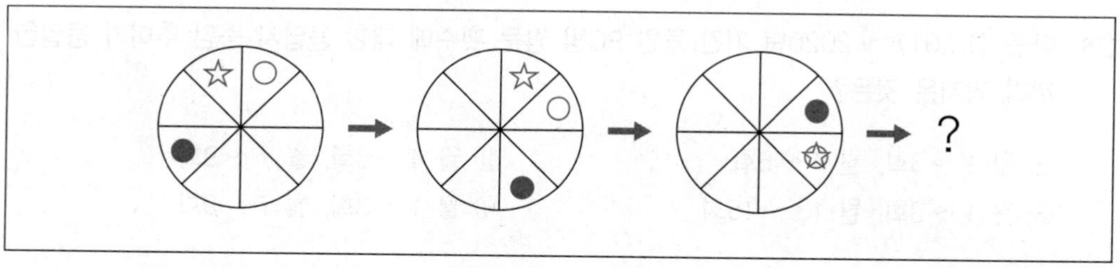

①

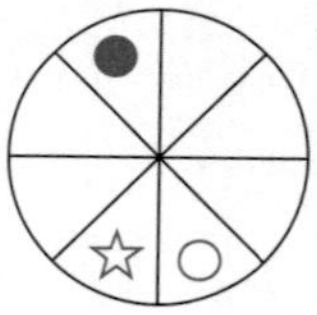

②

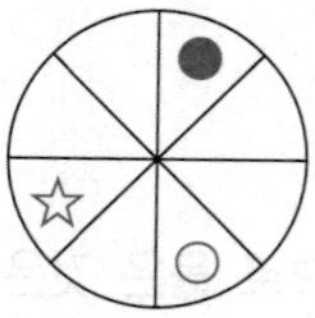

③

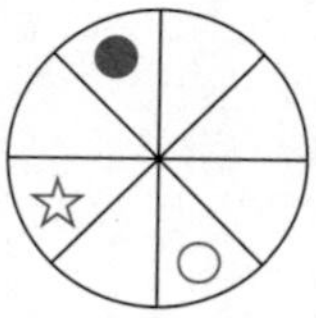

④

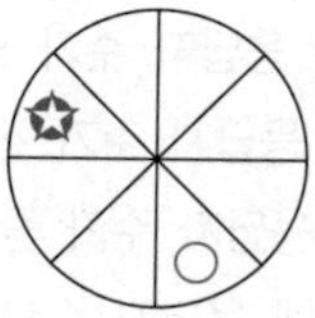

28. 다음 그림의 조각을 순서대로 바르게 배열한 것은?

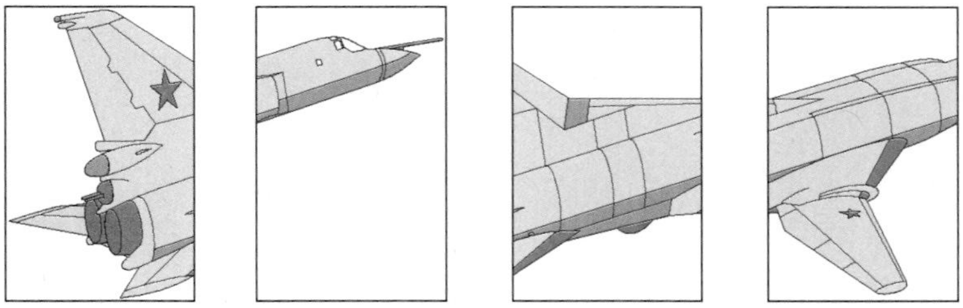

(가) (나) (다) (라)

① (가)－(다)－(라)－(나)　　② (가)－(라)－(다)－(나)

③ (나)－(가)－(라)－(다)　　④ (나)－(라)－(가)－(다)

29. 다음과 같이 종이를 접은 다음 펀치로 구멍을 뚫은 후 다시 펼쳤을 때의 모양으로 옳은 것은?

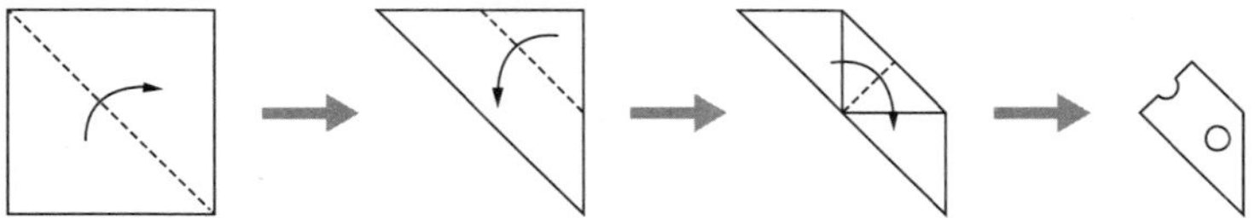

①

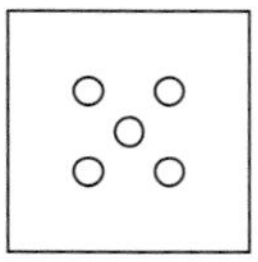

②

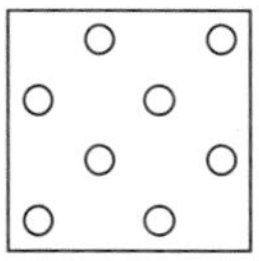

③

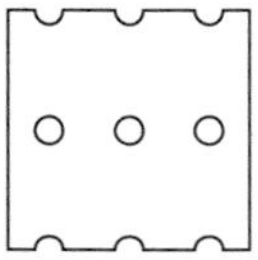

④

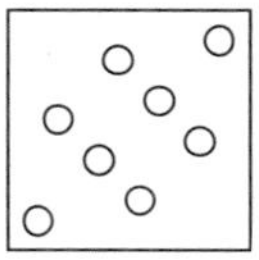

30. 다음 그림에서 만들 수 있는 크고 작은 사각형은 모두 몇 개인가?

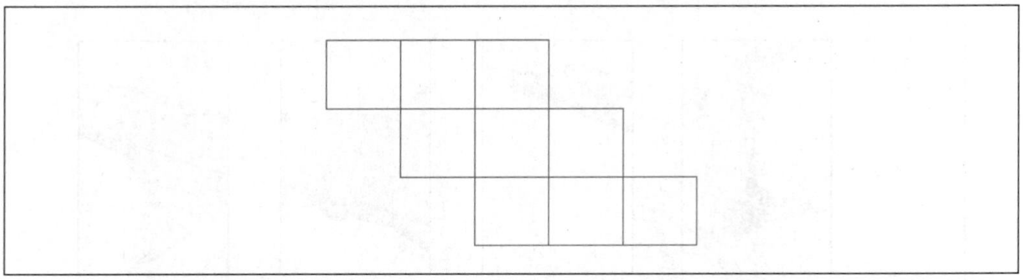

① 22개　　② 23개

③ 24개　　④ 25개

31. 다음 〈보기〉의 도형 3개를 합쳤을 때 나오는 모양으로 적절하지 않은 것은? (단, 각 도형은 회전할 수 없다)

보기

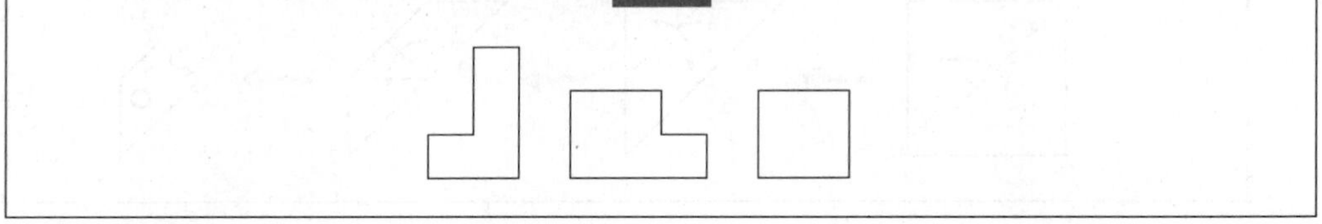

① 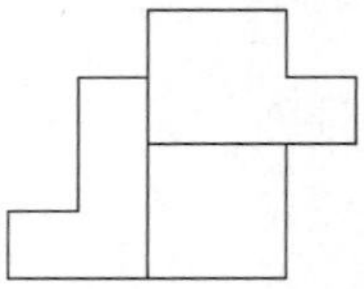

② 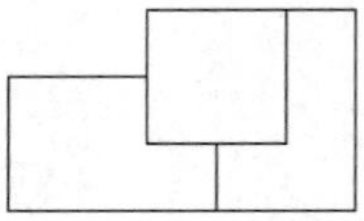

③ 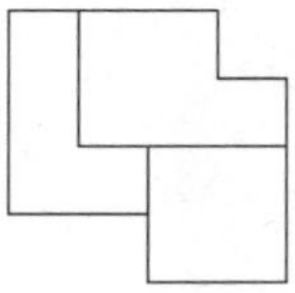

④ 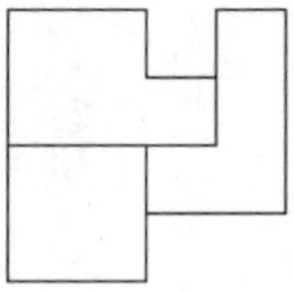

32. 다음 두 블록을 합쳤을 때 나올 수 없는 형태는? (단, 회전은 자유롭다)

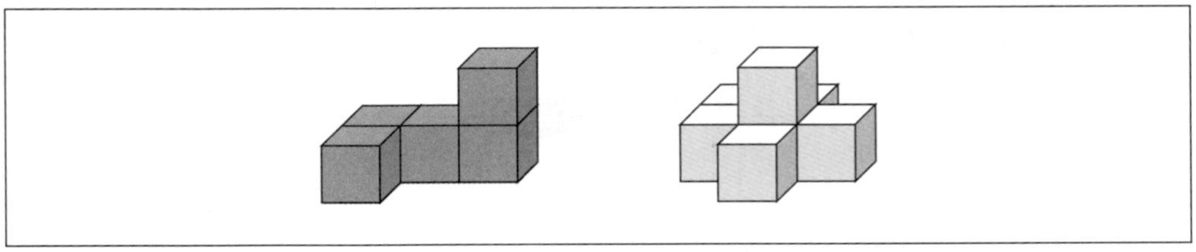

①

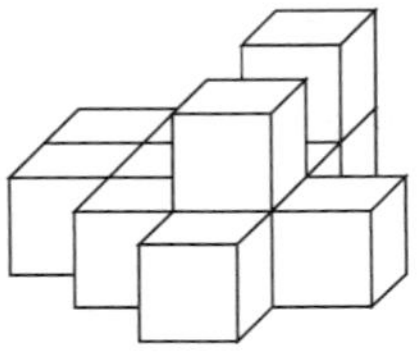

②

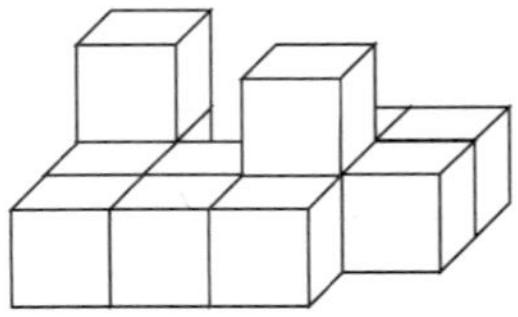

③

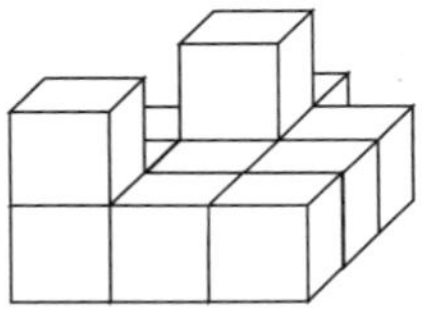

④

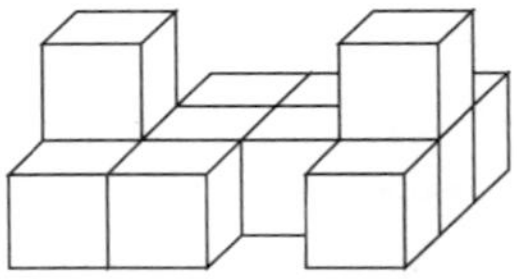

33. 다음 〈보기〉의 왼쪽 전개도를 접어 오른쪽 주사위 모형을 만들었을 때, 뒷면 방향에서 바라본 면의 모습으로 적절한 것은?

보기

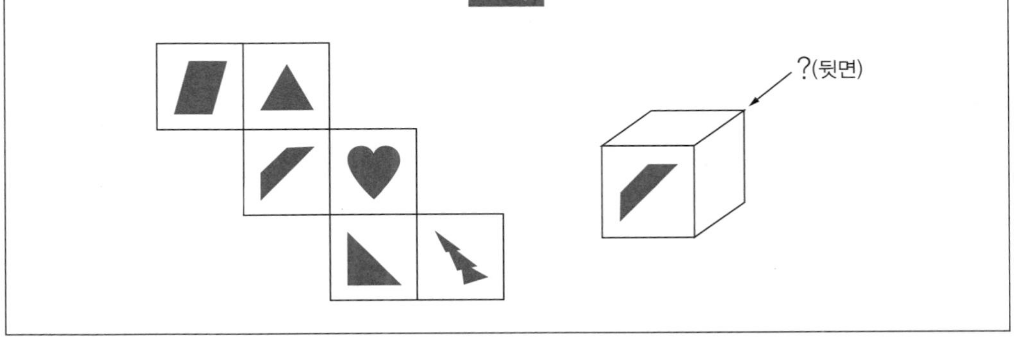

①

②

③

④

34. 다음의 〈보기〉는 같은 모양과 크기의 블록을 쌓아 만든 입체도형을 앞에서 본 정면도, 위에서 본 평면도, 오른쪽에서 본 우측면도를 그린 것이다. 이에 해당하는 입체도형으로 알맞은 것은? (단, 화살표 방향은 정면을 의미한다)

보기

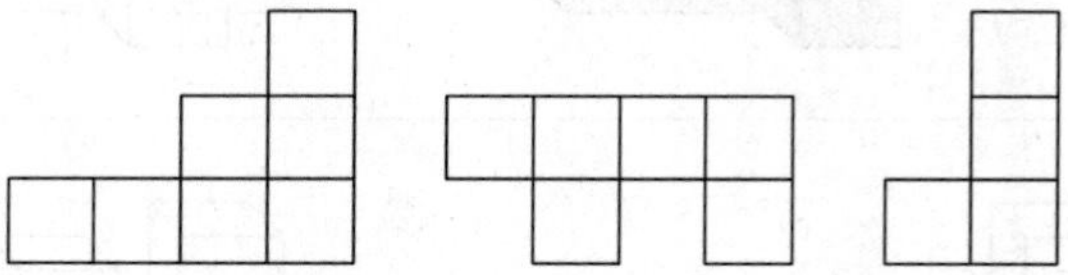

[정면도] [평면도] [우측면도]

①

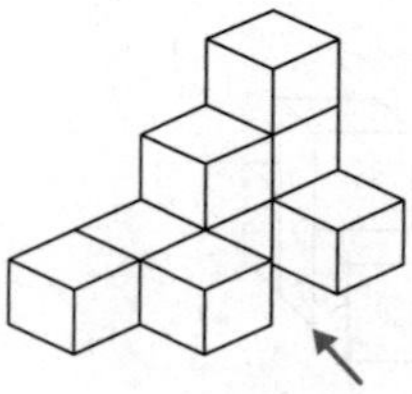

②

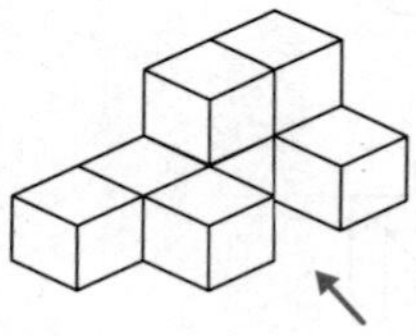

③

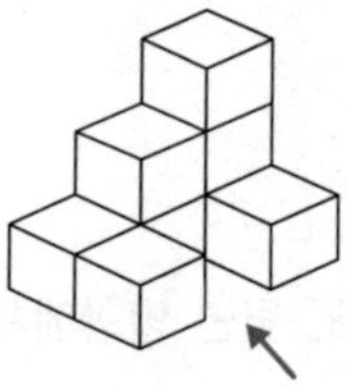

④

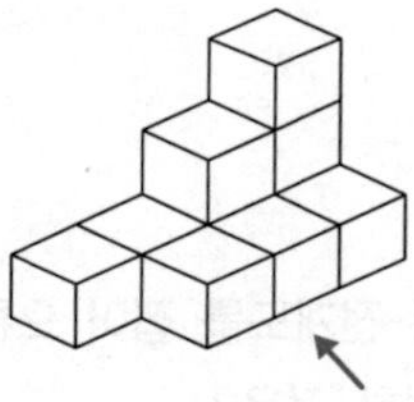

35. 다음 그림에서 찾을 수 없는 도형은?

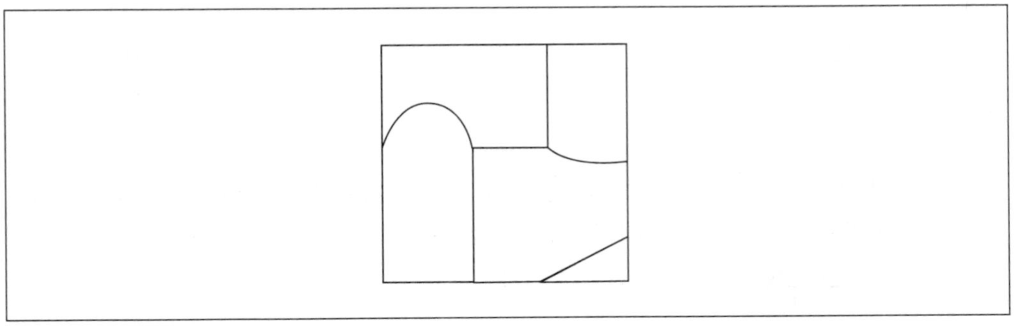

①

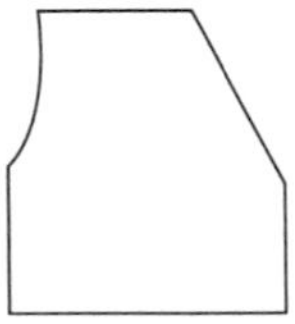

②

③

④

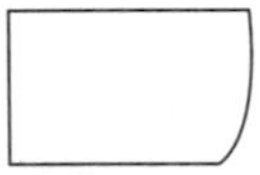

36. 다음 글에서 나타나는 논리적 오류와 같은 형태의 오류를 범하고 있는 것은?

사람들은 늘 자신의 이익을 우선한다. 사람들은 언제나 이기적이기 때문이다.

① 세상에 귀신은 있어. 귀신이 없다는 절대적 근거가 없기 때문이야.

② 사람들이 가치 있다고 말하는 것들은 모두 돈이야. 내가 만난 사람들은 다 그랬거든.

③ 신이 존재한다는 것은 성서에 적혀 있어. 성서는 신의 말이니까, 신은 존재해.

④ 저 사람은 찬물을 싫어하니 반드시 뜨거운 물을 좋아할 거야.

37. 다음은 같은 날 건강검진을 받은 윤슬, 도담, 아름, 들찬, 벼리의 검진 결과에 대한 진술이다. 진술이 모두 참일 때 5명의 키를 작은 순서대로 바르게 나열한 것은?

- 도담이가 가장 작다.
- 들찬이는 아름이보다 크다.
- 윤슬이는 들찬이보다 크지만 가장 큰 사람은 아니다.

① 도담－벼리－아름－들찬－윤슬

② 도담－들찬－아름－윤슬－벼리

③ 도담－아름－들찬－윤슬－벼리

④ 도담－아름－들찬－벼리－윤슬

38. 철수, 영희, 승한, 세영 총 4명의 신입직원은 A 팀에 2명, B 팀에 1명, C 팀에 1명씩 배정됐다. 다음 진술 중 하나는 거짓이고 나머지는 모두 참일 때, A 팀에 들어간 사람을 모두 고른 것은?

- 철수 : 나는 A 팀이다.
- 영희 : 나는 B 팀이다.
- 승한 : 나는 C 팀이 아니다.
- 세영 : 나는 C 팀이다.

① 철수, 승한
② 철수, 영희
③ 철수, 세영
④ 승한, 영희

39. 다음 빈칸에 들어갈 명제로 적절한 것은?

- 2호선을 이용한다면 5호선도 이용한다.
- 9호선을 이용한다면 7호선도 이용한다.
- (   )
- 그러므로 8호선을 이용하면 5호선을 이용한다.

① 8호선을 이용하면 2호선을 이용한다.
② 2호선을 이용하지 않으면 7호선을 이용한다.
③ 2호선을 이용하면 8호선을 이용하지 않는다.
④ 9호선을 이용하지 않으면 5호선을 이용한다.

40. 13층짜리 ○○건물에서 근무하는 A, B, C, D, E는 각자의 사무실에 가기 위하여 홀수 층에서만 멈추는 엘리베이터를 1층에서 함께 탑승했다. A ~ E가 근무하는 층이 각각 다르다고 할 때, 다음 〈조건〉을 바탕으로 각 층에 근무하는 사람을 바르게 연결한 것은? (단, 1층에는 사무실이 없다)

조건

㉠ 13층에는 옥상과 헬기장만 있다.
㉡ A가 내린 다음에 이어서 내린 사람은 E이다.
㉢ B는 C가 내리고 나서 문 닫힘 버튼을 눌렀다.
㉣ C가 내린 층은 D가 내린 층의 배수에 해당한다.
㉤ 엘리베이터 외에 계단을 이용하여 사무실에 간 사람은 없다.

① A－3층
② B－11층
③ C－7층
④ E－9층

41. 다음 제시된 명제에 대한 〈결론〉으로 옳은 것을 모두 고르면?

- 장갑을 낀 사람은 운동화를 신지 않는다.
- 양말을 신은 사람은 운동화를 신는다.
- 운동화를 신은 사람은 모자를 쓴다.
- 장갑을 끼지 않은 사람은 목도리를 하지 않는다.
- 수민이는 목도리를 하고 있다.

결론

(가) 장갑을 낀 사람은 양말을 신지 않는다.
(나) 수민이는 운동화를 신고 있다.
(다) 양말을 신은 사람은 목도리를 하지 않는다.

① (가)
② (나)
③ (다)
④ (가), (다)

42. A, B, C, D, E는 점심식사로 각각 피자, 치킨, 순댓국, 해장국, 초밥 중 하나를 먹었다. 다음 중 한 사람의 진술만 참일 때, A가 먹은 메뉴는? (단, A, B, C, D, E의 식사 메뉴는 모두 다르다)

> A : C는 치킨을 먹었고, E는 피자를 먹었다.
> B : A는 피자를 먹지 않았고, D는 초밥을 먹었다.
> C : B는 해장국을 먹었고, D는 치킨을 먹었다.
> D : C는 피자를 먹었고, E는 초밥을 먹지 않았다.
> E : A는 순댓국을 먹었고, B는 초밥을 먹었다.

① 피자 ② 치킨
③ 순댓국 ④ 해장국

43. A ~ E는 각각 독일어, 스페인어, 일본어, 중국어 중 1개 이상의 언어를 구사할 수 있다. 다음 진술들을 토대로 E가 구사할 수 있는 언어를 모두 고른 것은?

> A : 내가 구사할 수 있는 언어는 C와 겹치지 않아.
> B : 나는 D가 구사할 수 있는 언어와 독일어를 제외한 언어를 구사할 수 있어.
> C : 나는 스페인어를 제외한 나머지 언어를 구사할 수 있어.
> D : 3개 언어를 구사할 수 있는 C와 달리 내가 구사할 수 있는 언어는 A와 동일해.
> E : 나는 B와 C를 비교했을 때, C만 구사할 수 있는 언어만 구사할 수 있어.

① 독일어 ② 스페인어
③ 독일어, 스페인어 ④ 일본어, 중국어

44. 다음 명제가 모두 참일 때 옳은 것은?

> • 법학을 공부하는 사람은 행정학 수업을 듣는다.
> • 경제학 수업을 듣는 사람은 역사를 공부하지 않는다.
> • 법학을 공부하는 사람은 철학을 공부한다.
> • 경제학 수업을 듣지 않는 사람은 행정학 수업을 듣지 않는다.

① 경제학 수업을 듣는 사람은 법학을 공부한다.
② 철학을 공부하는 사람은 행정학 수업을 듣는다.
③ 역사를 공부하는 사람은 법학을 공부하지 않는다.
④ 법학을 공부하는 사람은 경제학 수업을 듣지 않는다.

45. 다음 밑줄 친 부분에 들어갈 문장으로 알맞은 것은?

> • 아침에 커피를 한 잔씩 마시면 불면증을 겪는다.
> • 생과일주스를 좋아하면 불면증을 겪지 않는다.
> • 그러므로 ______________________________

① 아침에 커피를 한 잔씩 마시면 생과일주스를 좋아한다.
② 아침에 커피를 한 잔씩 마시면 생과일주스를 좋아하지 않는다.
③ 생과일주스를 좋아하면 아침에 커피를 한 잔씩 마신다.
④ 불면증을 겪지 않으면 아침에 커피를 한 잔씩 마신다.

46. 다음과 같이 고객이 불만을 표시했을 때 조 대리가 대응할 말로 가장 적절한 것은?

◇◇가전은 지난 여름에 자사 이벤트에 응모한 고객들을 대상으로 총 50건의 사은품을 발송하였다. 그런데 그중 한 고객이 자신이 받기로 한 사은품이 아닌 다른 사은품이 왔다고 고객센터에 전화를 했다. 고객센터에서는 해당 고객에게 반품절차를 안내하며 반송비용은 고객이 부담해야 함을 전했고, 고객은 사은품을 반송하는데 왜 자신이 반송비용을 부담해야 되냐며 화를 냈다. 결국 이벤트 담당자인 조 대리가 고객과 직접 통화를 하여 반송비용을 부담하는 대신 문자로 모바일 상품권을 보내 드리기로 하고 고객 반송비용 관련 건을 마무리하였다.

① 오늘 발송된 사은품의 반송건에 대한 비용 부담으로 불편을 드려 죄송합니다.
② 제품안내가 미흡했던 점 정중하게 사과드립니다.
③ 앞으로는 반품에 대한 안내를 정확히 하겠습니다.
④ 앞으로는 모바일 상품권으로 사은품을 지급하겠습니다.

47. 다음 〈상황〉에서 자신의 경력개발을 위해 오 사원이 취해야 할 가장 적절한 행동은?

상황

영업팀 오 사원은 입사 4년 차로 수출 업무에 상당한 지식을 쌓았다. 4년간 수출 업무에만 전념한 오 사원은 수입 업무와 무역에도 관심이 있어 내년부터 진행되는 국제유통 업무를 담당하여 다양한 무역 업무 기술을 습득하고자 한다. 그러나 다음 달에 있을 인사이동에서 오 사원은 관리조직인 금융팀으로 자리를 옮기게 될 것이라는 사실을 인사팀 동료로부터 통보받게 되었다.

① 자신이 계획했던 일을 상사에게 설명하고 인사발령을 조정해 줄 것을 요청해 본다.
② 조직의 방침에 따라 자신의 계획을 포기한다.
③ 자신이 세운 계획은 반드시 이루어져야 하므로 인사팀을 찾아가 강하게 항의한다.
④ 바뀐 상황에 맞춰 자신의 경력계획을 전면 수정한다.

48. 고객상담원 A는 최근 며칠간 민원 접수 건의 결과를 빨리 알려달라고 독촉을 하는 고객들이 많아 업무 처리에 애를 먹고 있다. A의 모습을 본 팀장이 업무 처리를 독촉하는 고객을 응대하는 방법을 알려 준다고 할 때, 적절한 것은?

① 독촉하는 고객에게는 애매하게 말하지 말아야 합니다.
② 독촉하는 고객을 추켜세워 기분 좋게 만들어 주어야 합니다.
③ 독촉하는 고객에게는 정중히 사과해야 합니다.
④ 독촉하는 고객에게는 윗선의 책임자를 연결해 주는 것이 좋습니다.

49. 다음 혐오표현에 대한 국민의식 조사 결과 자료를 이해한 내용으로 적절하지 않은 것은?

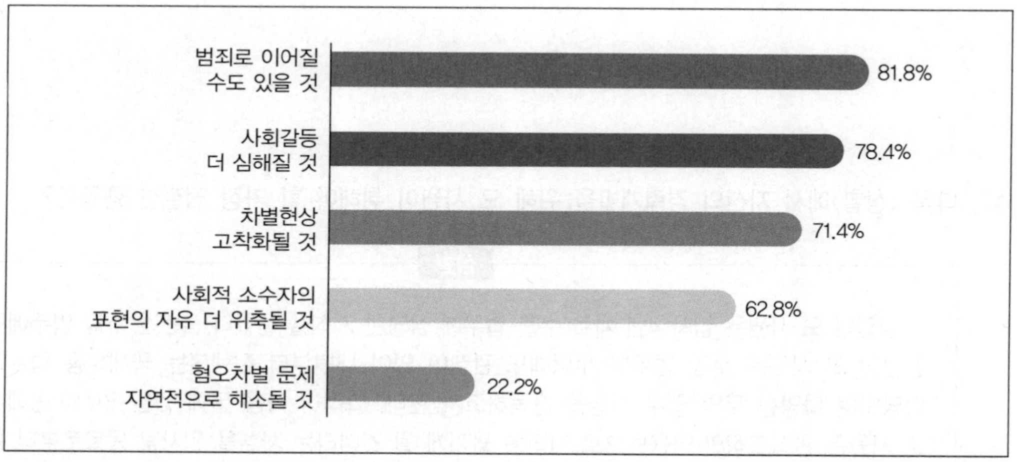

① 혐오차별의 문제는 자연적으로 해소될 것이다.
② 사회 구성원 중 소수자의 표현의 자유가 더 위축될 수 있다.
③ 혐오표현 사용으로 일부 구성원에 대한 차별현상이 고착화될 가능성이 있다.
④ 혐오로 인한 갈등은 범죄로 이어질 수도 있다.

50. A사 총무팀에 근무하는 수민 씨는 사내 체육대회에서 제공할 간식으로 왕만두를 준비하고자 한다. 다음 〈조건〉에 근거하여 필요한 왕만두를 최소 양으로 주문할 때, 지불해야 할 비용은?

조건

- 한 사람당 2개씩은 먹을 수 있도록 한다.
- 왕만두는 한 상자에 8개씩 포장되어 있고, 상자 단위로 팀에 전달한다.
- 왕만두 20상자당 한 상자를 덤으로 받을 수 있다.
- 왕만두 가격은 한 상자에 5,000원이다.

팀명	인원수(명)	팀명	인원수(명)
경영기획팀	8	경영지원팀	10
인사기획팀	6	IR팀	5
회계팀	11	홍보팀	5
재무팀	8	구매팀	5
총무팀	6	영업1팀	10
법무팀	7	영업2팀	12

① 60,000원
② 90,000원
③ 135,000원
④ 140,000원

교육공무직원
소양평가
직무능력검사

7회 기출예상문제

시험시간	50 분
문항수	50 문항

▶ 정답과 해설 58쪽

01. 다음 ㉠～㉤ 중 맞춤법 및 표현이 옳은 것을 모두 고르면?

> 킥오프는 경기의 시작 방법이자 ㉠ 둑점이 됐거나 후반 혹은 연장전이 열릴 때 경기를 ㉡ 제개하는 방법이다. 경기장 가운데 위치한 ㉢ 샌터 서클 안 하프라인 중앙에 공을 놓고 차는 것을 킥오프라고 한다.
>
> 기존 킥오프는 선수가 찬 공이 앞으로 ㉣ 정지해야만 했다. 그렇기 때문에 두 선수가 서클 안에 들어가 한 선수가 공을 살짝 앞으로 밀고 다른 선수가 공을 잡거나 뒤로 내주는 식으로 킥오프가 ㉤ 진행됐다. 이때 상대 선수들은 공과 9.15m 떨어진 서클 밖에 위치했다.

① ㉠
② ㉡, ㉢
③ ㉣, ㉤
④ ㉤

02. 다음 중 밑줄 친 부분의 의미가 〈보기〉와 가장 유사한 것은?

> 보기
>
> 어제 먹은 그 음식이 내 입맛에 꼭 맞더구나.

① 방금 말씀하신 그 주소가 맞습니다.
② 만일 내 동작이 다른 사람들과 맞지 않으면 관중이 비웃을 것이다.
③ 그것은 나의 분위기와는 전혀 맞지 않는다.
④ 이 정도 습도가 아마 아이들에게 딱 맞을 것이다.

03. 다음 글의 내용과 일치하는 것은?

> 인간과 동물은 두 가지 주요한 방식으로 환경에 적응한다. 하나는 생물학적 진화이며, 다른 하나는 학습이다. 고등 생명체에서의 생물학적 진화는 수천 년 이상 걸리는 매우 느린 현상인 반면, 학습은 짧은 생애 안에서도 반복적으로 일어난다. 세상에 대한 새로운 정보를 얻는 과정인 학습과 획득된 정보를 기억하는 능력은 적절히 진화된 대부분의 동물들이 갖고 있는 특징이다. 신경계가 복잡할수록 학습 능력은 뛰어나기 때문에 지구상 가장 복잡한 신경계를 갖고 있는 인간은 우수한 학습 능력을 지니고 있다. 이러한 능력 때문에 인간의 문화적 진화가 가능했다. 여기서 문화적 진화란 세대와 세대를 거쳐 환경에 대한 적응 능력과 지식이 발전적으로 전수되는 과정을 의미한다. 사실 우리는 세계와 문명에 대한 새로운 지식들을 학습을 통해 습득한다. 인간 사회의 변화는 생물학적 진화보다는 거의 전적으로 문화적 진화에 의한 것이다. 화석 기록으로 볼 때 수만 년 전의 호모 사피엔스 이래로 뇌의 용적과 구조는 결정적이라 할 만큼 변화하지는 않았다. 고대로부터 현재까지 모든 인류의 업적은 문화적 진화의 소산인 것이다.
>
> 학습은 인간의 본성에 관한 철학의 쟁점과도 관련되어 있다. 고대의 소크라테스를 비롯하여 많은 철학자들은 인간 정신의 본성에 대하여 질문을 던져왔다. 17세기 말에 이르러 영국과 유럽 대륙에서 두 가지 상반된 견해가 제기되었다. 하나는 로크, 버클리, 흄과 같은 경험론자들의 견해로 정신에 타고난 관념 또는 선험적 지식이 있다는 것을 부정하고 모든 지식은 감각적 경험과 학습을 통해 형성된다고 보는 것이다. 다른 하나는 데카르트, 라이프니츠 등의 합리론자와 칸트의 견해로 정신은 본래 특정한 유형의 지식이나 선험적 지식을 가지고 있으며 이것이 감각 경험을 받아들이고 해석하는 인식의 틀이 된다는 것이다.

① 학습은 생물학적인 진화보다 우월하다.

② 학습은 인간만이 지니고 있는 인간의 고유한 특성이다.

③ 인간 사회의 변화는 생물학적 진화와 문화적 진화가 적절히 혼합되어 이루어진 것이다.

④ 경험론자들은 생물학적 진화보다는 학습을 중요시하였다.

04. 다음 중 문맥상 빈칸에 들어갈 수 없는 단어는?

> 간헐적 단식이란 무엇일까? 간헐적 단식은 일정 시간 동안 공복을 유지하면서 체중을 감량하는 방식으로, 아예 굶거나 식단을 제한하지 않아 일정 시간이 지나면 원하는 음식을 먹을 수 있다는 특징을 가진다. 그러나 간헐적 단식은 음식을 많이 섭취하지 않으므로 영양 불균형을 (　　　)할 수 있으며, 근육 운동을 (　　　)하지 않으면 지방과 함께 근육이 빠지기 때문에 (　　　)해서 단식을 이어갈 시 건강을 해칠 수 있다.

① 금식　　② 지속
③ 병행　　④ 초래

05. 다음 밑줄 친 ㉠~㉣ 중 맞춤법에 맞지 않는 문장은?

> ㉠ 육십 대의 연령은 산전수전 다 겪은 내면이 무르익은 나이요, 노년층에 속한다. ㉡ 옛날로 따지자면 어르신의 위치에 이른 연령이다. ㉢ 대중이 많이 모인 식당 안에서 입에 담지 못할 육담과 큰 소리로 웃고 떠드는 행위는 나이 고하를 막론하고 눈쌀을 찌푸리게 한다. ㉣ 굳이 교양과 지성을 들먹이지 않아도 이쯤의 연령에 이르면 공공장소에서 자신이 취할 언행이 무엇인가쯤은 알 법하지 않은가. 더구나 식당 안의 남녀들이 나누는 낯 뜨거운 애정행각을 바라보게 되었다.

① ㉠　　② ㉡
③ ㉢　　④ ㉣

06. 다음 밑줄 친 부분의 띄어쓰기가 적절하지 않은 것은?

① 김∨주원∨박사는 열심히 노력한∨만큼 큰 상을 받게 되었다.
② 이곳에서 주문할 물품의 개수는 스물∨내지∨서른 정도입니다.
③ 꽃잎이 한잎∨두잎 강물에 떠내려가∨버렸다.
④ 부장∨겸∨대외협력실장을 맡고 계신 황∨부장님을 모셨다.

07. 다음 중 단어의 발음이 잘못된 것은?

① 부엌이[부어키]
② 삶에[살 : 메]
③ 불장난[불짱난]
④ 여덟을[여덜블]

08. 다음 글의 내용과 관계있는 사자성어는?

> 북쪽 변방에 한 노인이 살고 있었는데, 어느 날 이 노인이 기르던 말이 멀리 달아나 버렸다. 마을 사람들이 이를 위로하자 노인은 "오히려 복이 될지 누가 알겠소."라고 말했다. 몇 달이 지난 어느 날 그 말이 한 필의 준마(駿馬)를 데리고 돌아왔다. 마을 사람들이 이를 축하하자 노인은 "도리어 화가 될는지 누가 알겠소."라며 불안해했다. 그런데 어느 날 말 타기를 좋아하는 노인의 아들이 그 준마를 타다가 떨어져 다리가 부러졌다. 마을 사람들이 이를 걱정하며 위로하자 노인은 "이것이 또 복이 될지 누가 알겠소."라며 태연하게 받아들이는 것이었다. 그로부터 1년이 지난 어느 날 마을 젊은이들은 싸움터로 불려 나가 대부분 죽었으나, 노인의 아들은 말에서 떨어진 후 절름발이였기 때문에 전쟁에 나가지 않아 죽음을 면하게 되었다.

① 유비무환(有備無患)
② 새옹지마(塞翁之馬)
③ 전화위복(轉禍爲福)
④ 자업자득(自業自得)

09. 다음 글의 서술 방식으로 알맞은 것은?

> 춘향전에서 이도령과 변학도는 아주 대조적인 사람들이다. 흥부와 놀부가 대조적인 것도 물론이다. 한 사람은 하나부터 열까지가 다 좋고, 다른 사람은 모든 면에서 나쁘다. 적어도 이 이야기에 담긴 '권선징악'이라는 의도가 사람들을 그렇게 믿게 만든다.
>
> 소설만 그런 것이 아니다. 우리의 의식 속에는 은연중 이처럼 모든 사람을 좋은 사람과 나쁜 사람 두 갈래로 나누는 버릇이 있다. 그래서인지 흔히 사건을 다루는 신문 보도에는 모든 사람이 경찰 아니면 도둑놈인 것으로 단정한다. 죄를 지은 사람에 관한 보도를 보면 마치 그 사람이 죄의 화신이고, 그 사람의 이력이 죄만으로 점철되었고, 그 사람의 인격에 바른 사람으로서의 흔적이 하나도 없는 것으로 착각하게 된다.
>
> 이처럼 우리는 부분만을 보고 전체를 판단하곤 한다. 부분만을 제시하면서도 보는 이가 그것이 전체라고 잘못 믿게 만들 뿐만 아니라 '말했다'를 '으스댔다', '우겼다', '푸념했다', '넋두리했다', '뇌까렸다', '잡아뗐다', '말해서 빈축을 사고 있다' 같은 주관적 서술로 감정을 부추겨서 상대방으로 하여금 이성적인 사실 판단이 아닌 감정적인 심리 반응으로 얘기를 들을 수밖에 없도록 만든다.
>
> 이 세상에서 가장 결백해 보이는 사람일망정 스스로나 남이 알아차리지 못하는 결함이 있을 수 있고, 이 세상에서 가장 못된 사람으로 낙인찍힌 사람일망정 결백한 사람에게조차 찾지 못할 아름다운 인간성이 있을지도 모른다.

① 설의법을 적절히 활용하여 내용을 강조하고 있다.

② 열거법을 통해 말하고자 하는 바를 강조하고 있다.

③ 인용을 통해 주장을 뒷받침하고 있다.

④ 두 대상을 비교하여 자세히 설명하고 있다.

10. 다음 글을 읽고 이해한 내용으로 적절하지 않은 것은?

〈△△공사, 시민을 위한 힐링메시지 열차 운영〉

－△△시의 상징물, 바다 2가지 콘셉트로 조성 · 운영－

－코로나로 지친 △△시 시민의 생활에 활력 줄 수 있을 것으로 기대－

△△공사(사장 이○○)는 오는 6월 1일부터 8월 31일까지 도시철도 1호선과 2호선에서 재단법인 △△시대중교통시민기금과 함께 코로나로 일상에 지친 시민들에게 힐링메시지를 전달하는 '메트로 마린' 테마 열차를 운행한다.

메트로 마린 열차는 1호선 열차 3량, 2호선 열차 2량 총 5량에 조성되며 △△시의 상징물, △△시의 바다 2가지 콘셉트로 조성 · 운행된다.

△△시의 상징물 테마 열차는 '하늘 위에서 △△시를 내려보다'라는 구성으로 △△시 상징물을 퍼즐 형태로 제작하였으며, △△시의 바다 테마 열차는 '우연히 만난 도시철도, △△시 바다를 여행하는 기분'이라는 콘셉트로 열차 창문과 벽면에 다양한 △△시 바다 이미지를 조성했다.

특히 바닥에는 △△시의 바다를 즐길 수 있는 서핑 보드의 이미지를 구현하고 승객이 다양한 포즈로 사진을 연출할 수 있게 함으로써 열차를 즐기는 공간으로 조성하였다. 테마 열차는 평일 하루 평균 1호선 왕복 9회, 2호선 왕복 4회 운행되어 시민과 만날 예정이다.

한편 이번 테마 열차는 공사가 재단법인 △△시대중교통시민기금과 최초로 협업하여 실시하는 테마 열차 사업으로, 5월 말부터 매일 한 량씩 시범설치를 시작해 6월 1일 전량 정상운행 하도록 추진 중에 있다. 아울러 방염 재질 랩핑 및 승객의 미끄럼 방지를 위한 돌기를 사용하는 등 안전사고 예방에도 많은 노력을 기울였다.

△△공사 이○○ 사장은 "코로나로 인하여 지친 △△시 시민의 생활에 활력을 불어넣을 수 있음과 동시에 급감한 도시철도 이용객 회복에 견인 역할을 수행할 것"이라며 "△△시 시민들 덕분에 우리의 존재 가치가 있는 만큼 그 가치를 조금이나마 다시 돌려드릴 수 있게 되어서 기쁘게 생각한다."라고 전했다.

① △△공사에서 힐링메시지 열차를 운행하는 이유는 코로나로 일상에 지친 시민들에게 힐링메시지를 전달하기 위해서이다.

② 힐링메시지 열차는 △△시의 상징물, △△시의 바다 2가지 콘셉트로 조성되고 운영될 예정이다.

③ △△시의 상징물 테마 열차는 '우연히 만난 도시철도, △△시 하늘을 여행하는 기분'이라는 콘셉트로 조성된다.

④ 이 열차는 방염 재질 랩핑을 사용하고 승객의 미끄럼 방지를 위한 돌기를 사용하는 등 안전사고 예방에도 많은 노력을 기울였다.

11. 다음 밑줄 친 단어의 반의어로 적절한 것은?

> 종혁이는 평소에는 과묵하지만 일단 이야기를 시작하면 굉장한 <u>달변(達辯)</u>이었다.

① 능변(能辯) ② 배변(排便)
③ 강변(强辯) ④ 눌변(訥辯)

12. 다음 중 나열된 단어의 관계가 나머지와 다른 하나는?

① 달력－시계－장식 ② 양산－우산－차단
③ 핫팩－난로－보온 ④ 안전모－보안경－보호

13. 다음 글의 짜임으로 적절한 것은?

> 글의 구조적 특징(特徵)들은 이야기를 이해하고 기억하는 데에도 영향을 주게 된다. 이야기의 구조는 상위 구조와 하위 구조들로 이루어지는데, 상위 구조에 속한 요소들, 즉 주제, 배경, 인물 등의 중요한 골자는 더 잘 기억되고, 더 오래 기억된다. 우리가 옛날에 읽었거나 들은 심청전을 기억해 보면, 심청이 효녀라는 점, 뺑덕 어멈의 품성이 좋지 못하다는 점을, 이를 뒷받침해주는 구체적인 하나하나의 행동보다 더 잘 기억하고 있음을 알게 된다.

① 전제－주지－예시 ② 주지－부연－예시
③ 전제－종합－첨가 ④ 주지－상술－첨가

14. 6km/h의 속력으로 가는 A를 15분 늦게 출발한 B가 한 시간 만에 따라잡았다면, B의 속력은 몇 km/h인가?

① 7.5km/h
② 8km/h
③ 9.5km/h
④ 10km/h

15. 연속된 세 개의 짝수를 모두 더한 값이 54라면 이 중 가장 큰 숫자는?

① 16
② 20
③ 24
④ 28

16. ○○기업의 올해 바둑동호회 회원 수는 남성 회원이 5% 증가하고, 여성 회원이 10% 감소하여 작년과 동일하게 60명이다. 올해의 남성 회원 수는 몇 명인가?

① 36명
② 38명
③ 40명
④ 42명

17. A 대학교 경제학과에서는 여름방학 동안 1학년 학생 41명을 대상으로 영어회화 수업과 중국어회화 수업을 개설한다. 영어회화 수업만 신청한 학생은 13명, 두 수업을 모두 신청한 학생은 11명일 때, 중국어회화 수업만 신청한 학생의 수는? (단, 모든 1학년 학생은 두 수업 중 반드시 하나 이상의 수업을 신청했다)

① 15명
② 16명
③ 17명
④ 18명

18. 선진이가 혼자 하면 8일, 수연이가 혼자 하면 12일이 걸리는 일이 있다. 이 일을 선진이와 수연이가 같이 한다면 며칠이 걸리겠는가?

① 3일 ② 5일
③ 6일 ④ 8일

19. 어떤 상품의 원가에 40%의 이익을 붙여 정가로 팔다가 세일 기간에 정가의 15%를 할인하여 팔았더니 2,660원의 이익을 보았다. 이 상품을 정가로 팔았을 때의 이익은?

① 5,000원 ② 5,300원
③ 5,600원 ④ 6,000원

20. 정수, 현민, 지혜 세 사람이 A 대학에 합격할 수 있는 확률은 각각 $\frac{1}{4}$, $\frac{1}{5}$, $\frac{1}{2}$이다. 이 중 적어도 한 명이 대학에 합격할 확률은?

① 0.5 ② 0.6
③ 0.7 ④ 0.8

21. 2023년에 언니는 20세, 동생은 7세가 되었다. 언니의 나이가 동생 나이의 2배가 되는 해는 언제인가?

① 2027년 ② 2029년
③ 2031년 ④ 2033년

22. 다음은 월평균 사교육비의 계층별 특성 분포에 대한 통계 자료이다. 이에 대한 설명으로 옳은 것을 모두 고르면?

(단위 : %)

특성별		사교육 받지 않음	10만 원 미만	10 ~ 30만 원 미만	30 ~ 50만 원 미만	50만 원 이상
대도시		29.5	7.5	24.9	19.7	18.4
대도시 이외		32.9	8.3	28.0	19.4	11.4
초등학교		18.9	12.7	37.8	20.3	10.3
중학교		30.8	5.1	22.0	24.6	17.5
고등학교		50.5	3.6	14.6	13.8	17.5
학교 성적	상위 10% 이내	21.6	6.6	28.0	22.3	21.5
	11 ~ 30%	23.3	6.6	28.5	23.4	18.2
	31 ~ 60%	28.4	7.8	27.2	21.3	15.3
	61 ~ 80%	35.5	8.3	26.7	17.4	12.1
	하위 20% 이내	45.4	10.0	23.6	13.5	7.5
부모님 평균 연령	20 ~ 30대	21.6	12.2	38.3	20.0	7.9
	40대	30.7	7.1	24.9	20.8	16.5
	50대 이상	45.9	4.6	17.6	15.2	16.7

㉠ 대도시 이외의 지역에서는 사교육을 아예 받지 않거나 사교육비로 30만 원 미만의 비용만 지출하는 비율이 대도시에 비해 더 많으며, 대도시 지역에서는 사교육비로 30만 원 이상을 지출하는 인원이 $\frac{1}{3}$ 이상을 차지한다.

㉡ 상급학교로 진학할수록, 부모님의 평균 연령대가 높아질수록 사교육을 받는 비율이 높아지고, 사교육을 받지 않는 경우를 제외하고 이들 모두에게서 가장 많은 지출 범위는 10 ~ 30만 원 미만이다.

㉢ 학교 성적이 상위 10% 이내인 학생이 사교육비로 10만 원 이상을 지출하는 비율이 성적 11 ~ 30%인 학생들에 비해 더 높다.

㉣ 학교 성적이 하위권으로 내려갈수록 사교육을 받지 않는 비율이 높고, 사교육 여부에 관계없이 이들 모두 10 ~ 30만 원 미만의 비용을 지출하는 경우가 가장 많다.

① ㉠, ㉡

② ㉠, ㉢

③ ㉡, ㉣

④ ㉢, ㉣

23. ○○기업에서는 부서별로 직원들의 정신적 및 신체적 스트레스 지수를 조사하여 다음 표와 같은 결과를 얻었다. 이를 이해한 내용으로 적절하지 않은 것은?

〈부서별 정신적 · 신체적 스트레스 지수〉

(단위 : 명, 점)

항목	부서	인원	평균점수
정신적 스트레스	생산	100	1.83
	영업	200	1.79
	지원	100	1.79
신체적 스트레스	생산	100	1.95
	영업	200	1.89
	지원	100	2.05

※ 점수가 높을수록 정신적 · 신체적 스트레스가 높은 것으로 간주한다.

① 영업이나 지원 부서에 비해 생산 부서의 정신적 스트레스가 높은 편이다.
② 세 부서 모두 정신적 스트레스보다 신체적 스트레스가 더 높은 경향을 보인다.
③ 신체적 스트레스가 가장 높은 부서는 지원 부서이며, 그 다음으로는 생산, 영업 순이다.
④ 전 부서원(생산, 영업, 지원)의 정신적 스트레스 지수 평균점수와 전 부서원의 신체적 스트레스 지수 평균점수의 차이는 0.16 이상이다.

24. 다음 숫자들의 배열 규칙을 찾아 '?'에 들어갈 알맞은 숫자를 고르면?

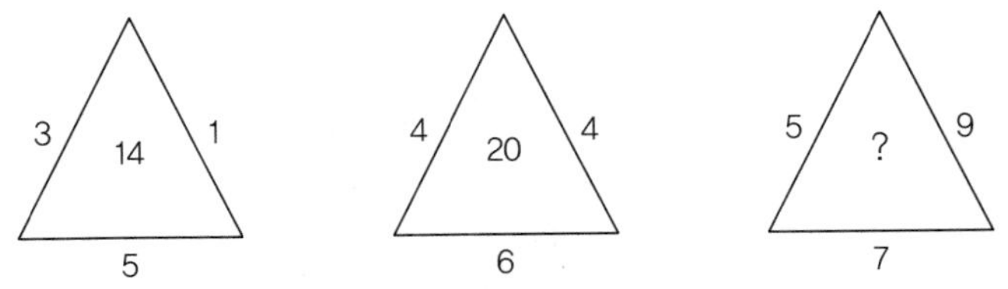

① 35
② 31
③ 29
④ 26

25. 다음 〈조건〉을 토대로 할 때, A가 자전거를 이용해 출퇴근을 하는 경우 소모되는 총열량은 얼마인가? (단, 출퇴근 시 이동하는 경로는 동일하다)

조건

- A의 몸무게는 70kg이며, 자전거를 10분간 탈 때 소모되는 열량은 85kcal이다.
- A의 집에서 회사까지의 거리는 6km이다.
- A는 10km/h의 속력으로 자전거를 탄다.

① 300kcal
② 306kcal
③ 512kcal
④ 612kcal

26. 다음은 같은 모양과 크기의 블록을 쌓아올린 그림이다. 색칠된 블록의 윗면과 밑면에 직접 접촉되어 있는 블록의 개수는?

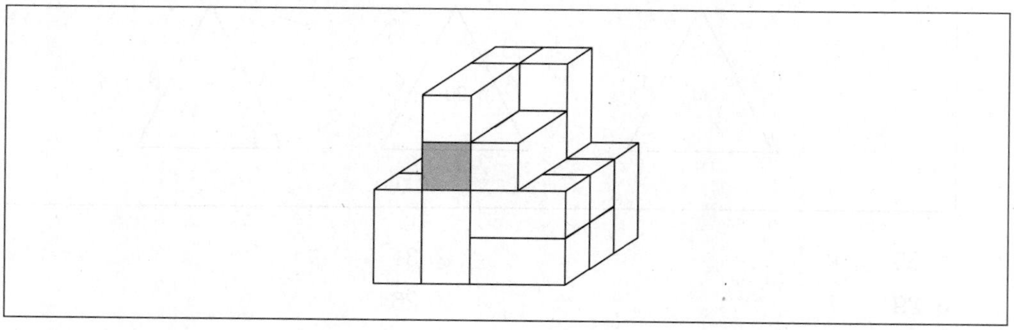

① 2개
② 3개
③ 4개
④ 5개

27. 다음 그림은 일정한 규칙에 따라 배열되어 있다. '?'에 들어갈 도형은?

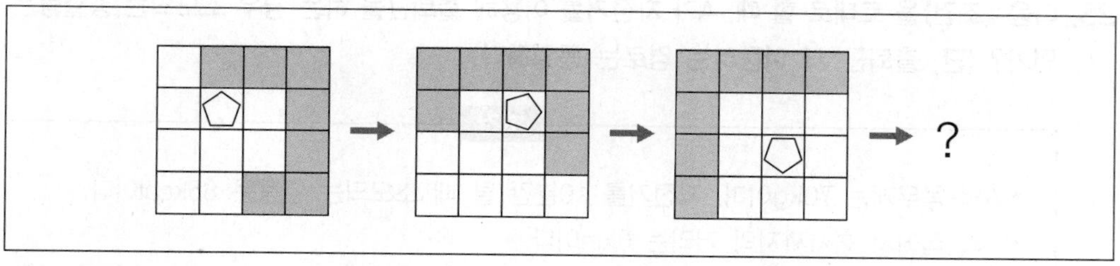

①

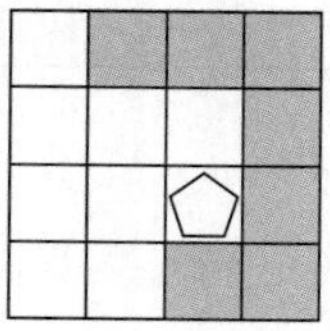

②

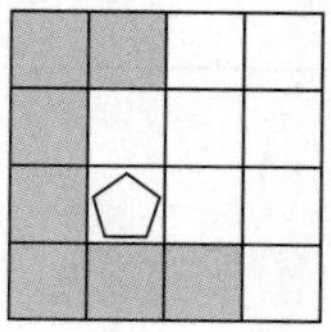

③

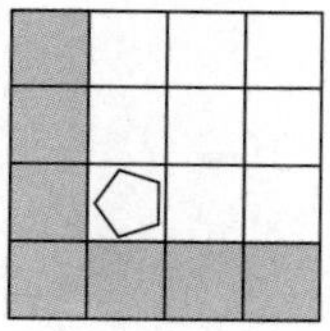

④

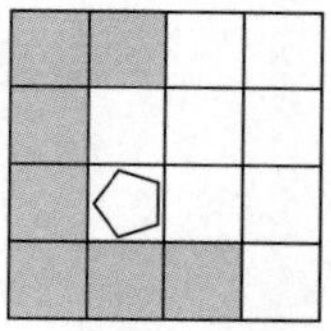

28. 다음의 도형이 반시계방향으로 90° 회전했을 때의 모양으로 옳은 것은?

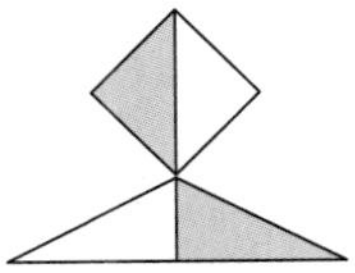

①
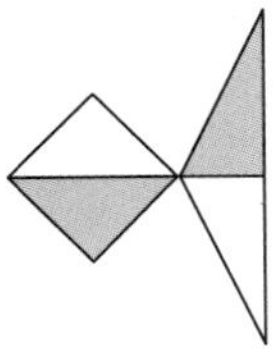

②
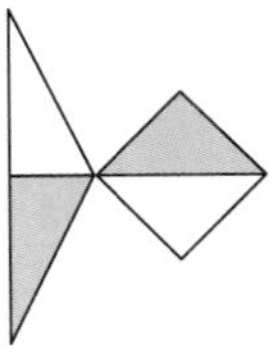

③
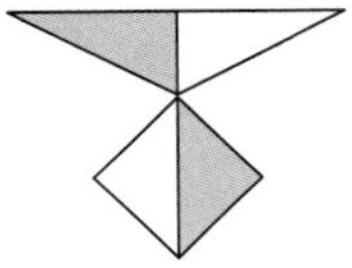

④
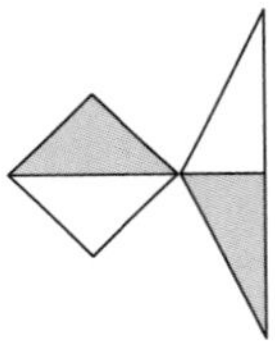

29. 다음 펼쳐진 전개도를 접었을 때의 도형으로 적절한 것은?

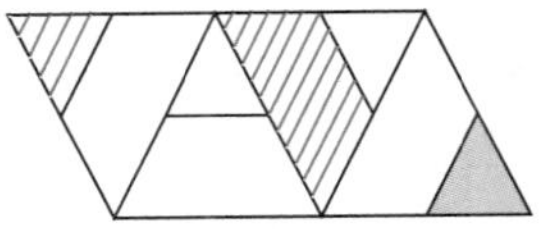

①
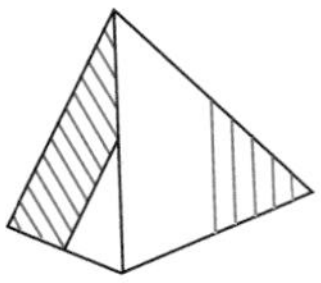

②
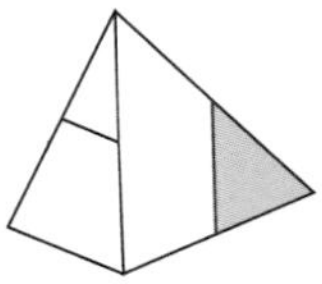

③
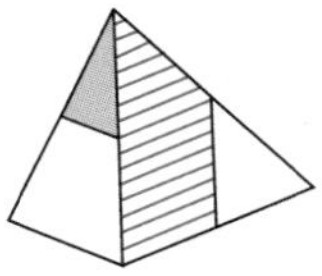

④
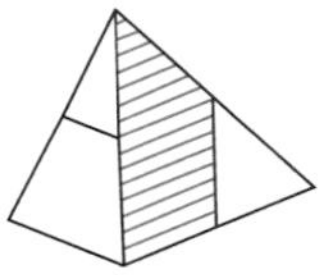

30. 다음 제시된 도형을 재배치하였을 때 일치하는 것은?

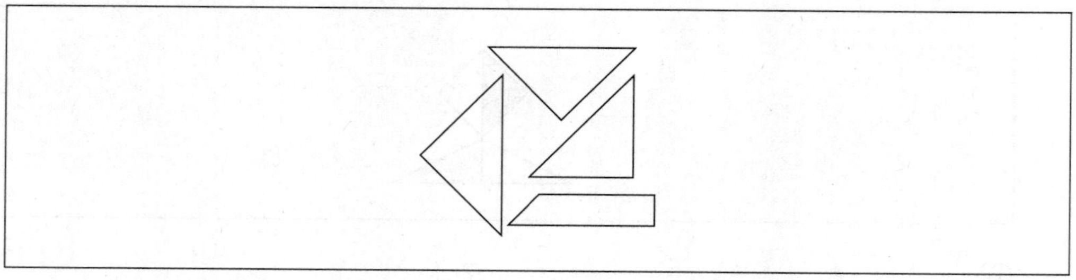

①

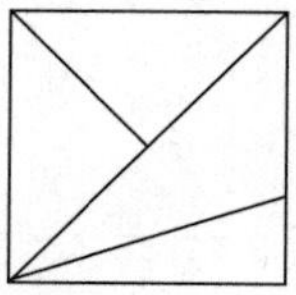

②

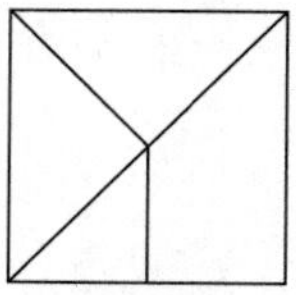

③

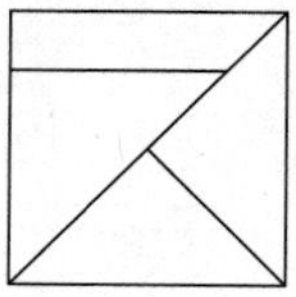

④

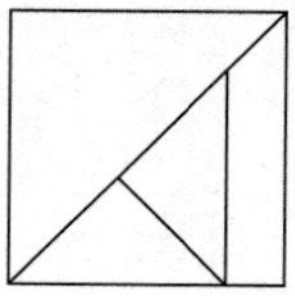

31. 다음과 같이 종이를 접은 다음 펀치로 구멍을 뚫은 후 다시 펼쳤을 때의 모양으로 옳은 것은?

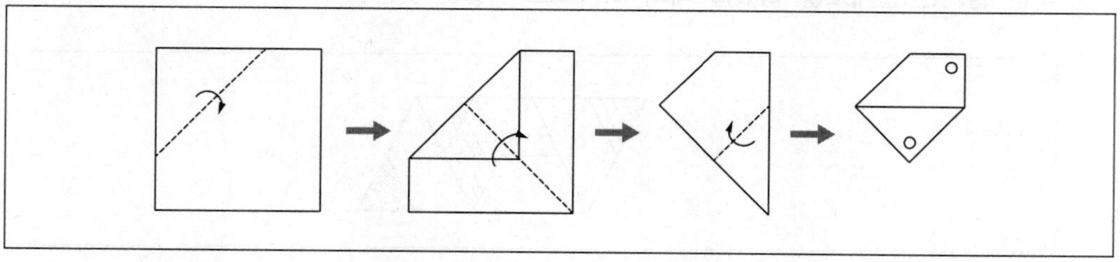

①

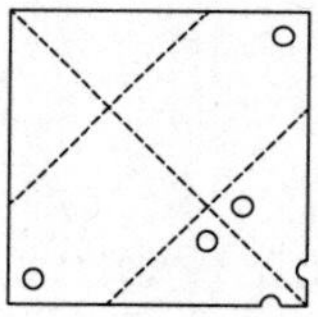

②

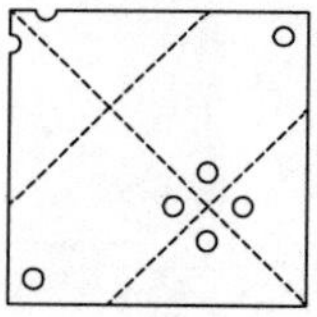

③

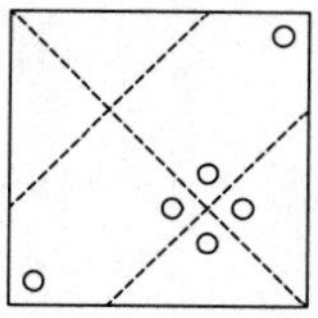

④

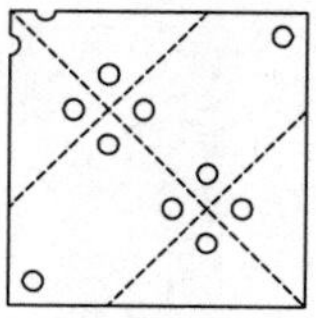

32. 다음에 제시된 도형 4개를 이용하여 만들 수 없는 것은? (단, 제시된 도형이 모두 들어가야 하며, 한 번씩만 이용되어야 한다)

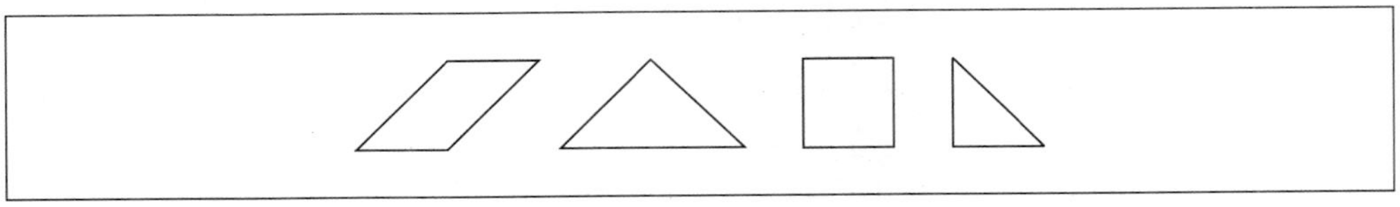

① 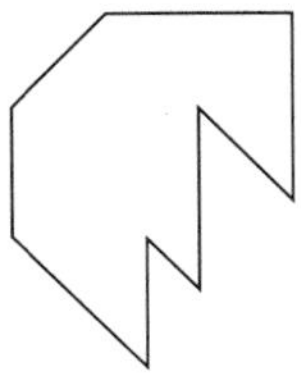

② 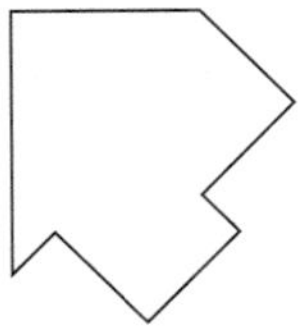

③ 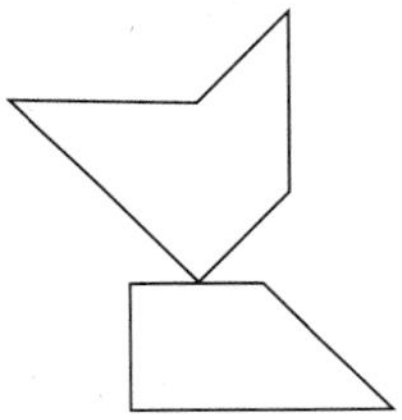

④ 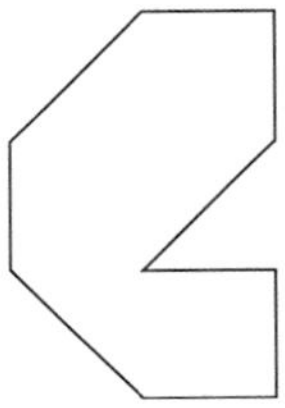

33. 다음 그림의 조각을 순서대로 바르게 배열한 것은?

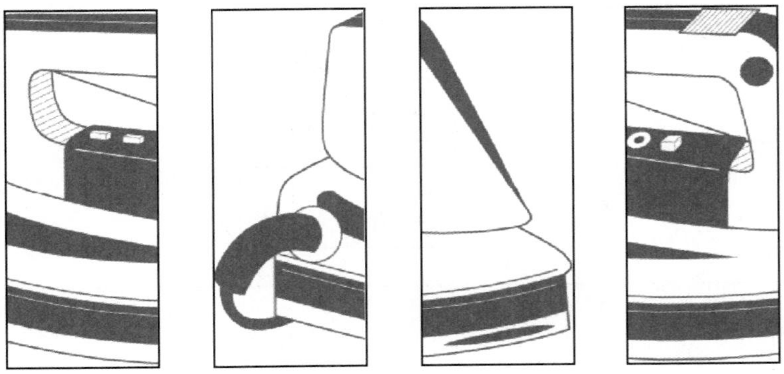

(가) (나) (다) (라)

① (나)－(가)－(라)－(다)

② (나)－(라)－(가)－(다)

③ (다)－(가)－(라)－(나)

④ (다)－(나)－(라)－(가)

34. 다음 두 블록을 합쳤을 때 나올 수 없는 형태는? (단, 회전은 자유롭다)

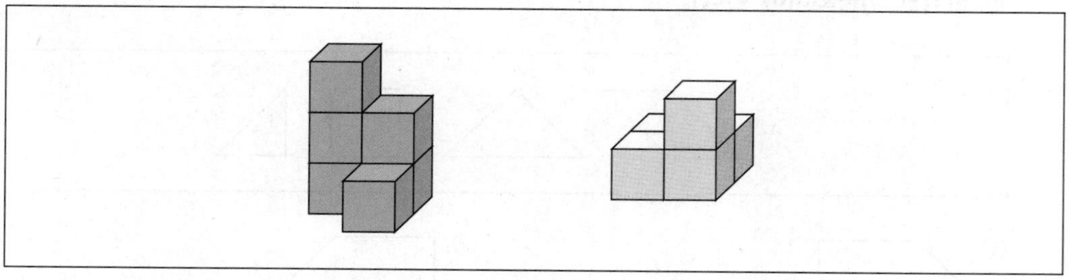

① 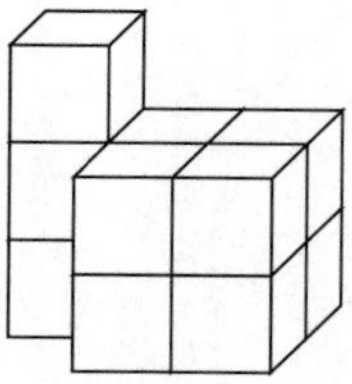

② 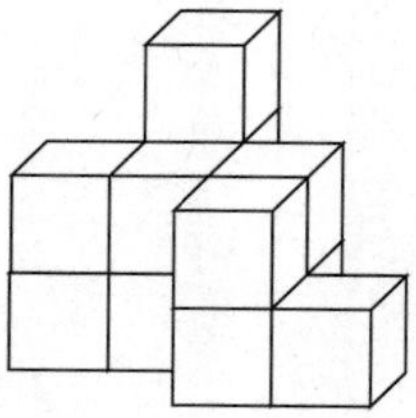

③ 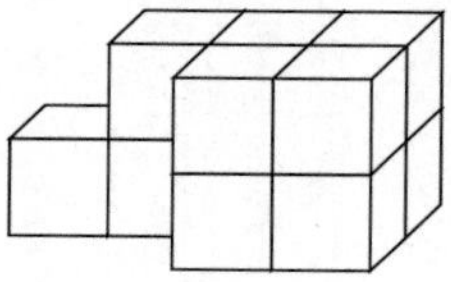

④ 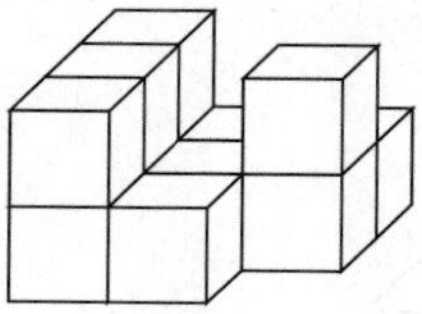

35. 다음은 같은 모양과 크기의 블록을 쌓아올린 그림이다. 블록의 총 개수는? (단, 보이지 않는 뒷부분의 블록은 없다)

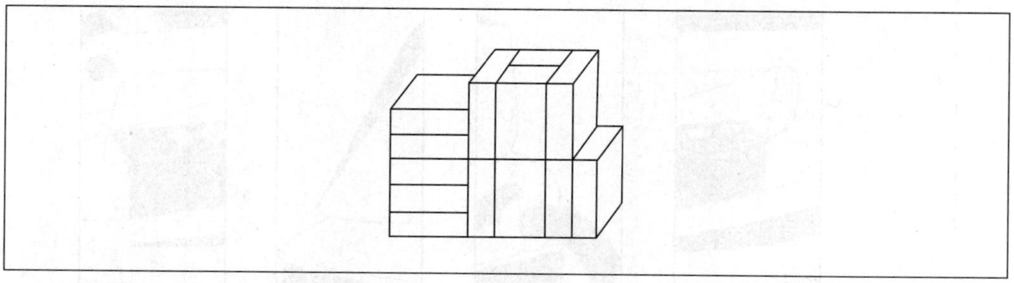

① 11개　　② 12개
③ 13개　　④ 14개

36. 다음 밑줄 친 부분에 들어갈 문장으로 적절한 것은?

> 지아는 소설책과 시집을 많이 읽는다. 소설책을 많이 읽는 사람은 글쓰기를 잘한다. 그러므로 ______________________________

① 시집을 많이 읽는 사람은 글쓰기를 잘한다.
② 소설책과 시집을 많이 읽어야 한다.
③ 지아는 글쓰기를 잘한다.
④ 시집과 글쓰기는 관련이 없다.

37. 다음 명제가 모두 참일 때 항상 옳은 것은?

> • 요리를 잘하는 사람은 반드시 청소도 잘한다.
> • 청소를 잘하는 사람은 반드시 키가 크다.
> • 나는 요리를 잘한다.

① 키가 크면 청소를 잘한다.
② 청소를 잘하면 요리를 잘한다.
③ 키가 작으면 청소를 잘한다.
④ 나는 키가 크다.

38. A, B 중 한 사람은 월, 수, 금요일에 거짓말을 하고, 다른 한 사람은 화, 목, 토요일에 거짓말을 한다. 두 사람이 다음과 같이 말했을 때, 오늘은 무슨 요일인가? (단, 일요일은 A, B 모두 진실을 말한다)

> • A : 나는 어제 진실을 말했다.
> • B : 어제는 월요일이었다.

① 월요일　　② 화요일
③ 토요일　　④ 일요일

39. ○○ 대학교는 제2캠퍼스를 다른 지역에 유치하면서 본부 건물 1층에 교무처, 학생처, 연구처, 기획협력처, 사무국, 입학본부 여섯 개 부서의 사무실을 다음의 계획에 따라 배치하고자 한다. 학생처가 두 번째 자리에 배치되었을 경우, 여섯 번째 자리에 배치되는 부서는?

> 〈사무실 배치 계획〉
> • 맨 왼쪽 자리를 첫 번째 자리로 지정하고, 왼쪽부터 일렬로 사무실을 배치한다.
> • 교무처와 연구처 사이에는 아무 팀도 배치되지 않는다.
> • 사무국과 입학본부 사이에는 아무 팀도 배치되지 않는다.
> • 교무처와 학생처 사이에는 두 팀이 배치된다.

① 연구처　　② 입학본부
③ 사무국　　④ 교무처

40. 다음 명제가 모두 참일 때 항상 참이라고 볼 수 없는 것은?

- A 회사에 다니는 사람은 일본어에 능통하지 못하다.
- B 대학교를 졸업한 사람은 일본어에 능통하다.
- C 학원에 다니지 않은 사람은 B 대학교를 졸업했다.

① B 대학교를 졸업하지 않은 사람은 C 학원에 다녔다.
② 일본어에 능통하지 못한 사람은 C 학원에 다녔다.
③ B 대학교를 졸업한 사람은 C 학원에 다니지 않았다.
④ A 회사에 다니는 사람은 B 대학교를 졸업하지 않았다.

41. 2층 건물에서 살고 있는 A ~ D는 각각 국적이 다르며(한국인, 영국인, 중국인, 일본인), 각자 입는 코트의 색깔(노란색, 초록색, 파란색, 보라색) 또한 다르다. 다음 〈조건〉이 모두 참일 때, 한국인과 같은 층에 사는 사람은?

조건

- 건물에는 각 층별로 두 사람씩 살고 있다.
- A는 파란색 코트를 입고, B의 아래층에 산다.
- C는 보라색 코트를 입는 사람의 아래층에 산다.
- 중국인은 초록색 코트를 입고, 영국인의 옆에 산다.
- 노란색 코트를 입는 사람은 일본인이며, 1층에 산다.

① A
② B
③ C
④ D

42. 인사팀 직원 A ~ G 7명은 취업박람회에 지원을 나가게 되었다. 이들은 승용차 2대에 3명 혹은 4명씩 나누어 타기로 하고, B가 4명이 탄 차를 운전하기로 하였다. 다음 〈조건〉을 바탕으로 할 때, B와 같은 차를 타고 박람회장에 갈 수 있는 3명은 누구인가?

조건

- 7명 중 운전을 할 수 있는 사람은 B, C, D 3명이다.
- B와 D는 같은 차를 타고 가지 않는다.
- B와 C는 같은 차를 타고 가지 않는다.
- A와 G는 같은 차를 타고 간다.

① A, C, E　　② A, E, G
③ C, E, F　　④ C, E, G

43. 다음은 대곡천, 안양천, 중랑천, 황구지천 수질검사 결과에 대해 A 공장 사원들이 나눈 대화이다. 이 중 단 한 사람만 거짓을 말하고 있을 때, 적합 판정을 받은 하천은? (단, 수질검사 결과는 적합과 부적합뿐이다)

- K 사원 : 안양천과 대곡천은 같은 결과를 받았네.
- L 사원 : 황구지천과 대곡천은 다른 결과를 받았어.
- J 사원 : 먹는 물 기준 부적합 판정을 받은 하천은 모두 두 곳이야.
- G 사원 : L 사원은 검사 결과와 다른 이야기를 하고 있어.
- P 사원 : 중랑천은 먹는 물 기준 적합 판정을 받았어.

① 안양천, 대곡천　　② 안양천, 중랑천
③ 대곡천, 황구지천　　④ 중랑천, 황구지천

44. 다음 〈조건〉에 따를 때, 3등으로 들어온 사람은?

조건

- 하늘, 보리, 구름, 태양, 반달 총 다섯 명이 달리기 시합을 하였다.
- 공동 순위는 나오지 않았다.
- 하늘은 구름보다 늦게 들어왔다.
- 태양은 반달보다 먼저 들어왔다.
- 보리는 구름보다 먼저 들어왔다.
- 반달은 보리보다 먼저 들어왔다.

① 하늘　② 보리
③ 구름　④ 태양

45. ○○사 직원 중 외국인은 A ~ F 총 6명으로 모두 국적이 다르고 여자는 2명이다. 다음 〈조건〉에 따를 때 B의 국적은?

조건

- A ~ F의 국적은 각각 미국, 중국, 일본, 영국, 프랑스, 이탈리아이다.
- A는 미국인이고, C는 중국인 또는 일본인이다.
- D는 일본인 또는 이탈리아인이며, 여자이다.
- E는 영국인 또는 프랑스인으로 C와 같은 성별이다.
- F는 남자이며, 이탈리아인이 아니다.
- 프랑스인은 여자이고, 중국인은 남자이다.

① 중국　② 일본
③ 영국　④ 프랑스

46. 다음 대화의 A와 유사한 주장을 하는 사람은?

> A : 지난주 학교 운동회 정말 재미있지 않았니?
> B : 응. 사실 평소 공부만 하다 보니 선생님들과 좀 거리감이 있었는데, 함께 운동도 하고 응원도 하면서 많이 가까워진 것 같아.
> A : 그러게. 특히 학생하고 나눠서 축구 시합할 때 선생님들이 그렇게 반칙을 많이 할지 몰랐어. 뭐랄까 선생님들이 팀을 이뤄서 이겨야 한다고 마음먹으니까 상당히 수단과 방법을 가리지 않으시더라고. 분명 개별적으로 보면 규칙 같은 걸 강조하시고 규칙에 어긋나는 행동을 안 하실 텐데 말이야. 그런 걸 보면 지난주 윤리 수업 때 들은 사회 집단의 도덕성은 개인의 도덕성보다 현저하게 떨어진다는 내용에 전적으로 동의해.

① 갑 : 어떤 행위든 그것이 집단에 의해 이루어진 행위라도 그 결과에 대한 책임은 집단이 아니라 개인에게 돌아가야 한다고 생각해.

② 을 : 개인의 양심과 집단의 양심이 일치한다고 할 수는 없지.

③ 병 : 사회의 도덕 문제는 분명 법과 같은 제도적인 문제들과 구별해야 하는 것이지.

④ 정 : 구성원들이 모두 도덕적이라면 결국 그 집단도 도덕적이라고 판단할 수 있어.

47. 다음에 제시된 상황에서 김 과장이 취할 행동으로 가장 바람직한 것은?

이름	김준영	부서 / 직급	전략기획부 / 과장
성별 / 나이	남 / 38세	담당 업무	데이터 수집 및 분석

> 김 과장은 2년 동안 부하 직원으로 일한 신지은 사원의 업무 능력을 높이 평가하여 신 사원에게 보고서 작성 업무를 전적으로 맡겼다. 믿고 맡긴 만큼 신 사원이 작성한 보고서 그대로 상사에게 결재를 올렸는데, 수집한 데이터 분석이 엉망이었을 뿐만 아니라 기본적인 보고서 작성법에 어긋나는 부분이 많았으며 오탈자도 상당수 발견되어 난감한 상황에 처하게 되었다.

① 상사에게 시간이 부족해서 벌어진 일이라고 말한다.

② 이미 벌어진 일이니 어쩔 수 없다고 생각하며 훌훌 털고 다른 업무에 집중한다.

③ 후배와 함께 상사에게 찾아가 잘못을 인정한 후 사태 수습을 위해 최선을 다한다.

④ 전적으로 신 사원에게 책임이 있으니 해당 사안에 대해 끝까지 알아서 처리하라고 한다.

48. 다음 출장비 지급 기준을 바탕으로 할 때, 최 씨와 박 씨에게 지급될 출장비의 합은?

〈출장비 지급 기준〉

- 출장비는 식비, 숙박비, 교통비로 구성된다.
- 식비 지급을 위해 영수증을 제출해야 하며, 식비는 실비로 지급한다. 단, 영수증을 제출하지 않은 경우 하루당 5만 원을 지급한다.

〈1박 숙박비(지역별)〉

(단위 : 만 원)

지역	오송	마산	순천	목포
금액	20	13	16	15

〈왕복 교통비(지역/교통수단별)〉

(단위 : 만 원)

구분	오송	마산	순천	목포
SRT	14	19	12	11
고속버스	6	3	5	4
개인차량	12	7	10	9

〈출장내역〉

구분		최○○	박○○
출장기간		1박 2일	2박 3일
출장지역		마산	오송
식비	1일차	8만 원	3만 원
	2일차	13만 원	10만 원
	3일차	–	5만 원
교통수단(왕복)		개인차량	고속버스
비고		없음.	2일차 영수증 미제출

① 90만 원
② 95만 원
③ 100만 원
④ 105만 원

49. 다음 자료를 바르게 이해한 것은?

〈녹생성장위원회 회의 내용〉

5대 정책방향	중점과제	평가결과
가. 효과적 온실가스 감축	1-1. 온실가스 감축 로드맵 체계적 이행	우수
	1-2. 탄소배출권 거래제 정착 및 탄소시장 활성화	보통
	1-3. 장기 국가 감축 목표 수립	보통
	1-4. 탄소흡수원 확충	우수
나. 지속가능한 에너지체계 구축	2-1. 에너지 수요관리 강화	보통
	2-2. 신재생에너지 보급 확대	우수
	2-3. 분산형 발전시스템 구축	보통
	2-4. 에너지 시설 안전성 확보	보통
다. 녹색창조산업을 통한 생태계조성	3-1. 첨단융합 녹색기술 개발	보통
	3-2. 녹색창조산업의 규제 합리화	미흡
	3-3. 자원순환 경제구조 정착	우수
	3-4. 녹색 인재 양성	보통
라. 지속가능한 녹색사회 구현	4-1. 기후변화 적응역량 강화	우수
	4-2. 친환경 생활기반 확대	보통
	4-3. 녹색 국토공간 조성	보통
	4-4. 녹색복지 및 거버넌스 기반 확충	미흡
마. 글로벌 녹색협력 강화	5-1. 기후 협상 효과적 대응	미흡
	5-2. 녹색성장 지역협력 확대 및 국제적 확산	보통
	5-3. 개도국 협력 확대 및 내실 제고	미흡
	5-4. GGGI/GCF와의 협력 및 지원 강화	보통

① 녹색창조산업의 성장을 위해 녹색 인재 양성과 친환경적인 국토공간을 조성하는 데 노력이 필요하다.

② 효과적인 온실가스 감축을 위해서는 제도적인 노력과 에너지 분산형 시스템을 구축할 필요가 있다.

③ 녹색사회 구현을 위해 녹색창조기술을 개발하고, 녹색복지시설 확충을 위한 적극적인 노력이 필요하다.

④ 국제관계에서 녹색협력을 강화하기 위해서는 기후 협상에 관한 대응과 개도국과의 협력관계가 보완되어야 한다.

50. 다음은 A 사원이 출근하는 길인데, 그림과 같이 한 곳이 공사로 인해 운행이 통제된 상황이다. 통제된 도로를 우회하여 지나가야 한다고 할 때, 출근할 수 있는 이동 방법은 총 몇 가지인가?

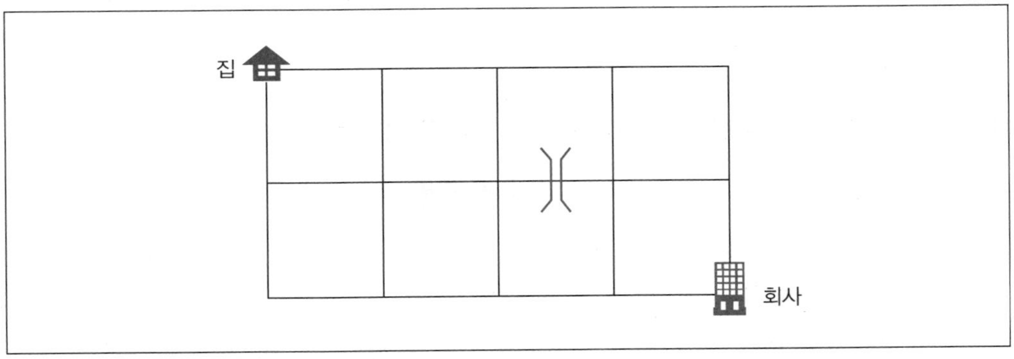

① 6가지
② 7가지
③ 8가지
④ 9가지

8회 기출예상문제

시험시간	50 분
문항수	50 문항

▶ 정답과 해설 67쪽

01. 다음 중 밑줄 친 부분의 의미가 〈보기〉와 가장 유사한 것은?

> 보기
>
> 그 고객은 아마 어쩌다가 길에서 날 만나도 아는 체를 못할 거야.

① 그녀는 어쩌다가 그와 눈을 마주치기라도 하면 기겁을 하는 것이었다.

② 사장님께선 업무 중에 어쩌다가 주무시지 자주 그러시진 않아.

③ 너 그걸 어쩌다가 그렇게 다 부숴 버렸니?

④ 취직 전에는 그래도 어쩌다가 야구장에 가곤 했다.

02. 다음 글의 밑줄 친 ㉠의 유의어로 알맞은 것은?

> 국회는 왜 존재하고 정치는 왜 하는지 되새겨야 할 때다. 이해충돌과 갈등을 조정하고 타협하며 국민을 편안하고 행복하게 하는 것이 정치의 궁극적 목표다. ㉠무릇 정치는 바르게 해야 한다.

① 노상　　② 자못

③ 대저　　④ 비단

03. 다음 빈칸에 공통으로 들어갈 단어는?

- 대표님의 (　　) 여부가 결정되는 대로 알려 드리겠습니다.
- 스승님은 아흔이 넘으셨는데도 아직까지 학회에 (　　)하신다.
- 선약이 있어서 그 모임에 (　　)이/가 어렵다.

① 참석　② 개척
③ 인도　④ 검토

04. 다음 밑줄 친 단어를 대체할 수 없는 것은?

유전적으로 전달되는 많은 유전적 표현형을 인위적으로 바꾸는 것이 최근의 생명과학의 발전으로 가능해지고 있다. 다시 말해 콩을 심어도 유전적 변형을 가하면 팥이 나오는 게 가능하다는 것이다. 유전을 결정하는 인자가 DNA상에 있기 때문에 유전적 표현형은 DNA의 변형을 통해 가능하다. 자연적인 DNA 염기 서열의 변화인 돌연변이가 생기고, 이러한 돌연변이가 표현형의 변화를 <u>야기한다</u>. 이런 변화는 질병을 일으키기도, 때로는 진화로 이어지기도 한다.

① 만든다　② 발생시킨다
③ 일으킨다　④ 결성한다

05. 다음 중 띄어쓰기가 적절하지 않은 것은?

① 어디서 밥이나 제대로 먹고 지내는지 얼굴이 핼쑥해졌다.
② 떨어져 봤자 조금 다치기밖에 더하겠니?
③ 큰놈은 지금 열살로 초등학교 삼 학년이다.
④ 시험이 잠시 후 실시되는바 모두 자리에 앉아 주시기 바랍니다.

06. 다음 속담들과 공통적으로 관련이 있는 단어로 적절한 것은?

- 개구리 올챙이 적 생각 못 한다.
- 소 잃고 외양간 고친다.
- 등잔 밑이 어둡다.

① 어리석음 ② 게으름
③ 지혜로움 ④ 고지식함

07. 다음 (가) ~ (마)를 문맥에 따라 순서대로 배열한 것은?

미세플라스틱은 독성 화학물질을 해수로 방출하고 바다 속 화학물질을 표면으로 흡착하여 해양생물에 독성을 유발할 수 있다.

(가) 더불어 인간에게도 각종 암을 비롯하여 생식기 발달의 저하, 성장 지연 등을 유발한다.
(나) 특히 POPs, PBTs 같은 화학물질은 잔류성과 생물축적성이 높은 물질로서 체내에 축적되면 동물의 면역력이 감소하고 생식기능이 약화된다.
(다) 이처럼 미세플라스틱이 인체에 유해한 각종 물질을 전이 · 확산시킬 수 있는 가능성이 많아 이에 대한 다양한 연구가 진행되고 있다.
(라) 인간은 해산물과 소금 등을 섭취하는 생태계 먹이사슬의 최상위 포식자이므로 미세플라스틱에 노출되는 것은 불가피하다.
(마) 실제로 태평양 굴을 미세플라스틱에 노출하는 실험 결과, 난모세포 수 38% 감소, 지름 5% 감소, 정자 속도 23% 감소, 자손들의 성장 18 ~ 41% 감소를 보였다.

① (가)-(라)-(다)-(나)-(마) ② (가)-(마)-(다)-(나)-(라)
③ (나)-(라)-(마)-(가)-(다) ④ (나)-(마)-(가)-(라)-(다)

08. 다음 글에 대한 이해로 적절하지 않은 것은?

최근 과도한 스트레스와 불규칙한 생활패턴, 잘못된 식습관으로 만성피로를 겪는 현대인이 늘고 있다. 일시적인 과로로 발생한 피로가 6개월 이상 지속되거나, 충분히 쉬어도 회복되지 않을 때를 만성피로로 진단한다. 보통 휴식을 취하면 만성피로가 나아질 것이라고 생각하지만, 만성피로를 개선하지 않고 내버려두면 집중력이 감소하고 근육통, 두통 등이 나타난다. 면역력이 떨어져 감염병에도 취약해질 수 있는 만큼 주의가 필요하다.

◇ 건강관리 힘든 일상, 활성비타민 인기

만성피로를 개선하려면 규칙적인 운동과 영양소가 골고루 함유된 식단이 기본이다. 하지만 일상이 바쁘고 불규칙하게 살아야 하는 현대인에게는 어려운 이야기다. 대신 하루 한 알로 피로회복에 도움이 되는 성분을 간편하게 먹을 수 있는 고함량 활성비타민이 인기를 끌고 있다.

비타민 B군으로 대표되는 활성비타민은 육체 피로부터 어깨 결림, 눈 피로 등의 증상 완화에 효과가 있다. 스트레스 완화, 면역력 강화, 뇌신경 기능 유지, 피부와 모발 건강 등에도 도움을 준다고 알려졌다.

활성비타민의 효과가 알려지며 관련 시장은 매년 30% 이상 폭발적으로 성장해 다양한 제품들이 출시되고 있다. 전문가들은 비타민 제품을 고를 때 자신에게 필요한 성분인지, 함량이 충분한지, 활성형 비타민이 맞는지 등을 충분히 살펴본 다음 선택하라고 권고한다.

① 과로로 인한 피로가 1년 이상 지속된 철수는 만성피로로 진단될 수 있다.

② 피로는 면역력을 감퇴시킬 수 있어 독감과 같은 전염병에 걸리기 쉽게 만든다.

③ 비타민 B군은 스트레스를 경감시키고, 모발 건강에 도움을 줄 수 있다.

④ 시중에 있는 다양한 비타민 제품은 모든 사람에게 동일한 효과를 낸다.

09. 다음 글에 나타난 신경성 매독의 치료법을 개발한 사례를 일컫는 한자성어로 적절한 것은?

> 프랑스의 샤를 8세와 영국의 헨리 8세의 공통점은 매독으로 사망했다는 것이다. 샤를 8세가 이탈리아에 침공했을 당시 프랑스군의 대규모 성범죄로 인해 유럽 전역으로 퍼져나가기 시작한 매독은 한때 인류를 위기에 빠뜨렸던 가장 무서운 질병 중 하나였다.
>
> 매독의 원인은 1905년에서야 독일의 세균학자 샤우딘과 호프만에 의해 매독의 병원균인 스피로헤타가 발견되며 밝혀졌다. 그리고 마침내 1909년에 파울 에를리히에 의해 '마법의 탄환'으로 알려진 살바르산이라는 매독 치료제가 개발됐다.
>
> 매독에 감염된 후 약 15년 후에 발병하는 이상한 질병이 있다. 신경계를 침범한 매독이 뇌를 손상시키게 되면서 운동장애가 일어나거나 판단 및 기억 저하 등의 증상과 함께 마비를 일으키고 마침내는 치매에 빠지는 것이 바로 그 질병이다. 진행성 마비 혹은 마비성 치매라고도 불리는 이 정신질환은 뇌매독의 한 종류로서, 전체 매독환자의 약 4 ~ 5%에게서 발병한다. 발병 후 약 3년 만에 죽음에 이르게 될 만큼 치명적이며 마비가 나타나는 주 연령대가 32 ~ 45세 사이의 남성들이라 사회와 가족에 큰 고통을 주었다.
>
> 하지만 오스트리아의 정신의학자인 율리우스 바그너 야우레크는 기발한 발상으로 신경성 매독의 치료법을 개발했다. 매독 병원균인 스피로헤타가 고열에 약하다는 사실에 착안해 환자들을 말라리아에 감염시킨 것이다.

① 이열치열(以熱治熱)　　② 순망치한(脣亡齒寒)

③ 하충의빙(夏蟲疑氷)　　④ 연목구어(緣木求魚)

10. 다음의 (가), (나)를 읽고 도출할 수 있는 결론으로 적절한 것은?

> (가) 지난해 정부에서는 정보격차 해소를 위해 저소득층 가정의 아이들에게 컴퓨터 등의 정보통신기기를 보급하였다. 이를 통해 정보의 접근성 및 활용능력이 향상되었고 이는 학업성적의 향상에도 도움이 될 것으로 전망되었다. 그런데 올해 정보통신기기를 지원받은 가정의 아이들의 학업성적을 살펴본 결과, 성적이 오른 아이들은 소수에 불과하고 대부분이 전과 유사한 성적에 머물거나 오히려 하락한 경우도 나타났다.
>
> (나) 정보통신기기의 보급은 아이들로 하여금 다양한 지식을 쉽게 얻을 수 있도록 한다는 점에서 도움이 되지만, 수업에 대한 흥미와 집중력이 낮아지고 공부를 소홀히 하는 행동 등을 유발하여 학업성적이 떨어지는 이유가 되기도 한다. 그런데 정보통신기기로 인한 학업성적의 하락은 저소득층 가정의 아이들에게서 더 큰 폭으로 나타나는데, 이러한 결과는 부모들의 관리에서 비롯된다고 보는 견해가 있다. 대부분 고소득층의 부모들은 자녀의 기기 활용에 대해 관리와 통제를 가하지만, 저소득층의 부모들은 이러한 관리에 대해 소홀한 경향이 있다는 것이다.

① 정보통신기기의 보급은 정보격차 해소에는 도움이 되지만 아이들의 학업수준에는 부정적인 영향을 미친다.

② 아이들의 학업성적에는 정보통신기기의 보급보다 기기에 대한 관리와 통제가 더 중요하게 작용한다.

③ 저소득층 아이들의 학업성적은 정보통신기기의 보급에 따라 영향을 받으므로 적절한 조절을 통해 아이들의 성적향상을 도울 수 있다.

④ 저소득층의 정보통신기기 보급률은 고소득층보다 낮은 수준으로, 이로 인한 정보수준의 격차가 아이들의 학업에 영향을 미친다.

11. 다음 글의 주제로 적절한 것은?

> 경쟁이라는 말은 어원적으로 '함께 추구한다'라는 뜻을 내포한다. 경쟁의 논리가 기술의 진보와 생산성 향상에 크게 기여했음은 부인할 수 없다. 인간의 욕구 수준을 계속 높여 감으로써 새로운 진보와 창조를 가능케 한 것이다. 정치적인 측면에서도 경쟁 심리는 민주주의 발전의 핵심적인 동인(動因)이었다. 정치적 의지를 관철시키려는 이익집단 또는 정당 간의 치열한 경쟁을 통해 민주주의가 뿌리내릴 수 있었기 때문이다.
>
> 그러나 오늘날 경쟁의 의미는 변질되어 통용된다. 경쟁은 더 이상 목적을 달성하기 위한 수단들 가운데 하나가 아니라, 그 자체가 하나의 범세계적인 지배 이데올로기로 자리잡았다. 경쟁 논리가 지배하는 사회에서는 승리자와 패배자가 확연히 구분된다. 경쟁 사회에서는 협상을 통해 갈등을 해소하거나 타협점을 찾을 여지가 없다. 그저 경쟁에서 상대방을 이기면 된다는 간단한 논리가 존재할 뿐이다.

① 경쟁의 어원
② 경쟁의 목적
③ 경쟁의 변모
④ 경쟁의 공정성

12. 다음 글의 밑줄 친 말과 바꿔 쓰기에 적절한 것은?

> 심사 결과의 비공개는 많은 의혹을 <u>불러일으킬</u> 것이므로 이를 불식시키기 위해서라도 심사 결과를 공표해야 한다.

① 상기(想起)할
② 봉기(蜂起)할
③ 야기(惹起)할
④ 분기(奮起)할

13. 구슬을 전부 꿰는 데 A 혼자서는 5시간, B 혼자서는 7시간이 걸린다. 두 명이 함께 구슬을 전부 꿰면 몇 시간이 걸리겠는가?

① 1시간
② 1시간 55분
③ 2시간
④ 2시간 55분

14. 사탕의 판매 가격은 개당 700원, 초콜릿은 개당 1,300원이고 가진 돈은 15,000원이다. 가진 돈을 모두 써서 사탕과 초콜릿을 총 12개 산다고 할 때 초콜릿은 몇 개 구매할 수 있는가?

① 8개
② 9개
③ 10개
④ 11개

15. A는 매달 20만 원을, B는 매달 50만 원을 저축하기로 하였다. 현재 A가 모은 돈은 200만 원이고 B가 모은 돈은 100만 원이라면, B가 모은 돈이 A가 모은 돈의 두 배가 넘는 것은 지금부터 몇 개월 후인가?

① 27개월
② 29개월
③ 31개월
④ 33개월

16. 갑은 중간고사에서 네 과목의 평균이 89.5점이 나왔다. 마지막 영어시험까지 합하여 다섯 과목의 총 평균이 90점 이상 나오려면, 영어는 최소한 몇 점을 받아야 하는가?

① 88점
② 90점
③ 92점
④ 93점

17. 출근 시간이 오전 8시까지인 ○○기업의 A 대리가 8시 정각에 출근할 확률은 $\frac{1}{4}$이고, 지각할 확률은 $\frac{2}{5}$이다. A 대리가 이틀 연속 정해진 시간보다 일찍 출근할 확률은?

① $\frac{49}{400}$
② $\frac{27}{144}$
③ $\frac{13}{200}$
④ $\frac{64}{225}$

18. 다음 글에서 설명하는 지방 영업소 건축 부지의 넓이는?

○○기관은 새로운 지방 영업소를 건축하기 위하여 부지를 알아보고 있으며, 다음과 같은 부채꼴 형태의 부지를 우선순위로 고려하고 있다.

• 반지름 : 30m • 호의 길이 : 20m

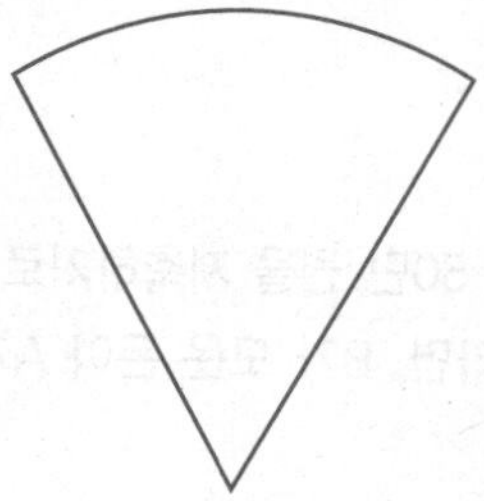

① 260m^2
② 280m^2
③ 300m^2
④ 320m^2

19. 다음 자료에 대한 설명으로 옳지 않은 것은?

〈지역별 월평균 사교육비〉

구분	서울특별시	광역시	중소도시	읍면지역
일반교과	266,000원	186,000원	201,000원	156,000원
예체능 · 취미 · 교양	65,000원	39,000원	44,000원	35,000원
취업 관련	21,000원	19,000원	19,000원	6,000원
대상분포	17.8%	25.6%	41.5%	15.1%

① 서울특별시의 일반교과 월평균 사교육비는 읍면지역의 약 1.7배이다.
② 광역시의 전체 사교육비 중 취업 관련 사교육비가 차지하는 비율은 약 7.8%이다.
③ 대상분포를 고려하지 않은 채 각 지역에서 같은 수의 인원을 뽑아 평균을 구했을 때, 전국의 일반교과 월평균 사교육비는 202,250원이다.
④ 대상분포를 고려한 예체능 · 취미 · 교양 과목의 전국 월평균 사교육비는 44,099원이다.

20. 기호를 〈보기〉와 같이 가정할 때, 주어진 식의 값은?

보기	
A♤B=A+B×2	A♧B=AB+2

3♧(6♤4)

① 41
② 42
③ 43
④ 44

21. A는 12명의 친구들에게 선물할 탁상용 달력과 벽걸이 달력을 인터넷으로 주문했다. 탁상용 달력은 7,500원, 벽걸이 달력은 9,000원이고 총금액은 105,000원이라고 할 때 A가 주문한 벽걸이 달력의 개수는? (단, 배송비는 3,000원이고 달력은 인당 1개씩 선물한다)

① 5개
② 6개
③ 7개
④ 8개

22. 가로 42cm, 세로 60cm인 벽에 남는 부분 없이 정사각형 타일을 붙이고자 한다. 필요한 타일의 최소 개수는?

① 40개
② 50개
③ 60개
④ 70개

[23 ~ 25] 다음은 어떤 유원지의 연령별 · 성별 매출액 비율이다. 이어지는 질문에 답하시오.

(단위 : %, 만 원)

연령 · 성별 \ 유원지		A	B	C	D
성인	남자	19.2	21.3	22.1	13.6
	여자	23.5	26.4	19.8	20.7
학생	남자	17.8	14.2	23.0	11.6
	여자	21.4	19.2	10.3	34.4
소인	남자	(　　)	10.7	20.7	7.2
	여자	12.3	8.2	4.1	12.5
합계		100.0	100.0	100.0	100.0
총매출액		4,026	2,160	3,284	1,819

23. A 유원지의 총매출액에서 소인 남자가 차지하는 비율은?

① 5.4%　② 5.6%
③ 5.8%　④ 6.0%

24. D 유원지에 입장한 여학생의 경우 총매출액의 37%는 고등학생이었다. 이때 총매출액에서 여자 고등학생이 차지하는 비율은? (단, 소수점 아래 둘째 자리에서 반올림한다)

① 11.3%　② 12.7%
③ 14.5%　④ 23.7%

25. C 유원지의 소인 남자 총매출액은 D 유원지의 소인 남자 총매출액의 몇 배인가? (단, 소수점 아래 둘째 자리에서 반올림한다)

① 4.1배　② 4.5배
③ 4.8배　④ 5.2배

[26 ~ 27] 다음은 같은 모양과 크기의 블록을 쌓아 올린 그림이다. 이어지는 질문에 답하시오.

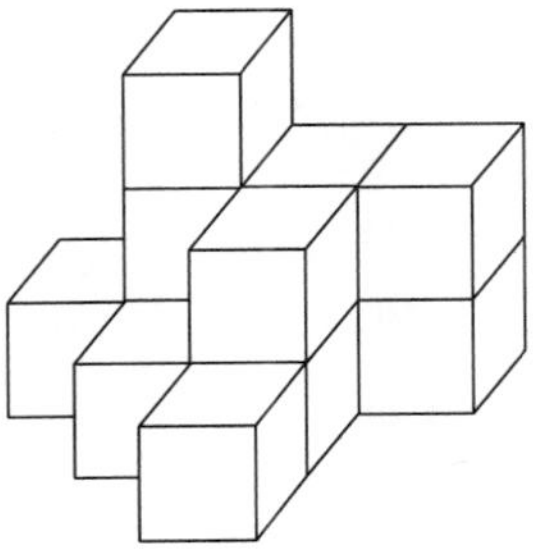

26. 블록은 총 몇 개인가? (단, 뒷면에 보이지 않도록 쌓아 올린 블록은 없다)

① 9개
② 10개
③ 11개
④ 12개

27. 그림에서 세 면이 보이는 블록은 몇 개인가?

① 2개
② 3개
③ 4개
④ 5개

28. 다음 그림의 조각을 순서대로 바르게 배열한 것은?

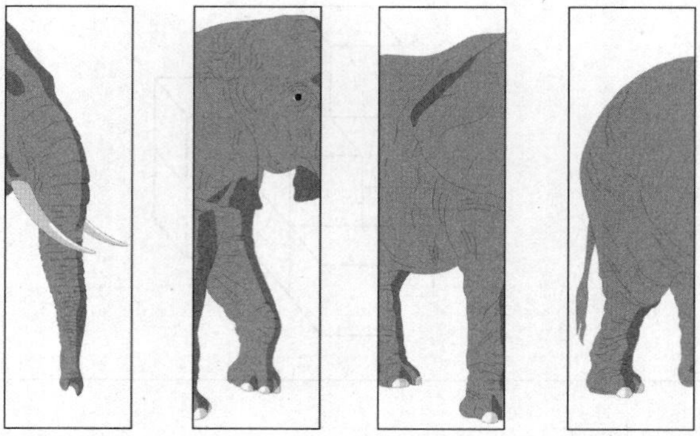

(가) (나) (다) (라)

① (나)－(가)－(라)－(다)
② (나)－(가)－(다)－(라)
③ (라)－(나)－(가)－(다)
④ (라)－(다)－(나)－(가)

29. 다음 도형을 선에 따라 절단하였을 때 나타나는 도형이 아닌 것은?

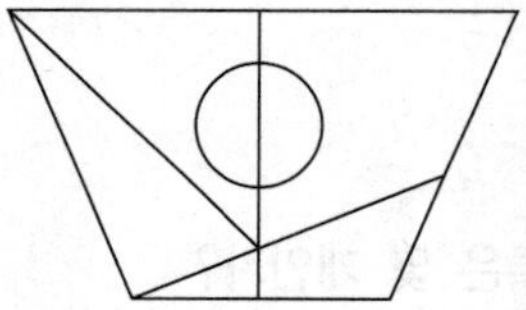

①

②
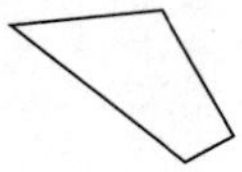

③
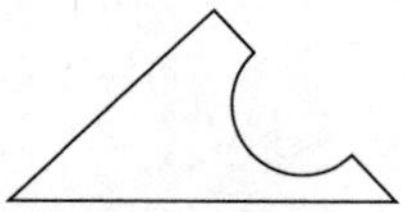

④
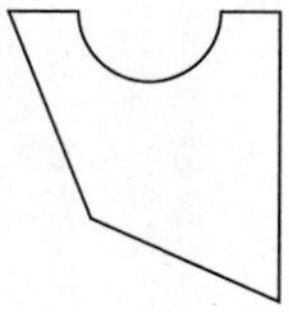

30. 〈보기〉의 왼쪽 전개도를 접어 오른쪽 주사위를 만들었을 때, 윗면 방향에서 바라본 면의 모습으로 옳은 것은?

보기

① 

② 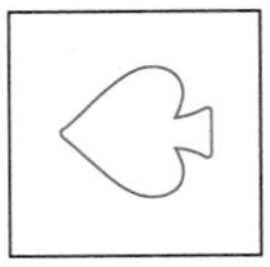

③ 

④ 

31. 다음의 도형과 동일한 것은?

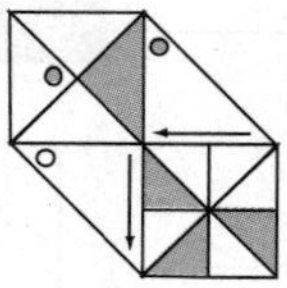

① 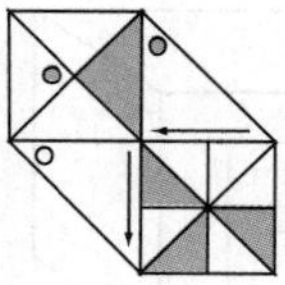

② 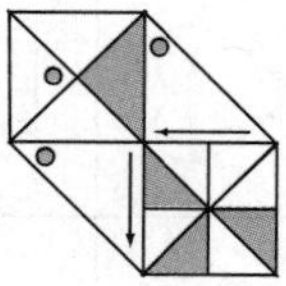

③ 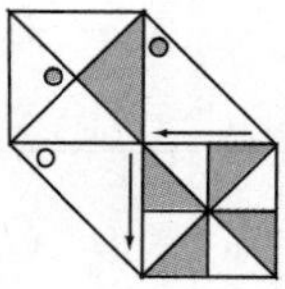

④ 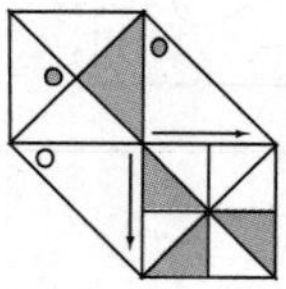

32. 〈보기〉의 입체도형과 동일한 것은?

보기

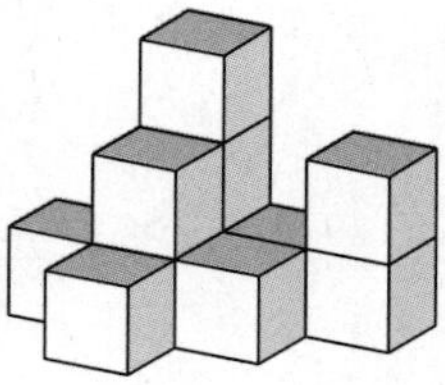

① 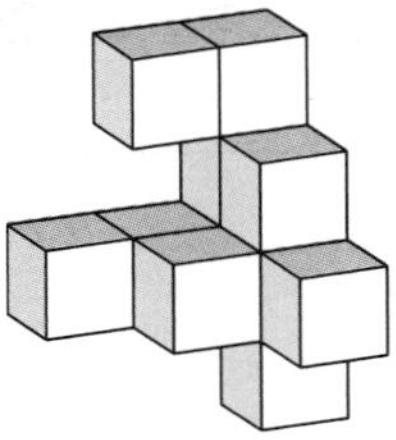

② 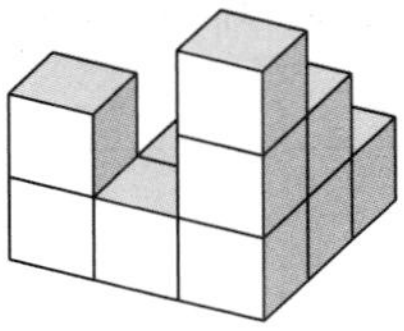

③ 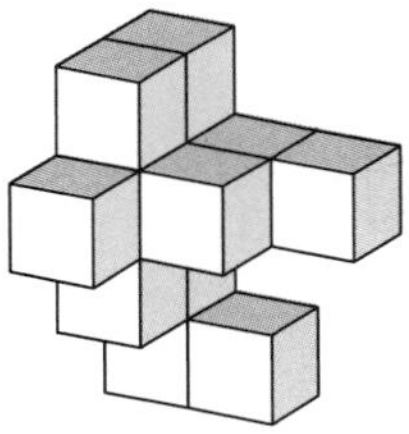

④ 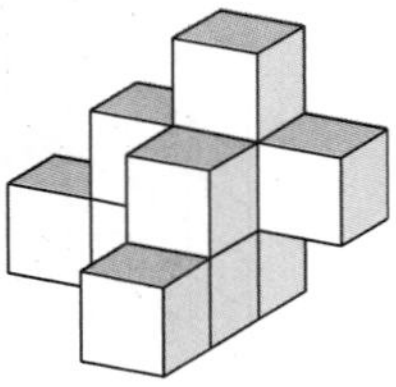

33. 다음과 같이 종이를 접은 다음 색칠된 부분을 자른 후 다시 펼쳤을 때의 모양으로 옳은 것은?

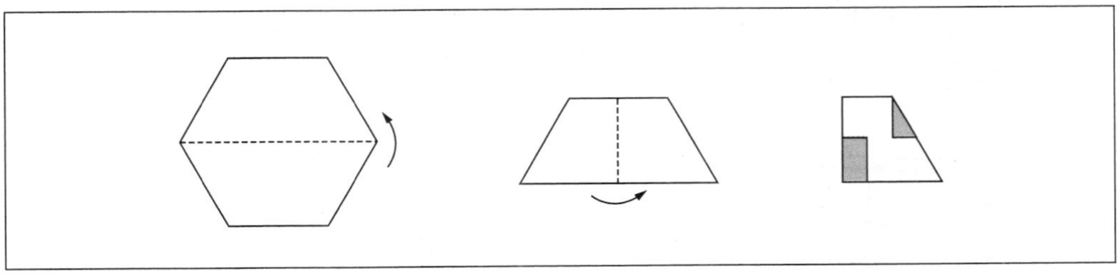

① 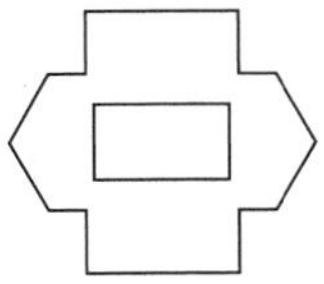

② 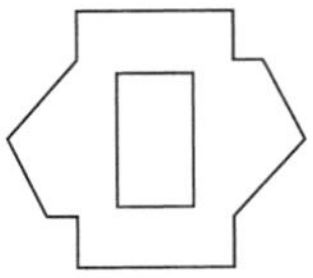

③ 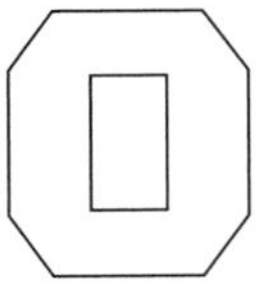

④ 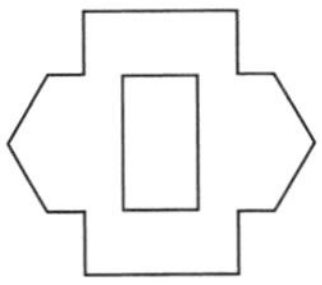

34. 〈보기〉의 3차원 공간에서 세 면에 비친 그림자를 보고 이에 해당하는 도형을 고르면?

보기

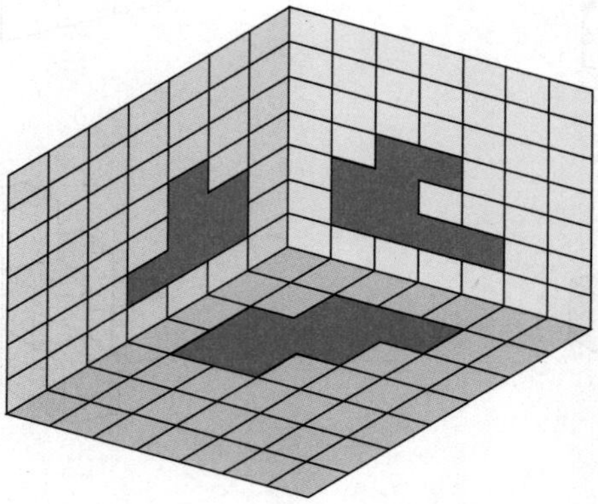

①

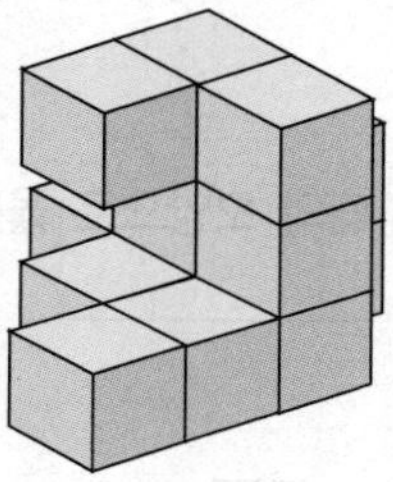

②

③

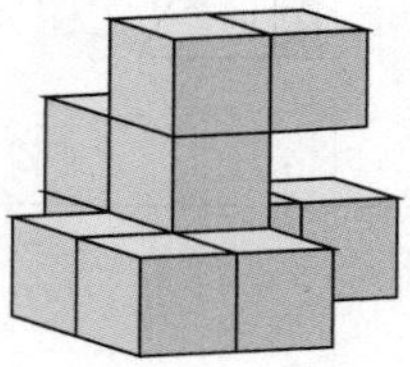

④

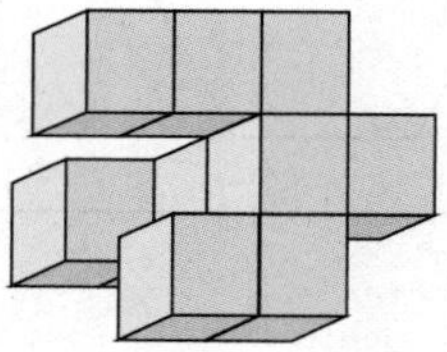

35. 주사위를 다음 전개도와 같이 펼쳤을 때 A에 들어갈 눈의 개수는? (단, 주사위의 마주 보는 면에 그려진 눈의 합은 7이다)

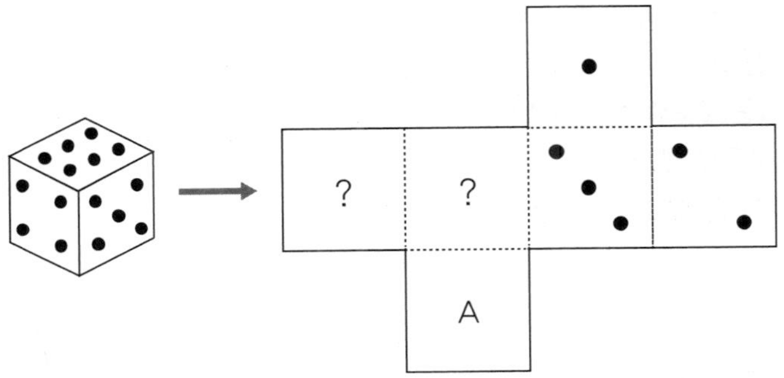

① 3개
② 4개
③ 5개
④ 6개

36. 해진, 예림, 희은, 찬빈, 은희, 영준, 유민은 영어회화, 시사토론, 수영 강의 중 최소 하나 이상을 수강하고 있다. 다음을 참고할 때, 해진이가 수강하고 있는 강의는?

- 영어회화, 시사토론, 수영의 수강인원은 각각 4명, 4명, 3명이다.
- 수영만 수강하는 사람은 없다.
- 세 강의를 모두 수강하는 사람은 없다.
- 은희와 유민은 두 개의 강의를 수강하고 있고 모두 같은 강의를 수강하고 있다.
- 희은, 찬빈은 시사토론 강의를 수강하고 있다.
- 예림과 영준은 두 개의 강의를 수강하고 있으며 그중 하나만 같은 강의이다.
- 은희와 영준은 하나만 같은 강의를 듣고 있다.
- 예림은 영어회화는 듣지 않는다.

① 시사토론
② 영어회화
③ 영어회화, 시사토론
④ 시사토론, 수영

37. 다음은 Z, Y, X, W, V 다섯 명이 자동차 경주를 하고 순위에 대해 나눈 대화이다. 이 중 한 명만 거짓을 말하고 있다고 할 때, 1위부터 순위를 바르게 나열한 것은?

> Z : W는 5등을 했고, Y와 순위 차이가 제일 커.
> Y : Z는 1등도 꼴찌도 하지 않았어.
> X : 나와 Y는 2순위 차이가 나.
> W : 나는 4등을 했어.
> V : 나는 2등을 했고, X와 연이은 순위에 있어.

① Y－V－X－Z－W
② Y－V－X－W－Z
③ V－W－Z－Y－X
④ V－Y－X－Z－W

38. □□기업은 최근 감사를 진행하던 중에 직원이 부정청탁을 받은 정황을 포착하였다. 이에 관련된 직원 4명을 불러 조사한 결과 다음과 같은 사실을 알 수 있었다. 반드시 부정청탁을 받은 사람은?

> • 해미는 부정청탁을 받은 사실이 없다.
> • 유결이 부정청탁을 받았다면 다른 한 명도 부정청탁을 받았다.
> • 문영이 부정청탁을 받았다면 다른 두 명도 부정청탁을 받았다.
> • 해미, 유결, 문영, 기현 중 최소 한 명은 부정청탁을 받았다.

① 해미
② 유결
③ 문영
④ 기현

39. 다음 명제가 모두 참일 때, 〈결론〉에 대한 설명으로 항상 옳은 것은?

- 빨간색을 좋아하는 사람은 사소한 일에 얽매이지 않는다.
- 분홍색을 좋아하는 사람은 애정과 동정심이 많다.
- 내성적이지 않은 사람은 파란색을 좋아하지 않는다.
- 내성적인 사람은 사소한 일에 얽매인다.
- 애정과 동정심이 많은 사람은 박애주의자이다.

결론

(가) 파란색을 좋아하는 사람은 빨간색을 좋아하지 않는다.
(나) 분홍색을 좋아하지 않는 사람은 박애주의자가 아니다.

① (가)만 항상 옳다.
② (나)만 항상 옳다.
③ (가), (나) 모두 항상 옳다.
④ (가), (나) 모두 항상 그르다.

40. 다음 〈조건〉이 성립할 때, 반드시 참인 것은?

조건

- 에어로빅 강좌를 신청하지 않은 사람들은 모두 요리 강좌를 신청하지 않았다.
- 영화감상 강좌를 신청하지 않은 사람들은 모두 에어로빅 강좌를 신청하지 않았다.
- 우쿨렐레 강좌 신청자 중 일부는 요리 강좌를 신청하였다.

① 에어로빅 강좌를 신청한 사람들은 모두 요리 강좌를 신청하였다.
② 우쿨렐레 강좌 신청자 중 일부는 영화감상 강좌를 신청하였다.
③ 에어로빅 강좌를 신청한 사람들은 모두 우쿨렐레 강좌를 신청하지 않았다.
④ 요리 강좌를 신청하지 않은 사람들 중 일부는 에어로빅 강좌를 신청하였다.

41. A, B, C, D 팀원들은 각자 순서대로 ㉠, ㉡, ㉢, ㉣ 네 실험을 진행하였다. 실험 결과 ㉠ ~ ㉣ 중 단 한 실험에서만 오류가 발견되었다. 다음 대화에서 한 명은 거짓을, 세 명은 진실만을 말하였을 때, 거짓을 말한 사람과 오류가 발견된 실험을 차례대로 나열한 것은?

> • A : 실험 ㉢에서 오류가 있었습니다.
> • B : 제가 진행한 실험에서는 오류가 없었습니다.
> • C : 실험 ㉡에는 오류가 없었습니다.
> • D : 실험 ㉣에는 오류가 없었습니다.

	거짓을 말한 사람	오류가 발견된 실험
①	A	㉠
②	A	㉡
③	C	㉡
④	D	㉠

42. 다음 글에서 나타나는 논리적 오류와 같은 형태의 오류를 범하고 있는 것은?

> 명당자리를 골라 부모님 산소를 옮겼더니, 그렇게 출마해도 안 되던 김○○씨가 이번에는 국회의원이 되었대. 국회의원이 되려면 역시 부모님 산소를 명당자리로 옮겨야 돼!

① 옆 학교에서 학생 한 명이 눈병이 났는데 친구들끼리 모여서 일부러 눈병 걸린 학생이 자신의 눈을 만진 손으로 친구들 눈을 만지게 했대. 그 학교 애들은 공부하기가 싫은가 봐.

② 일본 애니메이션이나 영화는 제2차 세계대전을 일으킨 일본에서 만들어졌기 때문에 그것을 보아서는 안 되며, 독일 제품은 나치의 후손들이 만들었기 때문에 불매운동을 해야 해!

③ 저 사람은 어른들을 만나도 인사를 제대로 하지 않기 때문에 그 사람이 하는 말은 믿을 수가 없을 뿐만 아니라 상종을 해서는 안 되는 사람이야!

④ 서울의 한 PC방에 관찰 카메라를 설치한 뒤 게임이 한창 진행 중인 학생들의 컴퓨터의 전원을 순간적으로 껐더니 게임을 하던 학생들이 모두 폭력적으로 변했어. 역시 게임은 폭력성을 유발하는구나!

43. 다음 조건을 참고하여 도출할 수 있는 비밀번호는?

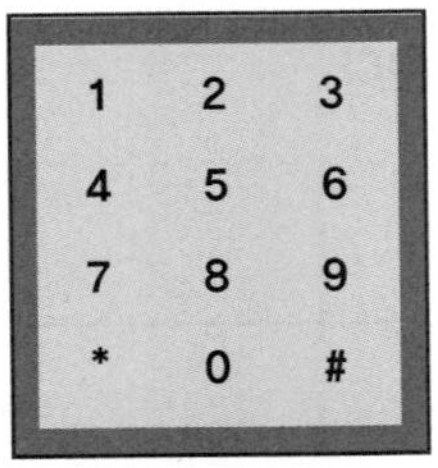

- 비밀번호는 중복되지 않는 네 개의 숫자로 이루어져 있다.
- 비밀번호 중 세 개의 숫자는 키패드의 가로 일직선상에 위치한다.
- 키패드의 일직선상에 위치하는 세 개의 수를 더하면 남은 한 개의 수가 된다.
- 홀수 번째 자리에는 짝수, 짝수 번째 자리에는 홀수가 위치한다.
- 첫 번째, 두 번째 자리의 수를 더하면 네 번째 자리의 숫자가 된다.

① 3216 ② 6123
③ 2163 ④ 2136

44. 〈보기〉의 내용을 통해 바르게 추론한 것은?

보기

- 키가 170cm인 가영이는 나영이보다 키가 크다.
- 다영이는 나영이보다 키가 작다.
- 라영이의 키는 155cm로 마영이보다 키가 크다.

① 나영이의 키가 두 번째로 크다.
② 마영이는 다영이보다 키가 작다.
③ 가영이는 마영이보다 키가 크다.
④ 라영이는 나영이보다 키가 크다.

45. 다음 〈명제〉가 모두 참일 때 옳지 않은 것은?

> **명제**
> • 김 대리가 빨리 오면 박 차장이 늦게 오거나 황 주임이 늦게 온다.
> • 박 차장이 늦게 오면 김 대리는 빨리 온다.
> • 황 주임이 늦게 오면 박 차장도 늦게 온다.

① 김 대리가 늦게 오면 박 차장은 빨리 온다.
② 황 주임이 빨리 오면 박 차장도 빨리 온다.
③ 박 차장이 빨리 오면 김 대리는 늦게 온다.
④ 황 주임이 늦게 오면 김 대리는 빨리 온다.

46. 다음 사례에서 친구가 A에게 제시할 대처 방안으로 적절하지 않은 것은?

> 전역을 한 지 얼마 되지 않아 취업을 하게 된 A는 그 기쁨도 잠시, 직장 스트레스에 시달리고 있다. 사수인 D로부터 원하지 않는 신체적 접촉과 음란한 농담을 하루도 빠짐없이 겪고 있기 때문이다. D는 A의 몸이 좋다며 가슴, 엉덩이와 같은 부위를 툭 치고 찌르는 행위를 반복적으로 했으며, A의 외모에 대한 성적인 발언도 수시로 일삼았다. 군 복무를 할 때에도 동성끼리의 신체적 접촉, 성적인 농담을 접하였던 A는 동성 간에도 성희롱이 일어날 수 있다는 사실을 충분히 인지하지 못했다. 그래서 입사 초기부터 지금까지 반년을 넘게 참아 왔지만, 상황이 나아지지 않자 고민이 깊어졌다. 업무에 집중을 할 수 없는 상태에까지 이르게 된 A는 앞으로 이를 어떻게 헤쳐 나가야 할지 비슷한 경험이 있었던 친구에게 물어보기로 했다.

① 신뢰할 수 있는 선임 직원에게 도움을 요청해 봐.
② 직접적으로 당사자에게 거부 의사를 밝히고 중지하라고 항의해야 해.
③ 직장 내부의 고충 처리 상담 부서는 도움이 되지 않아.
④ 성희롱에 대한 증거 자료를 수집해서 공식적으로 처리할 수 있도록 준비하는 게 좋아.

47. 다음은 직장 내에서의 갈등에 대해 소개하는 글이다. 직장 내 갈등을 대하는 바람직한 직원의 태도로 적절하지 않은 것은?

> 모든 사람은 직장에서 승진, 급여, 공감 부족, 개인적인 차이 등 여러 가지 이유로 갈등을 겪을 수 있다. 그러므로 갈등 때문에 굳이 이직을 할 필요도 없다. 우선 갈등을 겪으면 성숙한 태도로 상황에 접근해서 문제를 해결할 방법을 찾는 데에 집중해야 한다. 적극적으로 문제를 해결하고 직장 내 문제를 개인적인 문제로 만들지 않을 필요가 있다. 그리고 할 말은 하되 상대방이 이야기하는 것에 경청해야 하고 질문을 하면서 자신이 알고 모르는 것을 확실히 해야 한다. 마지막으로 해결책을 내놓고 그것에 따라야 한다.

① 상대방의 입장을 먼저 들어보고 더 할 말은 없는지 되묻는다.
② 상대가 먼저 갈등을 해결해 주길 기다리지 않고 먼저 나선다.
③ 아무 일도 없었다는 듯이 자연스럽게 넘어가는 지혜를 발휘한다.
④ 갈등의 유발자를 찾는 데 집중하지 않고 그 문제의 궁극적인 원인에 집중한다.

48. A 기업 황 대리는 B 기업의 박 대리에게 서류를 전달하려고 한다. 다음 도로망을 참고할 때, A 기업에서 B 기업으로 가는 가장 빠른 방법은 몇 가지인가? (단, 도로망은 직사각형 구조로 되어 있으며 신호등은 없다고 가정한다)

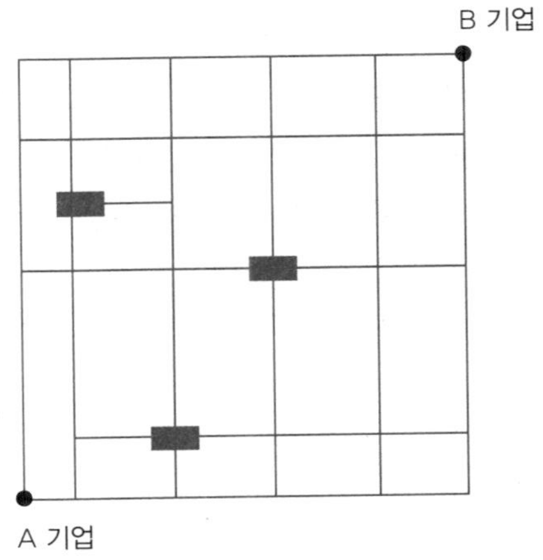

※ ■는 공사 중인 지역으로 차량진입이 통제된다.

① 21가지
② 22가지
③ 23가지
④ 24가지

49. 다음 중 우대용 교통카드 적용 대상자에 대해 잘못 이해하고 있는 사람은?

• 우대용 교통카드 : 수도권 도시철도 무임승차 대상자(만 65세 이상 경로우대자, 장애인, 유공자)가 이용하는 반영구적 교통카드

〈우대용 교통카드 적용 대상자〉

구분	적용 대상자
경로자	[적용대상] : 「노인복지법」 제26조에 정한 노인(만 65세 이상 어르신) [카드발급] : 동주민센터(단순무임), ○○은행(신용/체크카드)
장애인	[적용대상] : 「장애인복지법」 제2조에 정한 장애인(지체/청각/언어/정신지체 장애 등으로 신분확인 가능한 증명서를 발급받은 사람), 장애등급 1 ~ 3급의 동승보호자 1인 [카드발급] : 동주민센터(단순무임/신용/체크카드)
유공자	[적용대상] -「독립유공자 예우에 관한 법률시행령」 제14조, 「국가유공자 등 예우 및 지원에 관한 법률시행령」 제85조 제1항 및 「5 · 18 민주유공자 예우에 관한 법률시행령」 제52조 제2항에 정한 사람 - 독립유공자, 전상군경, 공상군경, 4 · 19혁명 부상자, 공상공무원, 6 · 18자유상이자, 특별공로상이자로서 1 ~ 7급까지 해당자 및 상이등급 1급의 동승보호자 - 5 · 18 민주화 운동 부상자로서 1 ~ 14급까지 해당자 및 장애등급 1급의 동승보호자 1인 [카드발급] : 관할 보훈지청(신용/체크카드)

① 갑 : 「노인복지법」 규정에 따라 만 66세 이상인 할아버지는 대상이 되는 것 같아.

② 을 : 장애등급 1급인 사촌동생의 보호자인 숙모는 대상자가 아닌 것 같아.

③ 병 : 「독립유공자 예우에 관한 법률시행령」에서 정하고 있는 독립유공자인 큰 아버지는 대상자가 될 수 있을 것 같아.

④ 정 : 「장애인복지법」에서 지체장애인으로 신분확인 가능한 증명서를 발급받은 외사촌은 대상자가 될 것 같은데.

50. K 기업은 직원 휴게실에 전자피아노 3대를 배치하기로 하였다. 다음 〈대화〉에 따라 조건에 적합한 모델은 무엇인가?

〈전자피아노 모델〉

모델명	센서	동시발음수	음색수	블루투스	건반	가격(원)
CB－340	2	128	120	○	목건반	450,000
ZL－810	2	256	250	○	플라스틱	1,200,000
SS－110	1	64	60	○	플라스틱	350,000
AE－400	1	88	98	×	목건반	550,000

대화

김 사원 : 전자피아노를 3대 구입하고 싶습니다.

상담원 : 피아노를 연주하는 사람은 누구인가요?

김 사원 : 회사 휴게실에 전자피아노를 설치하려고 합니다. 회사 직원들이기 때문에 능숙한 사람들은 적습니다.

상담원 : 보통 전공자들은 동시발음수와 음색수를 중요하게 여기는데, 숫자가 높을수록 좋은 음질을 가지고 있습니다. 전공자들이 아니라면 100 이하의 동시발음수와 음색수면 충분합니다. 가격은 어느 정도로 생각하시고 계신가요?

김 사원 : 총구매액 300만 원 이하로 구매하길 원합니다. 또 블루투스로 연결할 수 있는 피아노였으면 좋겠군요. 센서의 차이는 무엇인가요?

상담원 : 센서는 한 건반을 연달아 칠 때 반응하는 속도를 뜻합니다. 3센서가 가장 좋지만 비전공자에게는 크게 상관이 없습니다. 건반 종류도 비전공자에게는 큰 차이가 없기 때문에 플라스틱 건반으로 구매하시는 것이 효율적입니다.

김 사원 : 알겠습니다. 비전공자들에게 적합한 모델로 구매하는 것이 좋겠네요.

① CB－340
② ZL－810
③ SS－110
④ AE－400

9회 기출예상문제

시험시간	50 분
문항수	50 문항

▶ 정답과 해설 76쪽

01. 다음의 ㉠ ~ ㉣ 중 그 쓰임이 적절한 것은?

> "내가 집이 가난해서 말이 없으므로 혹 빌려서 타는데, ㉠ 여의고 둔하여 걸음이 느린 말이면 비록 급한 일이 있어도 감히 채찍질을 가하지 못하고 조심조심하여 곧 ㉡ 넘어질 것가치 여기다가, 개울이나 구렁을 만나면 내려서 걸어가므로 후회하는 일이 적었다. 발이 높고 귀가 날카로운 ㉢ 준마로써 잘 달리는 말에 올라타면 의기양양하게 마음대로 채찍질하여 고삐를 놓으면 언덕과 골짜기가 평지처럼 보이니 심히 ㉣ 장쾌하였다. 그러나 어떤 때에는 위태로워서 떨어지는 근심을 면치 못하였다. … "

① ㉠
② ㉡
③ ㉢
④ ㉣

02. 다음 중 절약을 이야기하는 속담이 아닌 것은?

① 단단한 땅에 물이 괸다.
② 열의 한 술 밥
③ 소같이 벌어서 쥐같이 먹어라.
④ 강물도 쓰면 준다.

03. 다음 단어 관계에 근거할 때 빈칸에 들어갈 단어는?

> '계산기－계산'의 관계는 '피아노－(　　)'의 관계와 같다.

① 건반
② 악기
③ 음악
④ 연주

04. 다음 문장을 띄어쓰기에 맞춰 수정 표시했을 때, 잘못 표시한 것은?

① 이아이는착하디착한나의동생이야.→ 이∨아이는∨착하디∨착한∨나의∨동생이야.

② 수학은하면할수록더어려워지는것같아.→ 수학은∨하면∨할수록∨더∨어려워지는∨것∨같아.

③ 세영은학원에다닌지사흘만에그만두었다.→ 세영은∨학원에∨다닌∨지∨사흘∨만에∨그만두었다.

④ 나도나대로무척이나힘든날들을보냈다.→ 나도∨나대로∨무척이나∨힘든∨날들을∨보냈다.

05. 다음 밑줄 친 단어와 문맥적으로 바꾸어 쓸 수 없는 단어는?

> 부장 검사는 사건을 신임 검사에게 맡겼다.

① 일임하다 ② 내맡기다

③ 기탁하다 ④ 주선하다

06. 다음 밑줄 친 사람을 지칭하는 말로 적절한 것은?

> 이번 여름휴가에는 고성에 계신 큰할아버지 댁에 가기로 했다. 마당에 귀여운 강아지들도 있고 아는 사람만 찾아갈 수 있는 바다도 근처에 있기 때문이다.

① 백종조 ② 종조

③ 고조부 ④ 가친

인성검사 1회 기출예상 2회 기출예상 3회 기출예상 4회 기출예상 5회 기출예상 6회 기출예상 7회 기출예상 8회 기출예상 9회 기출예상 인성검사 면접가이드

[07 ~ 08] 다음 글을 읽고 이어지는 질문에 답하시오.

㉠ 상품은 그것을 만들어 낸 생산자의 분신이지만, 시장 안에서는 상품이 곧 독자적인 인격체가 된다. 사람이 주체가 아니라 상품이 주체가 되는 것이다. 상품 생산자, 즉 판매자는 ㉡ 화폐를 얻기 위해 자신의 상품을 시장에 내놓는다. 이렇게 내놓아진 상품이 시장에서 다른 상품이나 화폐와 관계를 맺게 되면 그 상품은 주인에게 복종하기를 멈추고 자립적인 삶을 살아가게 된다.

또한, 사람들이 상품을 생산하여 교환하는 과정에서 시장의 경제 법칙을 만들어 냈지만 이제 거꾸로 상품들은 인간의 손을 떠나 시장 법칙에 따라 교환된다. 이런 시장 법칙의 지배 아래에서는 사람과 사람 간의 관계가 상품과 상품, 상품과 화폐 등 사물과 사물 간의 관계에 가려 보이지 않게 된다.

이처럼 상품이나 시장 법칙은 인간에 의해 산출된 것이지만, 거꾸로 상품이나 시장 법칙이 인간을 지배하게 된다. 이때 인간 및 인간들 간의 관계가 소외되는 현상이 나타난다.

07. 윗글의 중심내용으로 적절한 것은?

① 시장경제는 사람이 관여하지 않을 때 가장 이상적이다.
② 상품과 시장 법칙 중심의 경제가 사람을 소외시킨다.
③ 시장 경제 법칙이 실제 시장에 잘 적용되지 않고 있다.
④ 사람 간 관계 중심의 시장 정책 마련이 필요하다.

08. 다음 중 윗글의 ㉠과 ㉡의 관계와 같은 것은?

① 잡채 : 당면　　② 남자 : 여자
③ 축구 : 공　　④ 운동 : 건강

09. 다음 글의 내용과 일치하지 않는 것은?

구매력 평가를 기준으로 우리나라 1인당 국내총생산(GDP)은 3만 달러를 넘었다. 이는 소비자가 여가와 건강, 취미 및 자기 계발에 소비를 늘리는 생활 방식으로 진입했음을 의미한다. 이와 더불어 미국 중심으로 떠오른 '욜로(YOLO) 라이프'가 우리나라에서도 굵직한 소비 경향으로 자리 잡고 있다. 2016년 초, 당시 오바마 미국 대통령이 오바마케어 홍보 영상에서 언급해 알려지기 시작한 욜로는 'You only live once'를 줄인 말이다. 욜로는 한 번뿐인 인생을 후회 없이 즐기며 사랑하자는 의미로, 현재의 삶이 행복해야 미래의 삶도 행복하다는 철학을 바탕으로 오늘의 일상을 즐겁게 만들자는 움직임이다. 따라서 욜로 라이프는 단순히 내일은 준비하지 않고 현재의 충동적 욕망에만 충실하자는 의미와는 거리가 있다.

이러한 욜로 라이프는 즉흥적이며 일회성의 일상이 아닌 '지금 현재의 삶'을 아름답게 즐기자는 경향이 반영돼 있다. 예컨대 자기 소유의 집이 아닌 전세나 월세로 산다 할지라도 벽지나 조명, 가구나 인테리어 소품 등을 자신의 취향에 따라 아름답게 꾸미려는 소비 현상이 증가한 것을 대표적인 욜로 현상의 예로 들 수 있다.

욜로 라이프 현상은 여행업계에서 한층 뚜렷하게 나타난다. 여행사를 통해 널리 알려진 곳 위주로 관광하는 단순한 여행 패턴을 넘어, 남들이 가 보지 않은 지역을 찾아 즐거움과 환희를 느끼는 관광객이 계속 늘고 있다. 한 소셜커머스에서 2016년에 판매한 여행상품 자료에 따르면, 세계 최대 산호 군락지인 호주의 그레이트 배리어 리프 여행객과 겨울철 극지방 도깨비불로 불리는 오로라 여행객이 예년보다 많이 증가한 것으로 나타났다.

과거 우리 부모 세대는 미래를 위해 한 푼이라도 아껴 저축하기를 강조하였지만, 욜로 라이프를 추구하는 욜로족은 지금 현재의 나에게 초점을 맞춘다. 이는 지속적인 경기 불황 및 청년 구직난의 어두운 그늘에서 벗어나려는 젊은 층의 심리가 반영된 것이라는 분석도 있다. 또한 타인이 아닌 나 자신을 위한 투자가 과소비나 과시형 소비를 부를 수 있다는 지적도 있다. 그러나 현재 여러 산업 분야에서 소비 시장이 계속 위축되고 있으므로, 이러한 소비 트렌드와 심리를 반영하여 삶의 다양한 가치를 채울 수 있는 상품의 개발은 소비를 유도할 수 있으며, 이렇게 개발된 차별화된 서비스 개발도 점차 늘어날 것으로 전망된다.

① 욜로 라이프는 2016년 초 미국에서 소개된 후 우리나라 소비에도 영향을 미쳤다.

② 욜로족은 현재의 즐거움을 추구하는 동시에 미래를 위한 투자에도 중점을 둔다.

③ 유명 관광지 중심인 패키지여행보다 개성을 살린 개별 여행이 증가한 것도 욜로족의 영향이라 볼 수 있다.

④ 한 번뿐인 인생을 즐겁게 살자는 경향이 반영된 서비스 상품 개발이 앞으로 계속 늘어날 것이다.

10. 다음 빈칸에 들어갈 접속 부사로 적절한 것은?

> 최근 대표적인 게임 캐릭터인 '○○'와 '△△'를 합친 캐릭터 '△○'의 디자인 등록 결정에 대한 논란이 일고 있다. ○○ 제작사의 변호사 A는 "인기 캐릭터를 살짝 변형한 디자인만으로 디자인 등록이 가능하다면 향후 유사한 불법 복제가 발생할 경우 더 막기 어려워진다."라고 주장하였다. (　　　) △○ 제작사의 변호사 B는 "△○는 신규성과 창작성 등 디자인 등록 요건을 충족하였으므로 ○○ 제작사의 주장은 옳지 않다."라는 입장을 밝혔다.

① 그리고　　② 또한
③ 이처럼　　④ 반면

11. 다음 글을 읽고 (가) ~ (라) 중 〈보기〉의 문장이 들어갈 알맞은 곳을 고르면?

> 언어결정론자들은 우리의 생각과 판단이 언어를 반영하고 있고 실제로 언어에 의해 결정된다고 주장한다. 언어결정론자들의 주장에 따르면 에스키모인들은 눈에 관한 다양한 언어 표현들을 갖고 있어서 눈이 올 때 우리가 미처 파악하지 못한 미묘한 차이점들을 찾아낼 수 있다. (가) 또, 언어결정론자들은 '노랗다', '샛노랗다', '누르스름하다' 등 노랑에 대한 다양한 우리말 표현들이 있어서 노란색들의 미묘한 차이가 구분되고 그 덕분에 색에 관한 우리의 인지 능력이 다른 언어 사용자들보다 뛰어나다고 본다. (나) 이렇듯 언어결정론자들은 사용하는 언어에 의해서 우리의 사고 능력이 결정된다고 말한다. 정말 그럴까? 모든 색은 명도와 채도에 따라 구성된 스펙트럼 속에 놓이고, 각각의 색은 여러 언어로 표현될 수 있다. (다) 이러한 사실에 비추어보면 우리말이 다른 언어에 비해 더 풍부한 색 표현을 갖고 있다고 볼 수 없다. (라) 따라서 우리의 생각과 판단은 언어가 아닌 경험에 의해 결정된다고 보는 것이 옳다. 언어결정론자들의 주장과 달리, 언어적 표현은 다양한 경험에서 비롯된 것이라고 보는 것이 옳다.

보기

> 나아가, 더 풍부한 표현을 가진 언어를 사용함에도 불구하고 인지 능력이 뛰어나지 못한 경우도 발견할 수 있다.

① (가)　　② (나)
③ (다)　　④ (라)

12. 다음 중 밑줄 친 부분의 의미가 〈보기〉와 가장 유사한 것은?

> **보기**
>
> 이봐 최 대리, 이 자료를 영업 1팀과 영업 2팀에 해당하는 것으로 좀 나눠 주겠나?

① 사과가 한 개 남았으니 너희 둘이 사이좋게 나눠 먹어라.

② 우리는 저녁에 술을 한잔 나누면서 재미있는 이야기꽃을 피웠다.

③ 3시간 동안 의견을 나누었으나 결국 합의점에 도달하지 못하였다.

④ 우리는 고향이 서울인 사람과 서울 외 지역인 사람들로 나누어 줄다리기를 하였다.

13. A 사원은 다음과 같이 사무용품을 구입하였다. 형광펜 한 개의 가격은 얼마인가?

- 가위 3개, 메모지 5개, 형광펜 2개를 구입하고 25,000원을 지불하였다.
- 가위 5개, 메모지 1개, 형광펜 3개를 구입하고 23,000원을 지불하였다.
- 가위 6개, 메모지 2개, 형광펜 1개를 구입하고 27,000원을 지불하였다.

① 1,000원　　② 2,500원

③ 3,500원　　④ 4,000원

14. 새로운 프로젝트에 사원 A, B, C를 투입해 진행하려고 한다. A와 B가 투입되면 5일이 걸리고, B와 C가 투입되면 10일이 걸리며, A와 C가 투입되면 8일이 걸린다. C 사원이 혼자 프로젝트를 진행한다면 프로젝트를 끝내는 데 최소 며칠이 걸리겠는가?

① 40일　　② 60일

③ 70일　　④ 80일

15. ○○사의 올해 채용인원이 작년보다 19% 감소한 162명일 때, 작년 채용인원은 몇 명인가?

① 186명
② 192명
③ 200명
④ 214명

16. 철수가 시속 6km로 운동장을 달리고 있다. 30분 동안 같은 속력으로 달리기를 했다면 철수가 이동한 거리는 얼마인가?

① 2.8km
② 3km
③ 3.5km
④ 3.8km

17. 물 225g에 소금 75g을 넣고 완전히 녹일 때, 이 소금물의 농도는 몇 %인가?

① 5%
② 15%
③ 25%
④ 35%

18. 채린이와 삼촌은 18살 차이가 나고, 4년 후에는 삼촌의 나이가 채린이 나이의 2배가 된다. 채린이의 현재 나이는 몇 세인가?

① 14세
② 16세
③ 18세
④ 20세

19. 다음은 소비자 피해 구제 접수 현황에 대한 자료이다. 이를 바탕으로 20X8년 각 유형별 소비자 피해 구제 접수 비율을 그래프로 바르게 나타낸 것은? (단, 소수점 아래 둘째 자리에서 반올림한다)

(단위 : 건)

구분	20X2년	20X3년	20X4년	20X5년	20X6년	20X7년	20X8년
방문 · 전화 권유 판매	111	184	181	220	144	115	91
다단계 판매	180	71	52	29	30	35	51
사업 권유 거래	123	69	40	33	35	24	18
전자상거래	27	61	34	37	45	79	140
기타	11	27	79	200	238	249	207

①

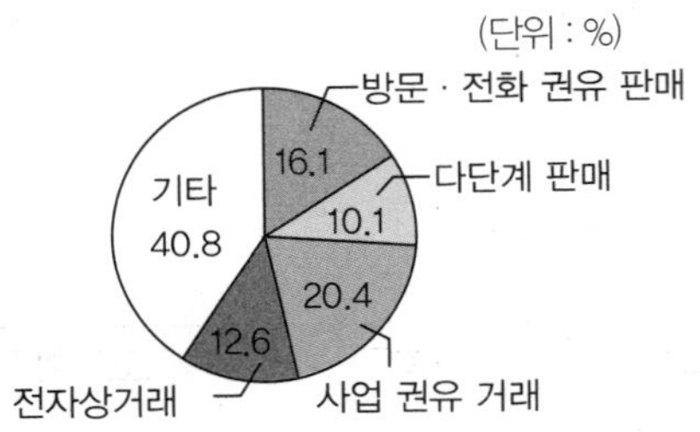

②

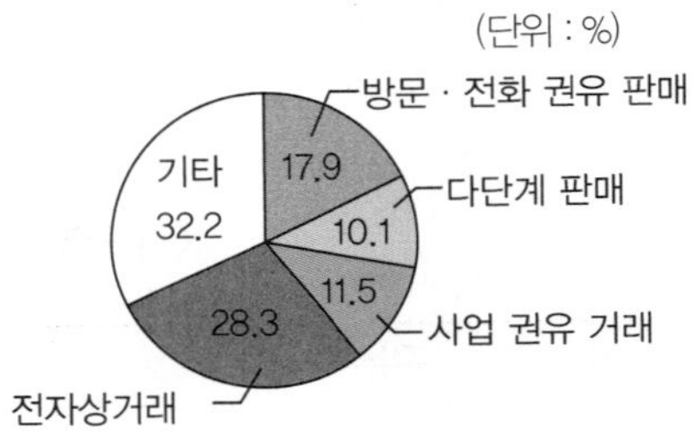

③

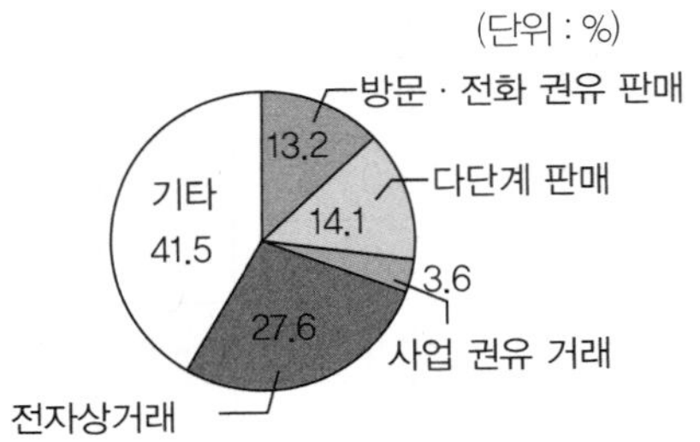

④

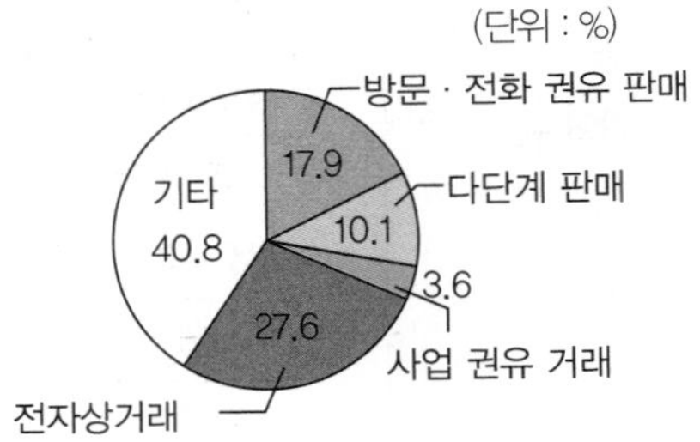

[20 ~ 21] 다음은 우리나라의 연도별 · 시도별 학급당 학생 수에 대한 자료이다. 이어지는 질문에 답하시오.

〈연도별 학급당 학생 수〉

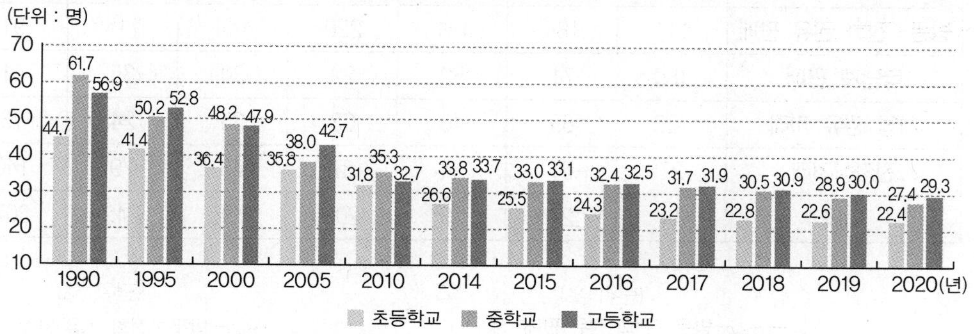

〈시도별 학급당 학생 수(2020년)〉

(단위 : 명)

구분		초등학교	중학교	고등학교
전체		22.4	27.4	29.3
지역규모	대도시	22.9	27.2	29.6
	중소도시	25.0	29.8	30.2
	읍 · 면 지역	17.8	23.0	26.6
	도서 · 벽지	8.8	15.6	22.4
지역	서울	23.4	26.6	29.7
	부산	22.0	26.9	27.4
	대구	22.6	26.4	30.2
	인천	23.0	28.7	28.4
	광주	22.4	27.8	33.0
	대전	21.7	28.6	30.8
	울산	22.8	27.1	30.6
	세종	21.6	22.5	23.3

20. 다음 ㉠~㉣ 중 제시된 자료의 내용과 일치하지 않는 것은?

> 초 · 중등학교의 교육 여건의 개선과 함께 학급당 학생 수는 지속적으로 감소하여 왔다. 초등학교의 경우 1990년 44.7명이었던 학급당 학생 수는 이후 지속적으로 감소하여 2020년에는 22.4명을 나타내고 있다. ㉠ 중학교의 경우, 1990년 61.7명에서 2020년 27.4명을 나타내고 있으며, 고등학교는 1990년 56.9명에서 2020년 29.3명을 나타내고 있다. 학급당 학생 수는 지역별로 다소 차이를 보인다. 지역규모별로는 ㉡ 중소도시의 학급당 학생 수가 다른 지역에 비해 높게 나타난다. 2020년 중소도시의 학급당 학생 수는 초등학교는 25.0명, 중학교는 29.8명, 고등학교는 30.2명으로 대도시가 각각 22.9명, 27.2명, 29.6명을 나타낸 것에 비해 높게 나타난다. 반면, 읍 · 면 지역은 초등학교가 17.8명, 중학교가 23.0명, 고등학교가 26.6명으로 나타났으며, 도서 · 벽지는 각각 8.8명, 15.6명, 22.4명이었다.
>
> 또한, ㉢ 초등학교에서 학급당 학생 수가 가장 많은 지역은 서울이었으며, 고등학교에서는 광주가 33.0명으로 가장 높게 나타났다. 규모가 작은 세종은 초등학교, 중학교, 고등학교 모두에서 가장 적은 학급당 학생 수를 나타낸 반면, ㉣ 울산은 모든 학교급에서 학급당 학생 수가 우리나라 평균보다 높게 나타났다.

① ㉠ ② ㉡

③ ㉢ ④ ㉣

21. 2020년 8개 비교 대상 지역의 초 · 중 · 고등학교 학급당 평균 학생 수를 순서대로 나열한 것은? (단, 소수점 아래 둘째 자리에서 반올림하고, 시도별 학급 수는 동일하다고 가정한다)

	초등학교	중학교	고등학교
①	26.8명	22.4명	23.5명
②	22.4명	26.8명	29.2명
③	23.2명	26.8명	28.5명
④	22.4명	29.2명	27.5명

22. 12명의 학생 가운데 9명의 점수의 총합은 630점이고 나머지 3명 중 두 명의 평균 점수는 84점이며 나머지 한 명의 점수는 12명의 평균 점수보다 16점 높다고 한다. 이때, 학생 12명의 평균 점수는?

① 70점　② 74점
③ 86점　④ 90점

23. 원가에 3할의 이익을 붙여 정가를 책정하였으나 잘 팔리지 않아 정가의 20%를 할인해서 팔았고 이때의 이익은 2,000원이었다. 원가는 얼마인가?

① 32,000원　② 40,000원
③ 46,000원　④ 50,000원

24. 다음 상황에서 K 사원이 최종적으로 투사한 화면의 면적은? (단, 소수점 아래 첫째 자리에서 반올림한다)

> K 사원은 크기는 다르지만 서로 닮음의 관계에 있는 두 도형의 특정 변의 길이 비가 $a : b$라면, 두 도형의 면적 비는 $a^2 : b^2$이라는 것을 알고 있다. 어느 날, 직원 워크숍을 준비하면서 프로젝터의 위치를 조정하던 중에 처음 정한 프로젝터의 위치에서는 가로 길이가 3m이며 전체 면적이 12m^{2}인 화면을 투사한다는 것을 알게 되었다. 이를 확인한 상사가 워크숍에 예정보다 많은 인원이 참석할 것이라며 화면을 더 늘릴 것을 지시하였다. 따라서 K 사원은 가로 길이가 5m인 화면을 투사할 수 있도록 프로젝터의 위치를 조정하였다.

① 20m^2　② 25m^2
③ 33m^2　④ 38m^2

25. 다음 자료에 대한 설명으로 옳지 않은 것을 〈보기〉에서 모두 고르면?

〈전공과 직업의 일치 여부〉

(단위 : %)

구분		일치한다	보통이다	일치하지 않는다	계
성별	남	33.3	40.4	26.3	100
	여	33.7	32.1	34.2	100
연령대별	10 ~ 20대	31.6	38.0	30.4	100
	30 ~ 40대	33.0	38.3	28.7	100
	50대 이상	36.7	30.7	32.6	100
직종별	전문직	45.3	30.5	24.2	100
	사무직	29.7	41.9	28.4	100
	서비스직	22.3	25.2	52.5	100
	기타	31.0	51.9	17.1	100

보기

㉠ 전공과 직업이 일치한다고 응답한 비율이 가장 높은 항목은 성별에서는 여성, 연령대별에서는 50대 이상, 직종별에서는 전문직으로 나타났다.

㉡ 만약 조사대상이 600명, 남녀 비율이 2 : 3이라면, 여성 중 전공과 직업이 일치한다고 응답한 사람은 120명 이하이다.

㉢ 만약 조사대상이 1,000명이고 그중 서비스직에 종사하는 사람이 35%라면, 서비스직에 종사하는 사람 중 전공과 직업이 일치하지 않는다고 응답한 사람은 185명 이상이다.

① ㉠　　② ㉡

③ ㉢　　④ ㉡, ㉢

[26 ~ 27] 다음은 같은 모양과 크기의 블록을 쌓아올린 그림이다. 이어지는 질문에 답하시오.

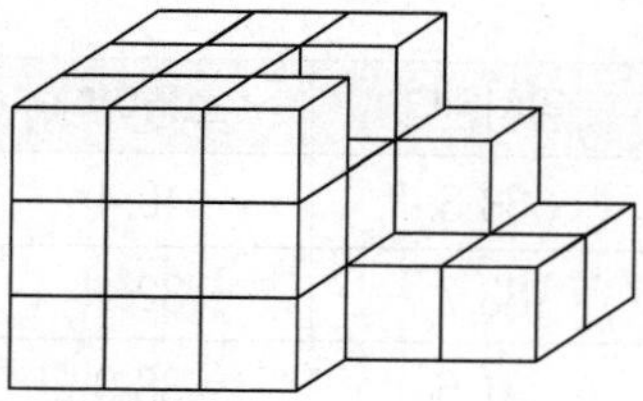

26. 블록은 총 몇 개인가? (단, 뒷면에 보이지 않도록 쌓아 올린 블록은 없다)

① 27개　　② 29개
③ 31개　　④ 33개

27. 그림에서 두 면만 보이는 블록은 모두 몇 개인가?

① 5개　　② 6개
③ 7개　　④ 8개

28. 다음과 같이 종이를 접은 다음 펀치로 구멍을 뚫은 후 다시 펼쳤을 때의 모양으로 옳은 것은?

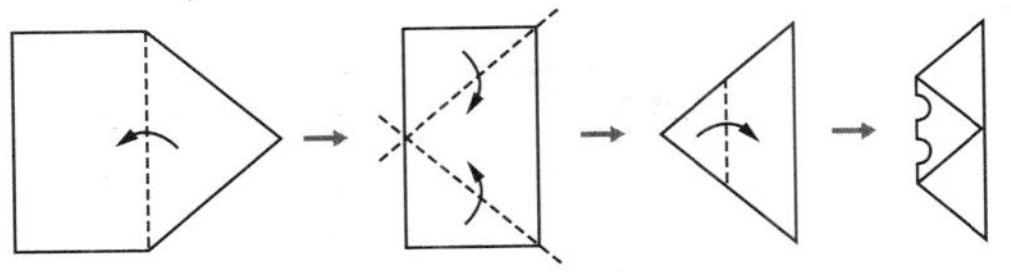

① 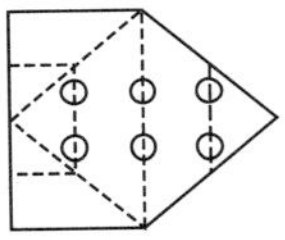

② 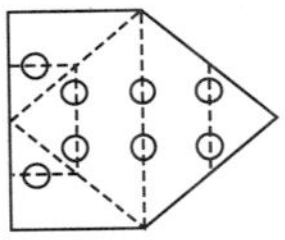

③ 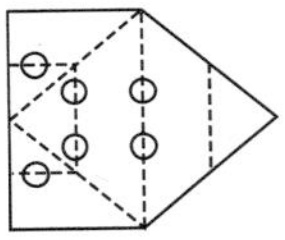

④ 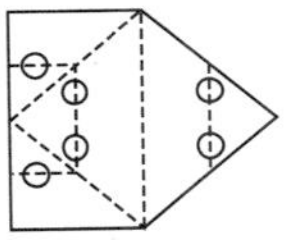

29. 다음 〈보기〉의 도형 3개를 합쳤을 때 나오는 모양으로 적절하지 않은 것은? (단, 각 도형은 회전할 수 없다)

보기

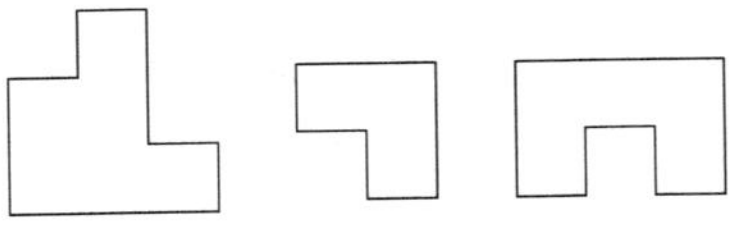

① 

② 

③ 

④ 

30. 다음 그림의 조각을 순서대로 바르게 배열한 것은?

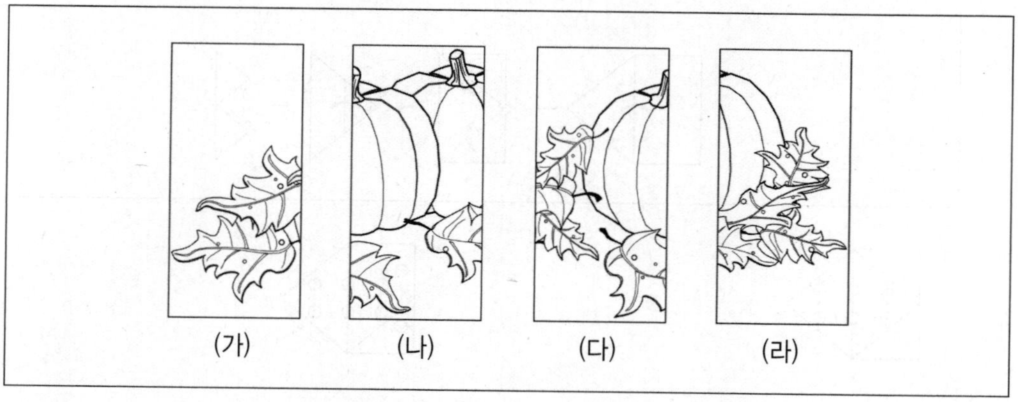

① (가)－(나)－(다)－(라)
② (가)－(다)－(나)－(라)
③ (라)－(나)－(다)－(가)
④ (라)－(다)－(나)－(가)

31. 다음 그림은 일정한 규칙에 따라 배열되어 있다. '?'에 들어갈 도형은?

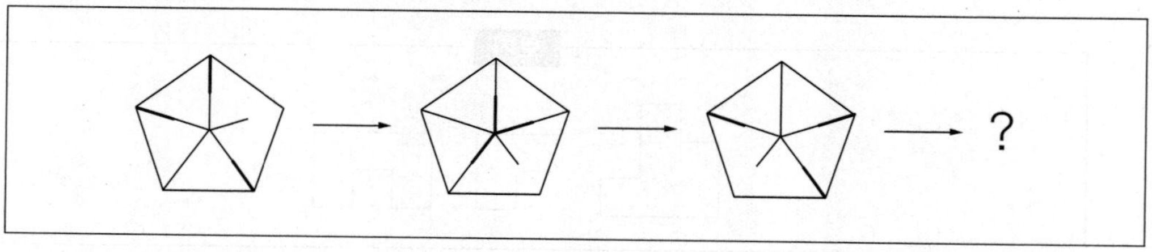

①
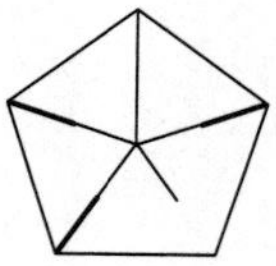

②
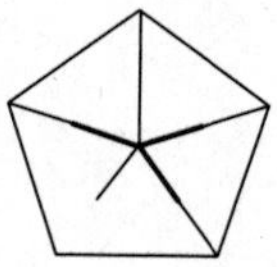

③
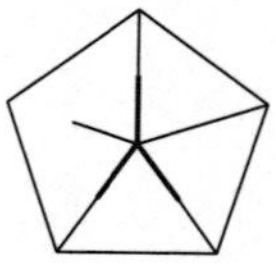

④
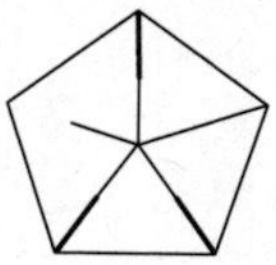

32. 다음 〈보기〉의 전개도를 접었을 때의 도형으로 적절하지 않은 것은?

보기

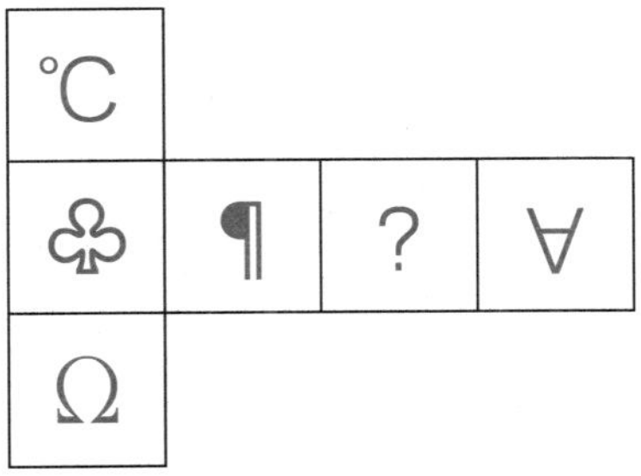

33. 다음의 입체도형을 위에서 본 모양으로 알맞은 것은?

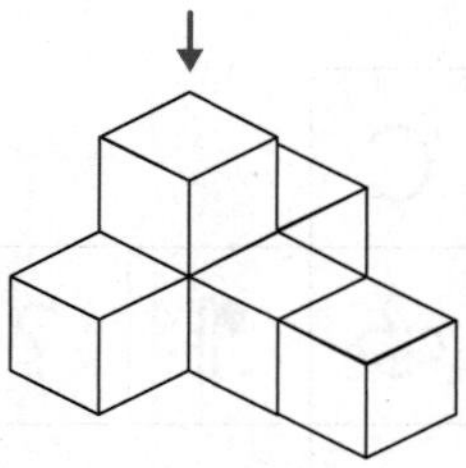

①

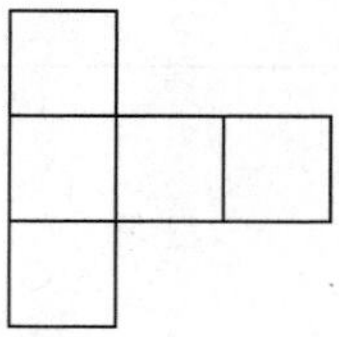

②

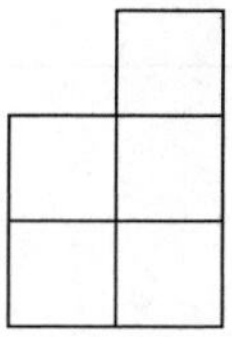

③

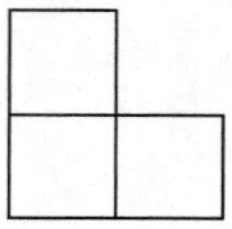

④

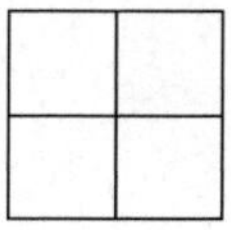

34. 다음 그림에서 만들 수 있는 크고 작은 사각형은 모두 몇 개인가?

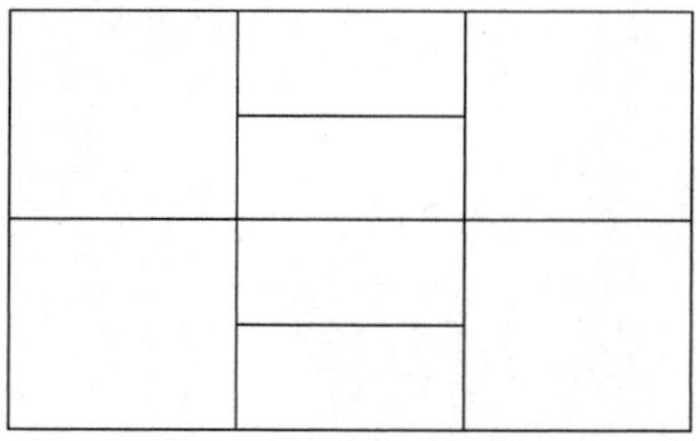

① 20개
② 21개
③ 23개
④ 25개

35. 다음 두 블록을 합쳤을 때 나올 수 없는 형태는? (단, 회전은 자유롭다)

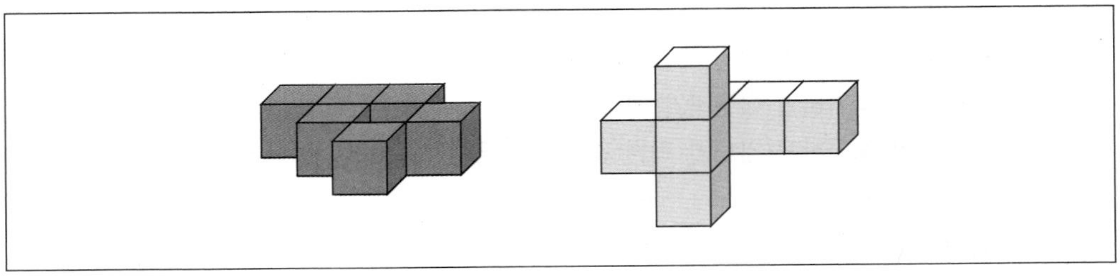

①

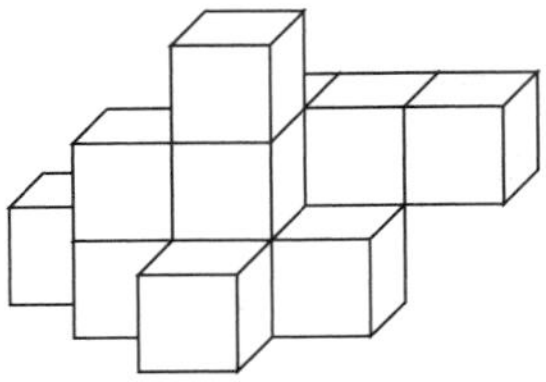

②

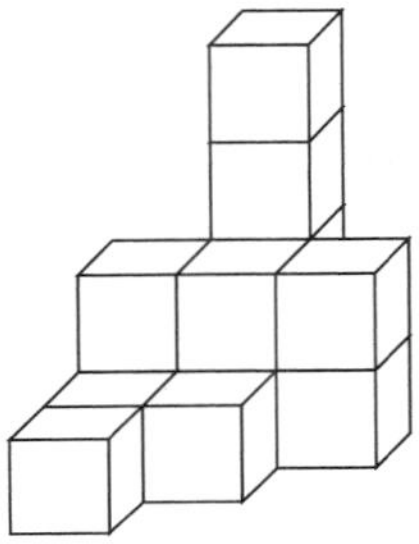

③

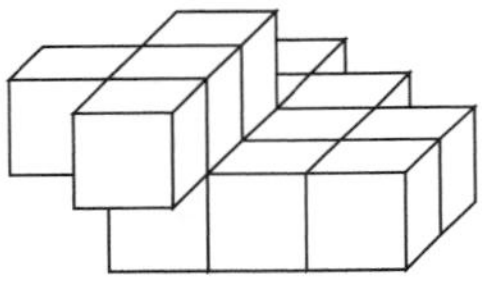

④

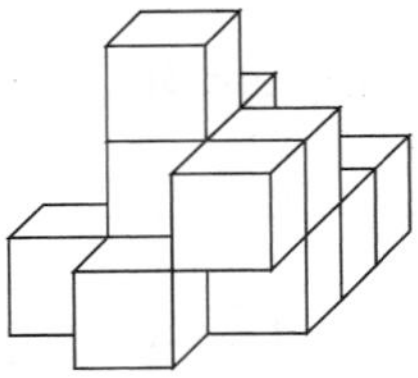

36. 다음 전제에 따라 밑줄 친 부분에 들어갈 결론으로 옳은 것은? (단, 날씨는 제시된 경우만 고려한다)

[전제] • 비가 오면 다음 날은 흐리거나 맑다.
• 흐린 다음 날은 비가 온다.
• 맑으면 다음 날은 흐리다.

[결론] 그러므로 ____________________

① 비가 오지 않은 다음 날에는 비가 온다.
② 오늘은 날이 흐리므로 어제는 날씨가 맑았다.
③ 날이 맑지 않은 다음 날은 반드시 맑다.
④ 흐리지 않은 다음 날에는 비가 오지 않는다.

37. 제시된 명제들이 모두 참일 때, 다음 중 반드시 참이라고 할 수 없는 것은?

- 학생 수가 증가하면 학원 수가 증가한다.
- 학원 수가 증가하면 학원비가 하락한다.
- 학원 수가 증가하지 않으면 학원 강사의 임금이 하락하지 않는다.

① 학원 강사의 임금이 하락하면 학원비가 하락한다.
② 학원 수가 증가하지 않으면 학생 수가 증가하지 않는다.
③ 학원비가 하락하지 않으면 학원 강사의 임금이 하락하지 않는다.
④ 학생 수가 증가하지 않으면 학원 강사의 임금이 하락하지 않는다.

38. 다음 〈보기〉를 참고하여 추론한 내용으로 옳은 것은?

보기

- 올해 입사한 신입사원에게는 사원증을 제공한다.
- 모든 사원은 6개월에 1번씩 교육을 받는다.
- 매달 우수사원 1명을 선발한다.
- 우수사원은 승진 시험에서 가산점을 받는다.
- 올해 입사한 신입사원에게는 승진 시험에 응시할 수 있는 자격이 주어지지 않는다.

① 모든 사원은 승진 시험을 볼 수 있다.
② 우수사원은 6개월에 1번씩 교육을 받는다.
③ 가산점을 받은 사원은 승진한다.
④ 올해 사원증을 받지 못한 사원은 올해 승진 시험에 응시할 수 없다.

39. ○○기업의 사옥에는 5개 팀이 2 ~ 5층을 사용하고 있다. 다음 〈조건〉을 바탕으로 추론할 때 옳지 않은 것은? (단, 회계팀만 타 층의 복사기를 사용하며, 한 층에는 최대 2개 팀이 있다)

조건

- 마케팅팀과 기획관리팀은 복사기를 같이 사용한다.
- 4층에는 회계팀만 있다.
- 총무팀은 홍보팀의 바로 아래층에 있다.
- 홍보팀은 마케팅팀의 아래쪽에 있으며 3층의 복사기를 사용하고 있다.
- 회계팀은 위층의 복사기를 사용하고 있다.

① 마케팅팀은 기획관리팀과 같은 층에 있다.
② 회계팀은 5층의 복사기를 사용한다.
③ 총무팀은 3층의 복사기를 사용한다.
④ 기획관리팀은 5층에 있다.

40. A, B, C 세 사람은 각각 영업팀, 회계팀, 총무팀 중 서로 다른 부서에서 일하고 있다. 회계팀에서 일하는 사람은 언제나 진실을 말하고, 총무팀에서 일하는 사람은 항상 거짓을 말한다고 할 때, 〈보기〉의 진술에 따라 사원과 그 소속 부서를 바르게 짝지은 것은?

보기

- A : C가 회계팀에서 일한다.
- B : A의 말은 틀렸다. C는 영업팀에서 일한다.
- C : 나는 회계팀도, 영업팀도 아니다.

	A	B	C
①	회계팀	총무팀	영업팀
②	회계팀	영업팀	총무팀
③	총무팀	영업팀	회계팀
④	총무팀	회계팀	영업팀

[41 ~ 42] 신입사원 면접관인 A ~ D는 3시와 4시에 회의실인 갑, 을, 병, 정에서 면접을 진행한다. 다음과 같은 〈조건〉에 따라 회의실을 사용한다고 할 때, 이어지는 질문에 답하시오.

조건

㉠ 1차 면접은 3시, 2차 면접은 4시에 진행된다.
㉡ A ~ D는 1차와 2차 면접에 1번씩 모두 참가해야 한다.
㉢ 각 회의실은 1명씩 사용하지만, 한 사람이 연속해서 2시간 동안 사용할 수는 없다.
㉣ A는 3시에 정 회의실을 사용할 예정이다.
㉤ B는 절대 을 회의실을 사용하지 않는다.
㉥ B가 3시에 사용하는 회의실과 C가 4시에 사용하는 회의실은 같은 회의실이다.
㉦ D가 4시에 사용하는 회의실과 C가 3시에 사용하는 회의실은 같은 회의실이다.

41. B가 4시에 정 회의실을 사용한다면 회의실을 사용하는 경우의 수는 몇 가지인가?

① 2가지
② 4가지
③ 6가지
④ 8가지

42. A가 반드시 3시에 병 회의실을 사용해야 한다면, 회의실 사용에 대한 설명으로 항상 올바른 것은?

① A는 4시에 갑 회의실을 사용할 수 없다.
② B는 4시에 병 회의실을 사용한다.
③ C는 3시에 을 회의실을 사용한다.
④ D는 4시에 정 회의실을 사용할 수 없다.

43. 다음 명제가 모두 참일 때, 항상 옳은 것은?

- 고양이를 좋아하면 호랑이를 키운다.
- 개를 좋아하면 호랑이를 키우지 않는다.
- 치타를 좋아하면 고양이를 좋아한다.

① 호랑이를 키우지 않는다면 치타를 좋아하지 않는다.
② 호랑이를 키우면 반드시 개를 좋아한다.
③ 고양이를 좋아하면 치타를 좋아한다.
④ 개를 좋아하면 반드시 고양이를 좋아한다.

44. 다음 대화의 내용이 모두 참일 때, 반드시 참인 것은?

갑 : 땅콩을 먹으면 아몬드를 먹지 않아.
을 : 밤을 먹으면 아몬드도 먹어.
병 : 호두를 먹지 않는 사람은 잣을 먹어.

① 밤을 먹은 사람은 잣을 먹지 않는다.
② 아몬드를 먹지 않은 사람은 밤을 먹는다.
③ 땅콩을 먹은 사람은 호두를 먹는다.
④ 땅콩을 먹으면 밤을 먹지 않는다.

45. S 기업의 야유회에서 10명의 사원들을 5명씩 두 팀으로 나누어 보물찾기를 하고 있다. 한 팀이 먼저 보물을 숨기고 다른 팀에게 다음과 같이 힌트를 주었는데 두 명은 거짓을 말하고 있을 때, 거짓을 말하는 사람은? (단, 보물은 한 개다)

> A : 보물은 풀숲 안에 숨겼습니다.
> B : 텐트 안에 보물이 있습니다.
> C : D는 진실만을 말하고 있습니다.
> D : 풀숲 안에 보물을 숨기는 것을 보았습니다.
> E : 저희는 나무 아래에 보물을 숨겼습니다.

① A, B
② A, D
③ B, C
④ B, E

46. 거래처로부터 오랜 기간 물품을 공급받아 오던 A사 담당자 최 대리는 거래 관계를 지속해 달라는 거래처의 요청을 돈을 받고 수락하였다. 다음 중 최 대리가 부정을 행한 당시의 모습을 바르게 설명하지 못한 것은?

① 더 큰 손해를 담보로 순간의 이익을 취하였다.
② 개인의 이익을 위해 조직에서의 공정함을 잃었다.
③ 거래처 제품의 품질 유지에는 일정 정도의 기여를 했다.
④ 사회적 비용을 발생시켜 조직 전체에 피해를 입혔다.

47. 다음에 제시된 상황에서 장 사원이 취할 행동으로 가장 바람직한 것은?

이름	장서윤	부서 / 직급	홍보기획부 / 신입사원
성별 / 나이	여 / 27세	담당 업무	시장 조사 및 콘텐츠 개발

장 사원은 과장의 지시로 한 달 동안 신입사원들끼리 진행해야 하는 프로젝트에 참여하게 되었다. 부여받은 업무 내용은 홍보 콘텐츠를 기획하고 제작하는 것으로, 목적은 신입사원들의 업무 능력 및 실무 능력을 향상시키는 데 있다. 또한, 해당 업무의 결과는 신입사원 평가 항목에도 포함될 예정이다. 그러나 장 사원은 부여받은 과제를 잘 해낼 수 있을지 의심스러웠다. 입사한 지 얼마 안 된 신입사원끼리만 해결하기에는 어려운 프로젝트였기 때문이다.

① 다른 회사 마케팅팀에 재직 중인 경험 많은 친구에게 도와줄 것을 요청한다.

② 과장에게 해당 업무는 신입사원끼리 해결하기에는 역량이 부족하다고 감정적으로 호소한다.

③ 업무 능력이 좋은 선배들에게 찾아가 선배들이 신입사원일 때 진행했던 자료를 얻어 해당 내용을 반영한다.

④ 평가 항목이므로 신입사원들끼리 협력해 진행한 후 과장에게 진행 상황과 결과물을 자세히 설명하여 피드백 받는다.

48. 다음 글의 박규리 씨가 윤리적인 관점에서 가장 먼저 취해야 할 행동으로 옳은 것은?

박규리 씨가 일하는 P 기관의 송 실장은 1,000만 원 규모의 소규모 용역을 진행하고자 했다. 해당 금액은 수의계약 범위에 해당하므로 공개경쟁입찰을 통해 용역 업체를 선정하지 않아도 되었다. 송 실장은 평소 고맙게 생각하는 용역 업체 사장에게 해당 용역을 맡기기로 하고 수의계약을 통해 계약을 체결하라고 지시를 내렸다. 2개월 동안 진행된 용역은 별다른 문제없이 잘 마무리되었다. 그런데 박규리 씨는 우연히 송 실장이 해당 용역 업체 사장과 친근하게 대화하며 식사 자리를 조율하는 내용의 통화를 듣게 되었다.

① 송 실장의 행위를 감사실에 익명으로 신고한다.

② 해당 용역 업체의 과업 결과물을 재검토한다.

③ 송 실장이 용역 업체 사장과 어떤 관계인지를 먼저 확인해 본다.

④ 앞으로 해당 용역 업체와 거래를 하지 못하도록 건의한다.

49. ○○공항은 최근 모든 보안 검색대를 문형 검색대에서 멀티미터파 전신 검색대로 교체하였다. 이에 대한 설명과 〈○○공항 보안검색요원 지침〉의 일부 내용을 참고할 때, 보안요원 K의 행동으로 적절한 것은?

〈멀티미터파 전신 검색대〉

멀티미터파 전신 검색대는 X-ray를 사용하는 문형 검색대와 다르게 멀티미터파라는 초음파를 이용한다. 승객이 기계 내부에 서면 회전하는 2개의 송신기가 초음파를 만들어 옷은 통과하고 피부와 위험 물체들에 반사되면서 그 이미지가 화면에 표시된다.

멀티미터파는 스마트폰으로 10분 동안 통화했을 때 발생하는 전자파의 1,000만 분의 1을 발생시키기 때문에 X-ray에 비해 신체에 가해지는 유해성이 낮다. 또한, 모니터에는 승객의 신체가 보이는 것이 아니라 신체 모양의 그림에 감지된 물품의 위치만 표시되어 사생활 침해 위험이 낮다. 자동 판독 기능도 있기 때문에 별도로 신체 접촉을 하지 않아도 된다.

〈○○공항 보안검색요원 지침〉

가. 승객에게 검색대에 들어가서 2 ~ 3초간 손을 들고 서 있으라고 지시할 것
   1) 손을 들기 어려운 승객(노인, 장애인, 유아 등)의 경우 검색대에 들어가지 않고 별도로 검사할 것

나. 보안 검색대의 내용과 상관없이 3명 이상의 보안검색요원이 특정 승객에게 수상한 낌새가 느껴진다고 동의하면 폭발물 흔적탐지기(ETD) 검색 및 소지품 정밀 검사를 요청할 것
   1) 검색대에 들어가기 전에 불안함을 보이는 사람
   2) 검색대에 들어가기 전에 몸을 만지면서 무언가 숨기려고 시도하는 사람
   3) 기타 눈에 띄는 행동을 하는 사람

다. 전자발찌를 한 승객의 경우 별도의 출국금지 요청이 없더라도 해당 기관과 연결 후 통과시킬 것

① 유아의 보호자에게 유아와 함께 검색대에 들어가도록 안내한다.

② 검색대를 통과하였으나 수상한 낌새가 있는 승객을 발견하여 동료 보안검색요원 2명의 동의하에 별도의 검사를 실시했다.

③ 눈에 띄게 땀을 흘리면서 몸을 웅크리는 승객을 보면 지체 없이 폭발물 흔적탐지기(ETD) 검색 및 소지품 정밀 검사를 요구한다.

④ 전자발찌를 착용한 승객의 경우 출국금지 요청 여부를 확인 후 통과시킨다.

50. A는 팸플릿 1,500부와 배너 5개(실외용 양면 배너 1개, 실내용 단면 배너 4개)를 인쇄 업체에 의뢰하려고 한다. 다음 자료를 참고할 때, 팸플릿과 배너 준비를 위해 필요한 최소 비용은 총 얼마인가?

- ○○기업 홍보팀의 A는 박람회에 가져갈 회사 홍보 팸플릿과 배너 준비를 담당하고 있다.
- 팸플릿(16페이지)과 배너 시안이 완성되어 팀장의 승인을 받아 인쇄 업체에 의뢰하려고 한다.
- 배너 출력 시에는 배너 거치대도 반드시 함께 구비해야 한다.
- 팸플릿 인쇄 단가

(단위 : 원)

페이지 \ 부수	500부 이하	500부 초과 ~ 1,000부 이하	1,000부 초과 ~ 2,000부 이하	2,000부 초과 ~
8페이지	249,000	277,000	335,000	461,000
12페이지	322,000	378,000	495,000	649,000
16페이지	332,000	388,000	588,000	767,000
20페이지	450,000	520,000	745,000	955,000
24페이지	511,000	595,000	858,000	1,153,000
28페이지	584,000	696,000	1,018,000	1,341,000
32페이지	594,000	705,000	1,110,000	1,458,000

※ 제작기간 2 ~ 3일 소요, 부가세 10% 별도

※ 팸플릿 부수 범위 내에서는 비용 일괄 책정

- 배너 단가
  - 배너 출력 : 단면 15,000원, 양면 20,000원
  - 배너 거치대 : 실내용 10,000원, 실외용 15,000원
  - 제작기간 : 평균 2일 이내, 부가세 10% 별도

① 795,300원　② 868,500원

③ 927,000원　④ 930,500원

전라북도교육청 소양평가

파트 2 인성검사

01 인성검사의 이해

1 인성검사, 왜 필요한가?

채용기업은 지원자가 '직무적합성'을 지닌 사람인지를 인성검사와 필기평가를 통해 판단한다. 인성검사에서 말하는 인성(人性)이란 그 사람의 성품, 즉 각 개인이 가지고 있는 사고와 태도 및 행동 특성을 의미한다. 인성은 사람의 생김새처럼 사람마다 다르기 때문에, 몇 가지 유형으로 분류하고 이에 맞추어 판단한다는 것 자체가 억지스럽고 어불성설일지 모른다. 그럼에도 불구하고 기업들의 입장에서는 입사를 희망하는 사람이 어떤 성품을 가졌는지에 대한 정보가 필요하다. 그래야 해당 기업의 인재상에 적합하고 담당할 업무에 적격한 인재를 채용할 수 있기 때문이다.

지원자의 성격이 외향적인지 아니면 내향적인지, 어떤 직무와 어울리는지, 조직에서 다른 사람과 원만하게 생활할 수 있는지, 업무 수행 중 문제가 생겼을 때 어떻게 대처하고 해결할 수 있는지에 대한 전반적인 개성은 자기소개서나 면접을 통해서도 어느 정도 파악할 수 있다. 그러나 이것들만으로는 인성을 충분히 파악할 수 없기 때문에, 객관화되고 정형화된 인성검사로 지원자의 성격을 판단하고 있다.

채용기업은 직무적성검사를 높은 점수로 통과한 지원자라 하더라도 해당 기업과 거리가 있는 성품을 가졌다면 탈락시키게 된다. 일반적으로 직무적성검사 통과자 중 인성검사로 탈락하는 비율이 10% 내외라고 알려져 있다. 물론 인성검사에서 탈락하였다 하더라도 특별히 인성에 문제가 있는 사람이 아니라면 절망할 필요는 없다. 자신을 되돌아보고 다음 기회를 대비하면 되기 때문이다. 탈락한 기업이 원하는 인재상이 아니었다면 맞는 기업을 찾으면 되고, 적합한 경쟁자가 많았기 때문이라면 자신을 다듬어 경쟁력을 높이면 될 것이다.

2 인성검사의 특징

우리나라 대다수의 채용기업은 인재개발 및 인적자원을 연구하는 한국행동과학연구소(KIRBS), 에스에이치알(SHR), 한국사회적성개발원(KSAD), 한국인재개발진흥원(KPDI) 등 전문기관에 인성검사를 의뢰하고 있다.

이 기관들의 인성검사 개발 목적은 비슷하지만 기관마다 검사 유형이나 평가 척도는 약간의 차이가 있다. 또 지원하는 기업이 어느 기관에서 개발한 검사지로 인성검사를 시행하는지는 사전에 알 수 없다. 그렇지만 공통으로 적용하는 척도와 기준에 따라 구성된 여러 형태의 인성검사지로 사전 테스트를 해 보고 자신의 인성이 어떻게 평가되는가를 미리 알아보는 것은 가능하다.

인성검사는 필기시험 당일 직무능력평가와 함께 실시하는 경우와 직무능력평가 합격자에 한하여 면접과 함께 실시하는 경우가 있다. 인성검사의 문항은 100문항 내외에서부터 최대 500문항까지 다양하다. 인성검사에 주어지는 시간은 문항 수에 비례하여 30 ~ 100분 정도가 된다.

문항 자체는 단순한 질문으로 어려울 것은 없지만, 제시된 상황에서 본인의 행동을 정하는 것이 쉽지만은 않다. 문항 수가 많을 경우 이에 비례하여 시간도 길게 주어지지만, 단순하고 유사하며 반복되는 질문에 방심하여 집중하지 못하고 실수하는 경우가 있으므로 컨디션 관리와 집중력 유지에 노력하여야 한다. 특히 같거나 유사한 물음에 다른 답을 하는 경우가 가장 위험하니 주의해야 한다.

3 인성검사 척도 및 구성

1 미네소타 다면적 인성검사(MMPI)

MMPI(Minnesota Multiphasic Personality Inventory)는 1943년 미국 미네소타 대학교수인 해서웨이와 매킨리가 개발한 대표적인 자기 보고형 성향 검사로서, 오늘날 가장 대표적으로 사용되는 객관적 심리검사 중 하나이다. MMPI는 약 550여 개의 문항으로 구성되며, 각 문항을 읽고 '예(YES)' 또는 '아니오(NO)'로 대답하게 되어 있다.

MMPI는 4개의 타당도 척도와 10개의 임상척도로 구분된다. 500개가 넘는 문항들 중 중복되는 문항들이 포함되어 있는데 내용이 똑같은 문항도 10문항 이상 포함되어 있다. 이 반복 문항들은 응시자가 얼마나 일관성 있게 검사에 임했는지를 판단하는 지표로 사용된다.

구분	척도명	약자	주요 내용
타당도 척도 (바른 태도로 임했는지, 신뢰할 수 있는 결론인지 등을 판단)	무응답 척도 (Can not say)	?	응답하지 않은 문제와 복수로 답한 문제들의 총합으로 빠진 문제를 최소한으로 줄이는 것이 중요하다.
	허구 척도 (Lie)	L	자신을 좋은 사람으로 보이게 하려고 고의적으로 정직하지 못한 답을 판단하는 척도이다. 허구 척도가 높으면 장점까지 인정받지 못하는 결과가 발생한다.
	신뢰 척도 (Frequency)	F	검사 문제에 빗나간 답을 한 경향을 평가하는 척도로 정상적인 집단의 10% 이하의 응답을 기준으로 일반적인 경향과 다른 정도를 측정한다.
	교정 척도 (Defensiveness)	K	정신적 장애가 있음에도 다른 척도에서 정상적인 면을 보이는 사람을 구별하는 척도로, 허구 척도보다 높은 고차원으로 거짓 응답을 하는 경향이 나타난다.
임상척도 (정상적 행동과 그렇지 않은 행동의 종류를 구분하는 척도로, 척도마다 다른 기준으로 점수가 매겨짐)	건강염려증 (Hypochondriasis)	Hs	신체에 대한 지나친 집착이나 신경질적 혹은 병적 불안을 측정하는 척도로, 이러한 건강염려증이 타인에게 어떤 영향을 미치는지도 측정한다.
	우울증 (Depression)	D	슬픔·비관 정도를 측정하는 척도로, 타인과의 관계 또는 본인 상태에 대한 주관적 감정을 나타낸다.
	히스테리 (Hysteria)	Hy	갈등을 부정하는 정도를 측정하는 척도로, 신체 증상을 호소하는 경우와 적대감을 부인하며 우회적인 방식으로 드러내는 경우 등이 있다.
	반사회성 (Psychopathic Deviate)	Pd	가정 및 사회에 대한 불신과 불만을 측정하는 척도로, 비도덕적 혹은 반사회적 성향 등을 판단한다.
	남성-여성특성 (Masculinity-Feminity)	Mf	남녀가 보이는 흥미와 취향, 적극성과 수동성 등을 측정하는 척도로, 성에 따른 유연한 사고와 융통성 등을 평가한다.

	편집증 (Paranoia)	Pa	과대망상, 피해망상, 의심 등 편집증에 대한 정도를 측정하는 척도로 열등감, 비사교적 행동, 타인에 대한 불만과 같은 내용을 질문한다.
	강박증 (Psychasthenia)	Pt	과대 근심, 강박관념, 죄책감, 공포, 불안감, 정리정돈 등을 측정하는 척도로 만성 불안 등을 측정한다.
	정신분열증 (Schizophrenia)	Sc	정신적 혼란을 측정하는 척도로 자폐적 성향이나 타인과의 감정 교류, 충동 억제불능, 성적 관심, 사회적 고립 등을 평가한다.
	경조증 (Hypomania)	Ma	정신적 에너지를 측정하는 척도로 생각의 다양성 및 과장성, 행동의 불안정성, 흥분성 등을 나타낸다.
	사회적 내향성 (Social introversion)	Si	대인관계 기피, 사회적 접촉 회피, 비사회성 등의 요인을 측정하는 척도로 외향성 및 내향성을 구분한다.

2 캘리포니아 성격검사(CPI)

CPI(California Psychological Inventory)는 캘리포니아 대학의 연구팀이 개발한 인성검사로 MMPI와 함께 세계에서 가장 널리 사용되고 있는 인성검사 툴이다. CPI는 다양한 인성 요인을 통해 지원자가 답변한 응답 왜곡 가능성, 조직 역량 등을 측정한다. MMPI가 주로 정서적 측면을 진단하는 특징을 보인다면, CPI는 정상적인 사람의 심리적 특성을 주로 진단한다.

CPI는 약 480개 문항으로 구성되어 있으며 다음과 같은 18개의 척도로 구분된다.

구분	척도명	주요 내용
제1군 척도 (대인관계 적절성 측정)	지배성(Do)	리더십, 통솔력, 대인관계에서의 주도권을 측정한다.
	지위능력성(Cs)	내부에 잠재되어 있는 내적 포부, 자기 확신 등을 측정한다.
	사교성(Sy)	참여 기질이 활달한 사람과 그렇지 않은 사람을 구분한다.
	사회적 자발성(Sp)	사회 안에서의 안정감, 자발성, 사교성 등을 측정한다.
	자기 수용성(Sa)	개인적 가치관, 자기 확신, 자기 수용력 등을 측정한다.
	행복감(Wb)	생활의 만족감, 행복감을 측정하며, 긍정적인 사람으로 보이고자 거짓 응답하는 사람을 구분하는 용도로도 사용된다.
제2군 척도 (성격과 사회화, 책임감 측정)	책임감(Re)	법과 질서에 대한 양심, 책임감, 신뢰성 등을 측정한다.
	사회성(So)	가치 내면화 정도, 사회 이탈 행동 가능성 등을 측정한다.
	자기 통제성(Sc)	자기조절, 자기통제의 적절성, 충동 억제력 등을 측정한다.
	관용성(To)	사회적 신념, 편견과 고정관념 등에 대한 태도를 측정한다.
	호감성(Gi)	타인이 자신을 어떻게 보는지에 대한 민감도를 측정하며, 좋은 사람으로 보이고자 거짓 응답하는 사람을 구분한다.
	임의성(Cm)	사회에 보수적 태도를 보이고 생각 없이 적당히 응답한 사람을 판단하는 타당성 척도로도 사용된다.

제3군 척도 (인지적, 학업적 특성 측정)	순응적 성취(Ac)	성취동기, 내면의 인식, 조직 내 성취 욕구 등을 측정한다.
	독립적 성취(Ai)	독립적 사고, 창의성, 자기실현을 위한 능력 등을 측정한다.
	지적 효율성(Le)	지적 능률, 지능과 연관이 있는 성격 특성 등을 측정한다.
제4군 척도 (제1 ~ 3군과 무관한 척도의 혼합)	심리적 예민성(Py)	타인의 감정 및 경험에 대해 공감하는 정도를 측정한다.
	융통성(Fx)	개인적 사고와 사회적 행동에 대한 유연성을 측정한다.
	여향성(Fe)	남녀 비교에 따른 흥미의 남향성 및 여향성을 측정한다.

3 SHL 직업성격검사(OPQ)

OPQ(Occupational Personality Questionnaire)는 세계적으로 많은 외국 기업에서 널리 사용하는 CEB 사의 SHL 직무능력검사에 포함된 직업성격검사이다. 4개의 질문이 한 세트로 되어 있고 총 68세트 정도 출제되고 있다. 4개의 질문 안에서 '자기에게 가장 잘 맞는 것'과 '자기에게 가장 맞지 않는 것'을 1개씩 골라 '예', '아니오'로 체크하는 방식이다. 단순하게 모든 척도가 높다고 좋은 것은 아니며, 척도가 낮은 편이 좋은 경우도 있다.

기업에 따라 척도의 평가 기준은 다르다. 희망하는 기업의 특성을 연구하고, 채용 기준을 예측하는 것이 중요하다.

척도	내용	질문 예
설득력	사람을 설득하는 것을 좋아하는 경향	– 새로운 것을 사람에게 권하는 것을 잘한다. – 교섭하는 것에 걱정이 없다. – 기획하고 판매하는 것에 자신이 있다.
지도력	사람을 지도하는 것을 좋아하는 경향	– 사람을 다루는 것을 잘한다. – 팀을 아우르는 것을 잘한다. – 사람에게 지시하는 것을 잘한다.
독자성	다른 사람의 영향을 받지 않고, 스스로 생각해서 행동하는 것을 좋아하는 경향	– 모든 것을 자신의 생각대로 하는 편이다. – 주변의 평가는 신경 쓰지 않는다. – 유혹에 강한 편이다.
외향성	외향적이고 사교적인 것을 좋아하는 경향	– 다른 사람의 주목을 끄는 것을 좋아한다. – 사람들이 모인 곳에서 중심이 되는 편이다. – 담소를 나눌 때 주변을 즐겁게 해 준다.
우호성	친구가 많고 대세의 사람이 되는 것을 좋아하는 경향	– 친구와 함께 있는 것을 좋아한다. – 무엇이라도 얘기할 수 있는 친구가 많다. – 친구와 함께 무언가를 하는 것이 많다.
사회성	세상 물정에 밝고 사람 앞에서도 낯을 가리지 않는 성격	– 자신감이 있고 유쾌하게 발표할 수 있다. – 공적인 곳에서 인사하는 것을 잘한다. – 사람들 앞에서 발표하는 것이 어렵지 않다.

겸손성	사람에 대해서 겸손하게 행동하고 누구라도 똑같이 사귀는 경향	- 자신의 성과를 그다지 내세우지 않는다. - 절제를 잘하는 편이다. - 사회적인 지위에 무관심하다.
협의성	사람들에게 의견을 물으면서 일을 진행하는 경향	- 사람들의 의견을 구하며 일하는 편이다. - 타인의 의견을 묻고 일을 진행시킨다. - 친구와 상담해서 계획을 세운다.
돌봄	측은해 하는 마음이 있고, 사람을 돌봐 주는 것을 좋아하는 경향	- 개인적인 상담에 친절하게 답해 준다. - 다른 사람의 상담을 진행하는 경우가 많다. - 후배의 어려움을 돌보는 것을 좋아한다.
구체적인 사물에 대한 관심	물건을 고치거나 만드는 것을 좋아하는 경향	- 고장 난 물건을 수리하는 것이 재미있다. - 상태가 안 좋은 기계도 잘 사용한다. - 말하기보다는 행동하기를 좋아한다.
데이터에 대한 관심	데이터를 정리해서 생각하는 것을 좋아하는 경향	- 통계 등의 데이터를 분석하는 것을 좋아한다. - 표를 만들거나 정리하는 것을 좋아한다. - 숫자를 다루는 것을 좋아한다.
미적가치에 대한 관심	미적인 것이나 예술적인 것을 좋아하는 경향	- 디자인 감각이 뛰어나다. - 미술이나 음악을 좋아한다. - 미적인 감각에 자신이 있다.
인간에 대한 관심	사람의 행동에 대한 동기나 배경을 분석하는 것을 좋아하는 경향	- 다른 사람을 분석하는 편이다. - 타인의 행동을 보면 동기를 알 수 있다. - 다른 사람의 행동을 잘 관찰한다.
정통성	이미 있는 가치관을 소중히 하고, 익숙한 방법으로 사물을 행하는 방법을 좋아하는 경향	- 실적이 보장되는 확실한 방법을 취한다. - 낡은 가치관을 존중하는 편이다. - 보수적인 편이다.
변화 지향	변화를 추구하고 변화를 받아들이는 것을 좋아하는 경향	- 새로운 것을 하는 것을 좋아한다. - 해외여행을 좋아한다. - 경험이 없더라도 시도해 보는 것을 좋아한다.
개념성	지식에 대한 욕구가 있고 논리적으로 생각하는 것을 좋아하는 경향	- 개념적인 사고가 가능하다. - 분석적인 사고를 좋아한다. - 순서를 만들고 단계에 따라 생각한다.
창조성	새로운 분야에 대한 공부를 하는 것을 좋아하는 경향	- 새로운 것을 추구한다. - 독창성이 있다. - 신선한 아이디어를 낸다.
계획성	앞을 생각해서 사물을 예상하고, 계획적으로 실행하는 것을 좋아하는 경향	- 과거를 돌이켜보며 계획을 세운다. - 앞날을 예상하며 행동한다. - 실수를 돌아보며 대책을 강구하는 편이다.

치밀함	정확한 순서를 세워서 진행하는 것을 좋아하는 경향	– 사소한 실수는 거의 하지 않는다. – 정확하게 요구되는 것을 좋아한다. – 사소한 것에도 주의하는 편이다.
꼼꼼함	어떤 일이든 마지막까지 꼼꼼하게 마무리 짓는 경향	– 맡은 일을 마지막까지 해결한다. – 마감 시한은 반드시 지킨다. – 시작한 일은 중간에 그만두지 않는다.
여유	평소에 릴랙스하고, 스트레스에 강한 경향	– 감정의 회복이 빠르다. – 분별없이 함부로 행동하지 않는다. – 스트레스에 잘 대처한다.
근심 · 걱정	어떤 일이 잘 진행되지 않으면 불안을 느끼고, 중요한 약속이나 일의 앞에는 긴장하는 경향	– 예정대로 잘되지 않으면 근심 · 걱정이 많다. – 신경 쓰이는 일이 있으면 불안하다. – 중요한 만남 전에는 기분이 편하지 않다.
호방함	사람들이 자신을 어떻게 생각하는지를 신경 쓰지 않는 경향	– 사람들이 자신을 어떻게 생각하는지 그다지 신경 쓰지 않는다. – 상처받아도 동요하지 않고 아무렇지 않은 태도를 취한다. – 사람들의 비판을 신경 쓰지 않는다.
억제	감정을 표현하지 않는 경향	– 쉽게 감정적으로 되지 않는다. – 분노를 억누른다. – 격분하지 않는다.
낙관적	사물을 낙관적으로 보는 경향	– 낙관적으로 생각하고 일을 진행시킨다. – 문제가 일어나도 낙관적으로 생각한다.
비판적	비판적으로 사물을 생각하고, 이론 · 문장 등의 오류에 신경 쓰는 경향	– 이론의 모순을 찾아낸다. – 계획이 갖춰지지 않음이 신경 쓰인다. – 누구도 신경 쓰지 않는 오류를 찾아낸다.
행동력	운동을 좋아하고, 민첩하게 행동하는 경향	– 동작이 날렵하다. – 여가를 활동적으로 보낸다. – 몸을 움직이는 것을 좋아한다.
경쟁성	지는 것을 싫어하는 경향	– 승부를 겨루게 되면 지는 것을 싫어한다. – 상대를 이기는 것을 좋아한다. – 싸워 보지 않고 포기하는 것을 싫어한다.
출세 지향	출세하는 것을 중요하게 생각하고, 야심적인 목표를 향해 노력하는 경향	– 출세 지향적인 성격이다. – 어려운 목표도 달성할 수 있다. – 실력으로 평가받는 사회가 좋다.
결단력	빠르게 판단하는 경향	– 답을 빠르게 찾아낸다. – 문제에 대한 빠른 상황 파악이 가능하다. – 위험을 감수하고도 결단을 내리는 편이다.

4 인성검사 합격 전략

1 포장하지 않은 솔직한 답변

'다른 사람을 험담한 적이 한 번도 없다', '물건을 훔치고 싶다고 생각해 본 적이 없다'

이 질문에 당신은 '그렇다', '아니다' 중 무엇을 선택할 것인가? 채용기업이 인성검사를 실시하는 가장 큰 이유는 '이 사람이 어떤 성향을 가진 사람인가'를 효율적으로 파악하기 위해서이다.

인성검사는 도덕적 가치가 빼어나게 높은 사람을 판별하려는 것도 아니고, 성인군자를 가려내기 위함도 아니다. 인간의 보편적 성향과 상식적 사고를 고려할 때, 도덕적 질문에 지나치게 겸손한 답변을 체크하면 오히려 솔직하지 못한 것으로 간주되거나 인성을 제대로 판단하지 못해 무효 처리가 되기도 한다. 자신의 성격을 포장하여 작위적인 답변을 하지 않도록 솔직하게 임하는 것이 예기치 않은 결과를 피하는 첫 번째 전략이 된다.

2 필터링 함정을 피하고 일관성 유지

앞서 강조한 솔직함은 일관성과 연결된다. 인성검사를 구성하는 많은 척도는 여러 형태의 문장 속에 동일한 요소를 적용해 반복되기도 한다. 예컨대 '나는 매우 활동적인 사람이다'와 '나는 운동을 매우 좋아한다'라는 질문에 '그렇다'고 체크한 사람이 '휴일에는 집에서 조용히 쉬며 독서하는 것이 좋다'에도 '그렇다'고 체크한다면 일관성이 없다고 평가될 수 있다.

그러나 일관성 있는 답변에만 매달리면 '이 사람이 같은 답변만 체크하기 위해 이 부분만 신경 썼구나'하는 필터링 함정에 빠질 수도 있다. 비슷하게 보이는 문장이 무조건 같은 내용이라고 판단하여 똑같이 답하는 것도 주의해야 한다. 일관성보다 중요한 것은 솔직함이다. 솔직함이 전제되지 않은 일관성은 허위 척도 필터링에서 드러나게 되어 있다. 유사한 질문의 응답이 터무니없이 다르거나 양극단에 치우치지 않는 정도라면 약간의 차이는 크게 문제되지 않는다. 중요한 것은 솔직함과 일관성이 하나의 연장선에 있다는 점을 명심하자.

3 지원한 직무와 연관성을 고려

다양한 분야의 많은 계열사와 큰 조직을 통솔하는 대기업은 여러 사람이 조직적으로 움직이는 만큼 각 직무에 걸맞은 능력을 갖춘 인재가 필요하다. 그래서 기업은 매년 신규채용으로 입사한 신입사원들의 젊은 패기와 참신한 능력을 성장 동력으로 활용한다.

기업은 사교성 있고 활달한 사람만을 원하지 않는다. 해당 직군과 직무에 따라 필요로 하는 사원의 능력과 개성이 다르기 때문에, 지원자가 희망하는 계열사나 부서의 직무가 무엇인지 제대로 파악하여 자신의 성향과 맞는지에 대한 고민은 반드시 필요하다. 같은 질문이라도 기업이 원하는 인재상이나 부서의 직무에 따라 판단 척도가 달라질 수 있다.

4 평상심 유지와 컨디션 관리

역시 솔직함과 연결된 내용이다. 한 질문에 대해 오래 고민하고 신경 쓰면 불필요한 생각이 개입될 소지가 크다. 이는 직관을 떠나 이성적 판단에 따라 포장할 위험이 높아진다는 뜻이기도 하다. 오래 생각하지 말고 자신의 평상시 생각과 감정대로 답하는 것이 중요하며, 가능한 한 건너뛰지 말고 모든 질문에 답하도록 한다. 300 ~ 400개 정도의 문항을 출제하는 기업이 많기 때문에, 끝까지 집중하여 임하는 것이 중요하다.

특히 적성검사와 같은 날 실시하는 경우, 적성검사를 마친 후 연이어 보기 때문에 신체적 · 정신적으로 피로한 상태에서 자세가 흐트러질 수도 있다. 따라서 컨디션을 유지하면서 문항당 7 ~ 10초 이상 쓰지 않도록 하고, 문항 수가 많을 때는 답안지에 바로 바로 표기하도록 한다.

02 인성검사 유형 연습

1 인성검사 유형

- **TYPE A** : 예 / 아니오 선택 유형
- **TYPE B** : 문항군 개별 항목 선택 유형
- **TYPE C** : 둘 중 가장 가까운 문항 선택 유형
- **TYPE D** : 개별 항목 선택 후 가장 가깝다 / 가장 멀다 선택 유형
- **TYPE E** : 상황 선택 유형

2 TYPE A 예 / 아니오 선택 유형

※ 질문에 해당된다고 생각하면 '예', 해당되지 않는다면 '아니오'를 선택하시오.

[01~24] 제시된 항목이 자신의 성향에 해당된다고 생각하면 '예', 해당되지 않는다면 '아니오'를 선택하는 유형이다. 비슷한 문항이 반복되기 때문에 일관성을 유지해야 한다.

번호	질문	예 / 아니오	
		YES	NO
1	나는 수줍음을 많이 타는 편이다.		
2	한 가지 일에 집중하기 힘들다.		
3	나는 개인적 사정으로 타인에게 피해를 주는 사람을 이해할 수 없다.		
4	요즘 같은 세상에서는 누구든 믿을 수 없다.		
5	나는 새로운 집단에서 친구를 쉽게 사귀는 편이다.		
6	곤경을 모면하기 위해 꾀병을 부린 적이 있다.		
7	나는 자주 무력감을 느낀다.		
8	일단 화가 나면 냉정을 잃는다.		
9	나는 다른 사람을 챙기는 태도가 몸에 배여 있다.		
10	나는 내가 하고 싶은 일은 꼭 해야 한다.		
11	나는 부지런하다는 말을 자주 듣는다.		
12	나는 사람들에게 잘 보이기 위해 마음에 없는 거짓말을 한다.		
13	내가 인정받기 위해서 규칙을 위반한 행위를 한 적이 있다.		
14	모르는 사람과 있을 때 내가 먼저 말을 거는 일은 거의 없다.		
15	나는 몸이 좋지 않더라도 내 일에 최선을 다 한다.		

16	남이 나에게 친절을 베풀면 대개 숨겨진 이유가 무엇인지 생각해 본다.		
17	나는 난처한 상황에 처하면 다른 사람에게 먼저 말을 건다.		
18	나는 감정을 표현하는 것이 자연스럽다.		
19	중요한 일은 먼저 한다.		
20	나는 새로운 방식을 좋아한다.		
21	나는 다른 사람들의 눈에 띄지 않게 조용히 살고 싶다.		
22	나는 누군가 내 의견을 반박하면 물러서지 않고 논쟁을 벌인다.		
23	나는 할 말은 반드시 하는 사람이다.		
24	나는 주어진 일에 최선을 다해 완수하려고 한다.		

3 TYPE B 문항군 개별 항목 선택 유형

※ 제시된 항목을 읽고 본인에게 해당되는 부분을 선택하시오.
① 매우 그렇지 않다 ② 그렇지 않다 ③ 보통이다 ④ 그렇다 ⑤ 매우 그렇다

[01~23] 제시된 항목에 대해 자신의 성향에 따라 '① 매우 그렇지 않다 ~ ⑤ 매우 그렇다' 가운데 해당하는 것을 선택한다. 문항 수가 많고 답변하기 어려운 항목이 있기 때문에 자신의 가치관이나 신념을 바탕으로 개별 항목을 선택한다.

01. 항상 사람들에게 정직하고 솔직하다.	①	②	③	④	⑤
02. 여러 사람들이 어울리는 장소는 매우 불편하다.	①	②	③	④	⑤
03. 내가 한 행동에 대해 절대 후회하지 않는다.	①	②	③	④	⑤
04. 사소한 절차를 어기더라도 일을 빨리 진행하는 것이 우선이다.	①	②	③	④	⑤
05. 어차피 누군가가 해야 할 일이라면 내가 먼저 한다.	①	②	③	④	⑤
06. 정해진 원칙과 계획대로만 일을 진행해야 실수를 하지 않는다.	①	②	③	④	⑤
07. 언제나 모두의 이익을 생각하면서 일한다.	①	②	③	④	⑤

08. 누구와도 어렵지 않게 어울릴 수 있다.	①	②	③	④	⑤
09. 비록 나와 관계없는 사람일지라도 도움을 요청하면 도와준다.	①	②	③	④	⑤
10. "악법도 법이다."라는 말을 이해할 수 없다.	①	②	③	④	⑤
11. 누군가가 나를 조종하는 것 같다.	①	②	③	④	⑤
12. 제품별로 선호하는 브랜드가 있다.	①	②	③	④	⑤
13. 내 주위 사람들은 나의 감정을 잘 알아채지 못한다.	①	②	③	④	⑤
14. 항상 다니는 익숙한 길을 선호한다.	①	②	③	④	⑤
15. 갈등은 부정적인 결과를 초래하기 때문에 피하는 것이 좋다.	①	②	③	④	⑤
16. 문제 해결을 위해서 기발한 아이디어를 제공하는 편이다.	①	②	③	④	⑤
17. 실패가 예상되는 일은 시작하지 않는다.	①	②	③	④	⑤
18. 조직의 문화는 따라야 한다고 생각한다.	①	②	③	④	⑤
19. 조직은 개인의 성장을 위해 물질적인 보상을 아낌없이 해 주어야 한다.	①	②	③	④	⑤
20. 요즘에는 무슨 일이든 결정을 잘 내리지 못한다.	①	②	③	④	⑤
21. 다른 사람들이 내 이야기를 하고 있는 것을 느낀다.	①	②	③	④	⑤
22. 나는 돈보다는 시간이 중요하다.	①	②	③	④	⑤
23. 다른 사람이 잘못하는 것을 보면 지적하는 편이다.	①	②	③	④	⑤

4 TYPE C 둘 중 가장 가까운 문항 선택 유형

※ 제시된 항목을 읽고 본인에게 해당되는 것을 선택하시오.

[01~15] 제시된 2개의 문항을 읽고 자신에게 해당된다고 생각하는 것을 선택하는 유형이다.

01. ① 의견을 자주 표현하는 편이다.
② 주로 남의 의견을 듣는 편이다.

①	②

02. ① 정해진 틀이 있는 환경에서 주어진 과제를 수행하는 일을 좋아한다.
② 새로운 아이디어를 활용하여 변화를 추구하는 일을 하고 싶다.

①	②

03. ① 실제적인 정보를 수집하고 이를 체계적으로 적용하는 일을 하고 싶다.
② 새로운 아이디어를 활용하여 변화를 추구하는 일을 하고 싶다.

①	②

04. ① 계획을 세울 때 세부일정까지 구체적으로 짜는 편이다.
② 계획을 세울 때 상황에 맞게 대처할 수 있는 여지를 두고 짜는 편이다.

①	②

05. ① 한 가지 일에 몰두한다.
② 멀티태스킹이 가능하다.

①	②

06. ① 외향적인 성격이라는 말을 듣는다.
② 내향적인 성격이라는 말을 듣는다.

①	②

07. ① 일을 선택할 때는 인간관계를 중시한다.
② 일을 선택할 때는 일의 보람을 중시한다.

①	②

08. ① 사람들은 나에 대해 합리적이고 이성적인 사람이라고 말한다.
② 사람들은 나에 대해 감정이 풍부하고 정에 약한 사람이라고 말한다.

①	②

09. ① 신속한 의사결정을 선호하는 편이다.
② 시간이 걸려도 여러 가지 면을 고려한 의사결정을 선호하는 편이다.

①	②

10. ① 인성보다는 능력이 중요하다.
② 능력보다는 인성이 중요하다.

①	②

11. ① SNS 활동을 즐겨한다.
② SNS는 인생의 낭비라고 생각한다.

①	②

12. ① 미래를 위해 돈을 모아야 한다고 생각한다.
② 현재를 즐기기 위해 나에게 투자해야 한다고 생각한다.

①	②

13. ① 인류의 과학 발전을 위해 동물 실험은 필요하다.
② 인류를 위한 동물 실험은 없어져야 한다.

①	②

14. ① 외계인이 있다고 생각한다.
② 외계인은 상상의 허구라고 생각한다.

①	②

15. ① 능력이 있는 선배를 보고 자극을 느낀다.
② 능력이 있는 후배를 보고 자극을 느낀다.

①	②

5 TYPE D 개별 항목 선택 후 가장 가깝다 / 가장 멀다 선택 유형

※ 제시된 항목에 대해 각각 '매우 그렇지 않다 ~ 매우 그렇다' 중 선택한 후, 네 항목 중 자신과 가장 가까운 것을 하나, 가장 먼 것을 하나 선택한다.

[01~10] 4개 내외의 문항군으로 구성된 항목에서 자신이 동의하는 정도에 따라 '매우 그렇지 않다 ~ 매우 그렇다' 중 해당하는 것을 선택한 후, 자신과 가장 가까운 것과 가장 먼 것을 하나씩 선택하는 유형이다.

01. 1.1 내 분야에서 전문성에 관한 한 동급 최강이라고 생각한다.
1.2 규칙적으로 운동을 하는 편이다.
1.3 나는 사람들을 연결시켜 주거나 연결해 달라는 부탁을 주변에서 많이 받는 편이다.
1.4 다른 사람들이 생각하기에 관련 없어 보이는 것을 통합하여 새로운 아이디어를 낸다.

L 가장 멀다 / M 가장 가깝다
1 (매우 그렇지 않다) / 5 (매우 그렇다)

	L	M	1	2	3	4	5
1.1	○	○	○	○	○	○	○
1.2	○	○	○	○	○	○	○
1.3	○	○	○	○	○	○	○
1.4	○	○	○	○	○	○	○

02. 2.1 모임을 주선하게 되는 경우가 자주 있다.
2.2 나는 학창시절부터 리더역할을 많이 해 왔다.
2.3 새로운 아이디어를 낸다.
2.4 변화를 즐기는 편이다.

L 가장 멀다 / M 가장 가깝다
1 (매우 그렇지 않다) / 5 (매우 그렇다)

	L	M	1	2	3	4	5
2.1	○	○	○	○	○	○	○
2.2	○	○	○	○	○	○	○
2.3	○	○	○	○	○	○	○
2.4	○	○	○	○	○	○	○

03. 3.1 혼자서 생활해도 밥은 잘 챙겨먹고 생활리듬이 많이 깨지 않는 편이다.
3.2 다른 나라의 음식을 시도해 보는 것이 즐겁다.
3.3 나 스스로에 대해서 높은 기준을 제시하는 편이다.
3.4 "왜?"라는 질문을 자주 한다.

L 가장 멀다 / M 가장 가깝다
1 (매우 그렇지 않다) / 5 (매우 그렇다)

	L	M	1	2	3	4	5
3.1	○	○	○	○	○	○	○
3.2	○	○	○	○	○	○	○
3.3	○	○	○	○	○	○	○
3.4	○	○	○	○	○	○	○

04. 4.1 대화를 주도한다.
4.2 하루에 1 ~ 2시간 이상 자기 계발을 위해 시간을 투자한다.
4.3 나 스스로에 대해서 높은 기준을 세우고 시도해 보는 것을 즐긴다.
4.4 나와 다른 분야에 종사하는 사람들을 만나도 쉽게 공통점을 찾을 수 있다.

L 가장 멀다 / M 가장 가깝다
1 (매우 그렇지 않다) / 5 (매우 그렇다)

	L	M	1	2	3	4	5
4.1	○	○	○	○	○	○	○
4.2	○	○	○	○	○	○	○
4.3	○	○	○	○	○	○	○
4.4	○	○	○	○	○	○	○

05. 5.1 자신감 넘친다는 평가를 주변으로부터 듣는다.
5.2 다른 사람들의 눈에는 상관없어 보일지라도 내가 보기에 관련이 있으면 활용해서 할 수 있는 일에 대해서 생각해 본다.
5.3 다른 문화권 중 내가 잘 적응할 수 있다고 생각하는 곳이 있다.
5.4 한 달 동안 사용한 돈이 얼마인지 파악할 수 있다.

L 가장 멀다 / M 가장 가깝다
1 (매우 그렇지 않다) / 5 (매우 그렇다)

	L	M	1	2	3	4	5
5.1	○	○	○	○	○	○	○
5.2	○	○	○	○	○	○	○
5.3	○	○	○	○	○	○	○
5.4	○	○	○	○	○	○	○

06. 6.1 내 분야의 최신 동향 혹은 이론을 알고 있으며, 항상 업데이트하려고 노력한다.
6.2 나는 설득을 잘하는 사람이다.
6.3 현상에 대한 새로운 해석을 알게 되는 것이 즐겁다.
6.4 새로운 기회를 만들기 위해서 다방면으로 노력을 기울인다.

L 가장 멀다 / M 가장 가깝다
1 (매우 그렇지 않다) / 5 (매우 그렇다)

	L	M	1	2	3	4	5
6.1	○	○	○	○	○	○	○
6.2	○	○	○	○	○	○	○
6.3	○	○	○	○	○	○	○
6.4	○	○	○	○	○	○	○

07. 7.1 한 달 동안 필요한 돈이 얼마인지 파악하고 있다.
7.2 업무나 전공 공부에 꼭 필요한 분야가 아니더라도 호기심이 생기면 일정 정도의 시간을 투자하여 탐색해 본다.
7.3 어디가서든 친구들 중에서 내가 제일 적응을 잘하는 편이다.
7.4 대개 어떤 모임이든 나가다 보면 중심 멤버가 돼 있는 경우가 많다.

L 가장 멀다 / M 가장 가깝다
1 (매우 그렇지 않다) / 5 (매우 그렇다)

	L	M	1	2	3	4	5
7.1	○	○	○	○	○	○	○
7.2	○	○	○	○	○	○	○
7.3	○	○	○	○	○	○	○
7.4	○	○	○	○	○	○	○

08. 8.1 어떤 모임에 가서도 관심사가 맞는 사람들을 금방 찾아낼 수 있다.
8.2 잘 모르는 것이 있으면 전문서적을 뒤져서라도 알아내야 직성이 풀린다.
8.3 나와 함께 일하는 사람들을 적재적소에서 잘 이용한다.
8.4 상대방의 욕구를 중요하게 생각하며 그에 맞추어 주려고 한다.

L 가장 멀다 / M 가장 가깝다
1 (매우 그렇지 않다) / 5 (매우 그렇다)

	L	M	1	2	3	4	5
8.1	○	○	○	○	○	○	○
8.2	○	○	○	○	○	○	○
8.3	○	○	○	○	○	○	○
8.4	○	○	○	○	○	○	○

09. 9.1 극복하지 못할 장애물은 없다고 생각한다.
9.2 생활패턴이 규칙적인 편이다.
9.3 어디에 떨어트려 놓아도 죽진 않을 것 같다는 소리를 자주 듣는다.
9.4 내 분야의 전문가가 되기 위한 구체적인 계획을 가지고 있다.

L 가장 멀다 / M 가장 가깝다
1 (매우 그렇지 않다) / 5 (매우 그렇다)

	L	M	1	2	3	4	5
9.1	○	○	○	○	○	○	○
9.2	○	○	○	○	○	○	○
9.3	○	○	○	○	○	○	○
9.4	○	○	○	○	○	○	○

10. 10.1 누구보다 앞장서서 일하는 편이다.
10.2 내가 무엇을 하면 처져 있을 때 기분이 전환되는지 잘 알고 있다.
10.3 일어날 일에 대해서 미리 예상하고 준비하는 편이다.
10.4 동문회에 나가는 것이 즐겁다.

L 가장 멀다 / M 가장 가깝다
1 (매우 그렇지 않다) / 5 (매우 그렇다)

	L	M	1	2	3	4	5
10.1	○	○	○	○	○	○	○
10.2	○	○	○	○	○	○	○
10.3	○	○	○	○	○	○	○
10.4	○	○	○	○	○	○	○

6 TYPE E 상황 선택 유형

※ 제시된 항목을 읽고 본인에게 해당되는 부분을 선택하시오.

[01~06] 회사 생활에서 당면하는 각각의 상황을 읽고 그 행동에 대한 대부분 사람들의 공감 정도를 생각하여 '① 전혀 그렇지 않다, ② 별로 그렇지 않다, ③ 보통이다, ④ 약간 그렇다, ⑤ 거의 그렇다, ⑥ 매우 그렇다' 중 하나를 선택하는 문항과 일상 및 업무 중에 마주할 수 있는 상황과 함께 선택지에서 본인이 어떤 선택을 할 것인지 고르는 유형이 있다.

01. D 대리는 아직 입사 1년이 되지 않은 후임 Y 사원과 프로젝트 A, B를 하나씩 나눠 맡으라는 지시를 받았다. A 프로젝트는 난이도가 높고 임원들까지 각별히 관심을 갖고 있어 상당히 부담스러운 반면, B 프로젝트는 신입이라도 그럭저럭 진행할 만큼 무난하다. D 대리가 A 프로젝트를 맡으면 이로 인한 업무 스트레스와 실패 시 남을 오점이 우려되며, 반대로 D 대리가 B 프로젝트를 맡으면 아직 업무에 미숙한 Y 사원의 A 프로젝트 실패가 확실시된다. 당신이 D 대리라면 어떻게 하겠는가?

① Y 사원보다는 내가 업무에 능숙하므로 어렵더라도 A 프로젝트를 선택한다.
② Y 사원에게는 미안한 일이지만 나의 회사생활이 더 중요하므로 B 프로젝트를 선택한다.
③ 먼저 선택할 권한을 Y 사원에게 넘긴다.
④ 상사에게 자신과 Y 사원이 담당할 프로젝트를 각각 지정해 달라고 한다.

02. 당신은 평소 가고 싶던 부서에 발령을 받아 반드시 지방에 내려가야 하는 상황이다. 그런데 배우자는 자녀의 교육을 위해서는 지방 생활이 도움이 되지 않는다며 이사를 완강히 거부하고 있다. 어떻게 하겠는가?

① 가정과 자녀의 교육을 위해서 부서 발령과 이사를 포기한다.
② 혼자 지방에 내려가 따로 지낸다.
③ 부인에게 새로운 부서 발령과 지방 생활의 이점을 설득한다.
④ 부인의 설득은 나중으로 미루고 이사를 추진한다.

03. Z 회사의 직원인 P는 평소처럼 W 상사가 재미없는 농담을 해서 그냥 한 귀로 흘려듣고 있었다. 그런데 P를 꼭 찍어 "왜 안 웃어?"라고 W 상사가 묻는다. 이때 당신이 P라면 어떻게 하겠는가?

① 일단 큰 소리로 웃는다.

② 재미없었다는 생각이 드러나지 않게 다른 핑계를 댄다.

③ 웃음까지 강요하는 것은 부당하다고 말한다.

④ 더 재미있는 농담을 건네며 넘어간다.

04. K는 창의적인 기획안을 제출하였으나, 상사는 기존의 방식대로 일을 처리하자고 한다. 당신이 K라면 어떻게 하겠는가?

① 상사의 지시대로 한다.

② 더 높은 상사에게 기획안을 제출한다.

③ 동료들과 상의하여 기획안을 제출한다.

④ 창의적인 기획안을 실행했을 때의 장단점을 제출한다.

05. 함 사원의 부서는 상반기 성과가 좋아 회사로부터 추가 수당과 함께 휴가도 얻었다. 그런데 함 사원은 우연히 같은 부서 상사인 이 부장이 회사 규칙에 반하는 영업방식을 통해 부당한 업무성과를 내고 있으며, 이로 인해 함 사원의 부서가 이익을 얻고 있음을 알게 되었다. 이 사실을 알리면 추가 수당과 휴가의 반납은 물론 부서 사람들과의 관계도 완전히 틀어질 것이다.

	전혀 그렇지 않다	별로 그렇지 않다	보통이다	약간 그렇다	거의 그렇다	매우 그렇다
05-1 당신이 함 사원이라면 이 사실을 묵인할 것인가?	①	②	③	④	⑤	⑥
05-2 당신이 함 사원이라면 이 부장의 행동이 업계 관행인지 알아볼 것인가?	①	②	③	④	⑤	⑥

06. 이 팀장은 새로운 기획안을 진행하기 위해 팀원들로부터 세부적인 아이디어를 모았다. 이를 구체적으로 진행하려면 인력 보충이 필요한 상황이다. 이 팀장은 이번 프로젝트에 확실한 성과를 내야 하고, 충원할 수 있는 인력으로는 경력사원 P와 신입사원 A가 있다.

	전혀 그렇지 않다	별로 그렇지 않다	보통이다	약간 그렇다	거의 그렇다	매우 그렇다
06-1 당신이 이 팀장이라면 경력사원과 함께 일할 것인가?	①	②	③	④	⑤	⑥
06-2 당신이 이 팀장이라면 신입사원과 함께 일할 것인가?	①	②	③	④	⑤	⑥

전라북도교육청 소양평가

파트 3 면접가이드

01 면접의 이해

※ 능력 중심 채용에서는 타당도가 높은 구조화 면접을 적용한다.

1 면접이란

일을 하는 데 필요한 능력(직무역량, 직무지식, 인재상 등)을 지원자가 보유하고 있는지를 다양한 면접기법을 활용하여 확인하는 절차이다. 자신의 환경, 성취, 관심사, 경험 등에 대해 이야기하여 본인이 적합하다는 것을 보여 줄 기회를 제공하고, 면접관은 평가에 필요한 정보를 수집하고 평가하는 것이다.

- 지원자의 태도, 적성, 능력에 대한 정보를 심층적으로 파악하기 위한 선발 방법
- 선발의 최종 의사결정에 주로 사용되는 선발 방법
- 전 세계적으로 선발에서 가장 많이 사용되는 핵심적이고 중요한 방법

2 면접의 특징

서류전형이나 인적성검사에서 드러나지 않는 것들을 볼 수 있는 기회를 제공한다.

- 직무수행과 관련된 다양한 지원자 행동에 대한 관찰이 가능하다.
- 면접관이 알고자 하는 정보를 심층적으로 파악할 수 있다.
- 서류상으로 미비한 사항과 의심스러운 부분을 확인할 수 있다.
- 커뮤니케이션, 대인관계행동 등 행동 · 언어적 정보도 얻을 수 있다.

3 면접의 평가요소

1 인재적합도

해당 기관이나 기업별 인재상에 대한 인성 평가

2 조직적합도

조직에 대한 이해와 관련 상황에 대한 평가

3 직무적합도

직무에 대한 지식과 기술, 태도에 대한 평가

4 면접의 유형

구조화된 정도에 따른 분류

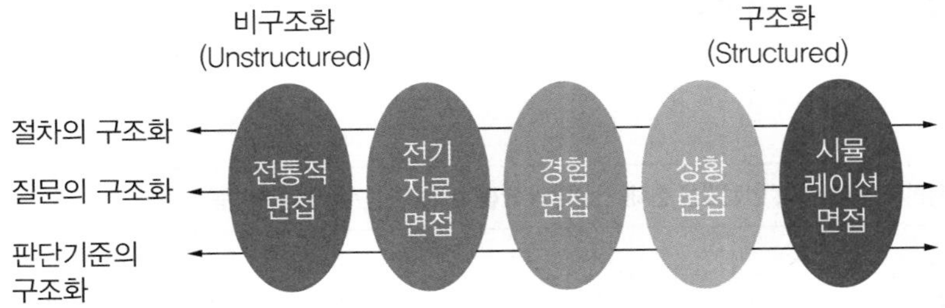

1 구조화 면접(Structured Interview)

사전에 계획을 세워 질문의 내용과 방법, 지원자의 답변 유형에 따른 추가 질문과 그에 대한 평가역량이 정해져 있는 면접 방식(표준화 면접)

- 표준화된 질문이나 평가요소가 면접 전 확정되며, 지원자는 편성된 조나 면접관에 영향을 받지 않고 동일한 질문과 시간을 부여받을 수 있음.
- 조직 또는 직무별로 주요하게 도출된 역량을 기반으로 평가요소가 구성되어, 조직 또는 직무에서 필요한 역량을 가진 지원자를 선발할 수 있음.
- 표준화된 형식을 사용하는 특성 때문에 비구조화 면접에 비해 신뢰성과 타당성, 객관성이 높음.

2 비구조화 면접(Unstructured Interview)

면접 계획을 세울 때 면접 목적만 명시하고 내용이나 방법은 면접관에게 전적으로 일임하는 방식(비표준화 면접)

- 표준화된 질문이나 평가요소 없이 면접이 진행되며, 편성된 조나 면접관에 따라 지원자에게 주어지는 질문이나 시간이 다름.
- 면접관의 주관적인 판단에 따라 평가가 이루어져 평가 오류가 빈번히 일어남.
- 상황 대처나 언변이 뛰어난 지원자에게 유리한 면접이 될 수 있음.

면접가이드

02 구조화 면접 기법

1 경험면접(Behavioral Event Interview)

면접 프로세스

안내	지원자는 입실 후, 면접관을 통해 인사말과 면접에 대한 간단한 안내를 받음.
질문	지원자는 면접관에게 평가요소(직업기초능력, 직무수행능력 등)와 관련된 주요 질문을 받게 되며, 질문에서 의도하는 평가요소를 고려하여 응답할 수 있도록 함.
세부질문	•지원자가 응답한 내용을 토대로 해당 평가기준들을 충족시키는지 파악하기 위한 세부질문이 이루어짐. •구체적인 행동·생각 등에 대해 응답할수록 높은 점수를 얻을 수 있음.

- 방식

  해당 역량의 발휘가 요구되는 일반적인 상황을 제시하고, 그러한 상황에서 어떻게 행동했었는지(과거경험)를 이야기하도록 함.
- 판단기준

  해당 역량의 수준, 경험 자체의 구체성, 진실성 등
- 특징

  추상적인 생각이나 의견 제시가 아닌 과거 경험 및 행동 중심의 질의가 이루어지므로 지원자는 사전에 본인의 과거 경험 및 사례를 정리하여 면접에 대비할 수 있음.
- 예시

지원분야		지원자		면접관	(인)
경영자원관리 조직이 보유한 인적자원을 효율적으로 활용하여, 조직 내 유·무형 자산 및 재무자원을 효율적으로 관리한다.					
주질문					
A. 어떤 과제를 처리할 때 기존에 팀이 사용했던 방식의 문제점을 찾아내 이를 보완하여 과제를 더욱 효율적으로 처리했던 경험에 대해 이야기해 주시기 바랍니다.					
세부질문					
[상황 및 과제] 사례와 관련해 당시 상황에 대해 이야기해 주시기 바랍니다. [역할] 당시 지원자께서 맡았던 역할은 무엇이었습니까? [행동] 사례와 관련해 구성원들의 설득을 이끌어 내기 위해 어떤 노력을 하였습니까? [결과] 결과는 어땠습니까?					

기대행동	평점
업무진행에 있어 한정된 자원을 효율적으로 활용한다.	① - ② - ③ - ④ - ⑤
구성원들의 능력과 성향을 파악해 효율적으로 업무를 배분한다.	① - ② - ③ - ④ - ⑤
효과적 인적/물적 자원관리를 통해 맡은 일을 무리 없이 잘 마무리한다.	① - ② - ③ - ④ - ⑤

척도해설

1 : 행동증거가 거의 드러나지 않음	2 : 행동증거가 미약하게 드러남	3 : 행동증거가 어느 정도 드러남	4 : 행동증거가 명확하게 드러남	5 : 뛰어난 수준의 행동증거가 드러남
관찰기록 : 총평 :				

※ 실제 적용되는 평가지는 기업/기관마다 다름.

2 상황면접(Situational Interview)

면접 프로세스

안내
지원자는 입실 후, 면접관을 통해 인사말과 면접에 대한 간단한 안내를 받음.

질문
- 지원자는 상황질문지를 검토하거나 면접관을 통해 상황 및 질문을 제공받음.
- 면접관의 질문이나 질문지의 의도를 파악하여 응답할 수 있도록 함.

세부질문
- 지원자가 응답한 내용을 토대로 해당 평가기준들을 충족시키는지 파악하기 위한 세부질문이 이루어짐.
- 구체적인 행동·생각 등에 대해 응답할수록 높은 점수를 얻을 수 있음.

- 방식
  직무 수행 시 접할 수 있는 상황들을 제시하고, 그러한 상황에서 어떻게 행동할 것인지(행동의도)를 이야기하도록 함.
- 판단기준
  해당 상황에 맞는 해당 역량의 구체적 행동지표
- 특징
  지원자의 가치관, 태도, 사고방식 등의 요소를 평가하는 데 용이함.

• 예시

지원분야		지원자		면접관	(인)
유관부서협업 타 부서의 업무협조요청 등에 적극적으로 협력하고 갈등 상황이 발생하지 않도록 이해관계를 조율하며 관련 부서의 협업을 효과적으로 이끌어 낸다.					
주질문					
당신은 생산관리팀의 팀원으로, 2개월 뒤에 제품 A를 출시하기 위해 생산팀의 생산 계획을 수립한 상황입니다. 그러나 원가가 곧 실적으로 이어지는 구매팀에서는 최대한 원가를 줄여 전반적 단가를 낮추려고 원가절감을 위한 제안을 하였으나, 연구개발팀에서는 구매팀이 제안한 방식으로 제품을 생산할 경우 대부분이 구매팀의 실적으로 산정될 것이므로 제대로 확인도 해 보지 않은 채 적합하지 않은 방식이라고 판단하고 있습니다. 당신은 어떻게 하겠습니까?					
세부질문					
[상황 및 과제] 이 상황의 핵심적인 이슈는 무엇이라고 생각합니까? [역할] 당신의 역할을 더 잘 수행하기 위해서는 어떤 점을 고려해야 하겠습니까? 왜 그렇게 생각합니까? [행동] 당면한 과제를 해결하기 위해서 구체적으로 어떤 조치를 취하겠습니까? 그 이유는 무엇입니까? [결과] 그 결과는 어떻게 될 것이라고 생각합니까? 그 이유는 무엇입니까?					

척도해설

1 : 행동증거가 거의 드러나지 않음	2 : 행동증거가 미약하게 드러남	3 : 행동증거가 어느 정도 드러남	4 : 행동증거가 명확하게 드러남	5 : 뛰어난 수준의 행동증거가 드러남
관찰기록 : 총평 :				

※ 실제 적용되는 평가지는 기업/기관마다 다름.

3 발표면접(Presentation)

면접 프로세스

안내
- 입실 후 지원자는 면접관으로부터 인사말과 발표면접에 대해 간략히 안내받음.
- 면접 전 지원자는 과제 검토 및 발표 준비시간을 가짐.

발표
- 지원자들이 과제 주제와 관련하여 정해진 시간 동안 발표를 실시함.
- 면접관은 발표내용 중 평가요소와 관련해 나타난 가점 및 감점요소들을 평가하게 됨.

질문응답
- 발표 종료 후 면접관은 정해진 시간 동안 지원자의 발표내용과 관련해 구체적인 내용을 확인하기 위한 질문을 함.
- 지원자는 면접관의 질문의도를 정확히 파악하여 적절히 응답할 수 있도록 함.
- 응답 시 명확하고 자신있게 전달할 수 있도록 함.

- 방식
  지원자가 특정 주제와 관련된 자료(신문기사, 그래프 등)를 검토하고, 그에 대한 자신의 생각을 면접관 앞에서 발표하며 추가 질의응답이 이루어짐.
- 판단기준
  지원자의 사고력, 논리력, 문제해결능력 등
- 특징
  과제를 부여한 후, 지원자들이 과제를 수행하는 과정과 결과를 관찰 · 평가함. 과제수행의 결과뿐 아니라 과제수행 과정에서의 행동을 모두 평가함.

4 토론면접(Group Discussion)

면접 프로세스

안내
- 입실 후, 지원자들은 면접관으로부터 토론 면접의 전반적인 과정에 대해 안내받음.
- 지원자는 정해진 자리에 착석함.

토론
- 지원자들이 과제 주제와 관련하여 정해진 시간 동안 토론을 실시함(시간은 기관별 상이).
- 지원자들은 면접 전 과제 검토 및 토론 준비시간을 가짐.
- 토론이 진행되는 동안, 지원자들은 다른 토론자들의 발언을 경청하여 적절히 본인의 의사를 전달할 수 있도록 함. 더불어 적극적인 태도로 토론면접에 임하는 것도 중요함.

마무리 (5분 이내)
- 면접 종료 전, 지원자들은 토론을 통해 도출한 결론에 대해 첨언하고 적절히 마무리 지음.
- 본인의 의견을 전달하는 것과 동시에 다른 토론자를 배려하는 모습도 중요함.

- 방식
  상호갈등적 요소를 가진 과제 또는 공통의 과제를 해결하는 내용의 토론 과제(신문기사, 그래프 등)를 제시하고, 그 과정에서 개인 간의 상호작용 행동을 관찰함.
- 판단기준
  팀워크, 갈등 조정, 의사소통능력 등
- 특징
  면접에서 최종안을 도출하는 것도 중요하나 주장의 옳고 그름이 아닌 결론을 도출하는 과정과 말하는 자세 등도 중요함.

면접가이드

5 역할연기면접(Role Play Interview)

- 방식
  기업 내 발생 가능한 상황에서 부딪히게 되는 문제와 역할을 가상적으로 설정하여 특정 역할을 맡은 사람과 상호작용하고 문제를 해결해 나가도록 함.
- 판단기준
  대처능력, 대인관계능력, 의사소통능력 등
- 특징
  실제 상황과 유사한 가상 상황에서 지원자의 성격이나 대처 행동 등을 관찰할 수 있음.

6 집단면접(Group Activity)

- 방식
  지원자들이 팀(집단)으로 협력하여 정해진 시간 안에 활동 또는 게임을 하며 면접관들은 지원자들의 행동을 관찰함.
- 판단기준
  대인관계능력, 팀워크, 창의성 등
- 특징
  기존 면접보다 오랜 시간 관찰을 하여 지원자들의 평소 습관이나 행동들을 관찰하려는 데 목적이 있음.

03 면접 최신 기출 주제

1 면접 빈출키워드

- 직무별 업무내용
- 특정 상황에서의 교육방법
- 개인정보법
- 전화 응대법
- 업무자세 / 마음가짐
- 교사, 동료와의 갈등 해결 방법
- 업무 처리 방법
- 해당 교육청의 교육목표
- 교육공무직원의 의무
- 민원 대처방법
- 업무분장
- 공문서

2 전라북도교육청 교육공무직원 최신 면접 기출

2023년

조리실무사	1. 지원한 동기를 말하고 자기소개를 해 보시오.
	2. 자신의 단점에 대해 말해 보시오.
	3. 손을 씻어야 할 때를 아는 대로 말해 보시오.
	4. HACCP에 대해 아는 대로 설명하시오.
특수교육 지도사	1. 지원동기를 말해 보시오.
	2. 자신의 단점과 보완방법을 말해 보시오.

2022년

특수교육 지도사	1. 특수교육지도사에게 필요한 자세는?
	2. 하교지도 중 학부모가 상담을 요청할 때 어떻게 대처할 것인가?
	3. 자폐아동의 특징에 대해 말해 보시오.
	4. 자신의 장점과 특기를 업무에 어떠한 방식을 활용할 수 있는지 말해 보시오.
	5. 장애 아동 수업지원은 어떠한 방식으로 이루어지는가?
	6. 장애인차별금지법에서 장애인에게 정당한 편의 제공을 하는 경우를 말해 보시오.
조리종사원	1. 산업재해를 예방하기 위한 방안에 대해 말해 보시오.
	2. 조리실 내 위생수칙을 3가지 이상 말해 보시오.
	3. 급식 중 학생에게 국을 쏟았을 때 어떻게 대처해야 하는가?
교육복지사	1. 교육복지우선지원사업이 시작된 이유와 어떠한 영역에서 운영되고 있는지 말해 보시오.

2021년

특수교육 지도사	1. 특수교육지도사가 갖춰야 할 자세 2가지 이상을 말해 보시오.
	2. 특수교사 부재 시 하교지도를 하는 도중 학부모가 학교생활과 학습태도에 관련하여 상담을 요청한다면 어떻게 대처할지 지도사의 자세와 연관 지어 말해 보시오.
	3. 자폐 아동의 특성과 통합교육 시 지원방법에 대해 말해 보시오.
	4. 특수교육과 일반교육의 차이점은 무엇이 있는가?
	5. 특수아동과 일반 아동 사이에 갈등이 발생할 경우 어떻게 대처하겠는가?
조리종사원	1. 동료들과 갈등이 발생한다면 어떻게 해결할 것인가?
	2. 조리종사원이 하는 일이 무엇인가?
	3. 교차오염 5가지에 대해 말해 보시오.
	4. 교차오염 방지를 위해 도마, 칼 등의 조리기구들을 어떻게 사용해야 하는가?

2020년

조리종사원	1. 동료의 일을 도와주다 나의 일에 차질이 발생되어 징계가 내려진다면 어떻게 하겠는가?
	2. 교차오염 방지를 위해 급식실에서는 칼, 도마, 앞치마, 고무장갑 등을 구분하여 사용하는데 구분법은 무엇인가?
	3. 짠 맛을 내기 위한 소금 사용 외의 나만의 비법이 있는가?

2019년

특수교육 지도사	1. 특수교육지도사 지원 동기에 대해 말해 보시오.
	2. 특수교육지도사의 업무 5가지 이상을 말해 보시오.
	3. 특수아동이 뇌전증일 때 어떻게 대처할 것인가?
	4. 특수교사와 특수아동의 학부모 간의 갈등이 생긴다면 어떻게 할 것인가?
	5. 특수교육지도사 업무와 관련된 경험 또는 경력이 있는가?
	6. 특수아동을 실제로 대해 본 경험이 있는가?

3 그 외 지역 교육공무직원 최신 면접 기출

2023년

경남

교무행정원	1. 청렴하기 위한 방법을 말해 보시오.
	2. 생태환경교육과 관련하여 생활 속에서 실천할 수 있는 방법은?
	3. 동료가 바쁜 본인을 도와주지 않는다고 화를 낼 경우 어떻게 대처하겠는가?
	4. 교무행정원의 업무 중 본인이 가장 자신 있는 것은?
조리실무사	1. 미숙한 사람과 한 조가 된다면 어떻게 하겠는가?
	2. 생소한 식재료로 조리를 해야 하는데 조리법을 모른다면 어떻게 하겠는가?
	3. 3식 하는 곳에 배정되면 어떻게 하겠는가?
	4. 세정제가 하나만 있을 때 채소, 어패류, 육류를 세척할 순서를 말해 보시오.
	5. 법정 감염병 대처 및 예방 방법 5가지를 말해 보시오.
	6. HACCP가 무엇인지 설명해 보시오.
안내원	1. 민원인을 어떻게 대할 것인가?
	2. 타부서 직원과 불화가 발생한다면 어떻게 하겠는가?
	3. 심폐소생술 순서를 말해 보시오.

충남

특수교육 실무원	1. 폭력적인 아이가 물건을 집어 던진다면 어떻게 대처할 것인가?
	2. 특수교육 대상자인 아동이 특수교육실무원에게 폭력을 당했다는 학부모 민원이 발생한다면 어떻게 대처할 것인가?
돌봄전담사	1. 발령받은 학교가 원한 곳이 아니거나 가정에서 먼 곳이라면 어떻게 하겠는가?
	2. 반복적인 민원이 들어온다면 어떻게 대처하겠는가?
	3. 돌봄전담사의 역할과 그 역할을 잘 수행하기 위한 자기계발 방법을 말해 보시오.

대전

공통질문	1. 교육공무직의 역할, 자세, 지원동기를 말해 보시오.
	2. 업무공백이 생길 경우 어떻게 할 것인가?
돌봄전담사	1. 돌봄교실 인원이 다 찼는데 추가인원 요청이 있을 경우 어떻게 할 것인가?
	2. 돌봄교실 내 안전사고 예방을 위해 어떻게 하겠는가?

특수교육 실무원	1. 어떠한 실무원이 되고 싶은가? 2. 아이들과 라포형성을 어떻게 하겠는가? 3. 특수교육실무원의 자세 3가지를 말해 보시오.
전문상담사	1. 전문상담사의 인성적 자질에 대해 말해 보시오. 2. 비밀보장 예외원칙에 따라 상담자 비밀에 대해 요청받을 수 있는 경우는?
체험해설 실무원	1. 의식 잃은 사람에게 구급처치 하는 방법과 제세동기 사용에 대해 말해 보시오. 2. 과학전시물 주제에 따라 시연해 보시오.

2022년

부산

특수교육 실무원	1. 뇌전증이 있는 특수 아동이 수업 중 발작을 시작할 때 어떻게 대처할 것인가? 2. 특수 아동이 계속 교문을 나가려 할 때(무단이탈) 이에 대한 사전 방안은? 3. 특수 아동의 등교 지원 시 학생이 20분 늦게 도착하게 됐을 때 어떻게 할 것인가? 4. 특수교육실무원의 역할과 자세는?
교육실무원	1. 학교 기록물 종류와 관리법에 대해 아는 대로 말해 보시오. 2. 정보공개법률에 따라 정보공개가 원칙인데, 공개하지 않아도 되는 정보는 무엇인가? 3. 교직원과 갈등이 발생할 경우 어떻게 대처할 것인가? 4. 교육실무원의 기본자세는?

경북

조리원	1. 조리원의 역할에 대해 아는 대로 말해 보시오. 2. 배식 중 좋아하는 반찬은 많이 받으려 하고 싫어하는 음식은 받지 않으려는 학생이 있다면 어떻게 할 것인가? 3. 손을 씻어야 하는 경우는 어떤 것이 있는가?
특수교육 실무사	1. 지원한 동기와 특수교육실무사의 역할에 대해 말해 보시오. 2. 학교 근무자로서 가져야 할 마음가짐과 자세에 대해 말해 보시오. 3. 특수 아동이 다쳤는데 학부모가 치료비를 요구할 경우 어떻게 해결할 것인가? 4. 돌봄 교실에서 학생이 타인에게 해를 끼쳐 퇴원 조치를 해야 하는 경우 어떻게 해결할 것인가?

경남

조리실무사	1. 손 씻는 방법에 대해 구체적으로 설명하시오. 2. 식중독 예방 3대 원칙은 무엇인가? 3. 동료 간에 불화가 발생한 경우 어떻게 대처할 것인가? 4. 자신의 캐비닛에 남의 금품이 있다면 어떻게 처리할 것인가? 5. 일을 하게 된 동기를 20초 이내로 말해 보시오. 6. 경남교육공동체의 소통, 공감과 관련하여 아는 대로 말해 보시오. 7. 조리실무사는 어떤 일을 하는 사람인가? 8. '녹색지구' 살리기를 위해 교직원으로서 학생들을 어떻게 지도할 것인가? 9. 소독의 종류에 대해 아는 대로 말해 보시오. 10. 악성 민원에 대처하는 방안에 대해 말해 보시오. 11. 손을 씻어야 하는 이유 7가지를 말해 보시오.
특수행정 실무원	1. 경남교육에서 목표로 하는 철학 4가지 중 3가지를 말해 보시오. 2. 행사나 축제 등으로 야간 업무를 해야 하는데 개인 사정으로 불참해야 할 경우 어떻게 대처할 것인가?

대전

교육복지사	1. 교육공무직원이 갖춰야 할 3가지 덕목은? 2. 다른 부서에 업무 공백이 생길 경우 해야 할 역할은 무엇인가?
특수교육 실무원	1. 교육공무직의 의무는? 2. 특수실무원의 직무향상을 위해 노력한 3가지와 본인이 특수실무가가 되고 싶은지 말해 보시오. 3. 법령에 근거하여 특수실무원이 하는 일에 대해 말해 보시오.

세종

간호사	1. 세종시교육청의 목표와 지표, 중점기 교육분야 3가지에 대해 말해 보시오. 2. 비협조적인 구성원과 갈등이 발생한다면 어떻게 해결할 것인가? 3. 경련을 일으키는 아동에 대한 5가지 대응방안을 말해 보시오. 4. 코로나19 예방 대응 4가지를 말해 보시오.

서울

돌봄전담사	1. 시간제 돌봄 연장에 관한 개인의 제안을 말해 보시오.
	2. 돌봄교실에 필요한 것은 무엇인가?
	3. 개인 실수로 인해 민원이 발생한 경우 어떻게 대처할 것인가?
	4. 시간제 돌봄 시간이 연장되었는데 그에 대한 정보와 이에 어떻게 대처하면 좋을지에 대해 말해 보시오.
특수교육 실무사	1. 자신의 장점과 지원한 직무와의 연관성에 대해 말해 보시오.
	2. 특수실무사의 역할에 대해 아는 대로 말해 보시오.
	3. 학생의 편식지도 방법 3가지를 말해 보시오.
	4. 학부모 민원 전화가 왔을 때 어떻게 대응할 것인가?
	5. 여러 가지 장애가 있는 특수장애 아이 지원에 대해 아는 대로 말해 보시오.

충북

초등돌봄 전담사	1. 최근 초등 관련 외의 자기계발을 한 사례와 좋았던 점을 말해 보시오.
	2. 초등돌봄전담사에 지원한 동기를 말해 보시오.
	3. 교육공무직원의 의무를 말해 보시오.
	4. 동료와 갈등이 발생한 경우 어떻게 대처할 것인가?
	5. 돌봄이 하는 일은 무엇인가?
	6. 학생 간 다툼이 발생한 경우 어떻게 중재할 것인가?

2021년

부산

특수교육 실무원	1. 특수교육실무원의 역량 및 자질에는 무엇이 있는가?
	2. 자폐아동의 특징 2가지와 지도 방식 3가지를 말해 보시오.
	3. 수업 중 난폭한 행동에 대한 대처 방안을 말해 보시오.
	4. 아동학대를 목격했을 때 대처 방안을 말해 보시오.
	5. 학교 구성원과의 갈등 시 대처 방안을 말해 보시오.

울산

유치원 방과후과정 전담사	1. 울산광역시교육청의 교육방향을 말하고, 이것을 유치원 방과후과정반에 어떻게 적용시켜 운영할 것인지 말해 보시오.
	2. 본인의 업무를 하기 위해서는 어떤 능력이 필요할 것 같은가? 이를 접목시킨 적이 있다면 사례를 들어 보시오.
	3. 교사들과의 마찰 시 어떻게 행동할 것인가?
	4. 전담사에게 제일 중요한 것이 무엇이라고 생각하는가?
	5. 본인의 업무 외 다른 일을 시켰을 때 어떻게 할 것인지 말해 보시오.
	6. 본인의 장단점이 무엇이라고 생각하는가?

광주

특수 교육실무사	1. 즐거운 직장 문화를 만들기 위해 무엇을 할 수 있는지 3가지를 말해 보시오.
	2. 여러 부서가 존재하고 각 부서 간 갈등이 많은데, 이를 어떻게 해결할 수 있을지 말해 보시오.
	3. 뇌병변을 앓고 있는 아이가 갑작스런 발작 시에 어떻게 대처할 것인가?
초등 돌봄전담사	1. 학교는 학생들의 안전교육이 중요하다. 안전교육 중 안전하게 귀가조치를 하기 위한 방법 3가지를 말해 보시오.
	2. 귀가시간을 지키지 않는 학부모가 있다면 어떻게 할 것인가?
	3. 저출산과 관련지어 돌봄교실의 역할은 무엇이라고 생각하는가?
과학실무사	1. 교사들을 지원하는 행정업무에 대해 어떻게 생각하는가?
	2. 과학실무사가 가져야 하는 자세 3가지에 대해 말해 보시오.
	3. 과학중점학교에 대해 어떻게 생각하는가?

경기

특수교육 지도사	1. 그간의 경력 및 학력이 특수교육지도사에 발휘될 수 있는 점을 말해 보시오.
	2. 교실에서 중복 장애, 복합적인 장애를 가진 학생들을 만났을 경우, 어떻게 지도할 것인가?
	3. 향후 인생의 계획을 말해 보시오.
	4. 다른 교사와 문제가 있을 때 어떻게 대처할 것인지 말해 보시오.
	5. 꼬집거나 소리 지르는 문제 아동에 대한 행동 대처와 대소변 실수 시 지원 방법에 대해 말해 보시오.
	6. 기억나는 특수아동이 있다면?
	7. 학부모의 상담요청이 빈번할 경우 어떻게 대처할 것인가?

	8. 원하지 않는 동네 유치원, 초등, 중등, 고등학교 발령 시 어떻게 할 것인가?
	9. 보육교사와 특수교육지도사의 업무 차이점에 대해 아는 대로 말해 보시오.
초등 돌봄전담사	1. 근무 중 다른 좋은 조건을 가진 자리가 난다면 갈 것인가?
	2. 다른 돌봄교사와 전담관리자 선생님과 의견 차이가 있어 갈등이 생길 경우, 어떻게 대처할 것인가?
	3. 돌봄교실에서 두 아이가 다툼을 하다가 다치게 된다면 어떻게 대처할 것인가?
	4. 자신의 성격의 장점을 말해 보시오.
	5. 컴퓨터 사용 능력은 어느 정도 되는가?

서울

교무행정 지원사	1. 동료가 한 달간 출근을 못하게 되었을 때 어떻게 할 것인가?
	2. 5년마다 전보 시, 이전 학교에서 하지 않은 일을 전보를 간 학교에서 하라고 한다면?
	3. 나로 인해 민원이 발생하여 학부모가 학교로 연락을 했을 경우, 어떻게 할 것인가?
특수 교육실무사	1. 나의 실수로 민원이 들어온다면 어떻게 해결할 것인가?
	2. 자폐 학생이 다른 학생에게 폭력을 행한다면 어떻게 대처할 것인가?
	3. 장특법에 나타나는 여러 장애에 대해 아는 대로 말해 보시오.

충북

특수 교육실무사	1. 자기계발을 하기 위해 어떤 노력을 했는가? 그리고 앞으로의 일을 하면서 필요한 자기계발이 있다면 어떻게 할 것인가?
	2. 특정 실무원이 아이의 모든 것을 도와주고 있을 때 문제점을 설명하고 당신이라면 어떻게 할 것인지 말해 보시오.

경남

교무행정원	1. 기후, 환경 문제를 해결하기 위해 학교에서 할 수 있는 것은 무엇인가?
	2. 몸이 안 좋아 병원을 예약했는데 갑자기 교감선생님이 업무를 시키신다면 어떻게 할 것인가?
	3. 성인지감수성이란 무엇이며, 교내에서 성추행 상황을 목격한다면 어떻게 할 것인가?
	4. 아이톡톡에 대해 아는 대로 말해 보시오.
	5. 교육행정지원팀의 목적과 의의는?
	6. 공문서 취급 방법 4가지 이상을 말해 보시오.
	7. 학부모 민원에 대응하는 4가지 방법을 말해 보시오.

교무행정원	8. 경남교육청에서 시행하고 있는 기후위기 대응운동에 대해 아는 대로 말해 보시오.
	9. 경남교육청의 정책방향 5가지 중 소통과 공감에 대해 말해 보시오.
돌봄전담사	1. 교육감이 올해 발표한 5대 교육정책은 무엇인가?
	2. 올해 돌봄교실 운영추진 목표와 과제를 말해 보시오.
	3. 여성가족부와 보건복지부에서 운영하는 각각의 돌봄교실 유형을 말해 보시오.
특수 교육실무사	1. 편식하는 아동의 지원 방법은?
	2. 특수실무원 역할 중 교수활동지원 4가지를 말해 보시오.
	3. 학교에서 직원들이 할 수 있는 코로나 예방(방역) 방법에 대해 4가지 이상 말해 보시오.

충남

교무행정사	1. 교무행정사에게 필요한 자질에 대해 아는 대로 말해 보시오.
	2. 교무행정사가 하는 일에 대해 말해 보시오.
	3. 어린 교사와 마찰이 생길 경우 어떻게 대처할 것인가?
	4. 학교에서 과중한 업무를 시킨다면 어떻게 할 것인가?
	5. 본인이 갖고 있는 자격증과 이를 업무에 어떻게 활용할 것인가?
	6. 정해진 절차와는 다르게 업무를 처리하라고 할 경우 어떻게 할 것인가?

세종

돌봄전담사	1. 김영란법의 목적과 상한가를 예로 들어 설명하라.
	2. 돌봄간식 수요조사 후, 학생들에게 나가기 전까지의 5단계는 무엇인가?
	3. 2월에 해야 할 일 4가지 이상을 말해 보시오.
	4. 합격 후 역량 강화를 위해 해야 할 일은 무엇인가?
	5. 교장선생님의 부당한 지시에 대해 어떻게 대처할 것인가?
	6. 살면서 크게 싸운 일이 있었을 텐데 어떻게 대처하였는가?

2020년

부산

조리원	1. 조리원으로 지원한 동기를 말해 보시오. 2. 알레르기 있는 학생이 있다면 어떻게 할 것인가? 3. 단체급식 경험이 있는가? 4. 조리원은 어떤 직업인 것 같은가? 5. 식중독 예방법에 대해 아는 대로 말해 보시오.
돌봄전담사	1. 초등 돌봄교실의 필요성과 초등 돌봄전담사로서의 복무 자세에 대해 말해 보시오. 2. 친구를 자꾸 때리고 괴롭히는 학생이 있다면 어떻게 지도할 것인가? 3. 돌봄전담사의 역할 3가지와 가장 중요하다고 생각되는 것은?
특수교육 실무원	1. 지체장애 아동의 식사 지도 시 주의할 점이 있다면? 2. 마스크를 착용하지 않으려는 아동이 있다면 어떻게 지도할 것인가? 3. 특수교사 학부모 아동과의 협업을 잘 하기 위한 자세는?

울산

사서	1. (경력이 없는 경우) 학교도서관에서는 혼자서 근무해야 하는데 어떻게 할 계획인가? 2. 생각하지 못한 상황이 닥치면 어떻게 대처할 것인가? 3. 독서율 증진을 위해 어떤 프로그램을 진행할 계획인가? 4. 교직원과 트러블이 생기면 어떻게 대처할 것인가?

대전

조리원	1. 동료가 자신의 일을 도와달라고 하면 어떻게 행동할 것인가? 2. 학부모나 학생이 급식 조리방법에 대해 민원을 제기한다면 어떻게 대처하겠는가? 3. 올바른 손 씻기 방법과 알코올 손 소독 방법에 대해 설명해 보시오.

세종

초등돌봄 전담사	1. 학교나 직장에서 의견 차이를 극복했던 경험과 방법에 대해 말해 보시오.
	2. 초등돌봄전담사의 직무에 대해 설명하고 내실화 방안에 대해 말해 보시오.
	3. 초등돌봄전담사로서 가져야 할 자세 및 자질을 말해 보시오.
	4. 코로나 바이러스와 관련하여 등교 찬반 입장과 그 이유를 설명해 보시오.
	5. 민원 응대방법에 대해 말해 보시오.
교육실무사	1. 교직원과 학생의 긍정적 관계를 유지하는 방법을 4가지 말해 보시오.
	2. 비협조적이었던 직원이 업무협조 요청 시 어떻게 대처할지 말해 보시오.
	3. 자신의 강점과 관련해서 자기계발을 어떻게 할지 말해 보시오.
	4. 봉사활동의 필요성을 4가지 말해 보시오.
	5. 화재 시 대처방법을 4가지 말해 보시오.
특수 교육실무사	1. 교직원으로서 학생과 교사가 조화롭게 융합하는 방법을 4가지 말해 보시오.
	2. 뇌전증 발작 시 대처방법을 4가지 말해 보시오.
	3. 자신의 장점과 그와 관련해 앞으로 어떻게 발전해 나갈지 말해 보시오.
	4. 관계가 좋지 않은 직원이 일을 부탁하면 어떻게 대처할지 말해 보시오.
	5. 특수교육실무사가 하는 일을 4가지 말해 보시오.

경북

조리원	1. 이물질 관련 컴플레인에 대한 대처방안을 말해 보시오.
	2. 약품 사용 시 유의사항을 3가지 이상 말해 보시오.
	3. 조리원의 기본 자세를 말해 보시오.
	4. 식중독 예방 방법 3가지를 말해 보시오.
	5. 학생들의 잘못된 식습관 2가지와, 맛있는 반찬만 배식해 달라고 했을 경우 대처 방법을 말해 보시오.
특수교육 실무사	1. 통합교육이 일반학생과 장애학생에게 주는 장점을 2가지씩 말해 보시오.
	2. 장애학생과 일반학생 간 학교폭력이 발생하였을 때 중재방법을 4가지 말해 보시오.
	3. 문제행동의 유형별(관심끌기, 회피, 자기자극) 중재방법을 1가지씩 말해 보시오.

경남

돌봄전담사	1. 퇴근을 준비하고 있는데 업무가 생긴다면 어떻게 대처할 것인가?
	2. 돌봄전담사의 주요 역할은 무엇인가?
	3. 교육공무직의 덕목을 말해 보시오.
사무행정원	1. 경남교육청의 슬로건을 말해 보시오.
	2. 사무행정원의 업무는 무엇인가?
	3. 공무직이 갖추어야 할 자세와 그중 무엇을 가장 중요하게 생각하는지 말해 보시오.
	4. 민원 전화를 받는 법을 말해 보시오.
특수교육 실무사	1. 교육공무직으로서의 자질과 덕목을 말해 보시오.
	2. 특수아동의 개인욕구를 어떻게 지원할 것인지 말해 보시오.
	3. 특수교육실무사의 역할과 그와 관련된 자신의 장점을 말해 보시오.
특수교육 실무원	1. 경남교육청이 밀고 있는 교육정책을 말해 보시오.
	2. 상사나 동료와의 갈등 시 대처방법을 말해 보시오.
	3. 특수교육실무원이 하는 일은 무엇인가?
	4. 민원 발생 시 대처방법을 말해 보시오.

인천

특수교육 실무사	1. 특수교육실무사의 역할은 무엇인가?
	2. 코로나 바이러스와 관련된 나만의 특화된 학생 지도방법은 무엇인가?
	3. (경력이 많은 경우) 신입 특수교사와 학생지도에 있어 갈등상황을 겪는다면 어떻게 해결할 것인가?
교무행정사	1. 동료가 교통사고가 나서 1달은 입원, 2달은 통원치료를 하는데 대체직 채용이 어려워서 업무가 과중된다면 어떻게 대처하겠는가?
	2. 전입생이 많은 경우 교무실과 행정실에서 전입생을 어떻게 지원할 것인가?
	3. 어려운 업무인 교과서 업무를 A 학교에서 5년 동안 맡았고, 5년 후 전보된 B 학교에서도 교과서 업무를 맡게 되었다면 어떻게 할 것인가?

충남

교무행정사	1. 교무행정사가 하는 일과 교무행정사가 필요한 이유는 무엇인가?
	2. 교무행정사에게 협업이 필요한 업무는 무엇이 있는가? 협업을 위한 자세를 3가지 말해 보시오.
	3. 동료와의 갈등 시 대처방법을 말해 보시오.

조리실무사	1. 중요하고 급한 업무와 상사의 지시 중 어떤 것을 먼저 하겠는가?
	2. 동료와의 불화나 갈등 발생 시 어떻게 대처할 것인가?
	3. 업무 중에 손을 씻어야 하는 경우를 5가지 이상 말해 보시오.

경기

특수교육 실무사	1. 특수교육실무사가 하는 역할을 말해 보시오.
	2. 본인의 교육에 대해 학부모가 불만을 가진다면 어떻게 대처하겠는가?
	3. 특수아동이 문제 행동(폭력성이나 성 문제 등)을 보이면 어떻게 대처하겠는가?

2019년

부산

돌봄전담사	1. 지원동기를 말해 보시오.
	2. 학부모와의 갈등 발생 시 대처방법에 대해 말해 보시오.
	3. 돌봄전담사의 역할 5가지를 말해 보시오.
	4. 급 · 간식 준비 시 주의할 점 4가지를 말해 보시오.
	5. 돌봄교실에서 신경 써야 할 안전교육 3가지와 안전상 문제가 생겼을 경우 대처방안을 말해 보시오.
	6. 돌봄교실 환경구성을 어떻게 할 것인지 3가지 방안을 말해 보시오.

울산

교육업무사	1. 개인정보보호 방법에는 무엇이 있는가?
	2. 자신의 강점은 무엇인가?
	3. 동료와의 갈등 상황을 어떻게 해결할 것인가?
	4. 민원인 또는 손님이 와서 차나 과일을 준비해 달라고 요청할 시 어떻게 대응할 것인가?
돌봄전담사	1. 지원동기를 말해 보시오.
	2. 일반적인 근무시간이 9~17시 또는 10~18시인데, 만약 학교에서 11~19시로 근무해 달라고 한다면 어떻게 하겠는가? 만약 자신은 근무시간 변경에 동의하는데 다른 직원들은 동의할 수 없다고 반대하여 근무시간 때문에 마찰이 생긴다면 어떻게 대처하겠는가?
	3. 잠시 화장실을 다녀오는 동안 아이가 다친 상황을 보지 못했다면 어떻게 대처하겠는가? 학부모가 이에 강한 불만을 가지고 따지러 왔다면 어떻게 하겠는가?
	4. 교실 cctv 설치에 대한 생각을 말해 보시오.
	5. 동료 직원들 간 또는 다른 부서 직원이나 상사와의 갈등이 일어났다면 어떻게 해결하겠는가? 선생님들과 갈등이 있을 때는 어떻게 대처하겠는가?
	6. 돌봄전담사의 역할에 대해 말해 보시오.

충남

교무행정사	1. 교육과정 개정으로 인한 5대 교육과제를 말해 보시오.
	2. 교무행정사가 하는 업무를 말해 보시오.
	3. 악성 민원인에 대처하는 방법을 말해 보시오.
	4. 퇴근 후 자녀를 데리러 가야 하는데 할 일이 남았거나 새로운 일이 주어졌다면 어떻게 하겠는가?
	5. 업무 수행에 불만을 가진 민원인이나 학부모가 찾아와서 따진다면 어떻게 대처할 것인가?
	6. 교무행정사로서 자신만의 강점과 단점에 대해 말해 보시오. 단점을 극복하기 위해 노력한 점은 무엇인가? 장점을 학교에서 활용할 수 있는 방안은 무엇인가?
	7. 교육공무직으로서 중요한 자세 3가지를 말해 보시오.
	8. 적극적 행정은 무엇이며, 자신이 생각하는 적극적 행정에 대해 말해 보시오.
	9. 교무행정사의 역할에 대해 말해 보시오.
	10. 악성 민원인에 대처하는 방법을 말해 보시오.
	11. 직상 상사가 부당한 명령을 내렸을 때 대처방법을 말해 보시오.
돌봄전담사	1. 교육공무직을 지원한 동기와 내가 잘할 수 있는 특기는?
	2. 돌봄전담사로서 어떤 마음가짐으로 일할 것인가?
	3. 최근에 읽은 책의 제목과 느낀점을 말해 보시오.

세종

공통질문	1. 교직원 및 학생과 긍정적인 관계를 유지하는 방법을 4가지 말해 보시오.
	2. 비협조적이었던 직원이 업무 협조 요청 시 어떻게 대처할 것인가?
	3. 자신의 강점과 관련하여 자기계발을 어떻게 할 것인가?
교무행정사	1. 봉사활동의 필요성을 4가지 말해 보시오.
	2. 화재 시 대처방법을 4가지 말해 보시오.
특수교육 실무사	1. 뇌전증 발작 시 대처방법을 4가지 말해 보시오.
	2. 특수교육실무사가 하는 일을 4가지 말해 보시오.

대전

특수교육 실무사	1. 특수교육실무사로 채용될 경우 어떤 자세로 일하겠는가?
	2. 지적장애아의 학습특성을 3가지 말해 보시오.
	3. 본인이 채용되면 교육청이 갖는 이점을 3가지 말해 보시오.
	4. 교육공무직원으로 갖춰야 할 자질을 말해 보시오.
	5. 특수교육실무사의 역할을 말해 보시오.
	6. 동료와의 갈등 발생 시 대처방법을 말해 보시오.

경북

조리실무사	1. 손 씻는 순서를 말해 보시오.
	2. 식중독 예방방법 3가지와 보존식에 대해 말해 보시오.
	3. 다른 조리원과 갈등 발생 시 대처방법을 말해 보시오.
	4. 경상북도교육청의 역점과제와 교육지표를 말해 보시오.
	5. 개인위생방법을 3가지 이상 말해 보시오.

서울

에듀케어	1. 에듀케어 교사로서 학급 교사와의 갈등에 어떻게 대응할 것인가?
	2. 사소한 민원으로 치부하여 커진 민원에 어떻게 대응할 것인가?
	3. 놀이 중심 교육과정을 적용한 방과후과정을 어떻게 진행할지 설명해 보시오.
교육실무사	1. 교장선생님께서 학연, 혈연과 관련된 부당한 지시를 한다면 어떻게 할 것인가?
	2. 담당자가 없어서 본인이 민원인을 대응했는데 민원인이 그것을 다시 민원으로 가져왔을 경우 어떻게 대처할 것인가?
	3. 코로나 바이러스와 관련된 학부모의 민원에 대해 어떻게 대응할 것인가?

4 그 외 면접 기출

- 자신이 급하게 처리해야 할 일을 하고 있는데 상사가 부당한 일을 시키면 어떻게 하겠는가? 거절을 했는데도 계속 시키면 어떻게 하겠는가?
- 교장선생님이 퇴근시간 이후에 새로운 일을 시키면 어떻게 하겠는가?
- 교장선생님이 시키신 일을 처리하는 중에 3학년 선생님이 전화해서 일을 부탁한다면 어떻게 대처하겠는가?
- 여러 선생님들이 동시에 일을 주었을 때 처리하는 순서에 대해 말해 보시오.
- 학교 근무 시 정말 하기 싫은 일을 시키면 어떻게 할 것인가?
- 동료들과 화합하고 갈등이 일어나지 않으려면 어떤 자세가 필요한가?
- 채용 후 근무 시 전문성을 키우기 위해 자기계발을 어떻게 하겠는가?
- 결혼하게 될 사람이 직장을 그만두라고 한다면?
- 지금까지 살면서 가장 힘들었던 순간과 그 순간을 극복한 사례를 말해 보시오.
- 사무부장이 타당하지 않은 일을 시키면 어떻게 하겠는가?
- 동료가 다른 학교로 전보를 가기 싫어하고 나는 거리가 멀어 갈 수 없는 상황이라면 어떻게 하겠는가?
- 행정실무사가 하는 업무는 무엇인지 말해 보시오. 자존심이 상하거나 교사에게 상대적인 박탈감을 느낄 수 있는데 잘 적응할 수 있겠는가?
- 살아오면서 좋은 성과를 낸 협업 경험이나 자원봉사활동 경험이 있다면 말해 보시오.
- 학교 발전을 위해 자신이 할 수 있는 것을 3가지 말해 보시오.
- 돌봄교실에서 아이들을 지도할 때 기존 프로그램과 다르게 자신만의 프로그램을 시도해 보고 싶은 것이 있다면?
- 돌봄교실에서 급식이나 간식 준비 시 유의사항 및 고려사항에 대해 말해 보시오.
- 돌봄교실에서 신경 써야 할 안전교육을 3가지 이상 말하고, 안전사고 시 대처방안에 대해 설명하시오.
- 학부모로부터 3학년 ○○○ 학생에게 방과후 수업이 끝나면 이모 집으로 가라고 전해 달라는 전화가 온다면 어떻게 할 것인가?
- 현재 학교에 없는 방과후 프로그램을 학부모가 만들어 달라고 요청하는 경우 어떻게 하겠는가?
- 2020년 개정되는 교육과정은 놀이와 쉼 중심으로 이루어지는데 이를 어떻게 운영해야 하는가?
- 아이가 다쳤을 때 어떻게 처리해야 하는지 의식이 있을 때와 없을 때를 구분하여 말해 보시오.

- 산만한 아이가 다른 아이들의 학습을 방해한다면 어떻게 해결할 것인가? 힘들게 하는 학생이 있다면 어떻게 대처하겠는가?

- 공문서에 대해 말해 보시오. 학교업무나 공문서 처리방법이나 유의사항은 무엇이 있는가?

- 사서가 되면 하고 싶은 일은 무엇이며, 독서율 증진을 위해 어떤 프로그램을 하고 싶은가?

- 전화 응대 방법에 대해 말해 보시오.

- 상급 근무부서에서 근무 중 전화가 오면 어떻게 받을 것인지 절차를 설명해 보시오.

- 민원인이 전화해서 자신의 업무와 상관없는 내용을 물어보면 어떻게 응대할 것인가?

- 고성이나 폭언 민원인을 상대하는 방법에 대해 말해 보시오.

- 다음 질문이 부정청탁 금품수수에 해당하는지 여부를 말해 보시오.
  - 퇴직한 교사가 선물을 받는 것
  - 교사가 5만 원 이하의 선물을 받는 것
  - 교직원 배우자의 금품수수
  - 기간제교사의 금품수수

- ○○교육청 교육공무직원 관리규정에 나오는 교육공무직의 8가지 의무 중 4가지 이상을 말해 보시오.

- ○○교육청의 교육비전, 교육지표, 교육정책을 말해 보시오.

- 발령지가 멀 경우 근무할 수 있는가?

- 컴퓨터를 사용할 수 있는가?

- 해당 직무를 수행할 때 가장 중요하게 생각하는 것 세 가지를 말해 보시오.

- 자리를 비운 사이 누군가 돈봉투를 두고 간 것을 발견했다면 어떻게 할 것인가?

- 아동학대가 발생하지 않도록 예방하는 방법은?

Memo

미래를 창조하기에 꿈만큼 좋은 것은 없다.
오늘의 유토피아가 내일 현실이 될 수 있다.

There is nothing like dream to create the future.
Utopia today, flesh and blood tomorrow.
빅토르 위고 Victor Hugo

교육공무직원 소양평가

감독관 확인란	

기출예상문제_연습용

성명표기란

수험번호

(주민등록 앞자리 생년제외) 월일

수험생 유의사항

※ 답안은 반드시 컴퓨터용 수성사인펜으로 보기와 같이 바르게 표기해야 합니다.
〈보기〉 ① ② ③ ❹ ⑤

※ 성명표기란 위 칸에는 성명을 한글로 쓰고 아래 칸에는 성명을 정확하게 ● 표기하십시오. (단, 성과 이름은 붙여 씁니다)

※ 수험번호 표기란 위 칸에는 아라비아 숫자로 쓰고 아래 칸에는 숫자와 일치하게 ● 표기하십시오.

※ 출생월일은 반드시 본인 주민등록번호의 생년을 제외한 월 두 자리, 일 두 자리를 표기하십시오. 〈예〉 1994년 1월 12일 → 0112

직무능력검사

문번	답란	문번	답란	문번	답란	문번	답란
1	① ② ③ ④	16	① ② ③ ④	31	① ② ③ ④	46	① ② ③ ④
2	① ② ③ ④	17	① ② ③ ④	32	① ② ③ ④	47	① ② ③ ④
3	① ② ③ ④	18	① ② ③ ④	33	① ② ③ ④	48	① ② ③ ④
4	① ② ③ ④	19	① ② ③ ④	34	① ② ③ ④	49	① ② ③ ④
5	① ② ③ ④	20	① ② ③ ④	35	① ② ③ ④	50	① ② ③ ④
6	① ② ③ ④	21	① ② ③ ④	36	① ② ③ ④		
7	① ② ③ ④	22	① ② ③ ④	37	① ② ③ ④		
8	① ② ③ ④	23	① ② ③ ④	38	① ② ③ ④		
9	① ② ③ ④	24	① ② ③ ④	39	① ② ③ ④		
10	① ② ③ ④	25	① ② ③ ④	40	① ② ③ ④		
11	① ② ③ ④	26	① ② ③ ④	41	① ② ③ ④		
12	① ② ③ ④	27	① ② ③ ④	42	① ② ③ ④		
13	① ② ③ ④	28	① ② ③ ④	43	① ② ③ ④		
14	① ② ③ ④	29	① ② ③ ④	44	① ② ③ ④		
15	① ② ③ ④	30	① ② ③ ④	45	① ② ③ ④		

잘라서 활용하세요.

교육공무직원 소양평가

감독관 확인란	

기출예상문제_연습용

성명표기란

ㄱ	ㅏ	ㄱ	ㄱ	ㅏ	ㄱ	ㄱ	ㅏ	ㄱ	ㄱ	ㅏ	ㄱ
ㄴ	ㅑ	ㄴ	ㄴ	ㅑ	ㄴ	ㄴ	ㅑ	ㄴ	ㄴ	ㅑ	ㄴ
ㄷ	ㅓ	ㄷ	ㄷ	ㅓ	ㄷ	ㄷ	ㅓ	ㄷ	ㄷ	ㅓ	ㄷ
ㄹ	ㅕ	ㄹ	ㄹ	ㅕ	ㄹ	ㄹ	ㅕ	ㄹ	ㄹ	ㅕ	ㄹ
ㅁ	ㅗ	ㅁ	ㅁ	ㅗ	ㅁ	ㅁ	ㅗ	ㅁ	ㅁ	ㅗ	ㅁ
ㅂ	ㅛ	ㅂ	ㅂ	ㅛ	ㅂ	ㅂ	ㅛ	ㅂ	ㅂ	ㅛ	ㅂ
ㅅ	ㅜ	ㅅ	ㅅ	ㅜ	ㅅ	ㅅ	ㅜ	ㅅ	ㅅ	ㅜ	ㅅ
ㅇ	ㅠ	ㅇ	ㅇ	ㅠ	ㅇ	ㅇ	ㅠ	ㅇ	ㅇ	ㅠ	ㅇ
ㅈ	ㅡ	ㅈ	ㅈ	ㅡ	ㅈ	ㅈ	ㅡ	ㅈ	ㅈ	ㅡ	ㅈ
ㅊ	ㅣ	ㅊ	ㅊ	ㅣ	ㅊ	ㅊ	ㅣ	ㅊ	ㅊ	ㅣ	ㅊ
ㅋ	ㅐ	ㅋ	ㅋ	ㅐ	ㅋ	ㅋ	ㅐ	ㅋ	ㅋ	ㅐ	ㅋ
ㅌ	ㅒ	ㅌ	ㅌ	ㅒ	ㅌ	ㅌ	ㅒ	ㅌ	ㅌ	ㅒ	ㅌ
ㅍ	ㅔ	ㅍ	ㅍ	ㅔ	ㅍ	ㅍ	ㅔ	ㅍ	ㅍ	ㅔ	ㅍ
ㅎ	ㅖ	ㅎ	ㅎ	ㅖ	ㅎ	ㅎ	ㅖ	ㅎ	ㅎ	ㅖ	ㅎ
	ㅘ		ㄲ	ㅘ	ㄲ	ㄲ	ㅘ	ㄲ	ㄲ	ㅘ	ㄲ
	ㅙ		ㄸ	ㅙ	ㄸ	ㄸ	ㅙ	ㄸ	ㄸ	ㅙ	ㄸ
	ㅚ		ㅃ	ㅚ	ㅃ	ㅃ	ㅚ	ㅃ	ㅃ	ㅚ	ㅃ
	ㅝ		ㅆ	ㅝ	ㅆ	ㅆ	ㅝ	ㅆ	ㅆ	ㅝ	ㅆ
	ㅞ		ㅉ	ㅞ	ㅉ	ㅉ	ㅞ	ㅉ	ㅉ	ㅞ	ㅉ
	ㅟ			ㅟ	ㄺ		ㅟ	ㄺ		ㅟ	ㄺ
	ㅢ			ㅢ	ㄻ		ㅢ	ㄻ		ㅢ	ㄻ

수험번호

0	0	0	0	0	0
1	1	1	1	1	1
2	2	2	2	2	2
3	3	3	3	3	3
4	4	4	4	4	4
5	5	5	5	5	5
6	6	6	6	6	6
7	7	7	7	7	7
8	8	8	8	8	8
9	9	9	9	9	9

(주민등록 앞자리 생년제외) 월일

0	0	0	0
1	1	1	1
2	2	2	2
3	3	3	3
4	4	4	4
5	5	5	5
6	6	6	6
7	7	7	7
8	8	8	8
9	9	9	9

수험생 유의사항

※ 답안은 반드시 컴퓨터용 수성사인펜으로 보기와 같이 바르게 표기해야 합니다.
〈보기〉 ① ② ③ ❹ ⑤

※ 성명표기란 위 칸에는 성명을 한글로 쓰고 아래 칸에는 성명을 정확하게 ● 표기하십시오.
(단, 성과 이름은 붙여 씁니다)

※ 수험번호 표기란 위 칸에는 아라비아 숫자로 쓰고 아래 칸에는 숫자와 일치하게 ● 표기하십시오.

※ 출생월일은 반드시 본인 주민등록번호의 생년을 제외한 월 두 자리, 일 두 자리를 표기하십시오. 〈예〉 1994년 1월 12일 → 0112

문번	답란	문번	답란	문번	답란	문번	답란
1	① ② ③ ④	16	① ② ③ ④	31	① ② ③ ④	46	① ② ③ ④
2	① ② ③ ④	17	① ② ③ ④	32	① ② ③ ④	47	① ② ③ ④
3	① ② ③ ④	18	① ② ③ ④	33	① ② ③ ④	48	① ② ③ ④
4	① ② ③ ④	19	① ② ③ ④	34	① ② ③ ④	49	① ② ③ ④
5	① ② ③ ④	20	① ② ③ ④	35	① ② ③ ④	50	① ② ③ ④
6	① ② ③ ④	21	① ② ③ ④	36	① ② ③ ④		
7	① ② ③ ④	22	① ② ③ ④	37	① ② ③ ④		
8	① ② ③ ④	23	① ② ③ ④	38	① ② ③ ④		
9	① ② ③ ④	24	① ② ③ ④	39	① ② ③ ④		
10	① ② ③ ④	25	① ② ③ ④	40	① ② ③ ④		
11	① ② ③ ④	26	① ② ③ ④	41	① ② ③ ④		
12	① ② ③ ④	27	① ② ③ ④	42	① ② ③ ④		
13	① ② ③ ④	28	① ② ③ ④	43	① ② ③ ④		
14	① ② ③ ④	29	① ② ③ ④	44	① ② ③ ④		
15	① ② ③ ④	30	① ② ③ ④	45	① ② ③ ④		

교육공무직원 소양평가

감독관 확인란

기출예상문제_연습용

성명표기란

ㄱ ㄴ ㄷ ㄹ ㅁ ㅂ ㅅ ㅇ ㅈ ㅊ ㅋ ㅌ ㅍ ㅎ

ㅏ ㅑ ㅓ ㅕ ㅗ ㅛ ㅜ ㅠ ㅡ ㅣ ㅐ ㅒ ㅔ ㅖ ㅘ ㅙ ㅚ ㅝ ㅞ ㅟ ㅢ

ㄲ ㄸ ㅃ ㅆ ㅉ ㄺ ㄻ

수험번호

0 1 2 3 4 5 6 7 8 9

(주민등록 앞자리 생년제외) 월일

0 1 2 3 4 5 6 7 8 9

수험생 유의사항

※ 답안은 반드시 컴퓨터용 수성사인펜으로 보기와 같이 바르게 표기해야 합니다.
〈보기〉 ① ② ③ ❹ ⑤

※ 성명표기란 위 칸에는 성명을 한글로 쓰고 아래 칸에는 성명을 정확하게 ● 표기하십시오. (단, 성과 이름은 붙여 씁니다)

※ 수험번호 표기란 위 칸에는 아라비아 숫자로 쓰고 아래 칸에는 숫자와 일치하게 ● 표기하십시오.

※ 출생월일은 반드시 본인 주민등록번호의 생년을 제외한 월 두 자리, 일 두 자리를 표기하십시오. 〈예〉 1994년 1월 12일 → 0112

직무능력검사

문번	답란	문번	답란	문번	답란	문번	답란
1	① ② ③ ④	16	① ② ③ ④	31	① ② ③ ④	46	① ② ③ ④
2	① ② ③ ④	17	① ② ③ ④	32	① ② ③ ④	47	① ② ③ ④
3	① ② ③ ④	18	① ② ③ ④	33	① ② ③ ④	48	① ② ③ ④
4	① ② ③ ④	19	① ② ③ ④	34	① ② ③ ④	49	① ② ③ ④
5	① ② ③ ④	20	① ② ③ ④	35	① ② ③ ④	50	① ② ③ ④
6	① ② ③ ④	21	① ② ③ ④	36	① ② ③ ④		
7	① ② ③ ④	22	① ② ③ ④	37	① ② ③ ④		
8	① ② ③ ④	23	① ② ③ ④	38	① ② ③ ④		
9	① ② ③ ④	24	① ② ③ ④	39	① ② ③ ④		
10	① ② ③ ④	25	① ② ③ ④	40	① ② ③ ④		
11	① ② ③ ④	26	① ② ③ ④	41	① ② ③ ④		
12	① ② ③ ④	27	① ② ③ ④	42	① ② ③ ④		
13	① ② ③ ④	28	① ② ③ ④	43	① ② ③ ④		
14	① ② ③ ④	29	① ② ③ ④	44	① ② ③ ④		
15	① ② ③ ④	30	① ② ③ ④	45	① ② ③ ④		

절취선 잘라서 활용하세요.

직무능력검사

교육공무직원 소양평가

감독관 확인란	

기출예상문제_연습용

성명표기란

ㄱ ㄴ ㄷ ㄹ ㅁ ㅂ ㅅ ㅇ ㅈ ㅊ ㅋ ㅌ ㅍ ㅎ	ㅏ ㅑ ㅓ ㅕ ㅗ ㅛ ㅜ ㅠ ㅡ ㅣ ㅐ ㅒ ㅔ ㅖ ㅘ ㅙ ㅚ ㅝ ㅞ ㅟ ㅢ	ㄱ ㄴ ㄷ ㄹ ㅁ ㅂ ㅅ ㅇ ㅈ ㅊ ㅋ ㅌ ㅍ ㅎ	ㄱ ㄴ ㄷ ㄹ ㅁ ㅂ ㅅ ㅇ ㅈ ㅊ ㅋ ㅌ ㅍ ㅎ ㄲ ㄸ ㅃ ㅆ ㅉ	ㅏ ㅑ ㅓ ㅕ ㅗ ㅛ ㅜ ㅠ ㅡ ㅣ ㅐ ㅒ ㅔ ㅖ ㅘ ㅙ ㅚ ㅝ ㅞ ㅟ ㅢ	ㄱ ㄴ ㄷ ㄹ ㅁ ㅂ ㅅ ㅇ ㅈ ㅊ ㅋ ㅌ ㅍ ㅎ ㄲ ㄸ ㅃ ㅆ ㅉ ㄺ ㄻ	ㄱ ㄴ ㄷ ㄹ ㅁ ㅂ ㅅ ㅇ ㅈ ㅊ ㅋ ㅌ ㅍ ㅎ ㄲ ㄸ ㅃ ㅆ ㅉ	ㅏ ㅑ ㅓ ㅕ ㅗ ㅛ ㅜ ㅠ ㅡ ㅣ ㅐ ㅒ ㅔ ㅖ ㅘ ㅙ ㅚ ㅝ ㅞ ㅟ ㅢ	ㄱ ㄴ ㄷ ㄹ ㅁ ㅂ ㅅ ㅇ ㅈ ㅊ ㅋ ㅌ ㅍ ㅎ ㄲ ㄸ ㅃ ㅆ ㅉ ㄺ ㄻ	ㄱ ㄴ ㄷ ㄹ ㅁ ㅂ ㅅ ㅇ ㅈ ㅊ ㅋ ㅌ ㅍ ㅎ ㄲ ㄸ ㅃ ㅆ ㅉ	ㅏ ㅑ ㅓ ㅕ ㅗ ㅛ ㅜ ㅠ ㅡ ㅣ ㅐ ㅒ ㅔ ㅖ ㅘ ㅙ ㅚ ㅝ ㅞ ㅟ ㅢ	ㄱ ㄴ ㄷ ㄹ ㅁ ㅂ ㅅ ㅇ ㅈ ㅊ ㅋ ㅌ ㅍ ㅎ ㄲ ㄸ ㅃ ㅆ ㅉ ㄺ ㄻ	

수험번호

⓪	⓪	⓪	⓪	⓪	⓪
①	①	①	①	①	①
②	②	②	②	②	②
③	③	③	③	③	③
④	④	④	④	④	④
⑤	⑤	⑤	⑤	⑤	⑤
⑥	⑥	⑥	⑥	⑥	⑥
⑦	⑦	⑦	⑦	⑦	⑦
⑧	⑧	⑧	⑧	⑧	⑧
⑨	⑨	⑨	⑨	⑨	⑨

(주민등록 앞자리 생년제외) 월일

⓪	⓪	⓪	⓪
①	①	①	①
②	②	②	②
③	③	③	③
④	④	④	④
⑤	⑤	⑤	⑤
⑥	⑥	⑥	⑥
⑦	⑦	⑦	⑦
⑧	⑧	⑧	⑧
⑨	⑨	⑨	⑨

수험생 유의사항

※ 답안은 반드시 컴퓨터용 수성사인펜으로 보기와 같이 바르게 표기해야 합니다.
〈보기〉 ① ② ③ ● ⑤

※ 성명표기란 위 칸에는 성명을 한글로 쓰고 아래 칸에는 성명을 정확하게 ● 표기하십시오.
(단, 성과 이름은 붙여 씁니다)

※ 수험번호 표기란 위 칸에는 아라비아 숫자로 쓰고 아래 칸에는 숫자와 일치하게 ● 표기하십시오.

※ 출생월일은 반드시 본인 주민등록번호의 생년을 제외한 월 두 자리, 일 두 자리를 표기하십시오. 〈예〉 1994년 1월 12일 → 0112

문번	답란	문번	답란	문번	답란	문번	답란
1	① ② ③ ④	16	① ② ③ ④	31	① ② ③ ④	46	① ② ③ ④
2	① ② ③ ④	17	① ② ③ ④	32	① ② ③ ④	47	① ② ③ ④
3	① ② ③ ④	18	① ② ③ ④	33	① ② ③ ④	48	① ② ③ ④
4	① ② ③ ④	19	① ② ③ ④	34	① ② ③ ④	49	① ② ③ ④
5	① ② ③ ④	20	① ② ③ ④	35	① ② ③ ④	50	① ② ③ ④
6	① ② ③ ④	21	① ② ③ ④	36	① ② ③ ④		
7	① ② ③ ④	22	① ② ③ ④	37	① ② ③ ④		
8	① ② ③ ④	23	① ② ③ ④	38	① ② ③ ④		
9	① ② ③ ④	24	① ② ③ ④	39	① ② ③ ④		
10	① ② ③ ④	25	① ② ③ ④	40	① ② ③ ④		
11	① ② ③ ④	26	① ② ③ ④	41	① ② ③ ④		
12	① ② ③ ④	27	① ② ③ ④	42	① ② ③ ④		
13	① ② ③ ④	28	① ② ③ ④	43	① ② ③ ④		
14	① ② ③ ④	29	① ② ③ ④	44	① ② ③ ④		
15	① ② ③ ④	30	① ② ③ ④	45	① ② ③ ④		

gosinet
(주)고시넷

대기업 · 금융

저마다의 일생에는,

특히 그 일생이 동터 오르는 여명기에는

모든 것을 결정짓는 한 순간이 있다.

그 순간을 다시 찾아내는 것은 어렵다.

그것은 다른 수많은 순간들의 퇴적 속에

깊이 묻혀있다.

- 장 그르니에, 섬 LES ILES

2024 | 교육공무직원 | 직무능력검사

고시넷 교육공무직원

전라북도교육청

소양평가

최신기출유형 모의고사 9회

정답과 해설

gosinet
(주)고시넷

2024 | 교육공무직원 | 직무능력검사

고시넷
교육공무직원

전라북도교육청

소양평가

최신기출유형 모의고사

9회

정답과 해설

gosinet
(주)고시넷

권두부록 최신기출유형

최신기출

문제 18쪽

언어논리력

01	①	02	④	03	④	04	④	05	④

수리력

01	②	02	④	03	③	04	③	05	②

공간지각력

01	①	02	④	03	③	04	①	05	④

문제해결력

01	④	02	①	03	③	04	②	05	①

이해력

01	③	02	①	03	②	04	④	05	④

영역1 언어논리력

01 언어논리력 글의 주제 찾기

| 정답 | ①

| 해설 | 제시된 글은 상대방에게 말할 때 '까'를 활용한 열린 질문으로 말하면 저항이 적어져 마음이 열리게 되고, 질문에 대해 스스로 생각하여 내린 결론을 거부감 없이 받아들인다고 설명하고 있다. 따라서 주제로 적절한 것은 ①이다.

02 언어논리력 문장 수정하기

| 정답 | ④

| 해설 | 반듯이는 '작은 물체 또는 생각이나 행동 따위가 비뚤어지거나 기울거나 굽지 아니하고 바르게'라는 뜻이고, 반드시는 '꼭, 틀림없이'의 뜻이므로 '반듯이'를 '반드시'로 고쳐야 한다.

| 오답풀이 |

① '피우다'는 '피다'의 사동사로 '피지'를 '피우지'로 하는 것이 맞다.

② 부사의 끝음절이 분명히 '이'로만 나는 것은 '-이'로 적고, '히'로만 나거나 '이'나 '히'로 나는 것은 '-히'로 적어야 한다. 부사인 '깨끗이'는 [깨끄시]로 발음되어 끝음절이 '이'로만 나므로 '-이'로 적는다. 또한, 'ㅅ' 받침 뒤에는 '이'로 적어야 한다.

③ '몸가짐이나 언행을 조심하다', '꺼리는 마음으로 양이나 횟수가 지나치지 아니하도록 하다' 등의 뜻일 때 '삼가다'로 쓴다.

03 언어논리력 세부 내용 이해하기

| 정답 | ④

| 해설 | 두 번째 문단에서 인간이 생산적인 사회에서 살 수 있을 경우에만 사회로부터 지식 교환의 가치를 얻을 수 있다고 하였다. 따라서 인간이 지식 교환의 가치를 얻을 수 없는 사회는 생산적인 사회가 아님을 알 수 있다.

| 오답풀이 |

① 글에 나타나 있지 않은 내용이다.

② 첫 번째 문장에서 인간은 누구나 생산적인 사회에서 평화롭게 살기를 원한다고 하였다.

③ 두 번째 문단에서 물리적 힘의 사용이 허용되는 경우에 개인의 권리가 침해당한다고 하였다.

04 언어논리력 문맥에 맞는 어휘 고르기

| 정답 | ④

| 해설 | 과거의 억울한 일을 떠올리는 것이므로 '지난 일을 돌이켜 생각하다'라는 뜻의 '회상하다'가 적절하다.

| 오답풀이 |

① 공상하다 : 현실적이지 못한 생각을 하다.

② 묵상하다 : 눈을 감고 말없이 마음속으로 생각하다.

③ 상상하다 : 실제로 경험해 보지 않은 현상이나 사물에 대하여 마음속으로 그려 보다.

05 언어논리력 흐름에 맞게 문장 배열하기

| 정답 | ④

| 해설 | 우선 '상대성'이라는 단어에 관해 말하고 있는 부분은 (가)와 (바)이다. (가)와 (바)는 모두 가치의 상대성이 발생하는 함정에 대해 논하고 있는데, (가)는 '그런데'라는 역접 관계의 접속사로 시작하므로 (바) 뒤에 (가)가 올 수 없어 (가)－(바)가 되어야 한다. (나)에는 '이에 따라'라는 지시어가 나오므로, (나)는 '자기 자신의 아이덴티티를 형성한다'라는 글이 포함되는 (라) 뒤에 오게 된다. 또한, (라)의 '그 문화적 풍토'가 (마)의 '각각의 형태를 갖고 있다'와 연결되기 때문에 (마)－(라)－(나)가 된다. 따라서 (마)－(라)－(나)－(가)－(바)－(다) 순이 적절하다.

영역2 수리력

01 수리력 일의 양 구하기

| 정답 | ②

| 해설 | 창고를 정리하는 일 전체를 1이라고 할 때, A는 하루에 $\frac{1}{4}$만큼, B는 하루에 $\frac{1}{12}$만큼 창고를 정리할 수 있다. 따라서 A와 B가 함께 창고를 정리한다면 하루에 $\frac{1}{4}+\frac{1}{12}=\frac{4}{12}=\frac{1}{3}$만큼 정리할 수 있다. 따라서 A와 B가 함께 창고를 정리한다면 3일 만에 창고 정리를 끝낼 수 있다.

02 수리력 부등식 활용하기

| 정답 | ④

| 해설 | A 제품을 x개, B 제품을 $(x+8)$개 구매한다고 하면 다음과 같은 식이 성립한다.

$4{,}500x+3{,}500(x+8)\leq 100{,}000$

$4{,}500x+3{,}500x+28{,}000\leq 100{,}000$

$8{,}000x\leq 72{,}000$

$x\leq 9$

따라서 김 대리가 구매할 수 있는 A 제품은 최대 9개이다.

03 수리력 거리 · 속력 · 시간 활용하기

| 정답 | ③

| 해설 | 시간＝거리÷속력이므로 차량 B가 이동한 시간은 0.25÷10＝0.025(시간)이 된다. 따라서 750m를 이동한 차량 A의 속력은 0.75÷0.025＝30(km/h)가 되는 것을 알 수 있다.

04 수리력 자료의 수치 분석하기

| 정답 | ③

| 해설 | 다른 도시에서 전입해 온 서울의 인구는 3,225＋2,895＋8,622＋3,022＝17,764(명)인데, 이는 서울로의 전체 전출 인구인 207,829명의 10% 이상이 아니므로 적절하지 않다.

05 수리력 자료의 수치 분석하기

| 정답 | ②

| 해설 | ㄷ. 20X9년 프랑스의 인구가 6,500만 명이라면 사망자는 $65{,}000{,}000\times\frac{9}{1{,}000}=585{,}000$(명)이다.

| 오답풀이 |

ㄱ. 유럽 5개 국가에 대한 자료만 제시되어 있으므로 유럽에서 기대수명이 가장 낮은 국가가 그리스인지는 알 수 없다.

ㄴ. 독일은 영국보다 인구 만 명당 의사 수가 많지만 조사망률은 더 높다.

영역3 공간지각력

01 공간지각력 제시된 블록 합치기

| 정답 | ①

| 해설 | ①은 다음과 같이 수정되어야 한다.

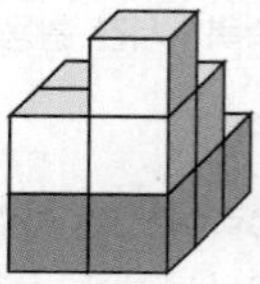

| 오답풀이 |

②

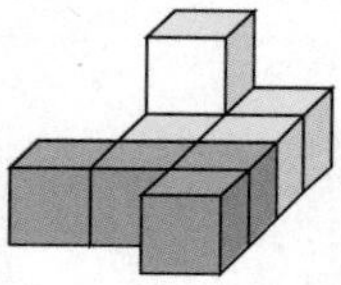

③

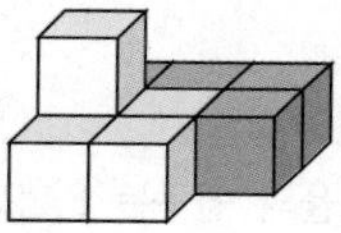

④

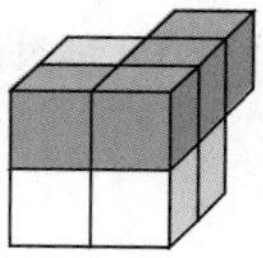

02 공간지각력 블록 개수 세기

| 정답 | ④

| 해설 | 블록 개수가 6개인 나머지와 다르게 ④의 블록 개수는 7개이다.

03 공간지각력 펼친 모양 찾기

| 정답 | ③

| 해설 | 접었던 선을 축으로 하여 역순으로 펼치면 다음과 같다.

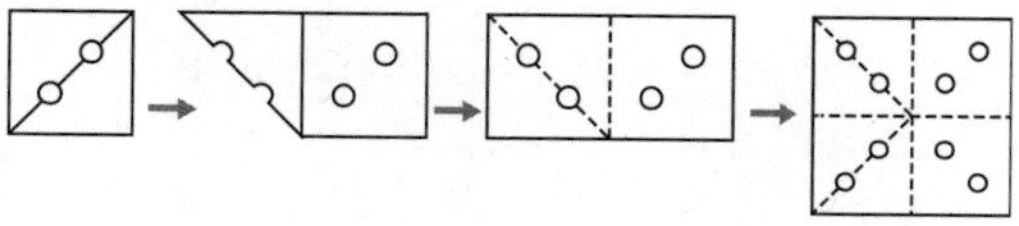

04 공간지각력 규칙 파악하여 도형 추론하기

| 정답 | ①

| 해설 | 제시된 그림은 전반적으로 시계방향으로 90°도씩 회전하고 있다. 그 안의 [●]는 시계방향으로 한 칸씩 이동하며 함께 회전하고 있다. 따라서 ①이 적절하다.

05 공간지각력 전개도를 접어 주사위 만들기

| 정답 | ④

| 해설 | 주사위의 앞면에 해당하는 곳을 전개도에서 찾은 후 앞면을 중심으로 뒷면을 찾으면 해결할 수 있다.

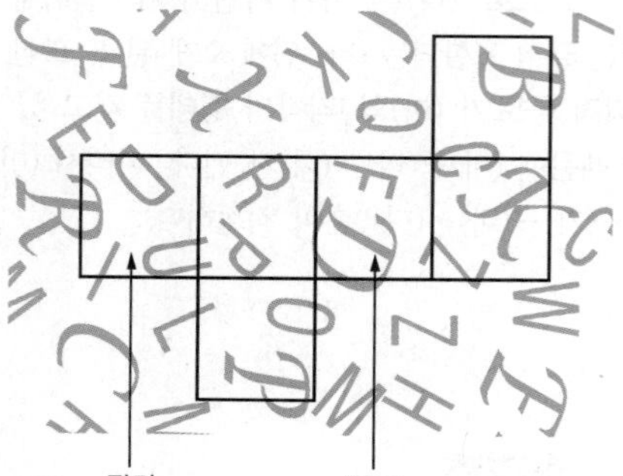

영역4 문제해결력

01 문제해결력 조건을 바탕으로 추론하기

| 정답 | ④

| 해설 | A와 D의 조건에 따라 A는 피자, D는 도넛을 좋아한다는 것을 알 수 있다. 그리고 B와 C의 조건에 따라 B는 치킨, C는 떡볶이를 좋아한다는 것을 알 수 있다. 이를 표로 정리하면 다음과 같다.

A	B	C	D
피자	치킨	떡볶이	도넛

따라서 ④는 옳지 않은 설명이다.

02 문제해결력 명제 판단하기

| 정답 | ①

| 해설 | 제시된 [전제]에서 '혁이는 어린이다' → '어린이들의 이는 충치가 생기기 쉽다' → '혁이는 충치가 생기기 쉽다'의 삼단논법이 성립한다.

03 문제해결력 조건을 바탕으로 추론하기

| 정답 | ③

| 해설 | D는 반드시 파견되며(첫 번째 조건), D가 파견되면 E 또한 파견된다(두 번째 조건). 또, A가 파견되면 D는 파견될 수 없고(네 번째 조건) 이것의 대우도 참이므로 D가 파견되면 A는 파견될 수 없다. 따라서 A는 파견되지 않는다. 그리고 E가 파견되면 A 혹은 C가 파견이 되는데(다섯 번째 조건), A는 파견되지 않으므로 C가 파견된다. 마지막으로 C가 파견되면 B가 파견될 수 없으므로(세 번째 조건) B는 파견되지 않는다. 따라서 파견되는 팀원은 C, D, E이다.

04 문제해결력 조건을 바탕으로 추론하기

| 정답 | ②

| 해설 | A는 B의 집 앞을 통과하여 학교에 가고, C는 A의 집 앞을 통과하여 학교에 가므로, B의 집이 학교에서 가장 가깝고 그 다음으로 A의 집, C의 집 순서임을 유추할 수 있다. 그런데 D는 B의 집 앞을 통과하여 학교에 간다는 조건이 제시되어 있고 A와 C의 집과의 거리에 대한 내용은 제시되어 있지 않으므로 A, C, D 중 누구의 집이 학교에서 가장 멀리 있는지는 알 수 없다. 따라서 제시된 조건으로 선택지의 내용 중 B의 집이 학교에서 가장 가깝다는 내용만을 추론할 수 있다.

05 문제해결력 명제 판단하기

| 정답 | ①

| 해설 | (C) → (A)에 의해 개나리를 좋아하는 사람은 진달래를 좋아하고, 진달래를 좋아하는 사람은 꽃을 좋아하므로, 개나리를 좋아하는 사람은 꽃을 좋아한다는 삼단논법이 성립한다.

영역5 이해력

01 이해력 상황에 맞는 행동 파악하기

| 정답 | ③

| 해설 | 〈상황〉은 직업윤리와 개인윤리가 충돌하는 상황을 보여 준다. 이런 경우 개인윤리보다 직업윤리를 우선시하는 것이 바람직하기 때문에 남 대리는 현호에게 아쉬움을 전하며 다음 기회를 약속하고 공항으로 나가 손님을 맞이하여야 한다.

| 오답풀이 |

② 일요일이지만 업무상 긴급한 상황이기 때문에 개인윤리보다는 직업윤리가 우선되어야 할 것이다.

④ 본인이 해야 할 업무를 다른 동료에게 부탁하는 것은 책임감 있는 태도라고 볼 수 없다.

02 이해력 상황에 맞는 행동 파악하기

| 정답 | ①

| 해설 | 출장 중인 직원들의 담당 업무일 경우 고객 정보를 받아 두고 출장에서 돌아와 민원을 처리하기로 했으나, 해당 상황이 발생했을 경우에는 처리할 수 있는 만큼 최대한 처리하고 메모해 두었다가 담당자에게 인계하여 마무리하는 것이 가장 바람직하다.

| 오답풀이 |

② 민원인은 사과나 인정보다는 민원을 빨리 처리해 줄 것을 요구하고 있다.

③ 이와 같이 대응했다가 처리가 불가한 민원일 경우 후에 오는 피해가 더 클 수 있다.

④ 민원인은 전화 연결까지 오래 걸린 데에도 불만을 가지고 있으므로 적절하지 않은 대응이다.

03 이해력 주차 요금 구하기

| 정답 | ②

| 해설 | AA 역에서 BB 역으로 가는 기차를 이용하였으므로 열차 이용 고객에 해당하는 30% 할인을 받을 수 있다. 또한 경형 자동차를 세워 두었으므로 50% 할인을 받을 수 있다.

중복할인이 불가능하므로 더 높은 할인율인 50%를 적용하면 다음과 같다.

1,000+300×27=9,100

9,100×0.50=4,550(원)

따라서 주차 요금으로 4,550원을 지불해야 한다.

04 이해력 자료를 바탕으로 답변하기

| 정답 | ④

| 해설 | 제기된 의문 사항은 투명 페트병을 다른 플라스틱과 분리하여 배출해야 하는 이유에 관한 것이다. '폐플라스틱을 회수하면 판매자가 이를 재사용하여 제품의 가격을 낮출 수 있다'는 것은 투명 페트병을 분리해야 하는 이유가 아닌, 일반 폐플라스틱을 분리수거하는 이유에 해당하므로 제기된 의문 사항의 답변으로 적절하지 않다.

05 이해력 자료의 내용 이해하기

| 정답 | ④

| 해설 | 단체 승차권은 20인 이상의 한 단체당 1매를 구매하는 것이므로 15인의 단체는 단체 승차권을 구매할 수 없다.

| 오답풀이 |

① 보호자 동반에 대한 규정은 알 수 없다.

② 매주 월요일은 프로그램을 운영하지 않지만 그 이유가 임진왜란 역사관 휴관 때문인지는 알 수 없다.

③ 1회 탐방 소요시간은 알 수 없다.

파트 1 기출예상문제

1회 기출예상문제

문제 34쪽

01	②	02	③	03	③	04	②	05	②
06	①	07	①	08	①	09	④	10	②
11	④	12	④	13	②	14	④	15	③
16	③	17	②	18	④	19	③	20	④
21	②	22	④	23	②	24	①	25	③
26	②	27	④	28	④	29	③	30	③
31	④	32	③	33	④	34	②	35	①
36	③	37	④	38	②	39	④	40	④
41	③	42	②	43	③	44	③	45	②
46	①	47	④	48	②	49	④	50	③

01 언어논리력 문맥에 맞는 어휘 고르기

| 정답 | ②

| 해설 | ㉠ '인식'은 '자극을 받아들이고 저장, 인출하는 정신 과정'이고, '각인'은 '머릿속에 깊이 기억되는 것'이므로 '인식'이 적절하다.

㉡ '경선'은 '둘 이상의 후보가 경쟁하는 선거'를 말한다. 선거는 이루어지지 않았으므로 '경쟁'이 옳다.

㉢ '현행'은 '현재 행해지고 있는'이라는 의미를 가진다. 그런데 밑줄 뒤의 말이 '행하고 있다', 행해지고 있다'와 의미가 자연스럽게 호응하지 않으므로 '현재'가 옳다.

㉣ '개선'은 '잘못된 것이나 부족한 것, 나쁜 것 따위를 고치는 것'을 의미하고, '개수'는 '고쳐서 바로잡거나 다시 만듦'을 의미한다. 개선은 기존의 것이 부정적인 경우에 쓰이는데, 여권 디자인의 경우 기존 여권의 문제점 때문에 새롭게 디자인을 한 것이 아니므로 '개수'가 적절하다.

㉤ '병기'는 '함께 나란히 적음', '적어서 나타냄'을 의미한다. 자료를 설명하기 위하여 옆에 나란히 적은 것이므로 '병기'가 적절하다.

02 언어논리력 글을 바탕으로 추론하기

| 정답 | ③

| 해설 | 허공을 제외하면 비물질적인 것은 존재하지 않으며, 영혼은 아주 미세한 입자들로 구성되어 있기 때문에 몸의 나머지 구조들과 더 잘 조화를 이룰 수 있다고 하였다. 그러므로 영혼이 비물질적인 존재라고 추론하는 것은 적절하지 않다.

| 오답풀이 |

① 허공이 없다면 물체가 존재할 곳이 없고, 움직일 수 있는 공간도 없을 것이므로 물체의 운동을 위해 반드시 필요하다.

② 몸은 감각의 원인을 영혼에 제공한 후 자신도 감각 속성의 몫을 영혼으로부터 얻기 때문에 감각을 얻기 위해서는 영혼과 몸 모두가 필요하다.

④ 영혼이 담겨 있던 몸 전체가 분해되면 영혼의 입자들도 더 이상 이전과 같은 능력을 가지지 못하고 해체되며 감각 능력도 잃게 된다.

03 언어논리력 내용에 알맞은 제목 파악하기

| 정답 | ③

| 해설 | 제시된 글은 도시공원의 역할과 중요성에 관해 설명하고 있으며 현재 도시공원의 문제점에 대해 언급하고 있다. 또한 도시공원의 문제점을 개선하여 모두가 동등하게 이용할 수 있게 해야 한다는 점을 강조하고 있다. 따라서 이 글의 제목으로 적절한 것은 ③이다.

04 언어논리력 글의 내용 반론 · 평가하기

| 정답 | ②

| 해설 | 첫 번째 문단, 두 번째 문단은 기술의 양면성에 관해 언급하고 있고, 세 번째 문단은 사회 구조를 바람직하게 하려면 비판적이고 균형있는 철학과 사상이 필요하다고 주장하고 있다. 글쓴이가 말하고자 하는 바는 세 번째 문단에 나타나 있다. 논지를 반박하는 내용을 골라야 하므로 주제 문단인 세 번째 문단과 반대되는 내용을 고르면 된다. 그러므로 기술의 양면성을 철학과 사상이 아닌 또 다른 새로운 기술로 보완해야 한다는 ②가 글을 반박하는 내용으로 적절하다.

| 오답풀이 |

① 첫 번째 문단의 마지막 문장 내용을 반박할 수 있지만, 이는 글쓴이가 궁극적으로 말하고자 하는 바가 아니므로 적절하지 않다.

③ 글쓴이는 통제할 수 없는 기술이 존재한다고 보았다. 이는 인간이 강제적으로 기술의 순기능만을 발전시킬 수 없다는 사실을 암묵적으로 전제하고 있는 것이다. 따라서 글쓴이의 입장과 반대되는 내용은 맞지만, ①과 마찬가지로 글쓴이의 주장에 대한 반박이 아니다.

05 언어논리력 문맥에 맞는 어휘 고르기

| 정답 | ②

| 해설 | '지나쳐 버리다'는 '어떤 일에 관심을 가지지 않고 그냥 넘기다'는 의미이므로 '간과(看過)하다'와 의미가 유사하다.

| 오답풀이 |

① 경시(輕視)하다 : 대수롭지 않게 보거나 업신여기다.

③ 몰각(沒覺)하다 : 깨달아 인식하지 못하다.

④ 무시(無視)하다 : 사물의 존재 의의나 가치를 알아주지 아니하다. 사람을 깔보거나 업신여기다.

06 언어논리력 이어질 내용 유추하기

| 정답 | ①

| 해설 | 첫 번째 문단을 보면 나라를 위해 헌신한 이들에게 적절한 보상과 지원제도를 마련하기 위해서는 적지 않은 국가 재정이 소요되므로 한정된 재정을 활용하여 그 효과를 극대화하기 위한 고민을 해야 한다고 나와 있다. 두 번째 문단을 보면 지원을 위한 재정이 국민들의 세금에 의해 마련되므로 결코 허투루 사용되어서는 안 된다는 내용이 나온다. 따라서 국민들이 세금을 납부하는 것이 의무사항이기는 하지만 나라는 이러한 예산을 신중하게 사용해야 한다는 내용이 이어져야 자연스럽다.

07 언어논리력 글의 흐름에 맞게 문단 배열하기

| 정답 | ①

| 해설 | (가)를 제외한 문단 모두 4차 산업혁명의 부정적 측면에 대하여 언급하고 있으므로 가장 먼저 (가)를 배치하고 그 다음에 '하지만'으로 시작하는 (다)를 배치하는 것이 자연스럽다. 이때 (다)에서 노동 시장의 붕괴에 대해 언급하였으므로 노동 시장에 대한 구체적인 예시를 들고 있는 (나)를 세 번째 순서로 배치한다. 마지막으로 대응 전략을 논하는 (라)가 배치되어야 한다. 따라서 올바른 순서는 (가)－(다)－(나)－(라)이다.

08 언어논리력 글의 주제 찾기

| 정답 | ①

| 해설 | 제시된 글에 따르면 아프리카 초원의 치타는 몸집이 작고 빠른 가젤을 사냥하는 데 전문화하여, 만약 초원의 생태조건이 변하거나 가젤들의 몸집이 더 커지거나 멸종해 버린다면 살아남기 힘들다. 또한 중국의 판다는 많은 양의 죽순을 먹어야 하기 때문에 기본적으로 대나무 숲이 없으면 살아갈 수가 없다. 즉, 제시된 글에서는 전문화는 현재 상태의 환경에서는 가장 효율적인 생존방식일 수 있으나 환경에 큰 변화가 일어나면 유연하게 대응하지 못하고 위험에 빠질 공산이 큼을 보여 주고 있다. 따라서 '생물의 세계에서도 전문화는 양면성을 갖는 상당히 위험한 전략이다.'가 주제로 적절하다.

09 언어논리력 글쓴이의 생각 파악하기

| 정답 | ④

| 해설 | 제시된 글의 필자는 시장형 성격의 사람과 비생산적인 성격의 사람은 사랑에 대해 오해하고 있다고 본다. 교환하는 사랑과 고통을 감수하는 희생의 사랑을 사랑으로 보지 않는 것이다.

10 언어논리력 다의어 파악하기

| 정답 | ②

| 해설 | 〈보기〉의 '사이'와 ②의 '사이'는 한때로부터 다른 때까지의 동안을 의미한다.

| 오답풀이 |

①, ③ 주로 '없다'와 함께 쓰여 어떤 일에 들이는 시간이나 여유나 겨를을 의미하는 '사이'로 쓰였다.

④ 서로 맺은 관계. 또는 사귀는 정분을 의미하는 '사이'로 쓰였다.

11 언어논리력 글의 견해 파악하기

| 정답 | ④

| 해설 | 출산율을 높이기 위한 지원금 액수의 많고 적음을 문제화하고 있는 글이 아니다. 지원금 액수가 증가하였음에도 불구하고 출산율이 오르지 않았다는 것을 강조하는 내용이므로, 단순한 지원금 증액보다 출산을 유도하기 위한 근본적인 대책이 필요하다는 문제제기를 엿볼 수 있다.

12 언어논리력 문맥에 어울리지 않는 문장 파악하기

| 정답 | ④

| 해설 | 글의 전체적인 내용은 주택과 아동의 건강이 가지는 상관관계이다. ④는 이와 관련 없는 성인 남성의 질환에 대해 언급하고 있으므로 적절하지 않다.

13 언어논리력 적절한 조언 고르기

| 정답 | ②

| 해설 | 면접관이 던진 질문에는 정해진 정답이 없을 수도 있으며, 이런 경우 사실이 아니더라도 납득할 수 있는 해답을 끌어내는 센스가 필요하다. 즉, 기발하면서도 재치 있는 답변을 해서 분위기를 유쾌하게 이끌어 가는 것이 가장 좋다.

14 수리력 수 추리하기

| 정답 | ④

| 해설 |

7　8　12　19　(?)　42　58

+1　+4　+7　+10　+13　+16

+3　+3　+3　+3　+3

따라서 '?'에 들어갈 숫자는 19+10=29이다.

15 수리력 일의 양 구하기

| 정답 | ③

| 해설 | 전체 일을 1이라고 하면 혼자서 하루 동안 하는 일의 양은 A가 $\frac{1}{5}$, B가 $\frac{1}{10}$이다. A가 2일 동안 혼자서 일을 했으므로 그동안 일은 전체의 $\frac{2}{5}$가 진행된 상태이며, 남은 $\frac{3}{5}$을 A와 B가 함께 진행하게 된다. A와 B가 같이 일을 할 경우 하루 동안 하는 일의 양은 $\frac{1}{5}+\frac{1}{10}=\frac{3}{10}$이므로 A와 B가 $\frac{3}{5}$의 일을 진행하는 데에는 2일이 소요된다. 따라서 모든 일을 완료하는 데 걸린 총 기간은 2+2=4(일)이다.

16 수리력 피자 가격 계산하기

| 정답 | ③

| 해설 | 부가세 15%를 포함하지 않은 원래의 피자 가격을 x원이라고 하면, 식은 다음과 같다.

$$x+\left(x\times\frac{15}{100}\right)=18,400$$

$$1.15x=18,400$$

$$\therefore\ x=16,000(\text{원})$$

따라서 부가세 10%를 포함한 피자의 가격은 $16,000+\left(16,000\times\frac{10}{100}\right)=17,600$(원)이다.

17 수리력 거리 · 속력 · 시간 활용하기

| 정답 | ②

| 해설 | 열차가 40m를 이동하는 데 10초가 걸렸으므로 열차의 속력은 40(m)÷10(s)=4(m/s)이다. 열차는 등속운동을 하므로 A 다리의 길이, 즉 열차가 이동한 거리는 4(m/s)×5(s)=20(m)이다.

18 수리력 방정식 활용하기

| 정답 | ④

| 해설 | 책 전체 페이지 수를 x장이라 하면 다음과 같은 식이 성립한다.

$$\left(x\times\frac{1}{3}\right)+\left(x\times\frac{1}{4}\right)+100+200=x$$

$$\frac{7}{12}x+300=x$$

$$7x+3,600=12x$$

$$\therefore\ x=720(\text{장})$$

따라서 책은 총 720장이다.

19 수리력 자료의 수치 분석하기

| 정답 | ③

| 해설 | ㉡ 학교 시설과 주변 환경 모두 매우 만족과 보통이라고 답한 비율이 90%에 가깝기 때문에 매우 불만족스럽다고 판단하기는 어렵다.

㉣ 보통이라고 답한 비율도 낮지 않기 때문에 매우 우호적이라고 판단하기는 어렵다.

20 수리력 자료의 수치 분석하기

| 정답 | ④

| 해설 | 20X7년 아파트에 거주하는 가구의 비중은 $\frac{9,671}{19,674}\times100\fallingdotseq49.2(\%)$로 50% 미만이다.

21 수리력 최소공배수로 시간 추론하기

| 정답 | ②

| 해설 | A 버스는 30분마다, B 버스는 60분마다, C 버스는 80분마다 출발한다. 따라서 7시에 동시에 출발한 후 처음으로 다시 동시에 출발하는 시간은 30, 60, 80의 최소공배수인 240분(4시간) 후로, 11시이다.

22 수리력 자료 이해하기

|정답| ④

|해설| 어종 자체에 대한 자료는 제시되어 있지 않으므로 특정 어종별 사육 경영체가 증가 또는 감소한 내역을 확인할 수 없다.

23 수리력 자료의 수치 분석하기

|정답| ②

|해설| (다) 2008년 이후 가족 수는 2008년이 598가족으로 가장 많다.

|오답풀이|

(가) 2011년과 2020년에는 전년에 비해 전체 인원수가 증가하였다.

(나) 2020년에는 전체 인원수와 가족 수 모두 증가하였다.

24 수리력 최대 개수 구하기

|정답| ①

|해설| 위탁수하물로 부칠 수 있는 무게는 캐리어를 포함하여 최대 20kg이고, 캐리어에는 서류와 옷, 신발을 넣어야 하기 때문에 기념품은 $20-4.5-2.2-1.7\times2-1.2=8.7$(kg)을 넣을 수 있다. 기념품 1개의 무게가 800g이므로 기념품은 최대 10개를 넣을 수 있다.

25 수리력 직원 수 구하기

|정답| ③

|해설| 전체 직원 수는 750명이고 충청도는 20%, 경상도는 18%이므로 계산을 통해 각 150명과 135명이라는 것을 알 수 있다. 전라도와 제주도는 105명이므로 서울과 경기도, 강원도의 합계는 $750-150-135-105=360$(명)이다. 서울·경기도 출신 직원의 수가 강원도 출신 직원의 수의 3배이므로 강원도 출신 직원의 수를 x명이라고 하면 다음과 같이 식을 세울 수 있다.

$x+3x=360$

$\therefore x=90$(명)

따라서 강원도 출신 직원의 수는 90명이다.

26 공간지각력 펼친 모양 찾기

|정답| ②

|해설| 접었던 선을 축으로 하여 역순으로 펼치면 다음과 같다.

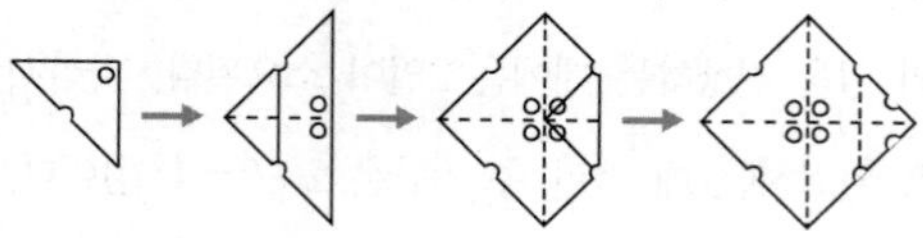

27 공간지각력 도형 개수 파악하기

|정답| ④

|해설| 평행사변형을 이루는 칸의 개수를 나누어 세면 다음과 같다.

- 한 칸으로 구성되는 평행사변형의 개수 : 15개
- 두 칸으로 구성되는 평행사변형의 개수 : 22개
- 세 칸으로 구성되는 평행사변형의 개수 : 14개
- 네 칸으로 구성되는 평행사변형의 개수 : 14개
- 다섯 칸으로 구성되는 평행사변형의 개수 : 3개
- 여섯 칸으로 구성되는 평행사변형의 개수 : 10개
- 여덟 칸으로 구성되는 평행사변형의 개수 : 4개
- 아홉 칸으로 구성되는 평행사변형의 개수 : 3개
- 열 칸으로 구성되는 평행사변형의 개수 : 2개
- 열두 칸으로 구성되는 평행사변형의 개수 : 2개
- 열다섯 칸으로 구성되는 평행사변형의 개수 : 1개

따라서 크고 작은 평행사변형은 모두 $15+22+14+14+3+10+4+3+2+2+1=90$(개)이다.

28 공간지각력 제시된 블록 합치기

|정답| ④

|해설| 먼저 두 블록의 개수를 합하고, 이것과 비교하여

선택지의 블록 개수 중 그 수가 다른 것을 찾으면 좀 더 빨리 풀 수 있다. 이 방법으로 찾지 못할 경우에는 각 선택지에서 주어진 블록이 알맞게 들어간 형태를 찾아 소거하면 된다. ④는 동그라미 친 부분이 제거되어야 한다.

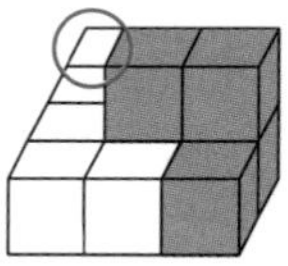

| 오답풀이 |

①

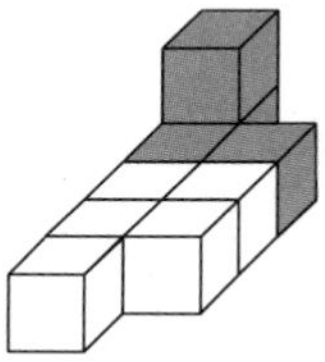

②

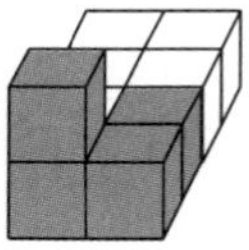

③

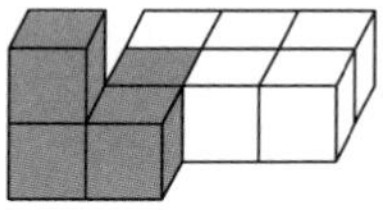

보충 플러스+

제시된 두 블록의 개수를 합하면 총 9개이다. 각 선택지를 확인해 보면 ①·②·③은 합쳐진 블록의 수가 9개이고, ④는 숨겨진 블록까지 하여 10개이므로 ④가 답이 됨을 알 수 있다(숨겨진 블록을 세지 않아 9개라 하더라도 두 블록의 조합으로 나올 수 없는 형태임).

29 공간지각력 그림에 없는 도형 찾기

| 정답 | ③

| 해설 | ③과 같은 모양의 도형은 나타나 있지 않다.

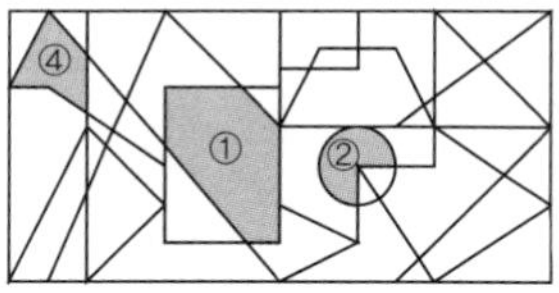

30 공간지각력 도형 회전하기

| 정답 | ③

| 해설 | 시계방향으로 180° 회전한 모양은 다음과 같다.

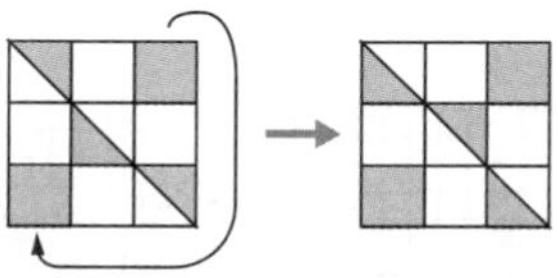

31 공간지각력 전개도 완성하기

| 정답 | ④

| 해설 | 면과 면의 짧은 색선이 만날 수 없고, 면 삼각형의 위쪽 꼭짓점이 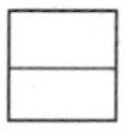면과 접하여 색선과 평행을 이루어야 하므로 ④가 전개도로 적절하다.

32 공간지각력 규칙 파악하여 도형 추론하기

| 정답 | ③

| 해설 | 도형 전체가 시계방향으로 90°씩 회전하고 있으므로, '?'는 첫 번째 도형에서 시계방향으로 270° 회전한 도형이 와야 한다.

33 공간지각력 동일하지 않은 도형 찾기

| 정답 | ④

| 해설 | ④의 그림은 네모 상자의 모양이 가로로 긴 직사각형이 되어야 한다.

34 공간지각력 투상도로 입체도형 추론하기

| 정답 | ②

| 해설 | ②를 3차원 공간의 세 면에 비친 그림자는 다음과 같다.

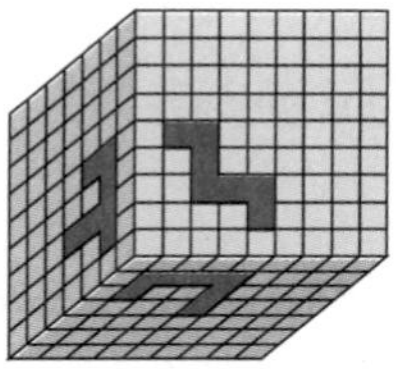

| 오답풀이 |

①

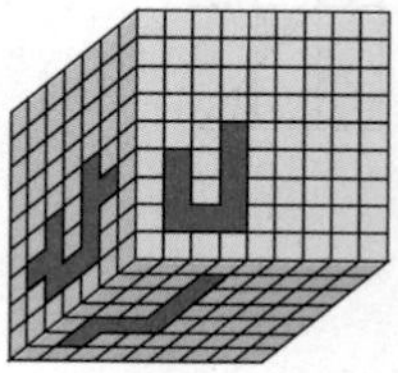

③

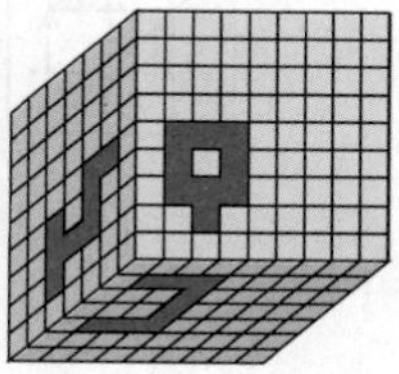

④

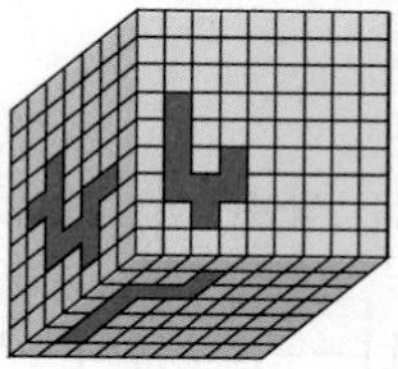

35 공간지각력 블록 개수 세기

| 정답 | ①

| 해설 | 1층에 8개, 2층에 6개, 3층에 2개의 블록이 있으므로 블록의 개수는 모두 8+6+2=16(개)이다.

36 문제해결력 명제 판단하기

| 정답 | ③

| 해설 | 모든 회원은 6개월에 1번씩 교육을 받으므로 우수회원도 6개월에 1번씩 교육을 받는다.

| 오답풀이 |

① 다이어리는 올해 가입한 신입회원에게 제공되는데 몇 명이 받았는지는 알 수 없다.

② 모든 회원은 각 한 장씩 행운권을 받으며, 우수회원만 추가로 받을 수 있다.

④ 올해 다이어리를 받은 회원은 신입회원이고 신입회원도 우수회원에 선발될 수 있으므로 행운권을 추가로 받을 수도 있다.

37 문제해결력 명제 판단하기

| 정답 | ④

| 해설 | '질투하는 마음이 많으면 이웃과 사이가 나빠진다'가 결론이므로 두 번째 전제의 가정과 첫 번째 전제의 결론을 연결할 수 있는 전제 '정서가 불안하면 은둔 생활을 지속한다'가 있어야 한다. 원 명제가 참이면 대우 명제도 참이므로 '은둔 생활을 지속하지 않으면 정서가 불안하지 않다'도 참이므로 둘 중 하나의 명제가 세 번째 전제가 되어야 한다. 따라서 ④가 적절하다.

38 문제해결력 논리적 오류 파악하기

| 정답 | ②

| 해설 | 제시된 글과 ②에서는 흑백논리의 오류가 나타난다.

| 오답풀이 |

① 성급한 일반화의 오류이다.

③ 순환논증의 오류이다.

④ 원칙혼동의 오류이다.

39 문제해결력 조건을 바탕으로 추론하기

| 정답 | ④

| 해설 | A를 중심으로 조건을 맞춰 보면 A와 C 사이에 B가 있으므로, A−B−C 또는 C−B−A 순으로 서 있는 경우를 나누어 생각해 보면 다음과 같다.

- A−B−C일 경우 : D는 A 왼쪽에 서 있기 때문에 D−A−B−C가 되고 D와 E 사이에 C가 서 있으므로 D−A−B−C−E가 된다.
- C−B−A일 경우 : D는 A의 왼쪽에 있으면서 E와 함께 C를 사이에 두고, A는 다섯 번째 자리에 위치하지 않기 위해서는 D가 맨 왼쪽에 있어야 하므로 D−C−B−A−E가 된다.

따라서 항상 참인 것은 ④이다.

40 문제해결력 조건을 바탕으로 추론하기

| 정답 | ④

| 해설 | 첫 번째와 네 번째 조건에 따라 갑의 지필고사 성적은 C 또는 D가 된다. 두 번째 조건에 따라 두 가지의 경우로 나누어 생각한다.

• 갑의 지필고사 성적과 정의 출석률이 C일 경우

구분	갑	을	병	정
지필고사	C	A	B	D
출석률	D	B	A	C

수강한 과목의 수는 갑>병>정>을임을 알 수 있다.

• 갑의 지필고사 성적과 정의 출석률이 D일 경우

구분	갑	을	병	정
지필고사	D	A	B	C
출석률	C	B	A	D

이 경우 첫 번째 조건과 세 번째 조건이 서로 상충한다.

따라서 수강한 과목이 가장 많은 사람은 갑이고, 갑의 지필고사 성적과 출석률은 차례대로 C, D이다.

41 문제해결력 조건을 바탕으로 추론하기

| 정답 | ③

| 해설 | 먼저 임원과 팀장은 교대로 앉아야 하고 A와 C의 사이에는 F만 앉을 수 있는데 F는 팀장이므로 A와 C는 임원임을 알 수 있다. 다음으로, B는 A와 마주 보아야 한다고 했으므로 B와 A는 다른 직급임을 알 수 있다. 그러므로 B는 팀장이다. 또한, D는 B의 옆자리에 앉는다고 했으므로 D는 임원이다.

따라서 A, C, D는 임원이고 B, E, F는 팀장이다.

42 문제해결력 조건을 바탕으로 추론하기

| 정답 | ②

| 해설 | 존재하는 팀은 회계팀, 경영지원팀, 개발팀, 총무팀으로 총 네 개다. 세 번째 조건에서 회계팀은 다른 세 팀과 다른 층을 사용한다고 했으므로 ②는 항상 참이다.

| 오답풀이 |

①, ④ 회계팀은 다른 세 팀과 다른 층을 사용한다고 했으므로 거짓이다.

③ 개발팀이 경영지원팀과 같은 층을 사용하는지에 대해서는 알 수 없다.

43 문제해결력 명제 판단하기

| 정답 | ③

| 해설 | '키가 큰 사람은 머리가 좋지 못하다'의 대우는 '머리가 좋은 사람은 키가 크지 않다'이므로 '컴퓨터를 잘하는 사람은 키가 크지 않다'를 성립시키기 위해서는 '컴퓨터를 잘하는 사람은 머리가 좋다'라는 명제가 필요하다.

44 문제해결력 조건을 바탕으로 추론하기

| 정답 | ③

| 해설 | 모두 진실을 말하고 있으므로 E를 기준으로 순위를 계산하면, B는 E보다 순위가 낮고 A와 D는 E보다 순위가 높다. C는 3위이며 A와 D 중 누가 더 높은 순위에 있는지는 알 수 없으므로, 이를 바탕으로 순위를 정리하면 다음과 같다.

1위	2위	3위	4위	5위
A 혹은 D	D 혹은 A	C	E	B

따라서 2위는 A 혹은 D, 4위는 E이므로 이와 일치하는 ③이 적절하다.

45 문제해결력 명제 판단하기

| 정답 | ②

| 해설 | 제시된 명제를 다음과 같이 기호로 정리한다.

• p : 전기장판 사용
• q : 열풍기 사용
• r : 전기히터 사용
• s : 전기밥솥 사용
• t : 전기스토브 사용

이에 따라 전열기 사용 현황을 대우 명제와 함께 정리하면 다음과 같다.

• $p \rightarrow q(\sim q \rightarrow \sim p)$
• $p \rightarrow r(\sim r \rightarrow \sim p)$, $s \rightarrow r(\sim r \rightarrow \sim s)$
• $t \rightarrow q(\sim q \rightarrow \sim t)$
• $\sim s \rightarrow \sim q(q \rightarrow s)$

따라서 전기장판과 전기스토브의 직접적인 인과관계를 찾아볼 수 없으므로 ②는 참이라고 할 수 없다.

| 오답풀이 |

① 첫 번째 명제와 네 번째 명제의 대우를 연결하면 p → q → s가 되므로 참이다.

③ 네 번째 명제와 세 번째 명제의 대우를 연결하면 ~s → ~q → ~t가 되므로 참이다.

④ 두 번째 명제 뒷부분의 대우와 네 번째 명제를 연결하면 ~r → ~s → ~q가 되므로 참이다.

46 이해력 상황에 맞는 행동 파악하기

| 정답 | ①

| 해설 | 갈등을 성공적으로 해결하려면 서로의 입장을 탐색하고 개방적으로 소통해야 한다. 이때 명심할 사항은 다음과 같다.

- 다른 사람의 입장 이해하기
- 어려운 문제는 피하지 말고 맞서기
- 자신의 의견을 명확하게 밝히고 지속적으로 강화하기
- 마음을 열어놓고 적극적으로 경청하기
- 타협하려 애쓰기
- 어느 한쪽으로 치우치지 않기
- 논쟁하고 싶은 유혹을 떨쳐내기
- 존중하는 자세로 상대방을 대하기 등

①은 상사와의 소통에 대한 내용이 부족하고 상사에 대한 비판으로 이어질 수 있어 적절한 대응전략이 아니다.

47 이해력 서비스 정신 이해하기

| 정답 | ④

| 해설 | 강요된 서비스라기보다는 투철한 직업정신과 사명감으로 보아야 한다. 개인적인 사정으로 일손이 잡히지 않는 상황은 얼마든지 발생할 수 있으며, 어쩔 수 없이 수행하는 서비스일지라도 고객이 알아차리지 못할 정도의 노력을 기울인다면 지탄의 대상이 아니다.

48 이해력 갈등의 원인 분석하기

| 정답 | ②

| 해설 | 제시된 상황을 보면 M은 뒷담화의 동참 여부를 통해 자신과 공감대를 형성하고 있는지를 확인하고 있다. 그러나 P는 뒷담화를 좋아하지 않기 때문에 대화에 동참을 하지 않았고 M은 P의 이러한 모습만 보고 자신과 잘 맞지 않는다고 판단해 버렸다. 자신이 하는 뒷담화를 상대방이 불편해할 것이란 점을 인지하지 못하고 자신의 입장만을 고려한 것이 갈등의 원인이다.

49 이해력 자료의 내용 이해하기

| 정답 | ④

| 해설 | 단체 관람이 10명 이상일 때는 예약신청이 필요하나, 총인원이 9명이므로 별도의 예약신청 없이 자유관람이 가능할 것이다. 또한 홍보관 해설은 선착순으로 마감되므로 일찍 가서 홍보관 1층 데스크에서 신청하는 것이 필요하다.

| 오답풀이 |

① 시각장애인 안내견의 경우 출입이 가능하다.

② 애니메이션은 자체 제작 애니메이션으로 일반 극장에서 관람하는 것은 어려울 것이다.

③ 영어 해설의 경우 관람 4일 전까지 유선 전화로 신청해야 한다.

50 이해력 총비용 구하기

| 정답 | ③

| 해설 |
- A 씨와 아내의 요금=59,800(원)×2(명)×2(왕복)=239,200(원)
- 아들(50% 할인)의 요금=59,800(원)×(1−0.5)×2(왕복)=59,800(원)
- 딸(편도 75% 할인)의 요금=0(하행 무료)+59,800(원)×(1−0.75)=14,950(원)

따라서 239,200+59,800+14,950=313,950(원)이다.

2회 기출예상문제

문제 66쪽

01	③	02	④	03	②	04	④	05	④
06	②	07	④	08	①	09	①	10	②
11	②	12	③	13	④	14	④	15	②
16	①	17	③	18	④	19	①	20	③
21	③	22	②	23	③	24	②	25	②
26	④	27	②	28	②	29	③	30	①
31	④	32	③	33	③	34	④	35	④
36	④	37	①	38	②	39	①	40	③
41	③	42	①	43	④	44	④	45	①
46	③	47	②	48	④	49	②	50	②

01 언어논리력 글의 흐름에 맞게 문단 배열하기

| 정답 | ③

| 해설 | 우선 Z세대의 특징을 설명하며 글의 중심소재인 '하이퍼텍스트'를 언급하는 (나)가 온다. 이어 '하이퍼텍스트'에 대해 정의하며 구체적으로 설명하는 (가)가 온다. 다음으로 하이퍼텍스트와 일반적인 문서의 차이를 제시하는 (라)가 오며, 마지막으로 하이퍼텍스트가 등장함에 따라 생길 변화에 대해 설명하는 (다)가 온다. 따라서 (나)－(가)－(라)－(다) 순이 적절하다.

02 언어논리력 맞춤법에 맞게 쓰기

| 정답 | ④

| 해설 | '묘사되다'는 '어떤 대상이나 사물, 현상 따위가 언어로 서술되거나 그림으로 그려져 표현되다'의 의미를 가지는 동사로 '묘사되＋어'로 활용될 때는 '묘사돼'로 축약해 쓸 수 있다.

| 오답풀이 |

① 우주에 존재하는 모든 물체 즉 항성, 행성, 위성, 혜성, 성단, 성운, 성간 물질, 인공위성 따위를 통틀어 뜻하는 단어는 '천체'로 써야 한다.

② 황금과 같이 광택이 나는 누런빛을 뜻하는 단어는 '금빛'으로 써야 한다.

③ 산의 비탈이 끝나는 아랫부분을 뜻하는 단어는 '산기슭'으로 써야 한다.

03 언어논리력 올바르게 띄어쓰기

| 정답 | ②

| 해설 | '－ㄹ수록'은 앞 절 일의 어떤 정도가 그렇게 더하여 가는 것이, 뒤 절 일의 어떤 정도가 더하거나 덜하게 되는 조건이 됨을 나타내는 연결어미이므로 붙여 써야 한다.

| 오답풀이 |

① '－치고'는 '그 전체가 예외 없이'의 뜻을 나타내는 보조사이므로 앞 단어와 붙여 쓴다.

③ '안 되다'의 '안'은 부사 '아니'의 준말이므로 띄어 쓴다.

④ '안되다'는 '근심이나 병 따위로 얼굴이 많이 상하다'는 뜻의 형용사로 붙여 쓴다.

04 언어논리력 어문 규정에 따라 문장 작성하기

| 정답 | ④

| 해설 | 어문 규정에 적합하게 구성된 문장이다.

| 오답풀이 |

① ~우리말을 지키는 첫걸음이며 → ~우리 언어를 지키는 첫걸음이며 : '우리말'이라는 단어가 여러 번 반복되고 있으므로 같은 의미의 다른 단어로 바꿔주는 것이 좋다.

② ~보이는 것이 → ~볼 수 있는 것이 : 문장 전체의 주어는 '깊은 슬픔에 빠진 사람'이므로 '보이다'라는 피동 표현이 아닌 주동 표현 '보다'를 써야 한다.

③ ~공모했으나 → ~응모했으나 : '공모'는 일반인을 공개 모집한다는 의미이다. 해당 문장에서는 그 주체가 신문사이므로 주어 '내 친구'에 호응하기 위해서는 모집에 지원한다는 의미의 '응모'를 사용해야 한다.

05 언어논리력 내용에 알맞은 제목 파악하기

| 정답 | ④

| 해설 | 제시된 글의 두 번째 ~ 세 번째 문단을 보면 오존은 태양으로부터 오는 강력한 자외선을 막아 주어 생명체가 살 수 있도록 해 주는 등 적절히만 사용하면 우리에게 유익

한 물질임을 알 수 있다. 하지만 네 번째 ~ 다섯 번째 문단에서는 대기오염의 부산물로 발생하는 오존은 생명체에 치명적인 손상을 입힘을 알려 주고 있다. 따라서 글의 제목으로 '오존의 두 얼굴'이 가장 적절하다.

06 언어논리력 단어의 의미 파악하기

| 정답 | ②

| 해설 | ②의 '의사'는 '일정한 자격을 가지고 병을 고치는 것을 직업으로 하는 사람'을 의미하며, ①, ③, ④의 '의사'는 '무엇을 하고자 하는 생각'을 의미한다.

07 언어논리력 다의어 파악하기

| 정답 | ④

| 해설 | 〈보기〉의 문장과 ④의 '녹다'는 '(결정체가 액체에) 풀어져 섞이다'의 의미로 사용되었다.

| 오답풀이 |

① (눈이나 얼음이) 열이나 뜨거운 기운에 액체가 되다.

② (화가 나거나 못마땅한 마음이) 누그러지거나 풀리다.

③ (음식이) 맛이 좋고 아주 부드러운 느낌이 나다.

08 언어논리력 글의 주제 찾기

| 정답 | ①

| 해설 | 인류가 가지고 있었던 탐욕이라는 본능이 저장을 통하여 비로소 발현되기 시작하였고, 이를 통해 약탈과 경쟁이 시작된 것이라는 내용을 담고 있다. 따라서 글의 내용을 포괄하는 핵심적인 주제는 저장의 시작을 통하여 인류의 탐욕 추구가 본격적으로 시작되었다는 것이다.

09 언어논리력 글의 중심내용 찾기

| 정답 | ①

| 해설 | 괴테의 일화와 마지막 문장의 '일정한 주제의식이나 문제의식을 가지고 독서를 할 때, 보다 창조적이고 주체적인 독서 행위가 성립될 것이다'를 통해 제시된 글이 목적이나 문제의식을 가지고 하는 독서의 효율성에 관한 내용임을 알 수 있다.

10 언어논리력 알맞은 사자성어 찾기

| 정답 | ②

| 해설 | 다기망양(多岐亡羊)은 갈림길이 많아 잃어버린 양을 찾지 못한다는 뜻으로, 계획이나 방침이 너무나 많아 도리어 어찌할 바를 모른다는 말이다.

| 오답풀이 |

① 곡학아세(曲學阿世) : 바른길에서 벗어난 학문으로 세상 사람에게 아첨함을 의미한다.

③ 입신양명(立身揚名) : 출세하여 이름을 세상에 떨침을 의미한다.

④ 읍참마속(泣斬馬謖) : 큰 목적을 위하여 자기가 아끼는 사람을 버림을 이르는 말이다.

11 언어논리력 문맥에 맞는 어휘 고르기

| 정답 | ②

| 해설 | ㉠ 조현병을 규정하는 정의에 관한 내용으로 발병의 '진단'에 해당하는 문장이다.

㉡ '상존'은 시점에 상관없이 항상 존재한다는 의미이다. 따라서 1개월 이상으로, 보다 명확하게 시점을 정해둔 '존재'한다는 표현이 더 적합하다.

㉢ 앞의 수식어가 의학 분야인 '내과적, 신경과적'이므로 약물이 아닌 '질환'이 적절하다.

㉣ '정도를 줄여주다'의 의미로 쓰인 문장이므로 '완화'가 적절하다.

12 언어논리력 어문 규범 이해하기

| 정답 | ③

| 해설 | 새말간 → 샛말간으로 써야 한다. '말간'의 어두음이 'ㅁ'으로 유성자음이고, 어간의 첫음절 모음이 'ㅏ'로 양성모음이므로 '샛말간'이 적절한 표현이다.

13 언어논리력 세부 내용 이해하기

| 정답 | ④

| 해설 | 향신료가 음식에 향미를 더해 주거나 생선만 먹을 때의 단조로움을 없애주는 등의 역할을 하였음을 알 수 있으나 음식 자체를 대신하였다는 언급은 없다.

14 수리력 거리 · 속력 · 시간 활용하기

| 정답 | ④

| 해설 | 두 사람이 이동한 거리의 합이 A, B 사이의 거리와 같으므로 두 사람이 만나기까지의 시간을 t라 하면 다음과 같은 식이 성립한다.

$36t+4t=120$

$\therefore\ t=3$

따라서 두 사람은 3시간 후에 만난다.

15 수리력 도형의 길이 구하기

| 정답 | ②

| 해설 | 늘린 길이를 $x$cm라 하면 새로운 직사각형의 넓이가 기존보다 80% 넓으므로 다음과 같은 식이 성립한다.

$(10+x)(14+x)=10\times14\times1.8$

$140+24x+x^2=252$

$x^2+24x-112=0$

$(x-4)(x+28)=0$

$\therefore\ x=4\ (\because\ x>0)$

따라서 새로운 직사각형의 가로 길이는 10+4=14(cm)이다.

16 수리력 비율을 활용하여 금액 계산하기

| 정답 | ①

| 해설 | A가 가진 돈을 x원이라 하고, A와 B가 가진 돈을 비례식으로 나타내면 다음과 같다.

$5:4=x:2,000$

$4x=10,000$

$\therefore\ x=2,500$(원)

따라서 A는 2,500원을 가지고 있다.

17 수리력 스파게티 가격 계산하기

| 정답 | ③

| 해설 | 세트 가격은 각 메뉴의 가격을 합한 금액에서 10%를 할인한 값이라고 하였으므로 스파게티의 원래 가격을 x원으로 놓으면 다음과 같은 식이 성립한다.

$(8,800+16,000+x)\times0.9=32,400$

$\therefore\ x=(32,400\div0.9)-16,000-8,800=11,200$(원)

따라서 스파게티의 원래 가격은 11,200원이다.

18 수리력 인터넷 사용시간 계산하기

| 정답 | ④

| 해설 | 인터넷 사용량을 x분이라 하면 다음과 같은 식이 성립한다.

$10,000+10\times x=5,000+20\times x$

$20x-10x=10,000-5,000$

$\therefore\ x=500$(분)

따라서 한 달에 500분을 사용해야 두 통신사의 요금이 같아진다.

19 수리력 가격 비교하여 업체 선정하기

| 정답 | ①

| 해설 | • A 업체에서 살 경우 : 46대를 사면 4대를 무료로 받아 50대가 되고, 46대의 가격이 4,600,000원이므로 200,000원을 할인받는다.

$(100,000\times46)-(50,000\times4)=4,400,000$(원)

• B 업체에서 살 경우 : 45대를 사면 5대를 무료로 받아 50대가 된다.

$100,000\times45=4,500,000$(원)

따라서 A 업체에서 사는 것이 100,000원 더 저렴하다.

20 수리력 확률 계산하기

| 정답 | ③

| 해설 | A 지역에 비가 올 확률이 0.7이고 A와 B 지역 모두 비가 올 확률이 0.4라고 하였으므로, B 지역에 비가 올 확률을 x라 하면 $0.7 \times x = 0.4$이고, $x = \frac{4}{7}$이다. 따라서 B 지역에 비가 오지 않을 확률은 $\frac{3}{7}$이다.

21 수리력 자료의 수치 분석하기

| 정답 | ③

| 해설 | 34 ~ 36개국의 회원국 중에서 매년 27위 이하이므로 상위권이라 볼 수 없다.

| 오답풀이 |

① CPI 순위가 가장 낮은 해는 52위의 20X5년이고, OECD 순위가 가장 낮은 해는 30위의 20X7년이다.

②, ④ 청렴도가 가장 높은 해는 20X8년으로 59.0점이고, 20X1년도의 청렴도 점수는 56.0점이므로 점수의 차이는 3.0점이다.

22 수리력 추가 자료 파악하기

| 정답 | ②

| 해설 | 〈보고서〉에서 '자동차 등록대수의 지역별 순위를 보면 2022년에 서울이 약 23만 9천 대로 전년에 이어 1위를 차지했으며'라고 하였는데, 제시된 자료에서는 전년도의 지역별 자동차 등록대수가 나타나지 않았으므로 추가로 필요한 자료는 'ㄴ. 2021년 지역별 자동차 등록대수'이다.

| 오답풀이 |

ㄱ. '지역별 자동차 1대당 인구수×자동차 등록대수'로 알 수 있다.

ㄷ. 2022년 지역별 자동차 등록대수를 모두 더해 알 수 있다.

23 수리력 자료를 그래프로 변환하기

| 정답 | ③

| 해설 | 1인 가구 거주지를 나타내는 그래프에서 주택 외의 수치와 다세대 주택의 수치가 제시된 자료의 내용과 다르게 표시되어 있다.

24 수리력 자료의 수치 분석하기

| 정답 | ②

| 해설 | 20X9년 C 영역에서 4 ~ 5등급을 받은 학생의 비율은 39.9%이므로 1 ~ 3등급을 받은 학생의 비율은 60.1%이다.

| 오답풀이 |

① 20X8년 대비 20X9년에 4 ~ 5등급 비율이 가장 크게 변한 영역은 10.1%p 변화한 A 영역이다.

③ 20X8년 D 영역에서 4 ~ 5등급을 받은 학생의 비율은 43.1%, B 영역에서 4 ~ 5등급을 받은 학생의 비율은 47.2%이므로 D 영역이 더 적다.

25 수리력 자료의 수치 분석하기

| 정답 | ②

| 해설 | C시의 6 ~ 9월 순이동인구가 모두 음수이므로 전출인구가 더 많음을 알 수 있다.

| 오답풀이 |

①, ③ '순이동인구 = 전입인구 − 전출인구'이므로 순이동인구의 값으로는 전입인구를 비교할 수 없다.

④ 6월부터 9월까지 매월 전입인구가 전출인구보다 많은 시는 순이동인구가 모두 양수인 H시 한 곳뿐이다.

26 공간지각력 제시된 블록 합치기

| 정답 | ④

| 해설 | ④는 다음과 같이 수정되어야 한다.

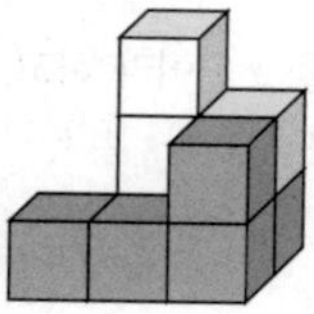

| 오답풀이 |

①

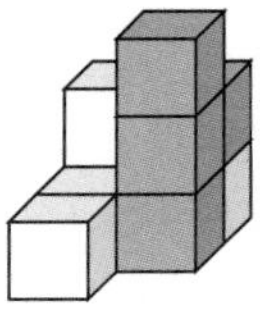

②

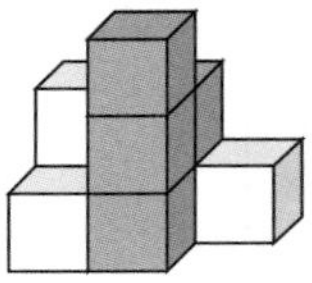

③

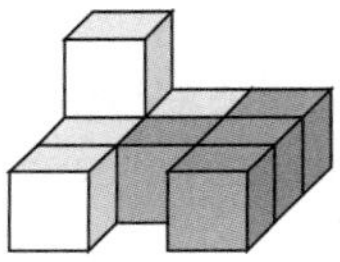

27 공간지각력 두 면만 보이는 블록 찾기

| 정답 | ②

| 해설 | 두 면만 보이는 블록을 색칠하면 다음과 같다.

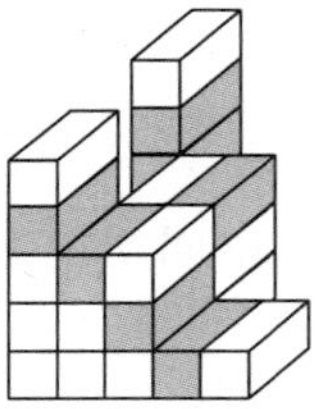

따라서 모두 7개이다.

28 공간지각력 동일한 도형 찾기

| 정답 | ②

| 해설 | ②는 제시된 도형을 180° 회전한 모양이다.

| 오답풀이 |

나머지 도형은 동그라미 친 부분이 다르다.

①

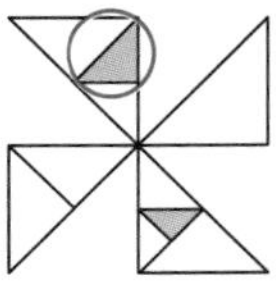

③

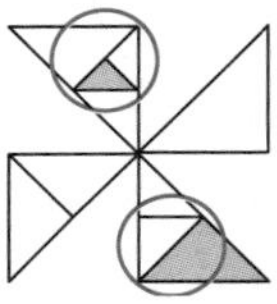

④

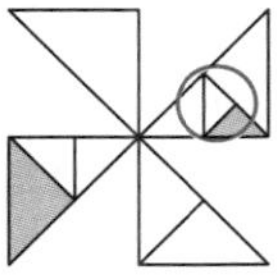

29 공간지각력 블록 개수 세기

| 정답 | ③

| 해설 |

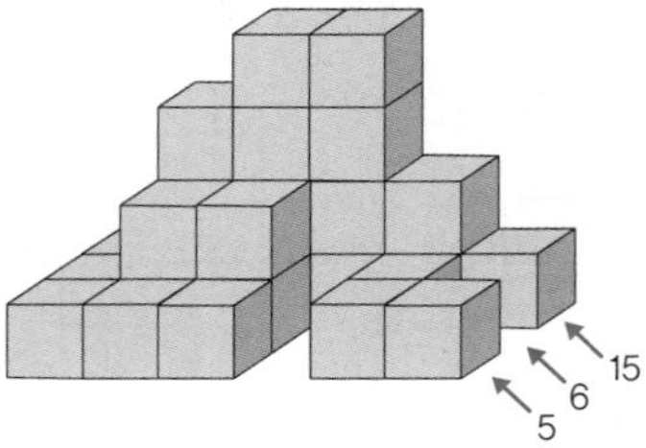

가장 뒷줄에 위치한 블록의 개수는 15개, 중간에 위치한 블록의 개수는 6개, 가장 앞줄에 위치한 블록의 개수는 5개이므로 총 26개이다.

30 공간지각력 조각 배열하기

| 정답 | ①

| 해설 | 그림의 조각을 (가)-(다)-(나)-(라) 순으로 배열하면 다음과 같은 그림이 완성된다.

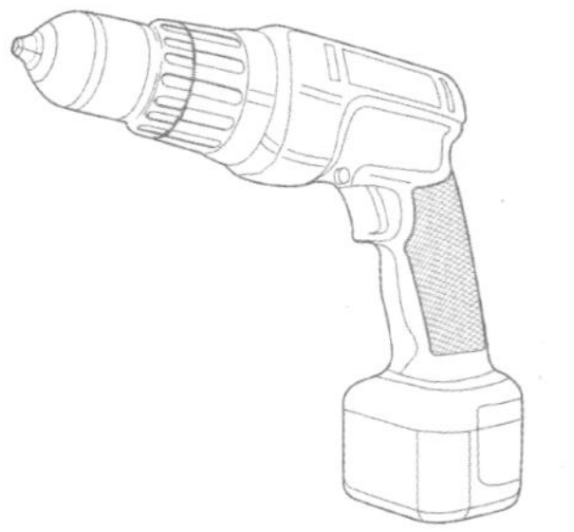

31 공간지각력 규칙 파악하여 도형 추론하기

| 정답 | ④

| 해설 | 제시된 그림은 전반적으로 반시계방향으로 90°씩 회전하고 있다. 그 안의 는 첫 번째 그림상에서 볼 때 북동쪽으로 한 칸씩 이동하며 함께 회전하고 있다. 따라서 ④가 적절하다.

32 공간지각력 제시된 도형 합치기

|정답| ③

|해설| ③은 동그라미 친 부분이 잘못되었으며, 다음과 같이 수정되어야 한다.

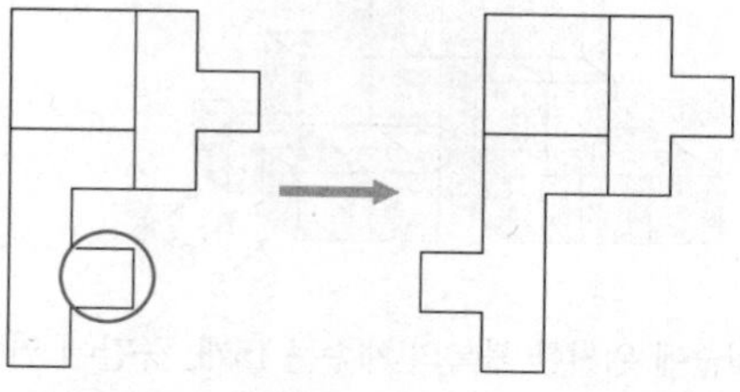

33 공간지각력 주사위 눈의 합 구하기

|정답| ③

|해설| 마주보는 면의 눈을 합한 값이 항상 7이므로 보이지 않는 면의 눈도 알 수 있다.

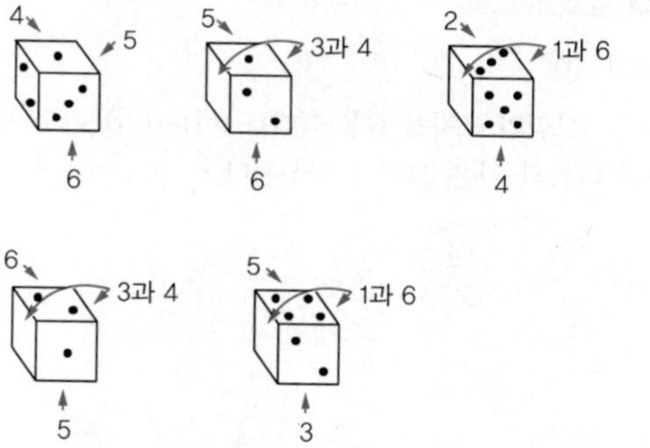

서로 접하고 있는 면의 눈을 보면 맨 오른쪽 주사위의 경우 1 또는 6이므로 이들의 합을 구하면 27 또는 32이다. 따라서 ③이 적절하다.

34 공간지각력 펼친 모양 찾기

|정답| ④

|해설| 접었던 선을 축으로 하여 역순으로 펼치면 다음과 같다.

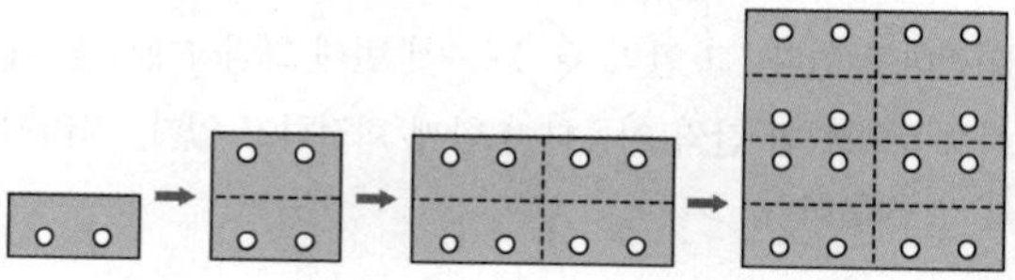

35 공간지각력 전개도 파악하기

|정답| ④

|해설| 전개도는 모서리에 기호를 붙여 생각하면 보기 쉽다. 전개도를 접을 때 서로 만나게 되는 모서리를 표시하면 다음과 같다.

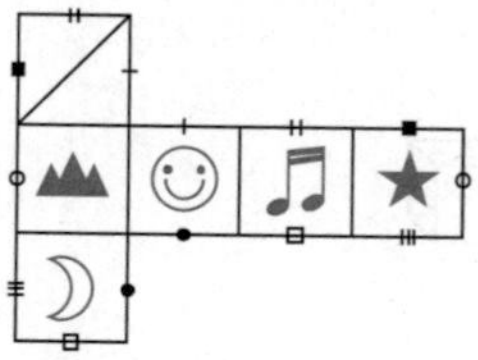

각 선택지의 3개의 면에 들어가는 도형 중 구분하기 쉬운 도형을 골라 그것을 중심으로 인접면의 도형의 모양과 방향을 파악한다.

④의 경우 오른쪽 면인  을 중심으로 살펴보면 바로 왼쪽 면의 방향이 잘못되었음을 알 수 있다.

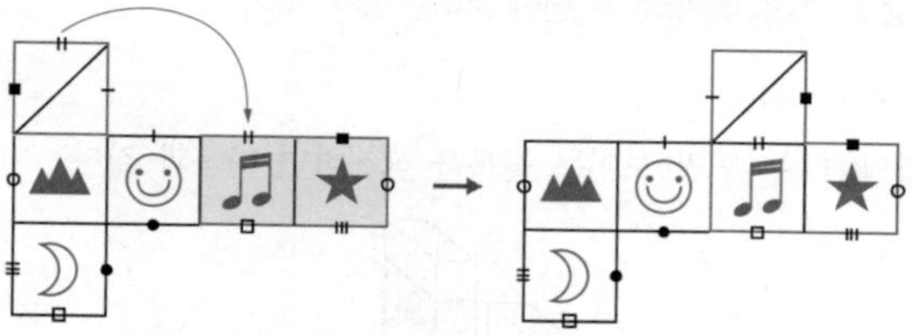

즉,  →  로 되어야 한다. 왼쪽 면이  일 경우에는  이 되어야 한다.

36 문제해결력 조건을 바탕으로 추론하기

|정답| ④

|해설| A ~ E의 진술을 살펴보면 A와 B가 상반된 진술을 하고 있으므로 A와 B 중 거짓을 말하는 사람이 반드시 있게 된다. A와 B의 각 진술을 참과 거짓으로 구분하면 다음과 같은 두 가지 결론을 얻을 수 있다.

- A가 거짓인 경우 : 1 ~ 5층 → C, D, B, E, A
- B가 거짓인 경우 : 1 ~ 5층 → B, D, C, E, A

따라서 누구의 진술이 거짓이냐에 관계없이 D는 항상 2층에서 내린다.

37 문제해결력 명제 판단하기

| 정답 | ①

| 해설 | A의 대우 명제는 '운동을 싫어하는 사람은 게으르다'이며, B 명제와 A의 대우 명제를 삼단논법으로 정리하면 '긍정적이지 않은 사람은 게으르다'가 참임을 알 수 있다.

38 문제해결력 명제 판단하기

| 정답 | ②

| 해설 |

축구 좋 → 유산소 열 야구 좋 → 유산소 열	대우 ⇔	유산소 열× → 축구 좋× 유산소 열× → 야구 좋×

첫 문장의 대우는 '유산소 운동을 열심히 하지 않는 사람은 축구를 좋아하지 않는다'이고, 그 다음 문장의 대우는 '유산소 운동을 열심히 하지 않는 사람은 야구를 좋아하지 않는다'이다. 따라서 유산소 운동을 열심히 하지 않는 사람은 축구도 야구도 좋아하지 않음을 알 수 있다.

39 문제해결력 조건을 바탕으로 추론하기

| 정답 | ①

| 해설 | 조건을 보면 E와 F는 다른 리그이고, C와 A 또는 C와 B는 같은 리그이다. 따라서 ACE－BDF, ACF－BDE, BCE－ADF, BCF－ADE의 네 가지 경우로 리그를 나눌 수 있다.

40 문제해결력 조건을 바탕으로 추론하기

| 정답 | ③

| 해설 | E 사원을 기준으로 살펴보면 D 대리와 F 사원은 서로 같은 지역을 담당해야 하고 A 부장과 B 과장은 서로 다른 지역을 담당해야 하므로, E 사원은 A 부장 또는 B 과장과 같은 지역을 담당해야 한다. 또한 E 사원은 중남미 지역을 담당할 수 없으므로 미주 지역 또는 아시아 지역을 담당해야 하는데, C 대리가 아시아 지역을 담당해야 한다고 하였으므로 E 사원은 미주 지역을, D 대리와 F 사원은 중남미 지역을 담당하게 된다. 그리고 A 부장과 B 과장은 각각 미주 지역 또는 아시아 지역을 나눠서 담당하게 된다. 이를 표로 나타내면 다음과 같다.

중남미 지역	미주 지역	아시아 지역
D 대리	A 부장 or B 과장	C 대리
F 사원	E 사원	A 부장 or B 과장

따라서 A 부장과 E 사원은 같은 지역을 담당할 수도, 아닐 수도 있으므로 ③은 항상 참이라고 볼 수 없다.

41 문제해결력 논리적 오류 파악하기

| 정답 | ③

| 해설 | 제시된 문장에는 논리적 오류가 나타나 있지 않다.

| 오답풀이 |

① 의도하지 않은 결과에 대해 의도가 있다고 판단하는 의도 확대의 오류를 범하고 있다.

② 전건을 부정하여 후건을 부정하는 것으로 결론을 도출하는 전건 부정의 오류를 범하고 있다.

④ 어떤 대상의 기원이 갖는 특성을 그 대상도 그대로 지니고 있다고 여기는 발생학적 오류를 범하고 있다.

42 문제해결력 명제 판단하기

| 정답 | ①

| 해설 | 각 명제를 'p : 떡볶이를 좋아한다.', 'q : 화통하다.', 'r : 닭강정을 좋아한다.'라고 할 때 [사실]을 정리하면 다음과 같다.

• $p \rightarrow q$ • $q \rightarrow \sim r$ • $p \rightarrow \sim r$

이에 따라 [결론]을 판단하면 다음과 같다.

A. '$p \rightarrow \sim r$'이 사실이므로 이 명제의 대우 명제인 '$r \rightarrow \sim p$'도 사실임을 알 수 있다.

B. '$\sim r \rightarrow q$'는 '$q \rightarrow \sim r$' 명제의 역에 해당하므로 참 · 거짓을 알 수 없다.

따라서 A만 항상 옳다.

43 문제해결력 명제 판단하기

| 정답 | ④

| 해설 | '어떤 펀드매니저는 운동을 좋아한다'는 말은 운동을 좋아하는 펀드매니저가 적어도 한 명은 있다는 것이고, 이와 마찬가지로 '어떤 수필가는 운동을 좋아한다'는 말은 운동을 좋아하는 수필가가 적어도 한 명은 있다는 것을 의미한다. 또한 '모든 수필가는 잠이 많다'라고 하였으므로 잠이 많은 모든 수필가 중 적어도 한 명은 운동을 좋아한다는 것이 성립된다. 따라서 '어떤 수필가는 운동을 좋아하면서 잠이 많다'는 결론이 도출될 수 있다.

44 문제해결력 조건을 바탕으로 추론하기

| 정답 | ④

| 해설 | 우선 E는 B의 진술이 참이라고 했으므로 B와 E는 같은 내용을 진술한 것이 된다. 용의자 중 두 사람만이 거짓을 말한다는 조건에 따라 B, E의 진술이 거짓일 경우와 참일 경우로 나누어 살펴본다.

- B, E의 진술이 거짓일 경우 : B, E의 진술이 거짓이라면 A, C, D의 진술은 참이 된다. 그런데 종로에 있었다는 A의 진술과 A와 B가 인천에 있었다는 C의 진술은 서로 엇갈리므로, 거짓말을 하고 있는 사람이 두 사람뿐이라는 조건과 상충한다.
- B, E의 진술이 참일 경우 : B, E의 진술이 참이라면 B, E의 진술과 다르게 C와 단둘이 있었다는 D의 진술은 거짓이 되며, 남은 A와 C 중 한 명이 거짓을 말하고 있는 것이 된다.
  만약 A가 거짓말을 했다면 C의 진술은 참이 되어 A는 B와 인천에 있었던 것이 되므로 범인은 D가 된다. 만약 C가 거짓말을 했다면 A의 진술은 참이 되며, B의 진술에 따라 사건 시각에 A, B, C는 종로에 함께 있었던 것이 되어 이 경우 또한 범인은 D가 된다.

따라서 거짓말을 한 사람은 A와 D 또는 C와 D이고 그림을 훔친 범인은 D이다.

45 문제해결력 조건을 바탕으로 추론하기

| 정답 | ①

| 해설 | 원형 테이블에서 기준이 되는 한 명의 위치를 임의로 배치한 후 다른 조건을 적용해 보면서 해결한다.

일단 네 번째 조건에 따라 마주 보고 앉는 사원 A와 부장의 자리를 정한다. 첫 번째 조건에 따라 대리는 사원 A와 나란히 앉는데, 대리가 사원 A의 오른쪽에 앉을 경우 과장이 대리의 왼쪽 옆자리에 앉아 있다는 세 번째 조건과 어긋나므로 대리는 사원 A의 왼쪽 옆자리에 앉고, 그 옆에 과장이 앉는다. 마지막으로 두 번째 조건에 의해 사원 B의 왼쪽 옆자리는 비어 있어야 하므로 사원 B는 부장의 왼쪽 옆자리에 앉게 된다. 이를 그림으로 정리하면 다음과 같다.

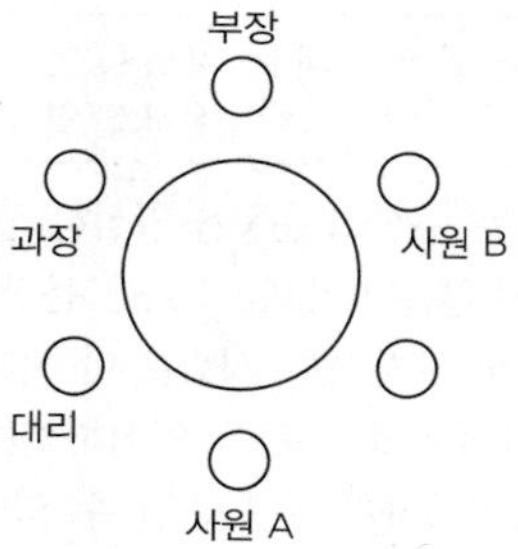

따라서 부장의 오른쪽 옆자리에 앉은 사람은 과장이다.

46 이해력 상황에 맞는 행동 파악하기

| 정답 | ③

| 해설 | 각 부서의 입장 차이로 갈등이 발생할 경우 감정 소모를 줄이고 서로의 입장을 이해하려는 태도가 무엇보다 중요하다. 따라서 ③이 가장 바람직한 대응법이며, 나머지는 문제에 대한 근본적인 해결 방법이 아니거나 오히려 갈등을 부추길 수 있으므로 적절하지 않다.

47 이해력 조직 내 행동 해석하기

| 정답 | ②

| 해설 | 고선영 씨는 협의되지 않은 발령 통보라는 사안에 대하여 별도의 문제를 제기하지 않고 조직의 결정에 순응하고 있다.

48 이해력 상황에 맞는 행동 파악하기

| 정답 | ④

| 해설 | 제시된 상황에서의 최선책은 돌발 상황 속에서도 대안을 강구하여 최대한 회사 차원에서 정한 일정에 맞게 차질 없이 업무를 수행해 내는 것이다. 따라서 추가 인력 확보라는 대안으로 회사가 요구하는 일정에 맞춘 ④가 가장 적절하다.

49 이해력 최소 금액 구하기

| 정답 | ②

| 해설 | 택배비를 고려할 때, 최소 금액으로 볼펜을 구매하기 위해서는 한 곳에서 31개의 볼펜을 구매해야 한다. 각 판매처별로 볼펜 31개를 구매하기 위한 지불 금액을 계산하면 다음과 같다.

- 판매처 A : 1,560×31+4,300=52,660(원)
- 판매처 B : 1,550×31+4,500=52,550(원)
- 판매처 C : 1,540×31+5,000=52,740(원)

따라서 이 대리가 볼펜 구매에 지불할 최소 금액은 52,550원이다.

50 이해력 자료의 내용 이해하기

| 정답 | ②

| 해설 | 연수비용에 대해서는 언급된 바 없으므로 국제공단이 부담한다는 판단은 적절하지 않다.

| 오답풀이 |

① 수신인이 국제공단 협력사업을 통하여 알 수 있다.

③ 접수는 공단 홈페이지에서 온라인 등록을 하는 것으로 안내되어 있다.

④ 붙임 문서에 세부 일정 1부가 포함되어 있다.

3회 기출예상문제

문제 94쪽

01	④	02	④	03	②	04	①	05	④
06	①	07	③	08	④	09	②	10	②
11	③	12	①	13	④	14	④	15	③
16	②	17	③	18	④	19	③	20	①
21	②	22	③	23	③	24	②	25	①
26	①	27	①	28	③	29	②	30	①
31	①	32	②	33	①	34	③	35	②
36	④	37	③	38	②	39	④	40	④
41	④	42	④	43	③	44	④	45	①
46	④	47	①	48	④	49	③	50	④

01 언어논리력 표준발음법 이해하기

| 정답 | ④

| 해설 | '잃고'를 발음할 때에는 '잃–'의 겹자음 중 'ㅎ'이 연음되면서 'ㄱ'과 축약되어 'ㅋ'이 되므로 [일코]로 발음해야 한다.

02 언어논리력 단어 뜻 구별하기

| 정답 | ④

| 해설 | 제시된 단어의 뜻은 다음과 같다.

- 모사(模寫) : 사물을 형체 그대로 그림. 또는 그런 그림
- 묘사(描寫) : 어떤 대상이나 사물, 현상 따위를 언어로 서술하거나 그림을 그려서 표현함.
- 참조(參照) : 참고로 비교하고 대조하여 봄.
- 참고(參考) : 살펴서 도움이 될 만한 재료로 삼음.

따라서 '모사', '묘사', '참조', '참고' 순이 적절하다

03 언어논리력 외래어표기법 이해하기

| 정답 | ②

| 해설 | 일정한 목표를 달성하기 위하여 일시적으로 팀을

이루어 함께 작업하는 일을 뜻하는 collaboration[kəlæbəˈreɪʃn]은 '컬래버레이션'으로 표기하는 것이 옳다.

04 언어논리력 글의 흐름에 맞게 문단 배열하기

| 정답 | ①

| 해설 | 먼저 글의 중심내용과 관련된 '악어의 법칙'에 대해 설명하고 있는 (가)가 오고, 이를 일상생활에 대입해 포기할 줄 아는 것이 '악어의 법칙'의 요점임을 다시 설명한 (라)가 이어진다. 다음으로 '악어의 법칙'과는 달리 포기는 곧 끝이라는 생각에 포기를 두려워하는 사람이 많이 있음을 언급한 (다)가 오고, 포기는 무조건 끝이 아닌 더 많은 것을 얻기 위한 길이기도 함을 얘기하고 있는 (나)가 마지막에 온다. 따라서 (가)－(라)－(다)－(나) 순이 적절하다.

05 언어논리력 세부 내용 이해하기

| 정답 | ④

| 해설 | 제시된 글은 무작정 포기를 많이 하는 사람이 현명한 것이 아니라 어쩔 수 없는 결정적인 순간에 과감하게 포기할 줄 아는 사람이 지혜롭다는 점을 설명하고 있다.

06 언어논리력 글의 중심내용 찾기

| 정답 | ①

| 해설 | 제시된 글의 전체적인 내용을 살펴보면 문학 작품은 언어에 큰 영향을 미치는데, 이러한 문학 작품은 작가에 의해 산출되므로 언어에 대한 작가의 책임이 막중함을 강조하고 있다.

07 언어논리력 세부 내용 이해하기

| 정답 | ③

| 해설 | 마지막 문장에서 다른 나라 사람들이 골뱅이를 보면 우리가 @을 골뱅이라고 부르는 이유를 받아들일 것이라고 했을 뿐이므로 현재 동의한다는 설명은 잘못되었다.

08 언어논리력 문맥에 맞는 어휘 고르기

| 정답 | ④

| 해설 | '강조(强調)'는 '어떤 부분을 특별히 강하게 주장하거나 두드러지게 함'이라는 의미이다.

| 오답풀이 |

① 강세(强勢) : 강한 세력이나 기세

② 모색(摸索) : 일이나 사건 따위를 해결할 수 있는 방법이나 실마리를 더듬어 찾음.

③ 약조(弱調) : 여린 음조

09 언어논리력 다의어 파악하기

| 정답 | ②

| 해설 | 제시된 글과 ②의 '전망하다'는 '앞날을 헤아려 내다보다'의 의미로 쓰였다.

| 오답풀이 |

①, ③, ④ '넓고 먼 곳을 멀리 바라보다'의 의미로 사용되었다.

10 언어논리력 올바르게 띄어쓰기

| 정답 | ②

| 해설 | '들릴 만큼'의 '만큼'은 앞의 내용에 상당한 수량이나 정도임을 나타내는 의존명사로 앞말과 띄어 써야 한다.

| 오답풀이 |

① 앞말인 '너'가 체언이므로 '만큼'은 조사로 쓰여 앞말과 붙여 써야 한다.

11 언어논리력 세부 내용 이해하기

| 정답 | ③

| 해설 | 첫 번째 문단을 보면 관객은 영화가 현실의 복잡성을 똑같이 모방하기를 원하지 않고, 영화 역시 그러기 위해 애쓰지 않는다고 하였다. 즉, 사실적이라는 평가를 받는 영화란 영화적 관습에 의해 관객들이 영화 속 내용을 현실처럼 보는 데에 동의했기 때문이지 현실을 그대로 모방해서가 아님을 알 수 있다.

12 언어논리력 내용 요약하기

| 정답 | ①

| 해설 | 제시된 글은 이동통신에 사용되는 주파수 대역의 전자파가 성인에 비해 어린이들에게 더 많이 흡수되며, 이러한 전자파가 어린이들에게 안 좋은 영향을 미칠 수 있다는 내용을 담고 있다. 따라서 '휴대폰 전자파는 성인보다 어린이들에게 더 해로울 수 있다'라고 요약할 수 있다.

| 오답풀이 |

② 휴대폰의 전자파가 어린이에게 좋지 않은 영향을 미친다고 하였지만, 어린이에게 휴대폰을 사용하게 해서는 안 된다는 당위적인 표현이 나타나 있지는 않다.

13 수리력 수 추리하기

| 정답 | ④

| 해설 |

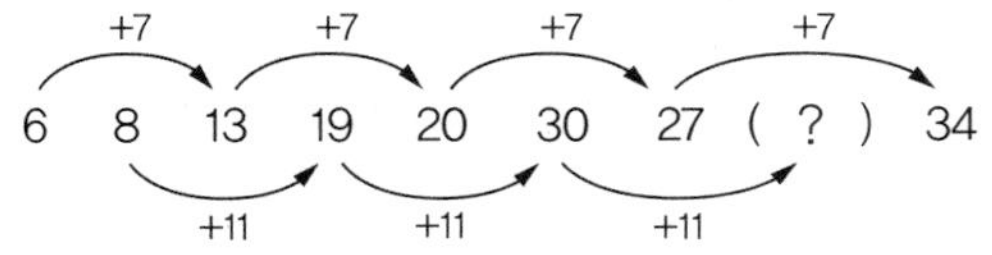

따라서 '?'에 들어갈 숫자는 30+11=41이다.

14 수리력 방정식 활용하기

| 정답 | ④

| 해설 | 맞힌 문제를 x개, 틀린 문제를 $(20-x)$개라고 하면 다음과 같은 식을 세울 수 있다.

$5x-5(20-x)=60$ $10x-100=60$

$\therefore x=16$(개)

따라서 맞힌 문제는 16개이다.

15 수리력 소요 시간 구하기

| 정답 | ③

| 해설 | 1시간 동안 둘이 함께 빚을 수 있는 만두는 20+15=35(개)이므로 210개를 빚으려면 210÷35=6(시간)이 걸린다.

16 수리력 벤다이어그램 활용하기

| 정답 | ②

| 해설 | 야구와 농구를 모두 좋아하는 사람을 x명이라 하면 벤다이어그램은 다음과 같다.

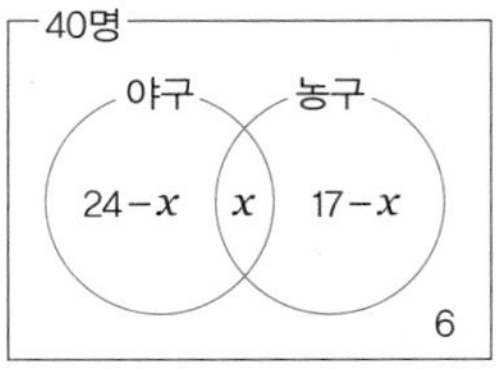

$40=(24-x)+(17-x)+x+6$

$40=24+17+6-x$

$\therefore x=7$(명)

따라서 농구만 좋아하는 학생은 17−7=10(명)이다.

17 수리력 거리 구하기

| 정답 | ③

| 해설 | 두 사람 사이의 간격은 1시간에 100−85=15(km) 벌어진다. 20분은 $\frac{20}{60}=\frac{1}{3}$(시간)이므로 20분 후 두 사람은 $15\times\frac{1}{3}=5$(km) 벌어진다.

18 수리력 경우의 수 계산하기

| 정답 | ④

| 해설 | 다섯 가지 색을 사용할 수 있으나 영역은 세 개이므로 색을 나누는 방법은 다음과 같다.

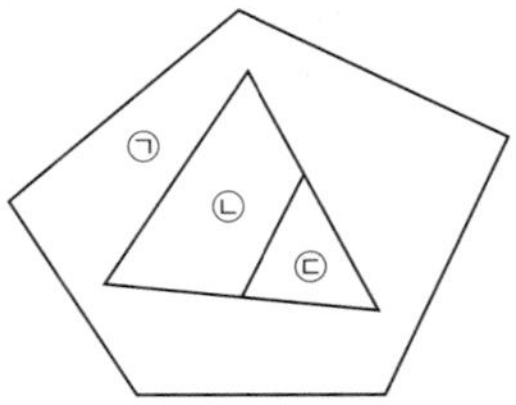

㉠ : 노란색, 보라색, 빨간색, 검정색, 회색의 다섯 가지

㉡ : ㉠ 이외의 네 가지 색

㉢ : ㉠, ㉡ 이외의 세 가지 색

따라서 5×4×3=60(가지)이다.

19 수리력 박스 단가 계산하기

| 정답 | ③

| 해설 | 흰색 A4 용지 한 박스의 단가를 x원이라 하면, 컬러 A4 용지 한 박스의 단가는 $2x$원이므로 다음 식이 성립한다.

$(50\times x)+(10\times 2x)-5,000=1,675,000$

$70x=1,680,000$

$\therefore x=24,000$(원)

따라서 흰색 A4 용지 한 박스의 단가는 24,000원이다.

20 수리력 자료의 수치 분석하기

| 정답 | ①

| 해설 | 3ha 이상의 농가 비중은 2000 ~ 2015년 동안 6.3 → 7.2 → 8.6 → 9.4로 계속 증가하다가 2020년에 9.0으로 감소하였다.

| 오답풀이 |

② 0.5 ~ 3ha 미만 농가 비중은 64.8 → 61.0 → 55.4 → 50.5 → 46.3으로 계속 감소하였다.

③ 0.5 ~ 3ha 미만 농가의 수치가 항상 가장 큰 것을 그래프를 통해 확인할 수 있다.

④ 0.5ha 미만 농가의 비중은 28.9 → 31.8 → 36.0 → 40.1 → 44.7로 꾸준히 증가하였다.

21 수리력 자료의 수치 분석하기

| 정답 | ②

| 해설 | 불법체류 외국인의 수가 20X4년에 최고치를 기록한 것은 사실이지만, 처음으로 등록 외국인 수보다 많아진 것은 20X3년이다.

| 오답풀이 |

① A : 등록 외국인 수는 꾸준히 증가하고 있지만 변수가 발생하면 감소할 수도 있다.

③ C : 20X5년도에 불법체류 외국인의 수가 급격히 감소하면서 등록 외국인의 수가 급격히 늘어났으므로 서로 관련이 있을 것이라 예상할 수 있다.

④ D : 20X6년 이후 큰 증가 없이 유지되고 있으므로 옳다.

22 수리력 자료를 바탕으로 보고서 작성하기

| 정답 | ③

| 해설 | 건설업이 전년(20X0년)에 이어 재해자 수가 가장 많음을 확인하기 위해 20X0년 산업별 재해 현황(ㄷ)이 필요하며, 재해율을 계산하기 위해서는 20X1년 산업별 전체 근로자 수(ㄱ)가 필요하다.

23 수리력 부등식 계산하기

| 정답 | ③

| 해설 | 구매하는 초콜릿의 개수를 x개라 하면 다음과 같은 식이 성립한다.

$1,700x>1,300x+1,250\times 2$

$1,700x>1,300x+2,500$

$400x>2,500$

$\therefore x>6.25$

따라서 초콜릿을 최소 7개 이상 구매할 때 대형 마트에서 구매하는 것이 더 저렴하다.

24 수리력 거리 · 속력 · 시간 활용하기

| 정답 | ②

| 해설 | 해바라기 호와 장미 호의 평균 속력은 다음과 같다.

• 해바라기 호 : $\frac{30\times 2}{2.5+1.5}=\frac{60}{4}=15$(km/h)

• 장미 호 : $\frac{30\times 2}{3+2}=\frac{60}{5}=12$(km/h)

25 수리력 자료를 통해 얻을 수 없는 정보 파악하기

| 정답 | ①

| 해설 | 보이스피싱 발생에 관한 피해금액은 주어진 그래프에 제시되어 있지 않다.

| 오답풀이 |

② 수치가 제시되어 있으므로 증감률을 계산할 수 있다.

③ 시기별 구속인원과 검거인원이 제시되어 있어 가장 많은 시기와 가장 적은 시기를 확인할 수 있다.

④ 검거인원을 발생건수로 나누어 계산할 수 있다.

26 공간지각력 규칙 파악하여 도형 추론하기

| 정답 | ①

| 해설 | 색칠된 두개의 직사각형 모양의 칸은 시계방향으로 90°씩 회전하고 있으며, 두 개의 삼각형 모양은 시계방향으로 한 칸씩 이동하고 있다. 따라서 '?'에는 ①이 적절하다.

27 공간지각력 조각 배열하기

| 정답 | ①

| 해설 | 제시된 그림 조각을 (나)-(다)-(가)-(라) 순으로 배열하면 다음과 같다.

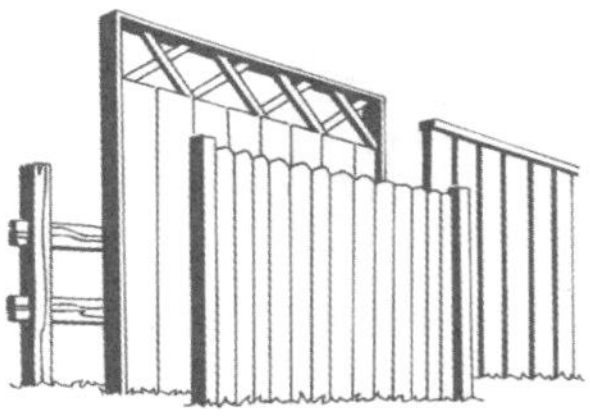

28 공간지각력 블록 개수 세기

| 정답 | ③

| 해설 | 가장 뒷줄에 위치한 블록의 개수는 15개, 뒤에서 두 번째 줄에 위치한 블록의 개수는 6개, 뒤에서 세 번째 줄에 위치한 블록의 개수는 2개, 가장 앞줄에 위치한 블록의 개수는 1개이므로, 총 24개이다.

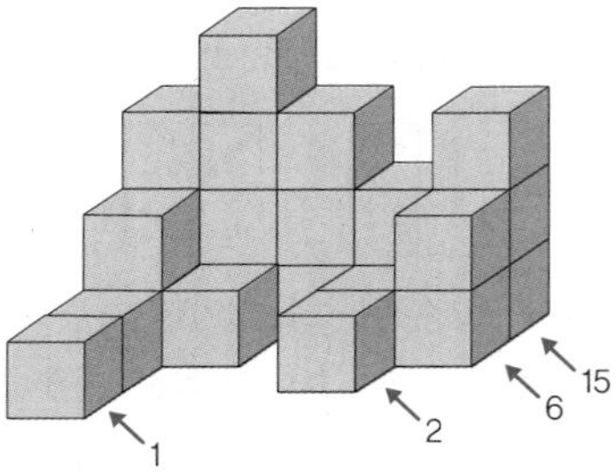

29 공간지각력 보이지 않는 블록의 개수 세기

| 정답 | ②

| 해설 | 가장 뒷줄에 위치한 블록의 개수는 12개, 뒤에서 두 번째 줄에 위치한 블록의 개수는 9개, 가장 앞줄에 위치한 블록의 개수는 8개이므로, 전체 블록은 총 29개이다. 이 전체의 블록 개수에서 한 면이라도 보이는 블록의 개수를 표시하면 다음과 같다.

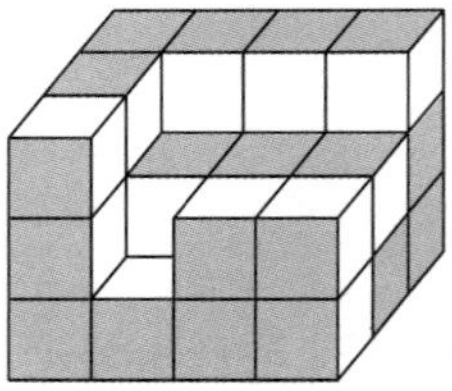

따라서 한 면도 보이지 않는 블록은 29－19＝10(개)이다.

30 공간지각력 투상도와 일치하는 입체도형 찾기

| 정답 | ①

| 해설 | 정면도 → 평면도 → 우측면도 순으로 확인할 때 블록 개수와 위치가 모두 일치하는 입체도형은 ①이다.

| 오답풀이 |

② 평면도가 일치하지 않는다.

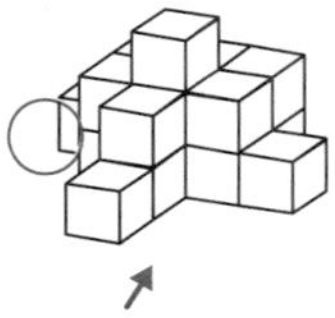
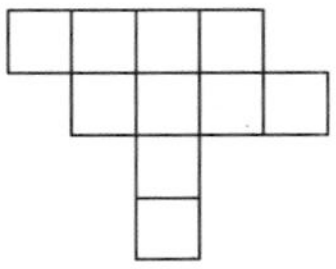

[평면도]

③ 정면도가 일치하지 않는다.

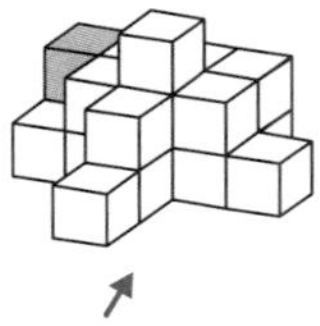
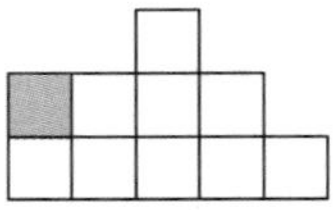

[정면도]

④ 우측면도가 일치하지 않는다.

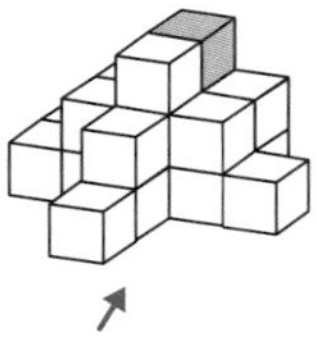
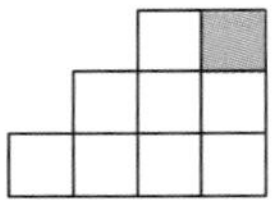

[우측면도]

31 공간지각력 펼친 모양 찾기

| 정답 | ①

| 해설 | 접었던 선을 축으로 하여 역순으로 펼치면 다음과 같다.

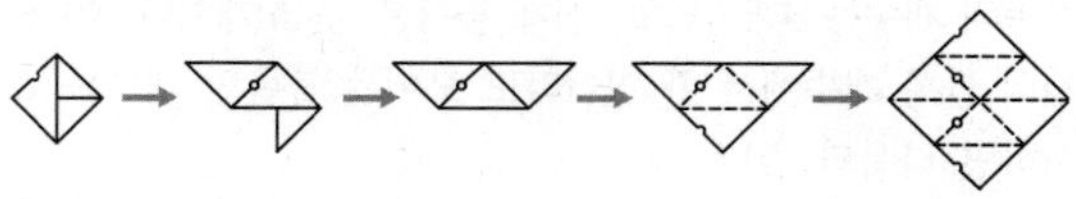

32 공간지각력 동일한 입체도형 찾기

| 정답 | ②

| 해설 | ②는 제시된 도형을 화살표 방향에서 바라본 모습이다.

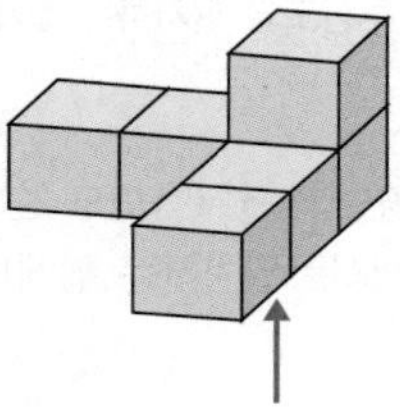

| 오답풀이 |

다른 입체도형은 점선 표시된 블록이 추가되거나 동그라미 친 블록이 제거되어야 한다.

①

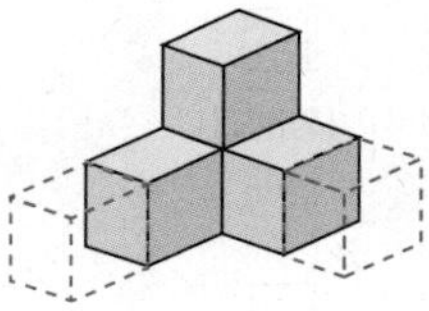

③

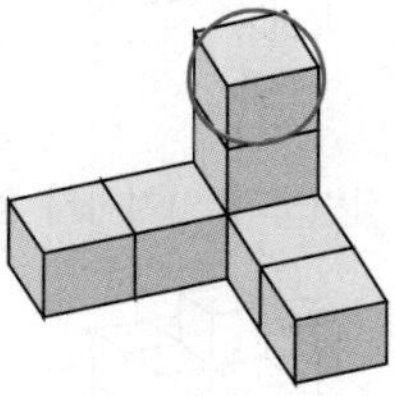

④

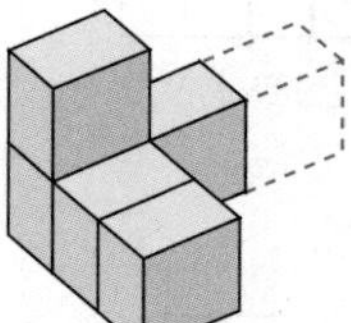

33 공간지각력 전개도를 접어 주사위 만들기

| 정답 | ①

| 해설 | 전개도를 접었을 때 서로 맞닿는 모서리를 같은 도형으로 표시하면 다음과 같다.

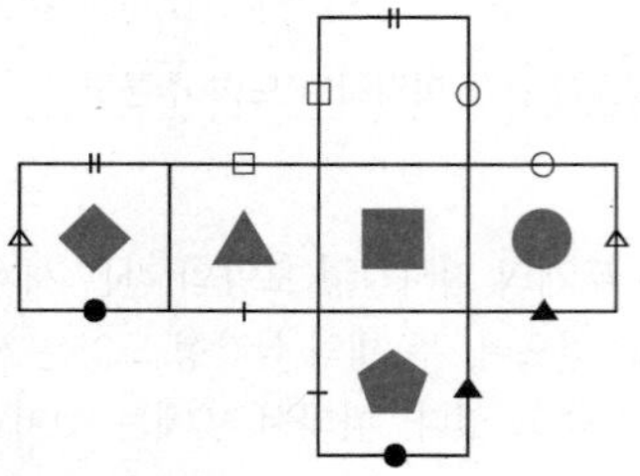

따라서 화살표 방향에서 바라본 면은 ①이다.

34 공간지각력 주사위의 보이지 않는 면 추론하기

| 정답 | ③

| 해설 | 3개의 주사위를 각각 전개도로 펼치면 다음과 같다.

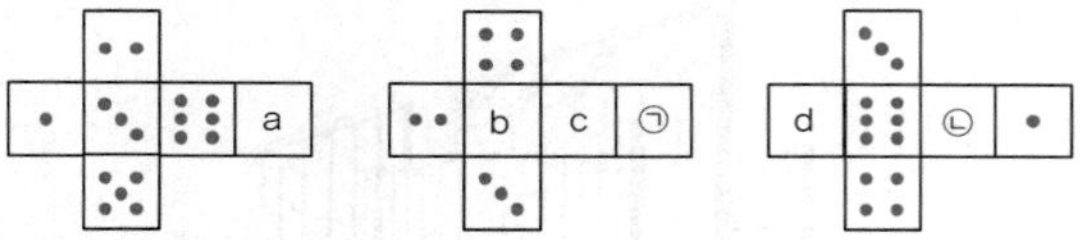

일단 주사위의 서로 마주 보는 면에 그려진 눈의 합은 7이므로 첫 번째 전개도에서 3과 마주 보고 있는 a의 눈은 4이다. 두 번째 전개도에서 2와 마주 보고 있는 c의 눈은 5가 되므로 서로 마주 보고 있는 b와 ㉠의 눈은 각각 1 또는 6이 된다. 세 번째 전개도에서 서로 마주 보고 있는 d와 ㉡의 눈은 각각 2 또는 5가 된다. 3개의 주사위는 모두 동일하다고 하였으므로, 첫 번째 주사위를 기준으로 두 번째 주사위를 비교하면 다음과 같다.

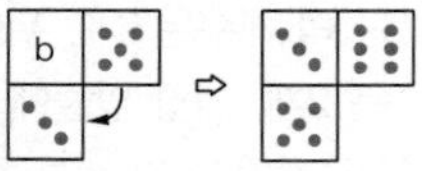

따라서 b의 눈은 6, ㉠의 눈은 1이다. 첫 번째 주사위를 기준으로 세 번째 주사위를 비교하면 다음과 같다.

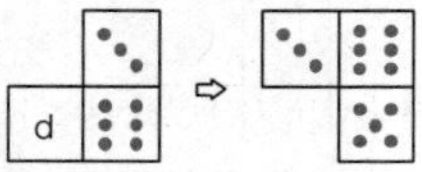

따라서 d의 눈은 5, ㉡의 눈은 2이다.

따라서 주사위끼리 접하여 보이지 않는 면에 그려진 눈의 합은 a+b+c+d=4+6+5+5=20이다.

35 공간지각력 제시된 블록 합치기

| 정답 | ②

| 해설 | ②는 다음과 같이 결합되었다.

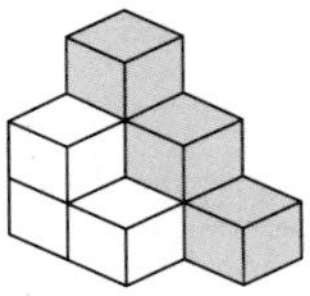

36 문제해결력 명제 판단하기

| 정답 | ④

| 해설 | 각 명제를 'p : 축구를 잘한다', 'q : 감기에 걸린다', 'r : 휴지를 아껴 쓴다'라고 할 때 문장을 정리하면 다음과 같다.

• p → ~q • ~q → r • 나는 → p

따라서 삼단논법에 의해 '나는 → p → ~q → r'이 성립하므로 '나는 휴지를 아껴 쓴다'가 참임을 알 수 있다.

37 문제해결력 명제 판단하기

| 정답 | ③

| 해설 | 각 명제를 'p : 쇼핑을 좋아한다', 'q : 구두가 많다', 'r : 신용카드가 많다'라고 할 때 [사실]을 정리하면 다음과 같다.

• p → r • q → p • ~q → ~r

A. '~q → ~r'이 사실이므로 이 명제의 대우 명제인 'r → q' 또한 사실이다. 'p → r' 명제와의 삼단논법에 의해 'p → q'가 항상 참임을 알 수 있다.

B. 'p → r'이 사실이므로 이 명제의 대우 명제인 '~r → ~p'도 사실이며, 'q → p'가 사실이므로 이 명제의 대우 명제인 '~p → ~q'도 사실이 된다. 두 대우 명제의 삼단논법에 의해 '~r → ~q'가 항상 참임을 알 수 있다.

따라서 A, B 모두 항상 옳은 설명이다.

38 문제해결력 조건을 바탕으로 추론하기

| 정답 | ②

| 해설 | B의 말이 거짓이므로 C는 검사가 아니다. A와 B 둘 중 한 명이 검사인데, 만약 A가 검사라면 A는 진실만 말한다는 문제의 조건과 검사는 거짓말을 한다는 A의 진술이 상충된다. 따라서 검사는 B이고, B가 변호사라고 한 C의 진술은 거짓이다.

판사	검사	변호사
A	B	C
C	B	A

| 오답풀이 |

① 검사는 B이다.

③ 변호사가 A라면 진실을 말하고 있고 C라면 거짓을 말하고 있다.

④ 모든 경우의 수는 두 가지이다.

39 문제해결력 논리적 오류 파악하기

| 정답 | ④

| 해설 | 제시된 글과 ④는 어떤 사물이나 집단 전체의 특성을 그 부분이나 구성요소도 똑같이 갖고 있다고 판단하는 '분할의 오류'를 범하고 있다.

| 오답풀이 |

① 합성의 오류에 해당한다.

② 발생학적 오류에 해당한다.

③ 대중에 호소하는 오류에 해당한다.

40 문제해결력 조건을 바탕으로 추론하기

| 정답 | ④

| 해설 | 우선 예원이와 경희의 위치를 서로 모순되게 말한 철수와 영희 중 한 명이 거짓말을 하고 있으므로 두 가지 경우로 나누어 본다.

• 철수가 거짓말을 한다고 가정할 경우
'철수－영희, 예원－경희'가 되므로 영희가 맨 왼쪽에 앉아 있다는 예원이의 발언도 거짓이 되어 1명만 거짓말을 했다는 조건에 어긋난다. 따라서 철수는 사실을 말했다.

• 영희가 거짓말을 한다고 가정할 경우
'정호－철수, 경희－예원' 순이 되고 이때 나머지 4명의 발언 내용에 모순이 생기지 않는다. 이를 바탕으로 다시 5명의 위치를 보면 '영희－정호－철수－경희－예원'의 순서가 된다.

따라서 정호의 왼쪽에는 영희가 앉음을 알 수 있다.

41 문제해결력 조건을 바탕으로 추론하기

| 정답 | ④

| 해설 | 영화 B가 2관에서 상영되고 영화 A와 C가 상영되는 관이 이웃해야 하므로 영화 D의 상영관은 1관이 된다. 남은 3관과 4관 중 4관에서는 영화 C를 상영하지 않으므로 영화 C는 3관에서, 남은 영화 A는 4관에서 상영된다. 이를 정리하면 다음과 같다.

1관	2관	3관	4관
영화 D	영화 B	영화 C	영화 A

42 문제해결력 조건을 바탕으로 추론하기

| 정답 | ④

| 해설 | 첫 번째, 다섯 번째 조건으로 H B F D 또는 D F B H 순으로 위치해 있음을 알 수 있다. 이어 세 번째 조건을 추가하면

HBFD
길
○○○C

또는

DFBH
길
C○○○

이고, 두 번째, 여섯 번째 조건을 추가하면

HBFD
길
AEGC

또는

DFBH
길
CGEA

임을 알 수 있다. 이 중 네 번째 조건을 충족하는 것은

HBFD
길
AEGC

이다. 따라서 G사의 빌딩과 F사의 빌딩은 서로 마주 보고 서 있다.

43 문제해결력 벤다이어그램 활용하기

| 정답 | ③

| 해설 | 각 명제를 'p : 수영 강사이다', 'q : 담배를 피운다', 'r : 당구를 친다'라고 할 때 〈명제〉를 벤다이어그램으로 정리하면 다음과 같다.

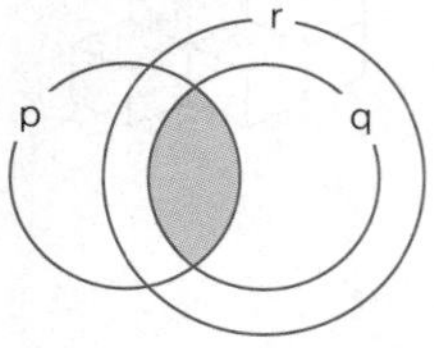

③은 색칠된 부분에 해당되므로 항상 옳다.

| 오답풀이 |

① 벤다이어그램을 참고하면 담배를 피우지 않는 수영 강사 중에는 당구를 치지 않는 사람도 있다.

② 벤다이어그램을 참고하면 당구를 치지 않는 수영 강사는 모두 담배를 피우지 않는다.

④ 벤다이어그램을 참고하면 당구를 친다고 해서 모두가 수영 강사인 것은 아니다.

44 문제해결력 명제 판단하기

| 정답 | ④

| 해설 | 각 명제를 'p : 사과를 좋아한다', 'q : 귤을 좋아한다', 'r : 딸기를 좋아한다', 's : 바나나를 좋아한다'라고 할 때 〈명제〉를 정리하면 다음과 같다.

• $p \rightarrow q$ • $\sim r \rightarrow \sim q$ • $s \rightarrow r$

'$\sim r \rightarrow \sim q$'가 참이므로 이 명제의 대우 명제인 '$q \rightarrow r$'도 참이다. 따라서 '$p \rightarrow q$' 명제와의 삼단논법에 의해 '$p \rightarrow r$'도 참이 되어 사과를 좋아하는 사람은 딸기를 좋아함을 알 수 있다.

| 오답풀이 |

① '$p \rightarrow q$' 명제의 역에 해당하므로 참인지는 알 수 없다.

②, ③ 주어진 명제로는 알 수 없다.

45 문제해결력 조건을 바탕으로 추론하기

| 정답 | ①

| 해설 | D의 활동 분야 중 하나는 개그맨인데, 개그맨인 사람은 가수 또는 MC가 아니라고 했으므로 D의 다른 활동 분야는 탤런트이다. 또한 가수는 총 3명이라 했으므로 D를 제외한 A, B, C는 모두 가수이다. MC인 사람은 한 명인데 B와 C는 활동 분야가 동일하므로 MC는 A가 된다. 그리고 탤런트 역시 총 3명이라 했으므로 B와 C의 다른 활동 분야는 탤런트가 된다. 이를 정리하면 다음과 같다.

A	B	C	D
가수, MC	가수, 탤런트	가수, 탤런트	개그맨, 탤런트

따라서 B의 활동 분야는 가수, 탤런트이다.

46 이해력 상황에 맞는 행동 파악하기

| 정답 | ④

| 해설 | 박 대리는 발표자료를 만들면서 발표의 요지에 대해 어느 정도 파악하게 된 상태이다. 따라서 발표의 요지에 대해 간략하게만 설명하고, 추후 완성된 자료를 보내 드리겠다고 말하는 것이 가장 바람직하다.

47 이해력 상황에 맞는 행동 파악하기

| 정답 | ①

| 해설 | 제시된 글의 고객은 거만형 고객에 해당한다. 이러한 유형의 고객에게는 정중하게 대하는 것이 좋으며 자신의 과시욕이 채워지도록 뽐내든 말든 내버려 두는 것이 좋다. 의외로 단순한 면이 있으므로 일단 그의 호감을 얻게 되면 여러 면으로 득이 되는 경우가 많다.

| 오답풀이 |

② 의심이 많은 의심형 고객을 응대할 때 유용한 방법이다.

③ 사소한 것에 불만을 표하는 트집형 고객을 응대할 때 유용한 방법이다.

④ 애매한 화법을 사용하지 않고 시원스러운 일 처리를 보여주는 방법은 빨리빨리형 고객을 대할 때 좋은 응대 방법이다.

48 이해력 자료의 내용 이해하기

| 정답 | ④

| 해설 | 강의 회차별 선정 도서 목록은 제시되지 않았다.

49 이해력 자료의 내용 이해하기

| 정답 | ③

| 해설 | 나쁜 인상을 주는 자기소개서 3위는 34.9%를 받은 '다른 것을 옮겨 쓴 듯한 자기소개서'이다. 따라서 지원한 회사에 입사한 선배의 자기소개서를 모방하는 것은 적절하지 않다.

50 이해력 업체 선정하기

| 정답 | ④

| 해설 | 각 업체별 광고 계약 비용을 구하면 다음과 같다.

- A 광고업체 : (현수막) 30+25×4+(전단지) 30+5×5 =130+55=185(만 원)
- B 광고업체 : (현수막) 5×7+3×23+(전단지) 8×3+6×3+4×4=104+58=162(만 원)
- C 광고업체 : (현수막) 18×6+(전단지) 12×5=108+60 =168(만 원)
- D 광고업체 : (현수막) 4×10+2.5×20+(전단지) 17×4 =90+68=158(만 원)

따라서 D 광고업체와 가장 저렴한 비용으로 계약을 체결할 수 있다.

4회 기출예상문제

문제 120쪽

01	①	02	④	03	④	04	①	05	②
06	③	07	①	08	③	09	②	10	②
11	④	12	②	13	④	14	④	15	③
16	②	17	③	18	④	19	②	20	①
21	④	22	②	23	③	24	③	25	①
26	④	27	③	28	①	29	④	30	③
31	④	32	③	33	③	34	④	35	②
36	①	37	①	38	①	39	①	40	②
41	④	42	④	43	①	44	④	45	④
46	②	47	②	48	④	49	④	50	②

01 언어논리력 다의어 파악하기

| 정답 | ①

| 해설 | 〈보기〉의 밑줄 친 '만들었다'는 '노력이나 기술 따위를 들여 목적하는 사물을 이루다'는 의미를 가지며 이와 가장 유사한 것은 ①이다.

| 오답풀이 |

②, ③ '새로운 상태를 이루어 냄'의 의미로 쓰였다.

④ '규칙이나 법, 제도 따위를 정함'의 의미로 쓰였다.

02 언어논리력 올바른 맞춤법 사용하기

| 정답 | ④

| 해설 | '걸맞다'와 '알맞다'는 모두 형용사인데 형용사는 관형사형 전성어미 '-는'은 결합할 수 없고 관형사형 전성어미 '-은'이 붙는다.

03 언어논리력 어휘의 의미 파악하기

| 정답 | ④

| 해설 | 부사 '영'은 주로 부정하는 말과 함께 쓰여 '전혀' 또는 '도무지', '아주' 또는 '대단히'의 뜻을 나타내므로, '처음부터 끝까지 계속해서'를 뜻하는 부사 '내내'와 의미상 차이가 있다.

| 오답풀이 |

① '썩'은 '보통의 정도보다 훨씬 뛰어나게'라는 의미로 '매우'와 유사하다.

② '맨'은 '다른 것은 섞이지 아니하고 온통'이라는 의미로 쓰였다.

③ '통'은 주로 부정하는 말과 어울려 쓰거나 반문하는 문장에 쓰여 '전혀', '도무지'의 뜻을 나타낸다.

04 언어논리력 올바르게 띄어쓰기

| 정답 | ①

| 해설 | '-그려'는 문장 끝에서 느낌이나 강조를 나타내는 문장 종결 보조사로 앞말과 붙여 써야 한다. 따라서 '그 집 사정이 참 딱하데그려'로 쓰는 것이 적절하다.

| 오답풀이 |

② '-ㄹ뿐더러'는 어떤 일이 그것만으로 그치지 않고 나아가 다른 일이 더 있음을 나타내는 연결 어미로 앞말과 붙여 써야 한다.

③ '-ㄹ걸'은 구어체로 혼잣말에 쓰여, 그렇게 했으면 좋았을 것이나 하지 않은 어떤 일에 대해 가벼운 뉘우침이나 아쉬움을 나타내는 종결 어미로 앞말과 붙여 써야 한다.

④ '협조한다는 데'의 '데'는 '곳, 장소, 일, 경우' 등을 나타내는 의존명사로 앞말과 띄어 써야 한다.

05 언어논리력 단어 관계 파악하기

| 정답 | ②

| 해설 | ①, ③, ④에서 세 번째 단어는 사람이 첫 번째와 두 번째 단어를 이용해서 할 수 있는 행동이다. 즉, 옷감과 홍두깨(옷감을 감아 다듬이질할 때 쓰는 도구)로 다듬이질을 할 수 있고, 공책과 펜으로 필기를 할 수 있으며, 셔틀콕과 라켓을 가지고 배드민턴을 할 수 있다. 반면, ②의 연소는 사람의 힘 없이 나무와 불만 있어도 일어나는 현상이므로 다른 선택지와의 관계가 같지 않다.

06 언어논리력 사전 순서 파악하기

| 정답 | ③

| 해설 | 각 의미에 해당하는 단어를 나열해 보면 ㉠은 방향, ㉡은 향기, ㉢은 기대, ㉣은 대결이다. 이들 중 사전에 가장 먼저 표기되는 단어는 ㉢인 '기대'이다.

07 언어논리력 글쓴이의 생각 파악하기

| 정답 | ①

| 해설 | 제시된 글에서는 글을 쓸 때 좀 더 멋있게 표현하고 싶은 생각에 이것저것 다 아는 체할 경우 결국 글의 핵심에서 벗어나게 되고 형용사나 부사가 난무하여 글이 느끼해진다며, 글의 성패는 여기서 갈린다고 하였다. 따라서 필자는 글을 쓸 때는 멋있게 쓰려는 욕심을 버려야 함을 말하고 있다.

08 언어논리력 세부 내용 이해하기

| 정답 | ③

| 해설 | 매슬로의 욕구단계는 아래 단계의 기본적인 하위 욕구들이 채워져야 자아 성취와 같은 고차원적인 상위 욕구에 관심이 생긴다는 입장이다. 반면 진화 생물학적 관점은 인간의 본질적 욕구를 채우는 데 도움이 되기 때문에 자아 성취를 한다는 입장이다. 따라서 두 관점에서 인간의 본질에 대한 해석은 다르다.

09 언어논리력 흐름에 맞는 사자성어 고르기

| 정답 | ②

| 해설 | ㉠의 앞뒤 문맥을 고려할 때 쾌락을 뒷전에 두고 행복을 논하는 것은 이치에 맞지 않다는 의미가 완성되어야 한다. 따라서 '말이 조금도 사리에 맞지 아니하다'는 뜻의 '어불성설(語不成說)'이 들어가야 한다.

| 오답풀이 |

① 중언부언(重言復言) : 이미 한 말을 자꾸 되풀이함.

③ 교언영색(巧言令色) : 아첨하는 말과 알랑거리는 태도

④ 유구무언(有口無言) : 변명할 말이 없거나 변명을 못함.

10 언어논리력 글의 주제 찾기

| 정답 | ②

| 해설 | 제시된 글은 언어 현실과 어문 규범과의 괴리를 줄이기 위한 방법으로 어문 규범을 없애고 언중의 자율에 맡기자는 주장과 어문 규범의 큰 틀만 유지하고 세부적인 것은 사전에 맡기자는 주장이 사회에 등장하고 있음을 설명하고 있다. 이를 통해 언어 현실과 어문 규범의 괴리를 해소하기 위한 방법을 모색하는 노력이 나타나고 있다는 글의 주제를 도출해 낼 수 있다.

11 언어논리력 다의어 파악하기

| 정답 | ④

| 해설 | '눈 깜짝할 새'는 매우 짧은 순간을 의미하는 관용구이지만, 여기서 '눈'이 어떤 특정 시간이나 때를 비유하지는 않는다.

12 언어논리력 대화 공통 주제 찾기

| 정답 | ②

| 해설 | A, C, D, E의 진술은 모두 '아이들이 읽기에 좋은 책은 어떤 책인가' 혹은 '아이들에게 좋은 책은 어떤 책인가'에 대한 것이다. A는 재미가 있고 독자가 공감할 수 있는 책이 좋은 책이라고 생각하며, 아이들에게는 자신들과 관련이 있는 이야기가 그렇다고 말한다. C는 많은 사람들이 읽는 책, 즉 서점에서 많이 팔리는 책이 좋은 책이라고 말한다. D는 유명한 사람이 쓴 책을, E는 아이들의 수준에 맞는 책이 좋은 책이라고 말한다. 반면, B는 재미가 없더라도 좋은 책을 읽는 것이 중요하다며 주제와 다른 이야기를 말하고 있다.

13 수리력 최대공약수 활용하기

| 정답 | ④

| 해설 | 직사각형 벽에 남는 부분 없이 타일을 붙이면서 그 개수를 최소한으로 사용하기 위해서는 가능한 가장 큰 정사각형 모양의 타일을 사용해야 하므로 벽의 세로, 가로 길이인 120cm, 90cm의 최대공약수가 사용할 타일의 한 변의 길이가 된다. 120과 90의 최대공약수는 $2\times3\times5=30$이므로 타일의 한 변의 길이는 30cm이다.

5) 120 90
3) 24 18
2) 8 6
30 = 4 3

14 수리력 방정식 활용하기

| 정답 | ④

| 해설 | 연수원에 있는 방의 수를 x개, 신입사원의 수를 y명이라 하면 다음과 같은 식이 성립한다.

$6x+4=y$ ………… ㉠

$8(x-3)-6=y$ ………… ㉡

㉠, ㉡을 연립하여 풀면

$6x+4=8(x-3)-6$

$6x+4=8x-30$

$\therefore\ x=17$(개)

따라서 신입사원의 수는 $6\times17+4=106$(명)이 된다.

15 수리력 방정식 활용하기

| 정답 | ③

| 해설 | 정은이가 산 참외의 개수를 x개라 하면 오렌지의 개수는 $(10-x)$개이므로 다음과 같은 식이 성립한다.

$1,500x+2,500(10-x)=20,000$

$1,000x=5,000$

$\therefore\ x=5$(개)

따라서 정은이가 산 참외의 개수는 5개이다.

16 수리력 연립방정식을 활용하기

| 정답 | ②

| 해설 | 영어 점수를 x점, 수학 점수를 y점, 국어 점수를 z점이라 하면 식은 다음과 같다.

$$\begin{cases} x+y=82 \cdots\cdots ㉠ \\ x+z=74 \cdots\cdots ㉡ \end{cases}$$

㉠−㉡을 하면 $y-z=8$이다.

따라서 수학과 국어의 점수 차는 8점이다.

17 수리력 거리 · 속력 · 시간의 비 활용하기

| 정답 | ③

| 해설 |

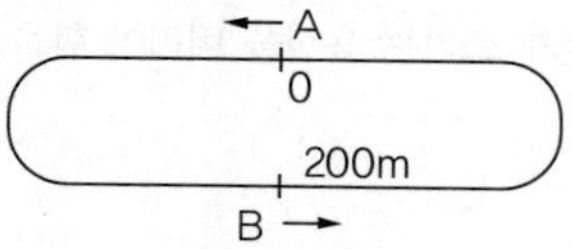

400m 트랙

A가 출발한 지점을 0이라 하면, B가 출발한 지점은 A보다 200m 앞선 지점이다. B가 1,000m를 달렸을 때 A와 B는 같은 위치에 있으므로, A가 달린 거리는 1,200m가 된다.

'속력$=\frac{\text{거리}}{\text{시간}}$'이고, A와 B가 달린 시간이 같으므로 A와 B의 속력의 비는 거리 비와 같다.

따라서 A가 달린 거리 : B가 달린 거리=1,200 : 1,000=6 : 5이다.

18 수리력 일의 양 구하기

| 정답 | ④

| 해설 | 전체 프로젝트의 양이 1일 때, A의 1일 수행량은 $\frac{1}{10}$, B의 1일 수행량은 $\frac{1}{15}$이다.

따라서 A, B 둘이 함께 프로젝트 전체를 완료하는 데에는 $1\div\left(\frac{1}{10}+\frac{1}{15}\right)=1\div\frac{3+2}{30}=\frac{30}{5}=6$(일)이 걸린다.

19 수리력 총 금액 구하기

| 정답 | ②

| 해설 | 신발은 30% 할인된 가격인 30,000×0.7=21,000(원)에 구입하였으므로 옷은 125,000−21,000=104,000(원)에 구입하였다.

104,000원은 정가에 20% 할인된 가격이므로 정가는 다음과 같이 구할 수 있다.

$0.8x = 104,000$

$\therefore x = 130,000$(원)

따라서 할인 전 신발과 옷의 총 금액은 30,000+130,000=160,000(원)이다.

20 수리력 확률 계산하기

| 정답 | ①

| 해설 | 육면체 주사위의 눈은 1, 2, 3, 4, 5, 6인데 이 중 2의 배수는 2, 4, 6이므로 2의 배수가 나올 확률은 $\frac{3}{6} = \frac{1}{2}$ 이다.

21 수리력 자료의 수치 분석하기

| 정답 | ④

| 해설 | 20X8년의 기타종사자 수는 1년 전보다 12천 명 더 증가하였다.

| 오답풀이 |

① 네 개 유형의 종사자 지위 중 상용근로자 수가 월등히 많은 것을 알 수 있다.

② 173천 명이 증가하여 가장 많은 증가를 보이고 있다.

③ 상용근로자의 경우 종사자 수는 가장 많이 증가했으나 구성비는 오히려 0.2%p 감소하였다.

22 수리력 자료의 수치 분석하기

| 정답 | ②

| 해설 | 2월 9일과 2월 11일 사이에 완치자는 3명에서 4명으로 1명이 늘어났는데 치료 중인 환자 수는 동일하므로 1명의 추가 확진자가 발생했음을 알 수 있다.

| 오답풀이 |

① 2월 12일에 치료 중인 환자 수는 21명, 누적 완치자 수는 7명이므로 2월 12일까지 총 28명의 환자가 발생했음을 알 수 있다.

23 수리력 자료의 수치 분석하기

| 정답 | ③

| 해설 | 북한은 2023년에 석탄 생산량이 감소하였으며, 남한은 증가한 해와 감소한 해가 모두 섞여 있다.

| 오답풀이 |

① 매년 생산량 차이가 10배가 넘는다.

② 2021년부터 생산량이 지속적으로 감소하고 있다.

④ 북한은 석탄 생산량이 철광석 생산량의 4 ~ 5배 정도이다.

24 수리력 수 추리하기

| 정답 | ③

| 해설 |

2	6	14	30	62	(?)
	$+2^2$	$+2^3$	$+2^4$	$+2^5$	$+2^6$

따라서 '?'에 들어갈 숫자는 $62+2^6=126$이다.

25 수리력 자료의 수치 분석하기

| 정답 | ①

| 해설 | ㄱ. 중형 자동차를 보유하고 있는 직원은 350×0.34=119(명)이므로 100명 이상이다.

| 오답풀이 |

ㄴ. 소형 자동차를 보유하고 있는 직원은 350×0.5=175(명)이므로 총 교통비용은 175×30=5,250(만 원)이다. 따라서 5천만 원 이상이다.

ㄷ. 집단별로 총 교통비용을 구하면 다음과 같다.

- 소형 : 350×0.5×30=5,250(만 원)
- 중형 : 350×0.34×45=5,355(만 원)
- 대형 : 350×0.16×55=3,080(만 원)

따라서 보유하고 있는 차량의 크기가 큰 집단일수록 총 교통비용 또한 많아지는 것은 아니다.

26 공간지각력 제시된 블록 합치기

| 정답 | ④

| 해설 | ④는 다음과 같이 수정되어야 한다.

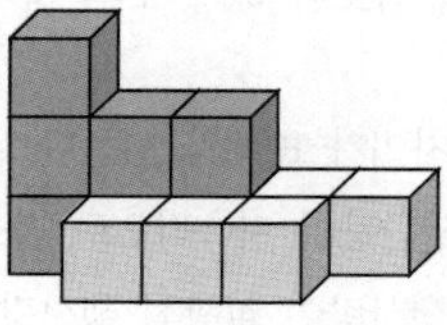

| 오답풀이 |

①

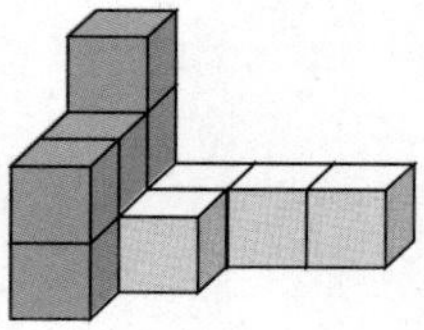

②

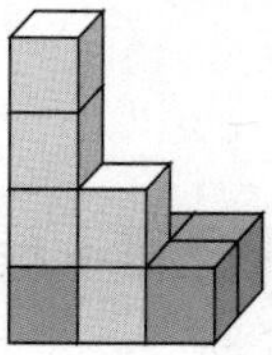

③

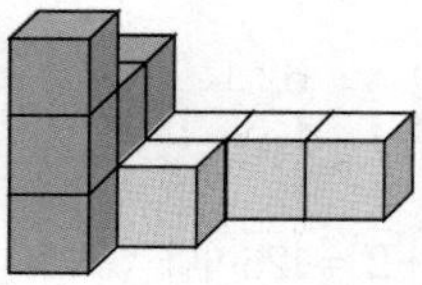

27 공간지각력 펼친 모양 찾기

| 정답 | ③

| 해설 | 접었던 선을 축으로 하여 역순으로 펼치면 다음과 같다.

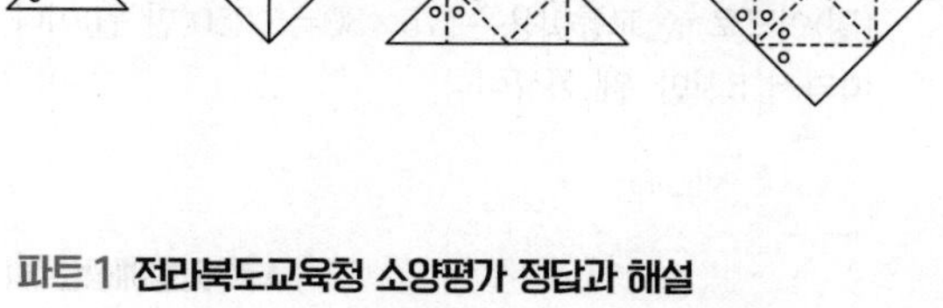

28 공간지각력 일치하는 입체도형 찾기

| 정답 | ①

| 해설 | 정면도 → 평면도 → 우측면도 순으로 확인해 보면 블록 개수와 위치가 모두 일치하는 입체도형은 ①이다.

| 오답풀이 |

② 평면도가 일치하지 않는다.

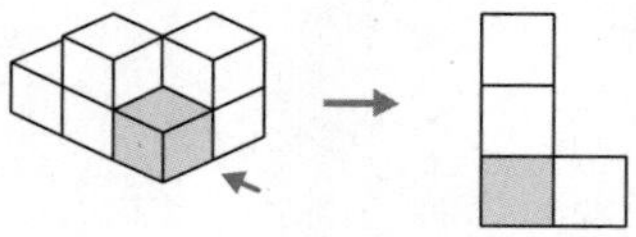

[평면도]

③ 정면도와 우측면도가 일치하지 않는다.

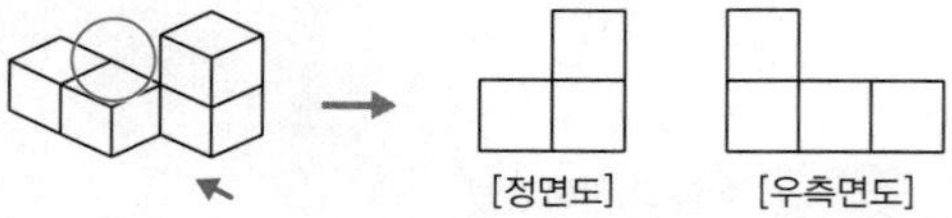

[정면도] [우측면도]

④ 정면도와 평면도가 일치하지 않는다.

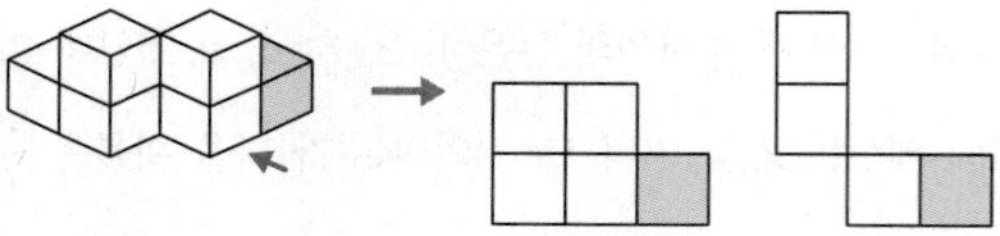

[정면도] [평면도]

29 공간지각력 제시된 도형 합치기

| 정답 | ④

| 해설 | ④는 세 조각을 조합해 만들 수 없다.

| 오답풀이 |

①

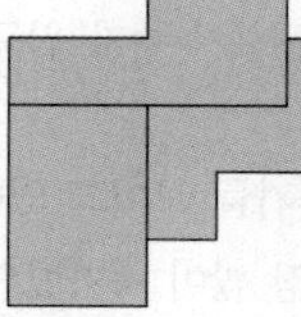

②

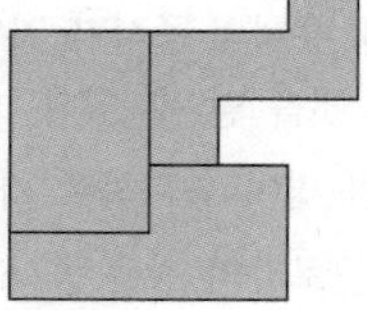

③

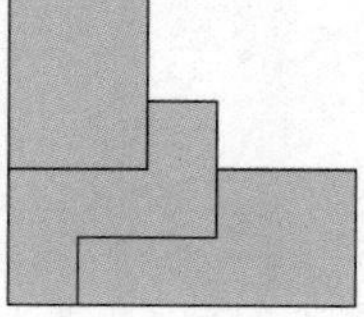

30 공간지각력 도형 회전하기

| 정답 | ③

| 해설 | 제시된 도형을 시계방향으로 270°, 즉 반시계방향으로 90° 회전한 모양은 ③이다.

31 공간지각력 전개도 완성하기

| 정답 | ④

| 해설 |  면의 삼각형이 아래 방향(▽)을 향해 있어야 옳은 모양이다.

32 공간지각력 그림에 없는 도형 찾기

| 정답 | ③

| 해설 |

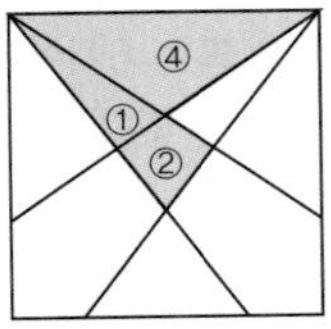

33 공간지각력 조각 배열하기

| 정답 | ③

| 해설 | 그림의 조각을 (라)－(다)－(나)－(가) 순으로 배열하면 다음과 같은 그림이 완성된다.

34 공간지각력 블록 개수 세기

| 정답 | ④

| 해설 | 1층에 8개, 2층에 6개, 3층에 2개로 블록은 총 16개이다.

35 공간지각력 두 면만 칠해지는 블록 찾기

| 정답 | ②

| 해설 | 2개의 면이 칠해지는 블록은 다음 색칠된 면으로 5개이다.

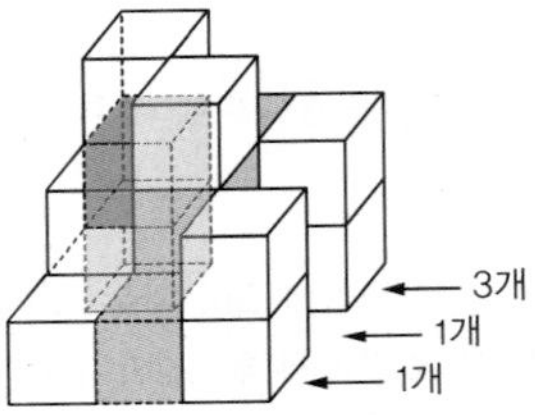

36 문제해결력 명제 판단하기

| 정답 | ①

| 해설 | 제시된 명제를 다음과 같이 정리한다.

- A : 매주 토요일마다 소개팅을 한다.
- B : 결혼정보업체 회원이다.
- C : 올해 안에 결혼을 하고 싶어 한다.

첫 번째 전제 A→B에서 결론 ~B→~C(=C→B)가 도출되기 위해서는 C→A라는 전제가 필요하다. 그러므로 '올해 안에 결혼을 하고 싶어 하는 사람은 매주 토요일마다 소개팅을 한다'의 대우인 '매주 토요일마다 소개팅을 하지 않는 사람은 올해 안에 결혼을 하고 싶지 않은 것이다'가 적절하다.

37 문제해결력 명제 판단하기

| 정답 | ①

| 해설 | 각 명제를 'p : 껌을 좋아한다', 'q : 사탕을 좋아한다', 'r : 초콜릿을 좋아한다', 's : 감자칩을 좋아한다'라고 하고 정리하면 다음과 같다.

• p → q　　• ~r → ~q　　• s → q

~r → ~q가 참이므로 이 명제의 대우 명제인 q → r도 참이다. 따라서 삼단논법에 의해 s → q → r이 성립하므로 '감자칩을 좋아하는 아이는 초콜릿도 좋아한다'가 참임을 알 수 있다.

| 오답풀이 |

②, ③ 주어진 명제로는 알 수 없다.

④ 삼단논법에 의해 p → q → r이 성립하므로 껌을 좋아하는 아이는 초콜릿도 좋아함을 알 수 있다.

38 문제해결력 조건을 바탕으로 추론하기

| 정답 | ①

| 해설 | 2개의 조를 Ⅰ조와 Ⅱ조로 나누고 A와 E가 Ⅰ조라고 가정한다. 두 번째 조건에서 한 조마다 여자사원은 3명이라고 했고, Ⅰ조에는 A와 E가 있으므로 다섯 번째 조건에 의해 B와 F는 Ⅱ조이다. 네 번째, 여섯 번째 조건에 의해 병과 D는 Ⅰ조이며, 세 번째 조건에 의해 을은 Ⅱ조이다. 이를 표로 정리하면 다음과 같다.

Ⅰ조	A	E	병	D	정 or 갑
Ⅱ조	B	F	C	을	갑 or 정

따라서 을과 A는 같은 조가 될 수 없다.

39 문제해결력 조건을 바탕으로 추론하기

| 정답 | ①

| 해설 | 〈조건〉을 정리하면 을, B, F가 같은 조에 있고 병, D가 같은 조에 있다. 정과 C가 다른 조라고 하였으므로 (을, 정, B, F), (병, D, C) 또는 (을, B, C, F), (병, 정, D)가 가능하다. 남은 신입사원은 갑, A, E이며 한 조에 남자사원 2명, 여자사원 3명씩 배치한다는 첫 번째 조건을 고려할 때 가능한 구성원의 조합은 다음과 같다.

• (을, 정, F, B, A), (병, 갑, D, C, E)
• (을, 정, F, B, E), (병, 갑, D, C, A)
• (을, 갑, F, B, C), (병, 정, D, E, A)

따라서 가능한 경우의 수는 총 3가지이다.

40 문제해결력 명제 판단하기

| 정답 | ②

| 해설 | '둥근 모양의 사탕은 딸기 맛이 난다'가 참이므로 대우 명제인 '딸기 맛이 아니면 둥근 모양의 사탕이 아니다'도 참이다. 세 번째 명제에 의해 '소연이가 산 사탕은 딸기 맛이 아님'을 알 수 있으므로 '소연이가 산 사탕은 둥근 모양이 아님' 역시 참이 된다. 이때 첫 번째 명제에서 '모든 사탕은 색이 빨갛거나 모양이 둥글다'고 하였으므로 '소연이가 산 사탕은 색이 빨갛다'가 결론이 됨을 알 수 있다.

41 문제해결력 조건에 맞게 자리 배치하기

| 정답 | ④

| 해설 | 먼저 주어진 조건을 통해 쉽게 지정할 수 있는 자리부터 정리해 보면 조건 (가), (나), (다), (마)에 따라 3에는 부장이, 4에는 차장이 앉아야 함을 알 수 있다. 이어서 운전석인 1에는 스틱 면허를 가진 과장이나 대리만 앉을 수 있고, 조건 (바)에서 과장은 부장의 대각선 자리에 앉아야 한다고 하였으므로 과장의 자리는 2 또는 6이어야 한다. 그런데 사원 A와 사원 B는 같이 앉을 수 없다는 조건 (라)에 따라 과장이 2에 앉게 되면 사원 둘이 맨 뒷줄에 나란히 앉게 되므로 과장의 자리는 6이 된다. 따라서 1에는 대리, 2에는 사원 A 또는 사원 B, 3에는 부장, 4에는 차장, 5에는 사원 A 또는 사원 B, 6에는 과장이 앉는다.

42 문제해결력 명제 판단하기

| 정답 | ④

| 해설 | 각 명제를 'A : 상여금 선택', 'B : 진급 선택', 'C : 유급 휴가 선택', 'D : 연봉 인상 선택'이라고 할 때, 제시된 세 번째 조건은 'B → ~A'가 되고 네 번째 조건은 '~C → A', 마지막 조건은 'C → ~D'가 된다.

세 번째 조건 'B → ~A'와 네 번째 조건의 대우 '~A → C'를 통해 'B → C'를 추론할 수 있고, 이를 마지막 조건 'C → ~D'에 대입하면 'B → ~D'임을 알 수 있다. 따라서 'B → ~D'의 대우인 'D → ~B'도 참이므로 ④는 적절한 내용이다.

| 오답풀이 |

①, ③ 주어진 명제로는 알 수 없다.

② 삼단논법에 의해 'B → ~D'가 참임을 알 수 있다. 따라서 진급을 선택한 사람은 연봉 인상을 선택하지 않는다.

43 문제해결력 조건을 바탕으로 추론하기

| 정답 | ①

| 해설 | 정을 기준으로 학생일 경우와 회사원일 경우를 나누어 생각하면 다음과 같다.

- 정이 회사원이고 거짓말을 하는 경우

정의 발언을 통해 병은 학생이 된다. 병의 발언은 사실이므로 갑은 학생이다. 갑의 발언은 사실이므로 정도 학생이 되어 가정에 모순된다.

구분	갑	을	병	정
회사원				○
학생	○		○	○

- 정이 학생이고 사실을 말하는 경우

정의 발언을 통해 병은 회사원이 된다. 병의 발언은 거짓이므로 갑도 회사원이 된다. 갑의 발언은 갑 자신이 회사원이므로 거짓이 되고, 가정에 모순되지 않는다. 남은 을은 학생이고 사실을 말하고 있으므로 을의 발언에도 모순은 없다.

구분	갑	을	병	정
회사원	○		○	
학생		○		○

따라서 학생은 을, 정이다.

44 문제해결력 조건을 바탕으로 추론하기

| 정답 | ④

| 해설 | A ~ E가 범인인 경우로 나누어 성립되는 경우를 찾는다. 먼저 A가 범인인 경우, A의 말은 거짓이므로 B도 범인이 되어 성립하지 않는다. B가 범인인 경우, 범인이 아닌 A의 말이 거짓이 되어 성립하지 않는다. C가 범인인 경우, 범인이 아닌 E의 말이 거짓이 되어 성립하지 않는다. D가 범인인 경우 A, B, C, E의 말이 모두 참이 되므로 성립된다. E가 범인인 경우, E의 말은 거짓이므로 E 외에 범인인 사람이 더 있게 되어 성립하지 않는다. 따라서 거짓을 말한 범인은 D이다.

45 문제해결력 조건을 바탕으로 추론하기

| 정답 | ④

| 해설 | 제시된 조건에 따르면 F가 4등인 D보다 먼저 들어오고(F－D), G가 F보다 먼저 들어왔다(G－F－D). 또한 A가 F보다 먼저 들어왔으나 1등은 아니므로 G－A－F－D 순으로 들어왔음을 알 수 있다. 따라서 첫 번째로 결승점에 들어온 직원은 G이다.

46 이해력 정직한 행동 이해하기

| 정답 | ②

| 해설 | A 씨는 연봉을 많이 받고자 하는 마음으로 자기소개서와 이력서를 허위로 기재하는 바람직하지 못한 일을 하였고, 그로 인해 해고라는 더 큰 손해를 입게 되었다.

47 이해력 상황에 맞는 행동 파악하기

| 정답 | ②

| 해설 | 빨리빨리형 고객에 대응하는 방법으로는 일을 시원스럽게 처리하는 모습을 보여 주는 것이 가장 좋다. 입사한 지 일주일이 되어 업무에 다소 미숙한 신입사원에게 다수의 고객을 맡기고 강 계장이 보다 간단한 업무인 인출을 맡는 것보다 신입사원에게 ATM을 이용해 고객의 요구 사항을 들어줄 것을 지시한 후 계속해서 대기 중인 고객을 응대하는 것이 바람직하다.

48 이해력 바람직하지 않은 행동 파악하기

| 정답 | ④

| 해설 | 문제가 확인된 사안에 대하여 책임여부를 검토하는 업무는 외부감사 담당자가 할 일이 아니다.

49 이해력 갈등의 원인 분석하기

| 정답 | ④

| 해설 | 김 대리는 업무 지시를 내리는 데 있어 상황을 이해하려 하지 않고 자신이 상사라는 지위를 내세우며 고압적인 태도로 일관하고 있다.

50 이해력 자료의 내용 이해하기

| 정답 | ②

| 해설 | ㄱ. 농촌진흥청이 우리 과수 신품종의 안정적인 시장 정착을 돕고자 생산자, 유통 · 가공 · 수출업체와 힘을 합치는 협약에 관련된 내용이다.

ㄹ. ○○공사 직원들이 국내 품종의 우수함에 대한 교육을 받아야 하는 것이 아니라, 도매시장에서 경매사, 중도매인을 대상으로 우리 품종을 알리는 교육 · 홍보를 진행해야 한다.

| 오답풀이 |

ㄴ. 협약식은 코로나19 확산을 막기 위해 서울과 제주, 나주 등 전국 4곳을 연결해 비대면 방식으로 진행하였다.

ㄷ. 생산자연합회의 제공, 유통 · 가공업체의 가공, 판매업체의 판매, 수출업체의 수출의 과정이 모두 포함되어 있다.

5회 기출예상문제

문제 146쪽

01	③	02	③	03	③	04	②	05	④
06	③	07	③	08	②	09	①	10	③
11	②	12	④	13	③	14	②	15	④
16	①	17	③	18	②	19	②	20	②
21	③	22	②	23	①	24	③	25	①
26	③	27	④	28	③	29	③	30	②
31	③	32	③	33	①	34	③	35	③
36	②	37	④	38	④	39	②	40	②
41	①	42	②	43	②	44	④	45	①
46	②	47	④	48	③	49	③	50	③

01 언어논리력 올바른 맞춤법 쓰기

| 정답 | ③

| 해설 | '사람만이'의 '만'은 다른 것으로부터 제한하여 어느 것을 한정함을 나타내는 보조사로 앞말과 붙여 쓴다.

| 오답풀이 |

① '췌장암', ② '끊으려다', ④ '번번이'가 맞는 표기이다.

02 언어논리력 자음동화 현상 이해하기

| 정답 | ③

| 해설 | 굳이[구지]는 구개음화에 대한 예시이다.

| 오답풀이 |

①, ④ 비음화에 대한 예시이다.

② 유음화에 대한 예시이다.

03 언어논리력 올바른 띄어쓰기 사용하기

| 정답 | ③

| 해설 | '한눈'은 한꺼번에 또는 일시에 보는 시야를 말하는 명사로 붙여 쓴다.

04 언어논리력 글의 주제 찾기

| 정답 | ②

| 해설 | 철학자들이 내세운 다양한 신 존재 증명 이론 중 목적론적 신 존재 증명의 개념에 대해 서술하고 있다. 따라서 글의 주제로 '목적론적 신 존재 증명 이론의 개념'이 가장 적절하다.

05 언어논리력 다의어 파악하기

| 정답 | ④

| 해설 | '교통사고로 사람이 죽었다'와 '병아리가 결국 죽었다'의 '죽었다'는 모두 '생명이 없어지거나 끊어지다'라는 의미로 사용되었다.

| 오답풀이 |

① '불 따위가 타거나 비치지 않는 상태에 있다'라는 의미로 사용되었다.

② '움직이던 물체가 죽어 기능을 하지 못하다'라는 의미로 사용되었다.

③ '성질이나 기운 따위가 꺾이다'라는 의미로 사용되었다.

06 언어논리력 글의 흐름에 맞게 문단 배열하기

| 정답 | ③

| 해설 | 먼저 제정 러시아 표트르 1세의 네바강 하구 탈환이라는 중심 소재를 제시하는 (라)가 온다. 이어 그 장소에 도시를 건설했다는 설명을 하고 있는 (나)와 그 도시에 대해 부연해 설명하는 (가)가 이어진다. 이어 (마)에서 '이렇게 시작된 이 도시'로 앞의 내용을 이어가고 마지막으로 (다)에서 상트페테르부르크의 현재에 대해 설명한다. 따라서 글의 순서는 (라)-(나)-(가)-(마)-(다)가 적절하다.

07 언어논리력 세부 내용 이해하기

| 정답 | ③

| 해설 | 제시된 글은 무조건적인 자유는 오히려 타인의 자유를 해치기 때문에 제한되는 경우가 많으나 사람들이 타인의 자유를 해치지만 않는다면 최대한의 자유를 보장해야 한다고 주장하고 있다.

08 언어논리력 단어의 의미 파악하기

| 정답 | ②

| 해설 | 제시된 문장에서 '거두다'는 '고아, 식구 따위를 보살피다'라는 의미로 쓰였으며, '아이를 보살펴 자라게 하다'라는 의미인 '양육하다'가 적절하다.

| 오답풀이 |

① 수습하다 : 어수선한 사태를 거두어 바로잡다.

④ 훈육하다 : 품성이나 도덕 따위를 가르쳐 기르다.

09 언어논리력 단어의 관계 이해하기

| 정답 | ①

| 해설 | '개성'은 '다른 사람이나 사물과 구별되는 고유의 특성'이라는 뜻으로, '다른 것에 비하여 특별히 눈에 뜨이는 점'이라는 뜻의 '특징'과 유의어 관계이다. '타격'과 '피해' 또한 유의어 관계이므로 ①이 적절하다.

| 오답풀이 |

② 포함 관계, ③ 행위와 도구의 관계, ④ 반의어 관계이다.

10 언어논리력 세부 내용 이해하기

| 정답 | ③

| 해설 | 마지막 문단에서 히치콕은 '맥거핀' 기법을 하나의 극적 장치로 종종 활용하였다고 했는데, 이 '맥거핀' 기법에 대해 특정 소품을 활용하여 확실한 단서로 보이게 한 다음 일순간 허망한 것으로 만들어 관객을 당혹스럽게 하는 것으로 설명하고 있다.

| 오답풀이 |

① 작가주의 비평은 감독을 단순한 연출자가 아닌 '작가'로 간주하고 작품과 감독을 동일시하는 관점을 말한다.

② 작가주의적 비평은 할리우드 영화의 특징에 대한 반발로 주창되었지만, 작가주의적 비평으로 할리우드 영화를 재발견한 사례가 존재하므로 무시해 버렸다는 설명은 적절하지 않다.

④ 알프레드 히치콕은 할리우드 감독이지만 작가주의 비평가들에 의해 복권된 대표적인 감독이므로 작가주의 비평과 관련이 없다는 설명은 적절하지 않다.

11 언어논리력 관련 있는 사자성어 고르기

| 정답 | ②

| 해설 | A시는 사업운영으로 일자리 창출과 함께 산림자원도 증대시키는 결과를 얻었다. 이러한 내용과 가장 관련 있는 한자성어는 일거양득(一擧兩得)으로 '한 가지 일로 두 가지 이득을 얻는다'는 의미를 가진다.

| 오답풀이 |

① 지록위마(指鹿爲馬) : 윗사람을 농락하여 권세를 휘두름을 이르는 말

③ 유비무환(有備無患) : 미리 준비가 되어 있으면 걱정할 것이 없음.

④ 건곤일척(乾坤一擲) : 운명과 흥망 · 승패를 걸고 단판 승부를 겨루는 것

12 언어논리력 빈칸에 알맞은 단어 넣기

| 정답 | ④

| 해설 | ⓑ 지속(持續) : 어떤 상태가 오래 계속됨. 또는 어떤 상태를 오래 계속함.

ⓓ 주장(主張) : 자기의 의견이나 주의를 굳게 내세움. 또는 그런 의견이나 주의

ⓔ 발견(發見) : 미처 찾아내지 못하였거나 아직 알려지지 아니한 사물이나 현상, 사실 등을 찾아냄.

ⓖ 관측(觀測) : 육안이나 기계로 자연 현상 특히 천체나 기상의 상태, 추이, 변화 등을 관찰하여 측정하는 일

따라서 빈칸에 들어갈 말을 순서대로 나열하면 (가) 관측, (나) 발견, (다) 주장, (라) 지속이다.

13 언어논리력 전제 추론하기

| 정답 | ③

| 해설 | 글쓴이가 내린 결론은 '화성의 궤도가 타원'이라는 것이다. 글쓴이의 원래 가정은 '화성의 궤도가 완전한 원이다'라는 것이었는데 티코의 자료와 오차가 발생하자 글쓴이 스스로 세운 최초의 '완전한 원' 가정을 '타원'으로 수정하여 이와 같은 결론을 얻었다. 이러한 추론 과정에서 글쓴이는 티코의 자료를 불신하기보다 자기 스스로 세운 가정을 수정하는 방향으로 문제를 해결했다. 즉, 이 과정에서 숨은 전제는 글쓴이의 가정보다 티코의 자료가 더 신뢰할 만하다는 것이다.

| 오답풀이 |

① 글쓴이의 최초 가정과 일치하지 않는다.

② 근거가 없을뿐더러 결론에 도달하기까지 직접적으로 필요한 전제는 아니다.

④ 백조자리 베타별이 화성의 위치를 가늠하는 하나의 기준인 것은 사실이나, 그보다 더 결론에 도달하기 위한 결정적인 전제는 티코의 자료 기준과의 오차에 대한 것이다.

14 수리력 일의 양 구하기

| 정답 | ②

| 해설 | 전체 일의 양을 1이라 하면 A 대리와 B 사원이 하루에 하는 일의 양은 각각 $\frac{1}{8}$, $\frac{1}{12}$이다. 3일 차까지 A 대리가 혼자 일을 했으므로 이때까지 일한 양은 $\frac{3}{8}$이다. 4일 차부터 두 사람이 같이 일을 했으므로 하루에 하는 일의 양은 $\frac{1}{8}+\frac{1}{12}$이다. 남은 일의 양이 $\frac{5}{8}$이므로 두 사람이 함께 $\frac{5}{8}\div\left(\frac{1}{8}+\frac{1}{12}\right)$의 날만큼 일을 더 하면 전체 일이 마무리된다. 따라서 두 사람이 함께 일한 날은 3일이다.

15 수리력 증감률 구하기

| 정답 | ④

| 해설 | 7월 초의 주가를 x라 하면 7월 말의 주가는 $0.8x$

이고 8월 말의 주가는 $0.8x \times 1.25 = x$이다. 따라서 7월 초, 8월 말의 주가는 동일하다.

16 수리력 방정식을 활용하여 개수 구하기

| 정답 | ①

| 해설 | 2만 원에서 4,500원을 빼면 시장에서 쓴 비용은 15,500원임을 알 수 있다. 무의 가격을 x원, 배추의 가격을 y원이라 하면 다음 식이 성립한다.

$$\begin{cases} 5x + 8y = 15,500 \cdots\cdots ㉠ \\ x = y + 500 \quad \cdots\cdots ㉡ \end{cases}$$

㉡을 ㉠에 대입하여 풀면

$5(y+500)+8y=15,500$

$13y=13,000$

$\therefore x=1,500,\ y=1,000$

따라서 무는 1,500원, 배추는 1,000원이다.

17 수리력 월 적금액 구하기

| 정답 | ③

| 해설 | 연봉이 37,500,000원이므로 월 세전 수령액은 37,500,000÷12=3,125,000(원)이다. 세액 공제가 320,000원이므로 실수령액은 3,125,000−320,000=2,805,000(원)이다. 매달 실수령액의 10%가 적금액이므로 월 적금액은 2,805,000×0.1=280,500(원)이다.

18 수리력 할인가 계산하기

| 정답 | ②

| 해설 | • 정가 : 2,000+(2,000×0.5)=3,000(원)

• 할인 판매가 : 2,000+(2,000×0.3)=2,600(원)

따라서 할인한 금액은 400원이다.

19 수리력 집합 활용하기

| 정답 | ②

| 해설 | 조사 대상 직원 전체의 집합을 U, 배드민턴 동아리를 신청한 직원의 집합을 A, 탁구 동아리를 신청한 직원의 집합을 B라 하면 다음과 같이 정리할 수 있다.

$n(U)=40,\ n(A)=17,\ n(B)=25,\ n(A\cup B)=35$

이때, $n(A\cup B)=n(A)+n(B)-n(A\cap B)$이므로

$n(A\cap B)=n(A)+n(B)-n(A\cup B)=17+25-35=7$

따라서 탁구 동아리만 신청한 직원의 수는 $n(B)-n(A\cap B)=25-7=18$(명)이다.

20 수리력 확률 계산하기

| 정답 | ②

| 해설 | 동전을 5개 던질 때 나오는 모든 경우의 수는 $2^5=32$(개)이다. 이때 적어도 한 개가 앞면이 나오는 확률은 전체 확률 1에서 모두 뒷면이 나올 확률인 $\frac{1}{32}$을 뺀 $\frac{31}{32}$이다.

21 수리력 점수 계산하기

| 정답 | ③

| 해설 | E의 점수를 x점으로 놓고 식을 세우면 다음과 같다.

$$\frac{(65\times2)+(75\times2)+x}{5}=72$$

$130+150+x=360$

$\therefore x=80$(점)

따라서 E의 점수는 80점이다.

22 수리력 자료의 수치 분석하기

| 정답 | ②

| 해설 | 총사교육비는 20X5년부터 점점 감소하는 추세인데 20X9년에 유일하게 증가하였다. 그러므로 20X9년에 전년 대비 최고 증가폭을 보였음을 알 수 있다.

| 오답풀이 |

① 20X6 ~ 20X8년에는 중학교가 가장 크고 20X9년에는 고등학교가 가장 크다.

③ 20X8년 대비 20X9년에 중학교 학생 수가 줄어들었으므로 사교육비 감소를 비용의 순수 경감 효과라고 볼 수 없다.

④ 20X9년에는 중학교를 제외하고 사교육비가 증가하였다. 그러므로 시간의 흐름에 따라 사교육비가 감소했다고 볼 수 없다.

23 수리력 추가 자료 파악하기

| 정답 | ①

| 해설 | 제시된 자료를 통해 유턴 시도 중 교통사고 사망자 수는 약 5일에 1명, 부상자 수는 하루에 약 35명임을 유추할 수 있다. 그러나 유턴 시도 중 교통사고 발생유형별 사망자 수에 대한 자료는 제시되어 있지 않다.

24 수리력 자료의 수치 분석하기

| 정답 | ③

| 해설 | 마지막 18회에서 가장 높은 시청률을 보였다.

| 오답풀이 |

① 수도권 시청률보다 전국 시청률이 전반적으로 위에 있어 전국의 시청률이 더 높다.

② 전국 시청률은 7회와 11회에서, 수도권 시청률은 5 · 7 · 11회에서 시청률이 하락하였음을 알 수 있다.

④ 이 프로그램의 6회 전국 시청률은 9.754%로 10%를 넘지 못하였다.

25 수리력 자료의 수치 분석하기

| 정답 | ①

| 해설 | 세외수입을 제외한 20X7년 회계연도 총세입은 265.4조 원이며, 20X6년 대비 22.8조 원 증가하였다.

26 공간지각력 필요한 블록 개수 파악하기

| 정답 | ③

| 해설 | 최소한의 블록을 추가해 정육면체를 만들려면 총 4×4×4=64(개)의 블록이 필요하다. 현재 블록의 개수는 가장 위에 있는 블록부터 차례대로 2+4+11+13=30(개)이므로 최소 34개의 블록이 더 필요하다.

27 공간지각력 블록의 보이는 면 세기

| 정답 | ④

| 해설 | 그림에서 두 면만 보이는 블록을 색칠하면 다음과 같다.

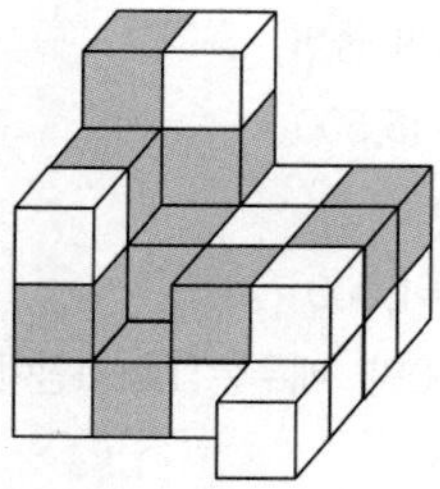

따라서 모두 9개이다.

28 공간지각력 블록과 접촉하는 블록 세기

| 정답 | ③

| 해설 | 색칠된 블록에 직접 접촉하고 있는 블록은 그림을 바라보는 정면을 기준으로 색칠된 블록의 오른쪽, 왼쪽, 뒤, 아래로 총 4개이다.

29 공간지각력 제시된 블록 합치기

| 정답 | ③

| 해설 | ③은 다음과 같이 결합되었다.

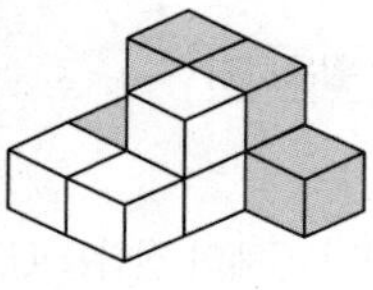

30 공간지각력 동일한 도형 찾기

| 정답 | ②

| 해설 | 제시된 도형과 색과 선이 모두 같은 것은 ②이다.

| 오답풀이 |

나머지 선택지는 동그라미 친 부분이 다르다.

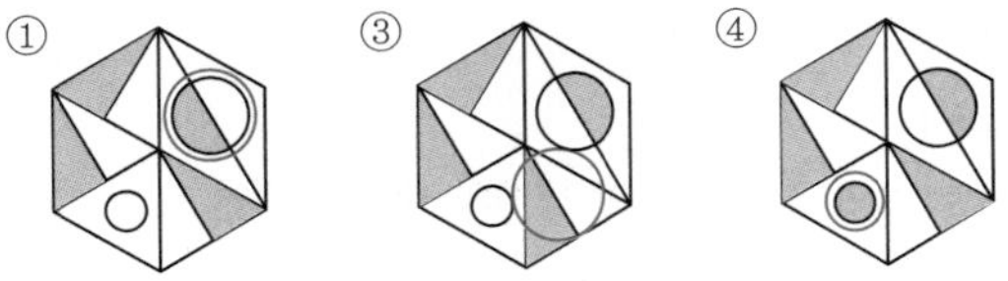

31 공간지각력 조각 배열하기

| 정답 | ③

| 해설 | 그림 조각을 (다)-(나)-(가)-(라) 순으로 배열하면 다음과 같다.

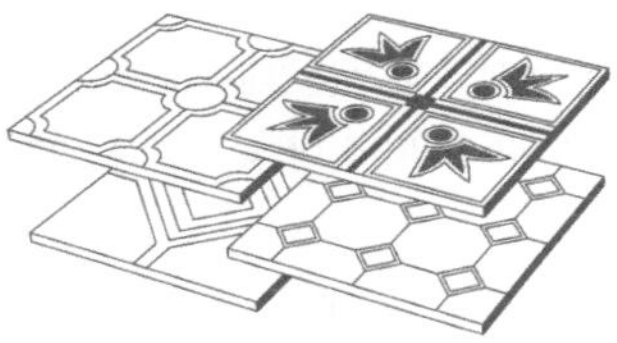

32 공간지각력 제시된 도형 합치기

| 정답 | ③

| 해설 | ③은 동그라미 친 부분이 잘못되었으며, 다음과 같이 수정되어야 한다.

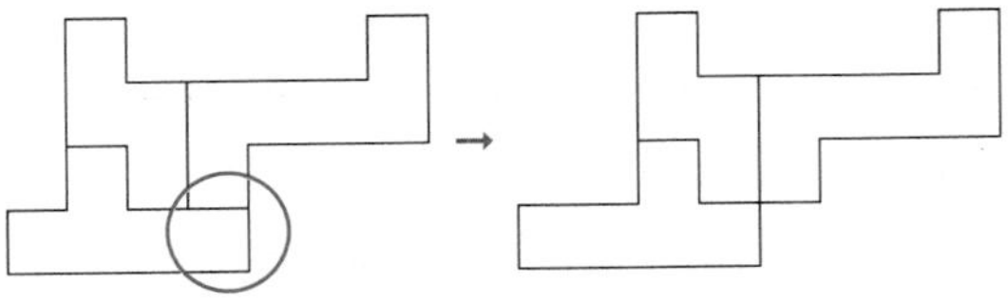

33 공간지각력 펼친 모양 찾기

| 정답 | ①

| 해설 | 색칠된 부분을 자르고 역순으로 종이를 펼치면 다음과 같다.

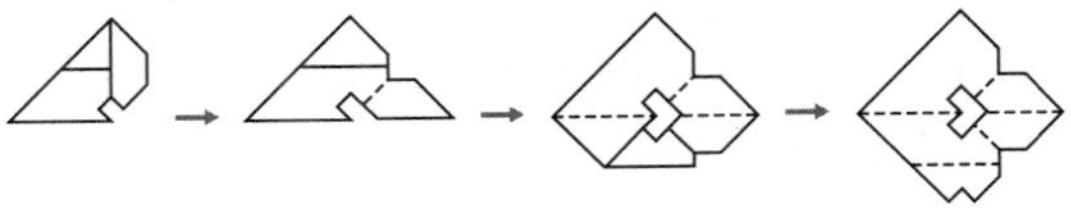

34 공간지각력 규칙 파악하여 도형 추론하기

| 정답 | ③

| 해설 | 제시된 그림은 시계방향으로 90° 회전하고 있으며, X자 형태는 함께 회전하지 않고 한 행에서 좌측으로 두 칸씩 이동하고 있다. 이때, 끝 칸에 도달하면 맨 오른쪽 칸으로 이동한다. 따라서 ③이 적절하다.

35 공간지각력 주사위 눈의 개수 추론하기

| 정답 | ③

| 해설 | A는 다음과 같이 3과 마주 보므로 A에 들어갈 눈의 개수는 4개이다.

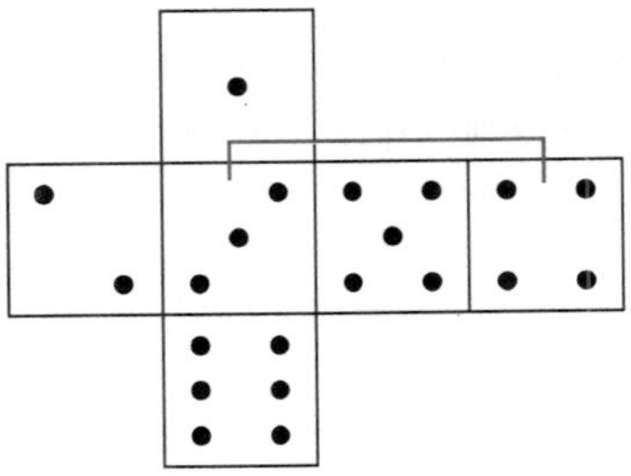

36 문제해결력 명제 판단하기

| 정답 | ②

| 해설 | 주어진 명제를 'p : 하얀 옷을 입는다', 'q : 깔끔하다', 'r : 안경을 쓴다'라고 할 때 전제와 전제의 대우 명제를

정리하면 다음과 같다.

• p → q(~q → ~p)

• q → r(~r → ~q)

'~r → ~q'와 '~q → ~p'의 삼단논법에 의해 '~r → ~q → ~p'가 성립한다. 따라서 결론을 이끌어내기 위해서는 수인이가 안경을 쓰지 않고 깔끔하지 않아야 하므로 가장 적절한 것은 ②이다.

37 문제해결력 명제 판단하기

|정답| ④

|해설| 주어진 명제를 'p : 아기이다', 'q : 천사이다', 'r : 번개를 부릴 수 있다', 's : 신의 노예다'라고 할 때 각 문장을 정리하면 다음과 같다.

• p → q(~q → ~p)

• q → r(~r → ~q)

• ~q → s(~s → q)

'~s → q'와 'q → r'의 삼단논법에 의해 '~s → q → r'이 성립한다. 따라서 신의 노예가 아니면 번개를 부릴 수 있다.

38 문제해결력 명제 판단하기

|정답| ④

|해설| 첫 번째 명제와 세 번째 명제의 '나무를 좋아함', 두 번째 명제와 세 번째 명제의 '숲을 좋아함'을 가지고 명제를 정리하면 다음과 같다.

하늘을 좋아함 → 꽃을 좋아함, 숲을 좋아함 → 나무를 좋아함 → 새를 좋아함

따라서 '하늘을 좋아하는 사람은 새를 좋아한다'가 성립한다.

39 문제해결력 명제 판단하기

|정답| ②

|해설| 각 명제를 'p : 달리기를 잘한다', 'q : 수영을 잘한다', 'r : 항상 운동화를 신는다'라고 할 때 이를 정리하면 다음과 같다.

• ~p → ~q • p → r

이때 윤재는 항상 구두를 신으므로 '~r'로 표현할 수 있다. 'p → r'이 참이므로 이 명제의 대우 명제인 '~r → ~p'도 참이 되며 '~p → ~q' 명제와 삼단논법에 의해 '~r → ~q'도 참임을 알 수 있다. 따라서 '윤재는 수영을 못한다'는 항상 옳다.

|오답풀이|

① 'p → r'이 참이므로 이 명제의 대우 명제인 '~r → ~p'도 참이 되어 옳지 않은 설명이다.

③ '~p → ~q'가 참이므로 이 명제의 대우 명제인 'q → p'도 참이 된다. 이 명제와 'p → r' 명제의 삼단논법에 의해 'q → r'이 되어 옳지 않은 설명이다.

④ 주어진 명제로는 알 수 없다.

40 문제해결력 명제 판단하기

|정답| ②

|해설| 두 번째 명제의 대우는 '대만을 방문해 본 사람은 일본을 방문해 보았다'가 되어 다음과 같은 명제 관계가 성립한다.

• 첫 번째 명제 : 중국 → 대만

• 두 번째 명제의 대우 : 대만 → 일본

• 세 번째 명제 : 일본 → ~인도

따라서 '중국 → ~인도' 즉, '중국을 방문해 본 사람은 인도를 방문해 보지 않았다'가 올바른 결론이 된다.

41 문제해결력 조건을 바탕으로 추론하기

|정답| ①

|해설| 각각의 선택지를 〈조건〉과 비교하며 소거해 나간다.

① 모든 〈조건〉을 만족한다.

② 연속된 두 숫자의 합이 모두 같지 않다.

③ 모든 숫자가 홀수로 구성되어 있지 않고, 연속된 두 숫자의 합이 모두 같지 않으며, 두 번째 숫자와 네 번째 숫자의 곱이 9가 아니다.

④ 첫 번째와 세 번째 숫자의 합이 두 번째와 네 번째 숫자의 합보다 작지 않고, 연속된 두 숫자의 합이 모두 같지 않으며, 두 번째 숫자와 네 번째 숫자의 곱이 9가 아니다.

따라서 알맞은 비밀번호는 '1313'이다.

42 문제해결력 조건을 바탕으로 추론하기

| 정답 | ②

| 해설 | 첫 번째 발표자를 미정, 철수, 영희인 경우로 나누어 생각해 보면 다음과 같다.

- 첫 번째 발표자가 미정일 경우 : 미정이는 사실만을 말하므로 두 번째로 발표하는 사람은 영희가 된다. 따라서 세 번째로 발표하는 사람은 철수인데, 이때 ㉢이 사실이 되므로 철수는 항상 거짓말을 해야 한다는 조건과 상충한다.
- 첫 번째 발표자가 철수일 경우 : 철수는 항상 거짓말을 하므로 두 번째로 발표하는 사람은 미정이 된다. 이때 ㉡이 거짓이 되므로 미정이는 항상 사실만을 말해야 한다는 조건과 상충한다.
- 첫 번째 발표자가 영희일 경우 : 만일 두 번째로 발표하는 사람이 미정이고 세 번째로 발표하는 사람이 철수일 경우, ㉢이 참이 되어 철수는 항상 거짓말을 한다는 조건과 상충하므로 적절하지 않다. 두 번째로 발표하는 사람이 철수고 세 번째로 발표하는 사람이 미정일 경우, 모든 조건에 부합한다.

따라서 발표는 영희, 철수, 미정의 순서로 진행한다.

43 문제해결력 조건을 바탕으로 추론하기

| 정답 | ②

| 해설 | 첫 번째 조건을 고려하면 부장과 차장 중 한 명은 반드시 출장을 가야 하지만 둘이 함께 갈 수는 없다. 또한 두 번째 조건에 의해 대리와 사원 중 한 명은 반드시 가야 하는데 사원이 갈 수 없으므로 대리는 반드시 가야 한다. 세 번째 조건의 대우에 의해 대리가 가면 과장도 함께 가야 하고, 마지막 조건의 대우에 따라 인턴이 가는 경우는 차장도 함께 가야 하므로 모든 조건을 만족할 수 있는 팀은 '차장, 과장, 대리, 인턴'이다.

44 문제해결력 조건을 바탕으로 추론하기

| 정답 | ④

| 해설 | 먼저 세 번째, 네 번째 조건에 따라 은주와 지유는 커피를 받았으므로 예지와 지수가 받은 음료는 둘 다 홍차임을 알 수 있다. 두 번째 조건에 따라 지수는 자신이 주문한 음료를 받았으므로 홍차를 주문하였고, 첫 번째 조건에 따라 예지는 주문한 음료를 받지 못했으므로 커피를 주문하였다. 따라서 지유는 커피를 주문했음을 알 수 있다. 이를 정리하면 다음과 같다.

구분	예지	지수	은주	지유
주문한 음료	커피	홍차	홍차	커피
받은 음료	홍차	홍차	커피	커피

45 문제해결력 진위 추론하기

| 정답 | ①

| 해설 | 5명의 진술에서 야근의 여부가 언급되고 있는 사람이 A와 C이므로 크게 세 경우로 나누어 본다.

- A가 야근한 경우 : B, D의 진술이 거짓 ⇨ 조건에 부합
- C가 야근한 경우 : A, C, E의 진술이 거짓 ⇨ 조건에 부적합
- B, D, E가 각각 야근한 경우 : A, B, D, E의 진술이 거짓 ⇨ 조건에 부적합

따라서 전날 야근을 한 사람은 A이고, 거짓말을 한 사람은 B와 D이다.

46 이해력 직장 내 성희롱 이해하기

| 정답 | ②

| 해설 | 직장 내 성희롱 처리 과정에서 피해자는 물론 관련자의 신원에 대해 철저한 비밀유지 의무를 수행해야 한다. 즉, 인권보호 차원에서 행위자와 피해자는 익명으로 처리해야 한다.

47 이해력 상황에 맞는 행동 파악하기

| 정답 | ④

| 해설 | 회사의 인수합병 여부는 현재로서는 알 수가 없다. 따라서 황 대리는 불확실한 정보에 대해 고민하기보다는 현재의 직업 생활을 그대로 유지하는 것이 가장 바람직할 것이다.

48 이해력 상황에 맞는 행동 파악하기

| 정답 | ③

| 해설 | 제시된 상황의 고객은 명백히 본인이 잘못했으나, 거리가 짧아서 일부러 누락시켰을 것이라고 멋대로 생각하며 계속해서 언성을 높이고 있다. 따라서 담당자로서 정중한 태도로 응대하는 것이 가장 중요하며 고객의 말에 맞장구치면서도 분명한 증거를 제시하여 스스로 화를 누그러뜨릴 수 있게 유도하는 것도 필요하다. 단, 고객이 틀렸다는 것을 증명해 비난하려는 의도로 느낄 경우 고객의 화를 돋울 수 있으므로 주의해야 한다.

| 오답풀이 |

①, ② 갈등 상황에서 입장 차이를 좁혀 나가려는 노력 없이 문제를 회피하거나 타인(경찰)에게 맡겨 버리는 것은 바람직하지 않은 대응 방안이다.

49 이해력 자료의 내용 이해하기

| 정답 | ③

| 해설 | 거소투표신고서는 반드시 본인의 주민등록지의 행정기관에 제출토록 명시되어 있다.

| 오답풀이 |

② 6월 13일이 투표일이고, 신고기간은 5월 22일~ 26일이므로 약 20일 전에 신고를 한다.

④ 병원에 머무는 자는 소속기관 · 시설의 장으로부터 확인을 받아야 한다고 명시되어 있다.

50 이해력 업체 선정하기

| 정답 | ③

| 해설 | 점수 산정 기준에 따라 각 입찰업체의 점수를 매기면 다음과 같다.

평가항목 \ 업체	가	나	다	라	마
실적평가	3	1	3	5	1
경영평가	3	5	3	1	1
수행능력평가	4	5	5	3	5
점수 합계	10	11	11	9	7

따라서 점수 합계가 가장 높은 나, 다 업체 중 수행능력평가 점수가 더 높은 다 업체가 선정된다.

6회 기출예상문제

문제 174쪽

01	②	02	①	03	④	04	②	05	②
06	③	07	①	08	③	09	①	10	③
11	④	12	④	13	④	14	③	15	②
16	③	17	③	18	④	19	④	20	④
21	①	22	③	23	②	24	①	25	③
26	②	27	③	28	①	29	②	30	④
31	③	32	④	33	④	34	①	35	③
36	③	37	③	38	②	39	①	40	②
41	④	42	①	43	①	44	③	45	②
46	①	47	①	48	①	49	①	50	③

01 언어논리력 문맥에 맞는 어휘 고르기

| 정답 | ②

| 해설 | 문맥상 '재물이나 기술, 힘 따위가 모자라다'는 의미이므로 '달린다'가 들어가는 것이 적절하다.

| 오답풀이 |

① • 닫히다 : '닫다'의 피동사
  • 닫치다 : 열린 문짝, 뚜껑, 서랍 따위를 세게 닫다.

③ • 늘이다 : 본디보다 더 길게 하다.
  • 늘리다 : 물체의 넓이, 부피 따위를 본디보다 커지게 하다.

④ • 데우다 : 식었거나 찬 것을 덥게 하다.
  • 덥히다 : '덥다'의 사동사. 또는 마음이나 감정 따위를 푸근하고 흐뭇하게 하다.

02 언어논리력 높임 표현 이해하기

| 정답 | ①

| 해설 | 경어법에 대한 설명이다. 경어법은 어떤 인물을 얼마나 또는 어떻게 높여 대우하거나 낮추어 대우할지를 언어적으로 표현하는 문법적, 어휘적 체계를 말한다.

| 오답풀이 |

② 주체 높임법 : 문장의 주체(주어)를 높이는 높임법이다.

③ 객체 높임법 : 문장의 객체(부사어, 목적어)를 높이는 높임법이다.

④ 상대 높임법 : 청자를 높이는 높임법으로 격식체, 비격식체가 있다.

03 언어논리력 내용에 맞는 속담 찾기

| 정답 | ④

| 해설 | 단보는 백성을 해치지 않기 위해 오랑캐에게 땅을 내주었으므로, 돈이나 물질보다 사람의 생명이 가장 소중함을 뜻하는 속담인 ④가 가장 적절하다.

| 오답풀이 |

① 개인뿐 아니라 나라조차도 구제하지 못하고 남의 가난한 살림을 돕는 데는 끝이 없다는 뜻이다.

② 말 못 하는 사람이 가뜩이나 말이 안 통하는 오랑캐와 만났다는 뜻으로, 말을 하지 않는 경우를 이른다.

③ 사또가 길을 떠날 때 일을 돕는 비장은 그 준비를 갖추느라 바쁘다는 뜻으로, 윗사람 때문에 고된 일을 하게 됨을 이른다.

04 언어논리력 문맥에 맞는 단어 사용하기

| 정답 | ②

| 해설 | '힐책하다'는 '잘못된 점을 따져 나무라다'라는 의미를 지니므로 '수포로 돌아가다'와 의미상 차이가 있다.

| 오답풀이 |

① '깨어지다'의 준말로, 일 따위가 틀어져 성사가 되지 않음을 의미한다.

③ 잘못하여 일을 그릇되게 함을 의미한다.

④ 바라던 일이 어긋나 낭패됨을 의미한다.

05 언어논리력 글을 바탕으로 추론하기

| 정답 | ②

| 해설 | 활의 사거리와 관통력을 결정하는 것은 복원력으로, 복원력은 물리학적 에너지 전환 과정, 즉 위치 에너지가 운동 에너지로 전환되는 힘이라 볼 수 있다.

| 오답풀이 |

① 고려 시대 때 한 가지 재료만으로 활을 제작했는지는 알 수 없다.

③ 활대가 많이 휘면 휠수록 복원력이 커지는 것은 맞지만 그로 인해 가격이 비싸지는지에 대해서는 제시된 글을 통해 추론할 수 없다.

④ 각궁은 다양한 재료의 조합으로 만들어져 탄력이 좋아서 시위를 풀었을 때 활이 반대 방향으로 굽는 특징을 가진다.

06 언어논리력 글의 주제 찾기

| 정답 | ③

| 해설 | 제시된 글의 마지막 문장을 통해 전체 주제를 파악할 수 있다. 즉, 책의 문화는 읽는 일과 직접적으로 연결되며 그것이 생각하는 사회를 만드는 가장 쉽고 빠른 방법이라는 것이다. 따라서 사회에 책 읽는 문화를 퍼뜨리자는 메시지가 글의 주제이다.

07 언어논리력 문맥에 맞는 어휘 고르기

| 정답 | ①

| 해설 | 빈칸이 있는 문장과 뒤 문장을 연계해서 살펴보면, 책을 읽는 문화를 통해 생각하는 사회를 만들자는 것이 핵심이다. 따라서 읽는 일이 퍼지도록 힘쓰고 북돋아 주어야 한다는 의미가 되어야 하므로 빈칸에는 '장려'가 들어가는 것이 적절하다.

08 언어논리력 띄어쓰기 이해하기

| 정답 | ③

| 해설 | '텐데'는 '터인데'가 줄어든 말로 의존명사 '터'에 '인데'가 붙은 말이다. 의존명사는 앞말과 띄어 써야 하므로 '할 텐데'가 적절한 쓰임이다.

| 오답풀이 |

① 동사 '보다'의 어간 '보-'와 '-라고 하는'의 준말인 '란'이 붙은 '보란'에 의존명사 '듯이'가 쓰인 것으로, '보란 듯이'와 같이 띄어 써야 한다.

② 수를 적을 때는 만(萬) 단위로 띄어 쓰므로 '스물다섯'은 붙여 써야 한다.

④ 'ㄹ걸'은 상황에 따라 어미 또는 의존명사가 된다. 제시된 예시의 경우 의존명사 '거' 뒤에 조사 'ㄹ'이 붙은 것으로 이때 '걸'은 의존 명사이다. 따라서 '후회할 걸 알고'와 같이 띄어 써야 한다.

09 언어논리력 글의 흐름에 맞게 문장 배열하기

| 정답 | ①

| 해설 | 우선 감기를 예방하는 방법이라는 중심 소재를 제시하는 (나)가 온다. 그 방법에 대한 구체적인 예시를 설명하는 (가)가 오고, '또한'이라는 접속사로 시작하며 또 따른 예시에 대해 설명하는 (라)가 온다. 마지막으로 어린이라는 특정 나이대에 중점을 두고 주의를 요하는 (다)가 이어진다. 따라서 (나)-(가)-(라)-(다) 순이 적절하다.

10 언어논리력 다의어 파악하기

| 정답 | ③

| 해설 | 제시된 문장과 ③의 '걸다'는 '기계 등이 작동하도록 준비하여 놓다'는 의미로 쓰였다.

| 오답풀이 |

① '어느 단체에 속한다고 이름을 내세우다'라는 의미로 쓰였다.

② '자물쇠, 문고리를 채우거나 빗장을 지르다'라는 의미로 쓰였다.

④ '돈 등을 계약이나 내기의 담보로 삼다'라는 의미로 쓰였다.

11 언어논리력 글의 전개 방식 파악하기

| 정답 | ④

| 해설 | 제시된 글에서는 '불균등한 분배 → 계층 간 격차 확대 → 다음 세대로 전승'으로 불평등 구조가 재생산되고 있다고 말한다. 또 이 재생산 구조는 한국 특유의 배타적 가족주의와 만나 자기 가족의 안락과 번영을 위해 다른 가족의 경제적 빈곤을 악화시키는 현상을 확대한다고 하였다. 따라서 사회현상을 연속적인 흐름에 따라 설명하고 있다.

12 언어논리력 글의 중심내용 찾기

| 정답 | ④

| 해설 | 첫 번째 문단을 보면 현재 하나의 사건이나 이슈에 대해 수많은 뉴스 생산 주체들이 다르게 보도하고 있다는 것을 알 수 있다. 이후 두 번째 문단을 보면 미디어 환경 및 뉴스 산업 구조로 인해 뉴스 생산 환경이 급속하게 변화했으며 기자, 블로거, 시민기자, 팟캐스터 등 다양한 사람들이 뉴스 생산에 기여한다고 이야기하고 있다. 마지막 문장에서는 '뉴스를 바르게 이해하기 위해서는 뉴스 생산자의 역할과 임무에 대한 이해가 선행되어야 한다'라고 말하고 있다. 이를 모두 종합하면 올바른 뉴스를 소비하기 위해서는 뉴스 생산자의 역할과 임무에 대해 소비자가 능동적으로 판단하고 이해해야 함을 알 수 있다.

13 수리력 비례식 구하기

| 정답 | ④

| 해설 | 총 10개의 사탕이 있으므로, 형이 가지게 되는 사탕의 개수를 x개, 남동생이 가지게 되는 사탕의 개수를 $(10-x)$개라고 정한 뒤 식을 세우면 다음과 같다.

$3 : 2=(10-x) : x$

$5x=20$

$\therefore x=4$(개)

따라서 형이 가지게 되는 사탕은 4개이다.

14 수리력 점수 계산하기

| 정답 | ③

| 해설 | 말하기, 독해, 문법, 듣기 네 영역의 점수를 각각 a, b, c, d점이라 할 때 다음과 같은 식이 성립한다.

$$\begin{cases} a+c=b & \cdots\cdots ㉠ \\ d=2c & \cdots\cdots ㉡ \\ a+b+c+d=250 & \cdots\cdots ㉢ \end{cases}$$

㉠과 ㉡을 ㉢에 대입하여 풀면 다음과 같다.

$2a+4c=250$

이때 $a=55$이므로 $110+4c=250$

$\therefore c=35$

c의 값을 ㉡에 대입하면 듣기 점수인 $d=70$(점)이다.

15 수리력 부등식 계산하기

| 정답 | ②

| 해설 | 어른을 x명이라 하면 어린이는 $(8-x)$명이므로 다음과 같은 식이 성립한다.

$12,900x+8,200(8-x)\leq 90,000$

$12,900x+65,600-8,200x\leq 90,000$

$4,700x\leq 24,400$

$\therefore x\leq 5.19\cdots$

따라서 어른은 최대 5명이다.

16 수리력 이동시간 계산하기

| 정답 | ③

| 해설 | A 등산로의 편도 거리를 $x$km라 하면 '시간$=\frac{거리}{속력}$'이므로 다음의 식이 성립한다.

$\frac{x}{2}+\frac{x}{4}=4.5$ $\frac{3}{4}x=4.5$ $\therefore x=6$

따라서 내려올 때 소요된 시간은 $\frac{6}{4}=1.5$(h), 즉 1시간 30분이다.

17 수리력 구매할 물품의 수 구하기

|정답| ③

|해설| 필요한 물품의 개수는 핫팩 500개, 기념볼펜 125개, 배지 250개이다. 구매 가격을 계산하면 기념볼펜은 $125 \times 800 = 100,000$(원)이고 배지는 $250 \times 600 = 150,000$(원)이므로, 핫팩의 구매 가격은 $490,000-(100,000+150,000)=240,000$(원)이다. 이때 필요한 핫팩 상자 수는 $500 \div 16 = 31.25 \leq 32$(개)이므로 핫팩 한 상자당 가격은 $240,000 \div 32 = 7,500$(원)이다.

18 수리력 경우의 수 구하기

|정답| ④

|해설| 주사위 눈으로 만들 수 있는 5의 배수는 5와 10이므로 두 경우로 나누어 총 경우의 수를 구한다.

- 합이 5가 되는 경우(1번째, 2번째) :
  (1, 4), (2, 3), (3, 2), (4, 1)
- 합이 10이 되는 경우(1번째, 2번째) :
  (4, 6), (5, 5), (6, 4)

따라서 주사위를 두 번 던져 나온 눈의 합이 5의 배수가 되는 경우는 모두 7가지이다.

19 수리력 대각선의 개수 구하기

|정답| ④

|해설| 육각형의 대각선 개수를 구하면 된다.

따라서 $\frac{6(6-3)}{2}=9$(개)의 길을 더 뚫어야 한다.

20 수리력 규칙 적용하여 계산하기

|정답| ④

|해설| 38◈15=(38+15)−(38−15)=53−23=30

21 수리력 자료의 수치 분석하기

|정답| ①

|해설| 제시된 자료는 업무 편의상 교역 국가 수 10개 미만인 기업과 20개 이상인 기업으로 구분한 것이며, 전체 기업 수와 비교해도 그 외의 교역 국가 수를 가진 기업이 있음을 알 수 있다. 따라서 두 가지 교역 국가 수를 가진 기업으로 구분된다고 볼 수는 없다.

|오답풀이|

② 전체 기업 수에서 차지하는 비중으로 확인할 수 있다.

③ 중소기업이 두 가지 기준에서 모두 대기업, 중견기업보다 월등히 많음을 알 수 있다.

④ 비율의 합이 100을 나타내는 지표가 어느 것인지를 확인하여 알 수 있다. 따라서 괄호 안의 비율은 해당 교역 국가 수를 가진 기업 내에서의 비율임을 알 수 있다.

22 수리력 자료의 수치 분석하기

|정답| ③

|해설| ㉠ 자료를 통하여 학년이 높아질수록 장학금을 받는 학생들의 1인당 평균 교내 특별활동 수가 증가한 사실은 알 수 있지만, 장학금을 받는 학생 수에 대한 정보는 알 수 없다.

㉡ 장학금을 받지 못하는 4학년생이 참가한 1인당 평균 교내 특별활동 수는 약 0.5개이고, 장학금을 받는 4학년생이 참가한 1인당 평균 교내 특별활동 수는 2.5개 이상이므로 5배 이상이다.

㉣ 자료는 각각 장학금을 받는 학생과 받지 못하는 학생의 1인당 평균 교내 특별활동 수를 비교하고 있으므로 각 학년 전체의 1인당 평균 교내 특별활동 수는 알 수 없다.

|오답풀이|

㉢ 그래프를 통해 쉽게 확인할 수 있다.

23 수리력 자료의 수치 분석하기

|정답| ②

|해설| 연령계층별로 인원수를 알 수 없기 때문에 20 ~ 39세 전체 청년의 자가 거주 비중은 알 수 없다.

| 오답풀이 |

① 20 ~ 24세 청년 중 62.7%가 보증부월세, 15.4%가 순수월세로, 약 78.1%가 월세 형태로 거주하고 있으며 자가 비율은 5.1%이다.

③ 연령계층이 높아질수록 자가 거주 비율은 5.1 → 13.6 → 31.9 → 45.0으로 높아지고 있으나 월세 비중은 78.1 → 54.2 → 31.6 → 25.2로 작아지고 있다.

④ 25 ~ 29세 청년의 자가 거주 비중은 13.6%로 5.1%인 20 ~ 24세보다 높다. 25 ~ 29세 청년 중 임차 형태로 거주하는 비중은 24.7+47.7+6.5=78.9(%)이며, 월세로 거주하는 비중은 47.7+6.5=54.2(%)이다.

24 수리력 자료의 수치 분석하기

| 정답 | ①

| 해설 | 월 1 ~ 3회와 월 4 ~ 6회의 그래프는 동일하게 해당 기간 동안 지속적인 증가 추이를 보이고 있음을 알 수 있다.

25 수리력 자료의 수치 분석하기

| 정답 | ③

| 해설 | 월 1 ~ 3회, 월 7 ~ 9회, 월 10 ~ 12회의 3개 항목이 응답자 수가 증가하였다.

| 오답풀이 |

① 월 1 ~ 3회 1개 항목만 매년 증가하였다.

② 5개 빈도 항목 모두 응답자 수가 전년보다 감소한 시기는 없다.

④ 월 1 ~ 3회, 월 4 ~ 6회의 2개 항목이다.

26 공간지각력 블록 개수 세기

| 정답 | ②

| 해설 | 가장 뒷줄에 위치한 블록의 개수는 19개, 뒤에서 두 번째 줄에 위치한 블록의 개수는 9개, 가장 앞줄에 위치한 블록의 개수는 4개이므로 총 32개이다.

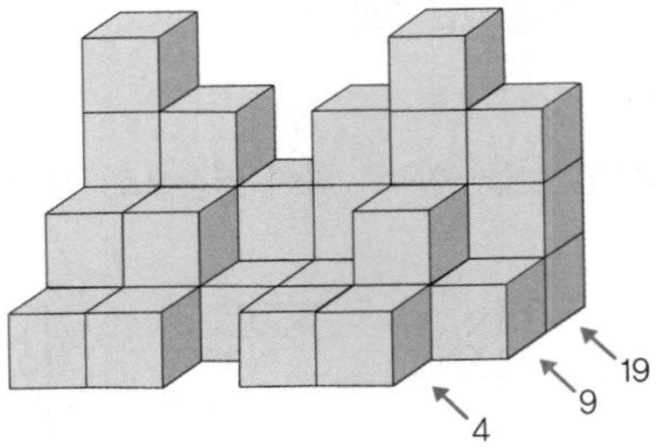

27 공간지각력 규칙 파악하여 도형 추론하기

| 정답 | ③

| 해설 | 도형 안에 있는 작은 도형들은 각기 다른 규칙을 가지고 이동한다. 흰색 원은 시계방향으로 한 칸씩 이동하고 있으며 검정색 원은 반시계방향으로 두 칸씩 이동하고 있다. 별은 두 번째 도형에서 한 칸, 세 번째 도형에서 두 칸 이동하며 n번째 도형에서 n−1칸씩 이동하고 있다. 이를 정리하면 다음과 같다.

- 흰색 원 : 시계방향으로 한 칸
- 검정색 원 : 반시계방향으로 두 칸
- 별 : n번째 도형에서 시계방향으로 n−1칸씩 이동

따라서 '?'에는 ③이 적절하다.

28 공간지각력 조각 배열하기

| 정답 | ①

| 해설 | 그림의 조각을 (가)−(다)−(라)−(나)의 순으로 배열하면 다음과 같은 그림이 완성된다.

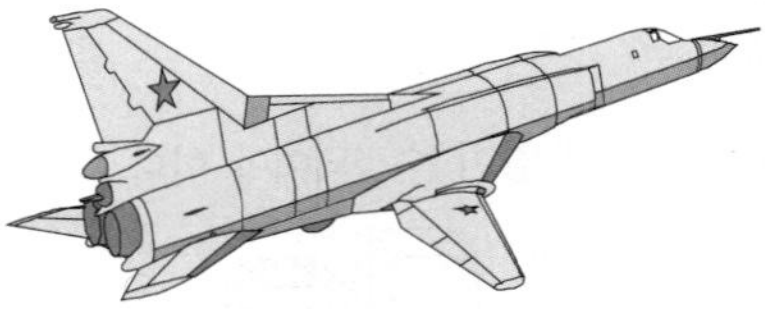

29 공간지각력 펼친 모양 찾기

| 정답 | ②

| 해설 | 접었던 선을 축으로 하여 역순으로 펼치면 다음과 같다.

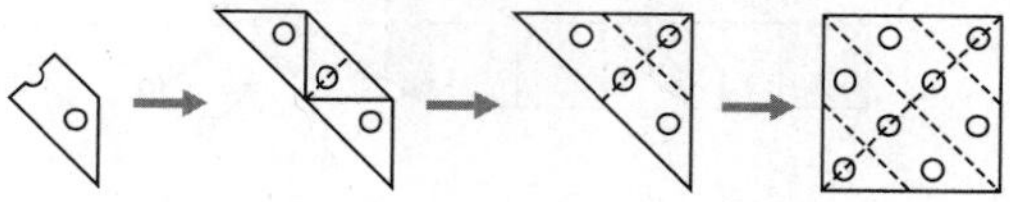

30 공간지각력 크고 작은 사각형의 개수 구하기

| 정답 | ④

| 해설 | 사각형 1개로 만들 수 있는 사각형은 9개, 사각형 2개로 만들 수 있는 사각형은 10개, 사각형 3개로 만들 수 있는 사각형은 4개, 사각형 4개로 만들 수 있는 사각형은 2개이다. 따라서 그림에서 찾을 수 있는 크고 작은 사각형은 모두 25개이다.

31 공간지각력 제시된 도형 합치기

| 정답 | ③

| 해설 | ③은 동그라미 친 부분이 잘못되었으며, 다음과 같이 수정되어야 한다.

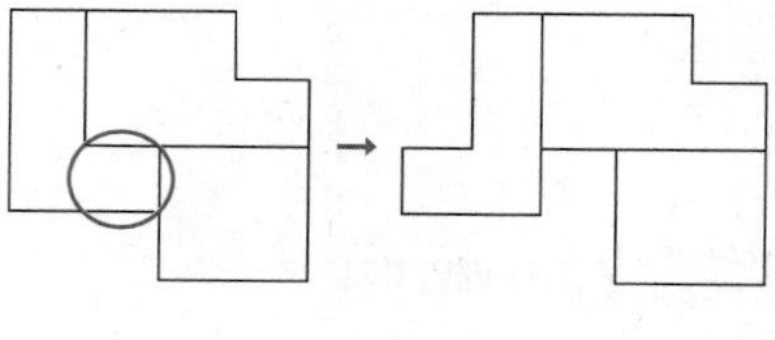

32 공간지각력 제시된 블록 합치기

| 정답 | ④

| 해설 | ④는 다음과 같이 수정되어야 한다.

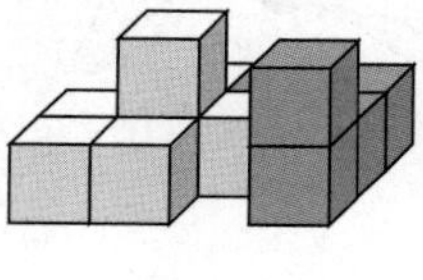

| 오답풀이 |

①

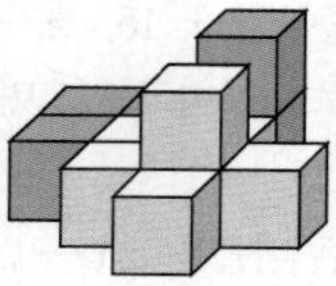

②

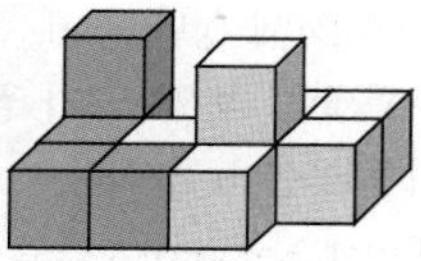

③

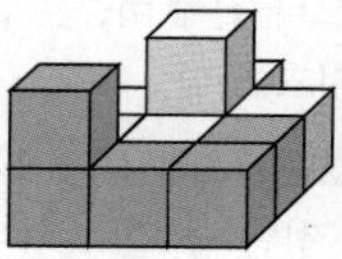

33 공간지각력 전개도를 접어 주사위 만들기

| 정답 | ④

| 해설 | 주사위의 앞면에 해당하는 곳을 전개도에서 찾은 후 앞면을 중심으로 뒷면을 찾으면 쉽게 해결할 수 있다. 뒷면 방향에서 바라 본 모습을 찾는 것임에 유의한다.

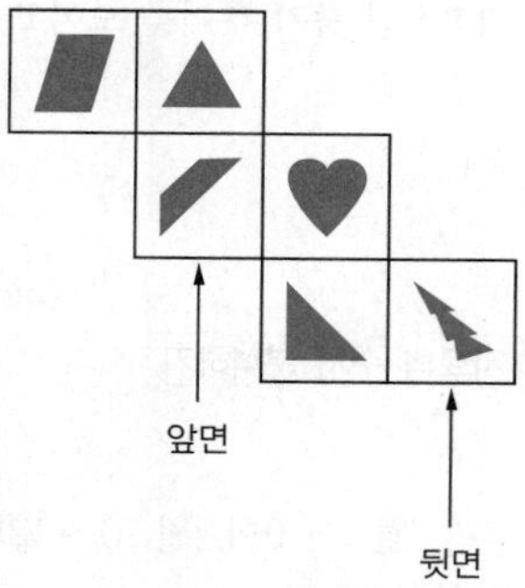

34 공간지각력 투상도로 입체도형 추론하기

| 정답 | ①

| 해설 | 정면도 → 평면도 → 우측면도 순으로 확인해 보면 블록 개수와 위치가 모두 일치하는 입체도형은 ①이다.

| 오답풀이 |

② 정면도와 우측면도가 일치하지 않는다.

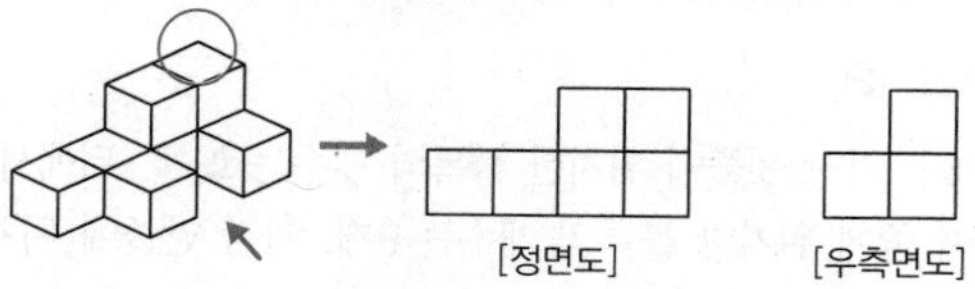

③ 정면도와 평면도가 일치하지 않는다.

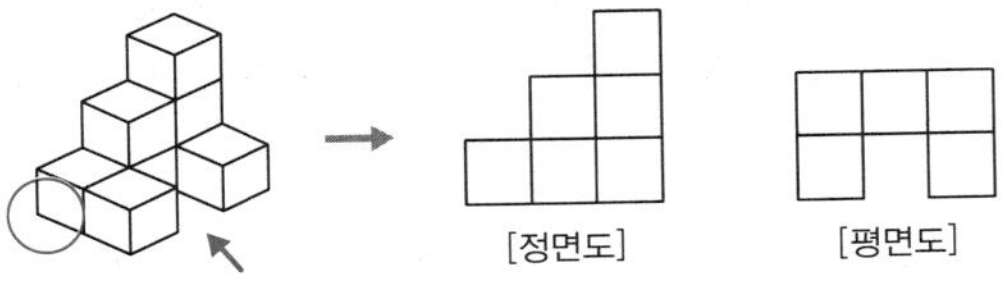

④ 평면도가 일치하지 않는다.

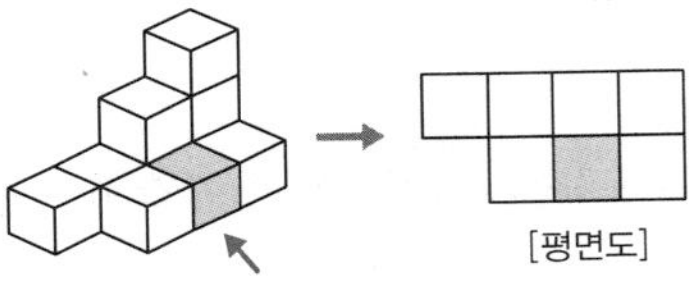

35 공간지각력 그림에 없는 도형

| 정답 | ③

| 해설 |

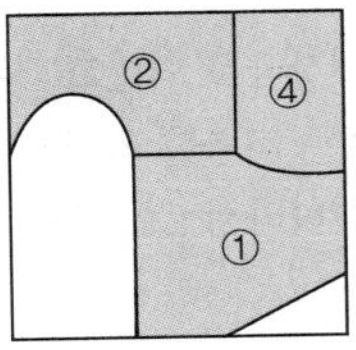

36 문제해결력 논리적 오류 파악하기

| 정답 | ③

| 해설 | 제시된 글에서 범하고 있는 논리적 오류는 순환논법의 오류이다. 이는 전제의 진리와 본론의 진리가 서로 의존하며 같은 하나의 이론이 그대로 되풀이되는 허위의 논증 방법으로, ③이 이와 같은 오류를 범하고 있다.

| 오답풀이 |

① 무지에 호소하는 오류로, 단순히 어떤 명제가 거짓이라는 것이 증명되지 않았다는 것을 근거로 그 명제가 참이라고 주장하거나, 반대로 그 명제가 참이라는 것이 증명되지 않았기 때문에 그 명제는 거짓이라고 주장하는 오류이다.

② 성급한 일반화의 오류로, 특수하고 부족한 양의 사례를 근거로 섣불리 일반화하고 판단하는 오류이다.

④ 흑백논리의 오류로, 어떤 상황을 두 가지의 양극단 구도로 나누어 보려고 하는 오류이다.

37 문제해결력 조건을 바탕으로 추론하기

| 정답 | ③

| 해설 | 들찬이는 아름이보다 크고 윤슬이 들찬보다 크므로 아름－들찬－윤슬 순이 된다. 도담이 제일 작고 윤슬이 제일 큰 사람은 아니므로 작은 순서대로 나열하면 도담－아름－들찬－윤슬－벼리이다.

38 문제해결력 조건을 바탕으로 추론하기

| 정답 | ②

| 해설 | 각각의 진술이 거짓인 경우를 추론해 본다.

- 철수가 거짓말할 경우 : 철수는 B 또는 C 팀에 들어간 것이 되는데 이때 영희와 세영이가 각각 B 팀과 C 팀에 들어가 있으므로 모순이 된다.
- 승한이가 거짓말할 경우 : 승한과 세영이가 C 팀이 되는데 C 팀에는 1명을 배정했다고 하였으므로 모순이 된다.
- 영희가 거짓말할 경우 : 영희는 A 또는 C 팀에 들어간다. 나머지 참인 진술을 종합하면 철수는 A 팀, 세영이가 C 팀이므로 영희는 2명을 충원한 A 팀에 들어간 것이 되고, 승한이는 B 팀이 된다.
- 세영이가 거짓말할 경우 : C 팀에 들어간 사람이 한 명도 없게 되므로 모순이 된다.

따라서 거짓을 말한 사람은 영희이며, 이때 A 팀에 들어간 사람은 철수와 영희이다.

39 문제해결력 명제 판단하기

| 정답 | ①

| 해설 | 제시된 명제를 정리하면 다음과 같다.

- 2호선 → 5호선
- 9호선 → 7호선

'8호선을 이용하면 5호선을 이용한다'가 성립하기 위해서는 '2호선을 이용하면 5호선을 이용한다'와 삼단논법으로 이어질 수 있어야 한다. 따라서 '8호선을 이용하면 2호선을 이용한다'가 참이라면 '8호선 → 2호선 → 5호선'이 성립한다.

40 문제해결력 조건을 바탕으로 추론하기

| 정답 | ②

| 해설 | 13층짜리 건물에서 A ~ E가 탄 엘리베이터가 서는 층은 3, 5, 7, 9, 11, 13층이다. ㉠에 따라 13층에는 사무실이 없으므로 이곳에서 내리는 사람은 없다. 또한 ㉥에서 엘리베이터 외에 계단을 이용하여 사무실에 가는 사람도 없다고 하였으므로, 엘리베이터에서 내리는 사람과 해당 층의 연결 외에 다른 변수는 생각하지 않아도 된다.

먼저 ㉣에서 C가 내린 층이 D가 내린 층의 배수에 해당한다고 했는데, 층 가운데 배수의 관계를 가지는 수는 3과 9뿐이므로 3층에서는 D, 9층에서는 C가 내린다. ㉢에서 B는 C가 내린 후에도 엘리베이터에 타고 있으므로 B는 11층에서 내린 것이 된다. 또한 남은 A와 E는 ㉡에서 A가 내린 다음에 이어서 E가 내렸다고 했으므로 A는 5층, E는 7층에서 각각 내렸음을 알 수 있다. 따라서 A는 5층, B는 11층, C는 9층, D는 3층, E는 7층에서 근무한다.

41 문제해결력 명제 판단하기

| 정답 | ④

| 해설 | 주어진 명제와 각각의 대우를 정리하면 다음과 같다.

장갑○ → 운동화×	대우 ⇔	운동화○ → 장갑×
양말○ → 운동화○		운동화×→ 양말×
운동화○ → 모자○		모자×→ 운동화×
장갑×→ 목도리×		목도리○ → 장갑○

(가) 첫 번째 명제에서 장갑을 낀 사람은 운동화를 신지 않고, 두 번째 명제의 대우에서 운동화를 신지 않은 사람은 양말을 신지 않는다고 하였으므로 '장갑을 낀 사람은 양말을 신지 않는다'는 참이 된다.

(다) 두 번째 명제에서 양말을 신은 사람은 운동화를 신었고, 첫 번째 명제의 대우에서 운동화를 신은 사람은 장갑을 끼지 않았으며, 네 번째 명제에서 장갑을 끼지 않은 사람은 목도리를 하지 않았다고 하였으므로, '양말을 신은 사람은 목도리를 하지 않는다'는 참이 된다.

따라서 (가), (다) 모두 항상 옳다.

| 오답풀이 |

(나) 마지막 명제에서 수민이는 목도리를 하고 있고, 네 번째 명제의 대우에서 목도리를 한 사람은 장갑을 꼈으며, 첫 번째 명제에서 장갑을 낀 사람은 운동화를 신지 않는다고 하였으므로 '수민이는 운동화를 신고 있다'는 거짓이 된다.

42 문제해결력 진위 추론하기

| 정답 | ①

| 해설 | 각각의 발언이 참인 경우를 나누어 생각해 보면 다음과 같다.

- A의 발언이 참인 경우 : C는 치킨을 먹고 E는 피자를 먹었다. 이때 D의 발언에 의해 E는 초밥을 먹은 것이 되므로 모순이 생긴다.
- B의 발언이 참인 경우 : A는 피자를 먹지 않았고 D는 초밥을 먹었다. 이때 D의 발언에 의해 E도 초밥을 먹은 것이 되므로 모순이 생긴다.
- C의 발언이 참인 경우 : B는 해장국을 먹었고 D는 치킨을 먹었다. B의 발언에 의해 A는 피자를 먹었고 D의 발언에 의해 E는 초밥을 먹었다. 따라서 C는 순댓국을 먹게 되어 모순이 생기지 않는다.
- D의 발언이 참인 경우 : C는 피자를 먹었고 E는 초밥을 먹지 않았다. 이때 B의 발언에 의해 A도 피자를 먹은 것이 되므로 모순이 생긴다.
- E의 발언이 참인 경우 : A는 순댓국을 먹었고 B는 초밥을 먹었다. 이때 D의 발언에 의해 E도 초밥을 먹은 것이 되므로 모순이 생긴다.

따라서 A는 피자, B는 해장국, C는 순댓국, D는 치킨, E는 초밥을 먹었음을 알 수 있다.

43 문제해결력 조건을 바탕으로 추론하기

| 정답 | ①

| 해설 | C의 진술에 따라 C는 독일어, 일본어, 중국어를 구사할 수 있으며, A와 D의 진술에 따라 A, D는 스페인어를 구사할 수 있다. 다음으로 B의 진술에 따라 B는 일본어, 중국어를 구사할 수 있다. 마지막으로 E의 진술에 따라 E는 B와 C 중 C만 구사할 수 있는 언어를 구사할 수 있다고 하였으므로 독일어만 구사할 수 있음을 알 수 있다. 이를 정리하면 다음과 같다.

구분	A	B	C	D	E
구사 가능한 언어	스페인어	일본어, 중국어	독일어, 일본어, 중국어	스페인어	독일어

44 문제해결력 명제 판단하기

| 정답 | ③

| 해설 | 각 명제를 'p : 법학을 공부한다', 'q : 행정학 수업을 듣는다', 'r : 경제학 수업을 듣는다', 's : 역사를 공부한다', 't : 철학을 공부한다'라고 할 때 제시된 명제를 정리하면 다음과 같다.

- p → q
- r → ~s
- p → t
- ~r → ~q

r → ~s가 참이므로 이 명제의 대우 명제인 s → ~r도 참이다. 또한 p → q가 참이므로 이 명제의 대우 명제인 ~q → ~p도 참이다. 따라서 이들 명제와 ~r → ~q와의 삼단논법에 의해 s → ~p도 참임을 알 수 있다. 따라서 '역사를 공부하는 사람은 법학을 공부하지 않는다'는 옳다.

| 오답풀이 |

①, ② 주어진 명제로는 알 수 없다.

④ ~r → ~q가 참이므로 이 명제의 대우 명제인 q → r도 참이다. 따라서 p → q와의 삼단논법에 의해 p → r이 참임을 알 수 있다.

45 문제해결력 명제 판단하기

| 정답 | ②

| 해설 | 제시된 문장을 'p : 아침에 커피를 한 잔씩 마신다', 'q : 불면증을 겪는다', 'r : 생과일주스를 좋아한다'로 정리하면 명제와 그 대우 명제는 다음과 같다.

- p → q(~q → ~p)
- r → ~q(q → ~r)

첫 번째 명제와 두 번째 명제의 대우 명제와의 삼단논법에 의해 'p → q → ~r'이 성립한다. 따라서 아침에 커피를 한 잔씩 마시면 생과일주스를 좋아하지 않는다.

46 이해력 상황에 맞는 행동 파악하기

| 정답 | ①

| 해설 | 잘못을 범한 쪽에서 피해를 입은 쪽에 사과를 할 때에는 잘못해서 피해를 끼친 점을 정확하게 짚어 사과해야 한다.

47 이해력 상황에 맞는 행동 파악하기

| 정답 | ①

| 해설 | 자신이 계획한 바를 설명하여 자신의 장점을 최대한 활용할 수 있는 업무가 무엇인지를 조직에 건의해 볼 수 있다. 자신이 가장 잘할 수 있고, 내재적 동기에 의해 적극적으로 참여할 수 있는 업무를 수행하는 것은 결국 조직의 이익에도 부합되고 이는 곧 조직과 자신 간의 윈윈 전략이 될 수 있으므로 ①과 같은 행동이 가장 적절하다고 할 수 있다.

48 이해력 고객의 유형에 따른 대처 방법 파악하기

| 정답 | ①

| 해설 | 독촉하는 고객에게는 애매한 화법을 자제하고 시원스럽게 처리하는 모습을 보이는 것이 바람직한 응대 방법이다.

| 오답풀이 |

② 트집 잡는 고객을 응대하는 방식에 해당한다.

③ 거만한 고객을 응대하는 방식에 해당한다.

④ 의심이 많은 고객을 응대하는 방식에 해당한다.

49 이해력 자료의 내용 이해하기

| 정답 | ①

| 해설 | 혐오차별 문제가 자연적으로 해결될 것이라는 의견은 22.2%, 차별현상이 고착화되거나 더 심해질 것이라는 의견은 70%를 넘는다. 따라서 혐오차별 문제가 자연적으로 해결될 것이라는 내용은 적절하지 않다.

50 이해력 지불 비용 계산하기

| 정답 | ③

| 해설 | 각각의 팀마다 받게 되는 왕만두를 계산하면 다음과 같다.

- 경영기획팀 : 필요한 왕만두는 최소 16개이므로, 2상자를 전달한다.
- 경영지원팀 : 필요한 왕만두는 최소 20개이므로, 3상자를 전달한다.
- 인사기획팀 : 필요한 왕만두는 최소 12개이므로, 2상자를 전달한다.
- IR팀 : 필요한 왕만두는 최소 10개이므로, 2상자를 전달한다.
- 회계팀 : 필요한 왕만두는 최소 22개이므로, 3상자를 전달한다.
- 홍보팀 : 필요한 왕만두는 최소 10개이므로, 2상자를 전달한다.
- 재무팀 : 필요한 왕만두는 최소 16개이므로, 2상자를 전달한다.
- 구매팀 : 필요한 왕만두는 최소 10개이므로, 2상자를 전달한다.
- 총무팀 : 필요한 왕만두는 최소 12개이므로, 2상자를 전달한다.
- 영업1팀 : 필요한 왕만두는 최소 20개이므로, 3상자를 전달한다.
- 법무팀 : 필요한 왕만두는 최소 14개이므로, 2상자를 전달한다.
- 영업2팀 : 필요한 왕만두는 최소 24개이므로, 3상자를 전달한다.

따라서 필요한 왕만두는 총 28상자이다. 20상자를 사면 한 상자를 덤으로 준다고 했으므로, 계산해야 할 왕만두는 총 27상자이다. 따라서 5,000×27=135,000(원)이다.

7회 기출예상문제

문제 202쪽

01	④	02	④	03	④	04	①	05	③
06	①	07	③	08	②	09	②	10	③
11	④	12	①	13	②	14	①	15	②
16	④	17	③	18	②	19	③	20	③
21	②	22	②	23	④	24	④	25	④
26	②	27	④	28	①	29	④	30	③
31	②	32	④	33	①	34	②	35	④
36	③	37	④	38	①	39	①	40	③
41	③	42	②	43	④	44	②	45	④
46	②	47	③	48	③	49	④	50	④

01 언어논리력 맞춤법에 맞게 쓰기

| 정답 | ④

| 해설 | ㉤은 경기가 전개되는 과정에 대해 설명하고 있으므로 '진행'이 들어가는 것이 자연스럽다.

| 오답풀이 |

㉠ 둑점 → 득점

㉡ 제개 → 재개

㉢ 샌터 → 센터

㉣ 정지 → 이동

02 언어논리력 다의어 파악하기

| 정답 | ④

| 해설 | 〈보기〉의 문장과 ④에 쓰인 '맞다'는 '어떤 대상의 맛, 온도, 습도 따위가 적당하다'의 의미를 갖는다.

| 오답풀이 |

① 어떤 대상의 내용, 정체 따위가 틀림이 없다.

② 어떤 행동, 의견, 상황 따위가 다른 것과 서로 어긋나지 아니하고 같거나 어울리다.

③ 모습, 분위기, 취향 따위가 다른 것에 잘 어울리다.

03 언어논리력 세부 내용 이해하기

| 정답 | ④

| 해설 | 제시된 글에 의하면 경험론자들은 정신에 타고난 관념 또는 선험적 지식이 있다는 것을 부정하고 모든 지식은 감각적 경험과 학습을 통해 형성된다고 보았으므로 생물학적 진화보다는 학습을 중요시하였음을 알 수 있다.

| 오답풀이 |

① 학습과 생물학적 진화 간의 우월성을 비교하는 내용은 나타나 있지 않다.

② 진화된 대부분의 동물들에게 학습 능력이 존재한다고 하였다.

③ 인간 사회의 변화는 생물학적 진화보다는 거의 전적으로 문화적 진화에 의한 것이라고 하였다.

04 언어논리력 문맥에 맞는 어휘 고르기

| 정답 | ①

| 해설 | 빈칸에 들어갈 단어는 차례대로 초래, 병행, 지속이며 '치료나 종교 또는 그 밖의 이유로 일정 기간 동안 음식을 먹지 못하게 금해짐'을 뜻하는 '금식'은 들어가지 않는다.

| 오답풀이 |

② 지속 : 어떤 상태가 오래 계속됨. 또는 어떤 상태를 오래 계속함.

③ 병행 : 둘 이상의 일을 한꺼번에 행함.

④ 초래 : 어떤 결과를 가져오게 함.

05 언어논리력 맞춤법에 맞게 쓰기

| 정답 | ③

| 해설 | '눈살을 찌푸리다'가 올바른 표현이며, '눈쌀'은 비표준어이다.

06 언어논리력 올바르게 띄어쓰기

| 정답 | ①

| 해설 | 성과 이름은 붙여 쓰고, 호칭이나 관직명은 띄어 써야 한다. 따라서 '김주원 박사'로 쓰는 것이 알맞다.

| 오답풀이 |

②, ④ 연결이나 열거할 적에 쓰이는 말들은 띄어 쓴다. 따라서 '스물 내지 서른', '부장 겸 대외협력실장'으로 쓰는 것이 알맞다.

③ 단음절로 된 단어가 연이어 올 적에는 띄어 쓰는 것을 원칙으로 하되, 붙여 씀도 허용한다. '떠내려가 버렸다'는 본용언이 합성 동사인 경우이므로 보조 용언과 띄어 쓰는 것만 허용된다.

07 언어논리력 음운 변동규칙 이해하기

| 정답 | ③

| 해설 | 불장난은 된소리가 나지 않는 단어로 [불장난]이라고 발음해야 한다.

08 언어논리력 사자성어 이해하기

| 정답 | ②

| 해설 | 제시된 글의 내용과 관계있는 사자성어는 '새옹지마(塞翁之馬)'로 인생은 변화가 많아서 길흉화복을 예측하기가 어려움을 의미한다.

| 오답풀이 |

① 유비무환(有備無患) : 미리 준비가 되어 있으면 걱정할 것이 없음을 의미한다.

③ 전화위복(轉禍爲福) : 재앙과 근심, 걱정이 오히려 복으로 바뀜을 의미한다.

④ 자업자득(自業自得) : 자기가 저지른 일의 결과를 자기가 받음을 의미한다.

09 언어논리력 글의 서술 방식 파악하기

| 정답 | ②

| 해설 | 제시된 글은 이분법적 사고와 부분만을 보고 전체를 판단하는 것의 위험성을 예시를 들어 설명하고 있다. 특히 세 번째 문단에서는 '으스댔다', '우겼다', '푸념했다', '넋두리했다', '뇌까렸다', '잡아뗐다', '말해서 빈축을 사고 있다' 등의 서술어를 열거해 주관적 서술로 감정적 심리 반응을 유발하는 것이 극단적인 이분법적 사고로 이어질 수 있음을 강조하고 있다.

10 언어논리력 세부 내용 이해하기

| 정답 | ③

| 해설 | 제시된 글에 따르면 △△시 상징물 테마 열차는 '하늘 위에서 △△시를 내려보다'라는 구성으로 제작하였으며, △△시의 바다 테마 열차는 '우연히 만난 도시철도, △△시 바다를 여행하는 기분'이라는 콘셉트로 조성하였다.

11 언어논리력 반의어 파악하기

| 정답 | ④

| 해설 | '달변'은 '능숙하여 막힘이 없는 말'을 의미하고, '눌변'은 '더듬거리는 서툰 말솜씨'를 의미하므로 두 단어는 반의어이다.

| 오답풀이 |

① 능변(能辯) : 말을 능숙하게 잘함. 또는 그 말

② 배변(排便) : 대변을 몸 밖으로 내보냄.

③ 강변(强辯) : 이치에 닿지 아니한 것을 끝까지 굽히지 않고 주장하거나 변명함.

12 언어논리력 단어 관계 파악하기

| 정답 | ①

| 해설 | 세 번째 단어는 첫 번째, 두 번째 단어의 용도이다. 달력과 시계는 장식의 기능도 있지만 주된 목적은 정보 전달이다.

13 언어논리력 글의 구조 파악하기

| 정답 | ②

| 해설 | • 주지 : 이야기를 이해하고 기억하는 데에는 글의 구조가 큰 영향을 미친다.

• 부연 : 그러한 글의 구조에는 상위 구조와 하위 구조가 있는데, 상위 구조에 속한 요소들이 더 잘 기억된다.

• 예시 : 왜 상위 구조가 더 잘 기억되는지를 심청전을 예로 들어 설명하고 있다.

따라서 제시된 글은 주지-부연-예시로 구성돼 있다.

14 수리력 거리 · 속력 · 시간 활용하기

| 정답 | ①

| 해설 | B가 한 시간 만에 A를 따라잡았으므로 A가 75분 동안 이동한 거리와 B가 60분 동안 이동한 거리는 서로 같다. B의 속력을 x라고 하면 다음과 같은 식이 성립한다.

$$6\times\frac{75}{60}=x\times1$$

$\therefore x=7.5$(km/h)

따라서 B의 속력은 7.5km/h이다.

15 수리력 연속된 짝수 구하기

| 정답 | ②

| 해설 | 연속된 세 개의 짝수이므로 가장 큰 숫자를 x라고 한다면 가운데 숫자는 $x-2$, 가장 작은 숫자는 $x-4$이므로 다음과 같은 식이 성립한다.

$x+(x-2)+(x-4)=54$

$3x-6=54$

$3x=60$

$\therefore x=20$

따라서 더한 값이 54가 되는 세 개의 연속된 짝수 중 가장 큰 수는 20이다.

| 별해 | 연속된 세 개의 짝수 : $x-2$, x, $x+2$

$x-2+x+x+2=3x=54$

$\therefore x=18$

따라서 가장 큰 수는 18+2=20이다.

16 수리력 방정식을 활용하여 회원 수 구하기

| 정답 | ④

| 해설 | 작년 바둑동호회 남성 회원 수를 x명이라 하면 작년 바둑동호회 여성 회원 수는 $(60-x)$명이다. 따라서 다음과 같은 식이 성립한다.

$1.05x+0.9(60-x)=60$

$0.15x=6$

$\therefore x=40$(명)

올해의 남성 회원 수는 작년에 비해 5% 증가했으므로 40×1.05=42(명)이다.

17 수리력 벤다이어그램 활용하기

| 정답 | ③

| 해설 | 제시된 정보를 토대로 벤다이어그램을 그리면 다음과 같다.

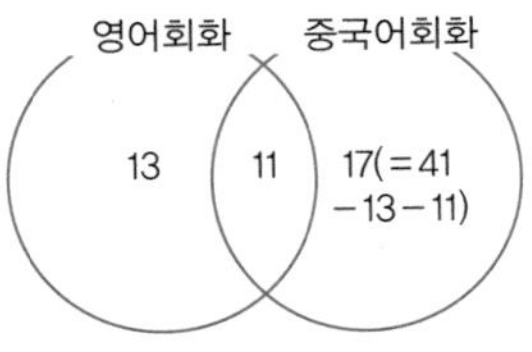

따라서 중국어회화 수업만 신청한 학생의 수는 17명이다.

18 수리력 일의 양 구하기

| 정답 | ②

| 해설 | 전체 일의 양을 1로 생각하면, 선진이와 수연이의 하루 일의 양은 다음과 같다.

- 선진이가 하루에 하는 일의 양 : $\frac{1}{8}$
- 수연이가 하루에 하는 일의 양 : $\frac{1}{12}$

따라서 둘이 함께 한다면

$1 \div \left(\frac{1}{8}+\frac{1}{12}\right)=1 \div \left(\frac{3}{24}+\frac{2}{24}\right)=\frac{24}{5}=4.8$, 즉 5일이 걸린다.

19 수리력 상품의 이익 구하기

| 정답 | ③

| 해설 | 상품의 원가를 x원이라 하면 다음과 같은 식이 성립한다.

$1.4x \times 0.85-x=2,660$

$0.19x=2,660$

$\therefore x=14,000$(원)

따라서 상품을 정가로 팔 때의 이익은 $14,000\times0.4=5,600$(원)이다.

20 수리력 확률 계산하기

| 정답 | ③

| 해설 | 적어도 한 명이 합격한다는 것은 두 명이 합격하는 것과 세 명 모두 합격하는 것까지 포함되므로, 전체 확률인 1에서 모두 불합격할 확률을 빼면 된다. 정수가 합격할 확률은 $\frac{1}{4}$이므로 불합격할 확률은 $\frac{3}{4}$이고, 같은 식으로 현민이 불합격할 확률은 $\frac{4}{5}$, 지혜가 불합격할 확률은 $\frac{1}{2}$이다. 따라서 $1-\left(\frac{3}{4}\times\frac{4}{5}\times\frac{1}{2}\right)=\frac{7}{10}=0.7$이다.

21 수리력 나이 계산하기

| 정답 | ②

| 해설 | 구하고자 하는 값을 x년 후라 하면 다음과 같은 식이 성립한다.

$20+x=2(7+x)$

$20+x=14+2x$

$\therefore x=6$(년 후)

따라서 $2023+6=2029$(년)에 언니의 나이가 동생 나이의 2배가 된다.

22 수리력 자료의 수치 분석하기

| 정답 | ②

| 해설 | ㉠ 대도시와 대도시 이외 지역에서 사교육을 받지 않거나 30만 원 미만까지만 사교육비로 지출하는 비율을 비교하면 대도시는 61.9%, 대도시 이외 지역은 69.2%로 대도시 이외 지역이 더 높다. 대도시 지역에서 30만 원 이상의 사교육비를 지출하는 비율은 $19.7+18.4=38.1$(%)로 $\frac{1}{3}$ 이상을 차지한다.

㉢ 학교 성적이 상위 10% 이내인 학생이 사교육비로 10만 원 이상을 지출하는 비율은 $28.0+22.3+21.5=71.8$(%)이고 성적 11 ~ 30%인 학생이 동일한 비용을 지출하는 비율은 $28.5+23.4+18.2=70.1$(%)이다. 따라서 상위 10% 이내인 학생들의 경우가 더 높다.

| 오답풀이 |

㉡ 초 · 중 · 고등학교로 올라갈수록, 부모님의 평균 연령대가 올라갈수록 사교육을 받지 않는 비율이 높아진다. 또한 사교육을 받지 않는 경우를 제외하면 초등학교와 부모님의 평균 연령대 모두 10 ~ 30만 원 미만의 지출이 가장 많으나 중학교는 30 ~ 50만 원 미만이, 고등학교는 50만 원 이상이 가장 많다.

㉣ 학교 성적이 하위권으로 내려갈수록 사교육을 받지 않는 비율이 높아지며, 상위 31 ~ 80%와 하위 20%에서는 사교육을 받지 않는 경우의 비율이 가장 높아진다.

23 수리력 자료의 수치 분석하기

| 정답 | ④

| 해설 | 부서별로 인원수가 다르므로 전체 평균 계산 시 가중치를 고려하여야 한다.

• 전 부서원의 정신적 스트레스 지수 평균점수 :

$$\frac{1\times1.83+2\times1.79+1\times1.79}{4}=1.80(\text{점})$$

• 전 부서원의 신체적 스트레스 지수 평균점수 :

$$\frac{1\times1.95+2\times1.89+1\times2.05}{4}=1.945(\text{점})$$

따라서 두 평균점수의 차이는 0.145이므로 0.16 미만이다.

24 수리력 수 추리하기

| 정답 | ④

| 해설 | 왼쪽 변의 수와 아래 변의 수를 곱하고 오른쪽 변의 수를 뺀 값이 삼각형 내부의 숫자가 된다.

• $3\times5-1=14$
• $4\times6-4=20$
• $5\times7-9=(?)$

따라서 '?'에 들어갈 숫자는 $5\times7-9=26$이다.

25 수리력 총열량 계산하기

| 정답 | ④

| 해설 | A가 자전거로 이동하는 거리는 $6\times2=12$(km)이고, 속력이 10km/h이므로 A가 자전거를 타는 시간은 다음과 같다.

$$\text{시간}=\frac{\text{이동거리}}{\text{속력}}=\frac{12(\text{km})}{10(\text{km/h})}=1.2(\text{h})=72(\text{분})$$

10분에 85kcal를 소모한다고 했으므로, 72분 동안에는 $\frac{85}{10}\times72=612$(kcal)가 소모된다.

26 공간지각력 블록 개수 세기

| 정답 | ②

| 해설 | 색칠된 블록의 윗면에 1개, 밑면에 2개가 직접 접촉되어 있다. 따라서 총 3개이다.

27 공간지각력 규칙 파악하여 도형 추론하기

| 정답 | ④

| 해설 | 색이 칠해진 사각형들은 반시계방향으로 두 칸씩 이동하고 있으며 오각형은 시계방향으로 90°씩 회전하면서 한 칸씩 시계방향으로 이동하고 있다.

28 공간지각력 도형 회전하기

| 정답 | ①

| 해설 | 반시계방향으로 90° 회전한 모양은 다음과 같다.

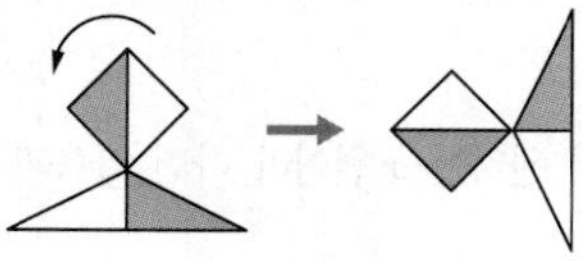

29 공간지각력 전개도 완성하기

| 정답 | ④

| 해설 | 전개도를 접었을 때 서로 인접하게 되는 면을 생각해 본다. 2개 면만 살피면 되므로 쉽게 찾을 수 있다.

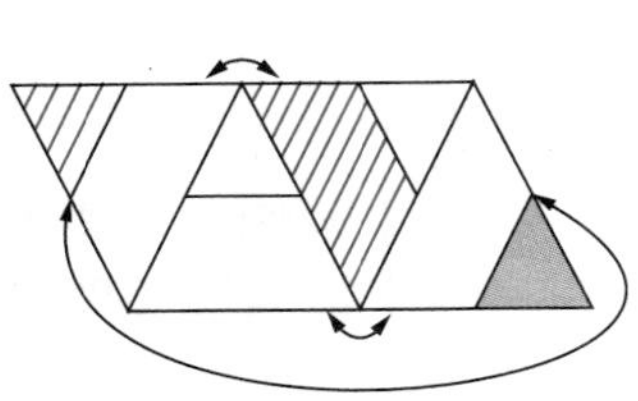

| 오답풀이 |

넓은 면을 기준으로 볼 때 ①의 경우 왼쪽에  이 와야

하고, ②는 , ③은  이 와야 한다.

30 공간지각력 도형 재배치하기

| 정답 | ③

| 해설 | 제시된 도형을 올바르게 배치한 것은 ③이다.

| 오답풀이 |

확실하게 아닌 모양을 찾으면 다음과 같다.

① 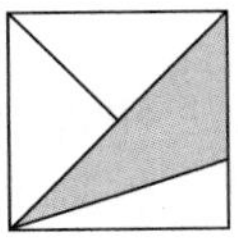 ②  ④ 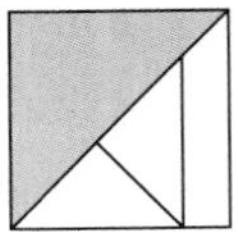

31 공간지각력 펼친 모양 찾기

| 정답 | ②

| 해설 | 접었던 선을 축으로 하여 역순으로 펼치면 다음과 같다.

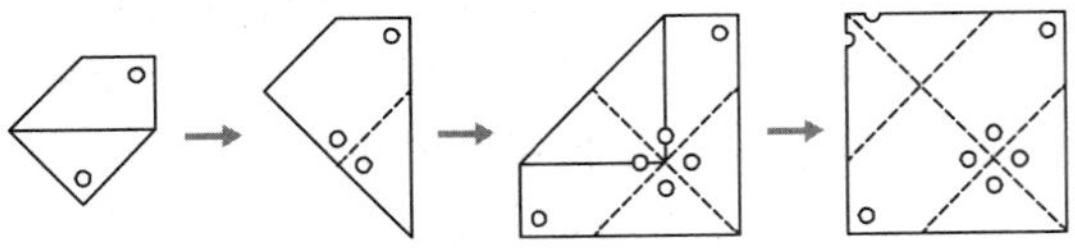

32 공간지각력 제시된 도형 합치기

| 정답 | ④

| 해설 | 먼저 제시된 도형을 다음과 같이 구분한다.

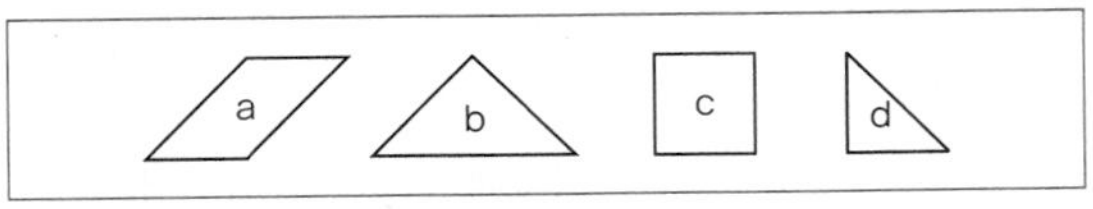

④는 다음과 같이 b가 2번 사용되었다.

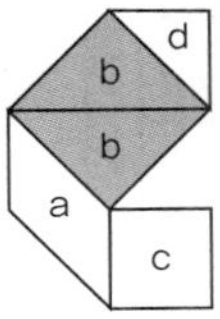

| 오답풀이 |

① 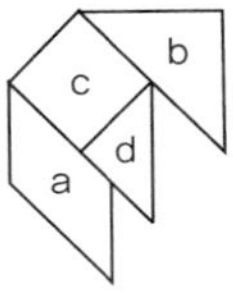

② 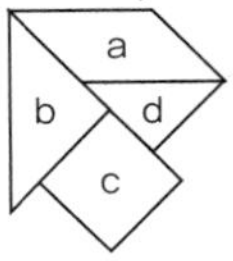

③ 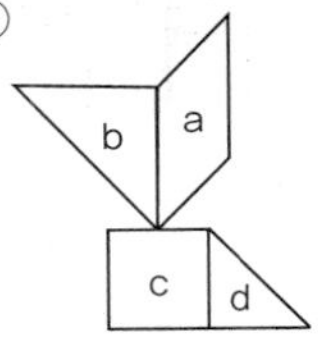

33 공간지각력 조각 배열하기

| 정답 | ①

| 해설 | (나)－(가)－(라)－(다) 순서대로 배열하면 다음과 같은 그림이 완성된다.

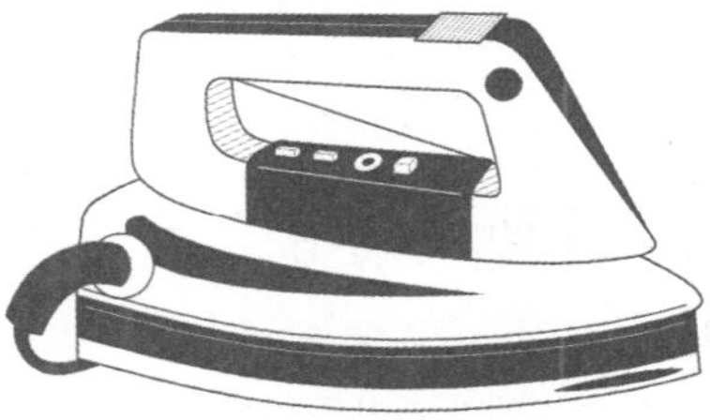

34 공간지각력 제시된 블록 합치기

| 정답 | ②

| 해설 | ②는 다음과 같이 수정되어야 한다.

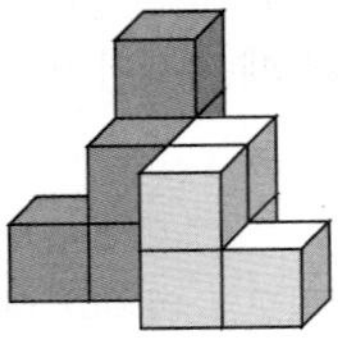

| 오답풀이 |

①

③
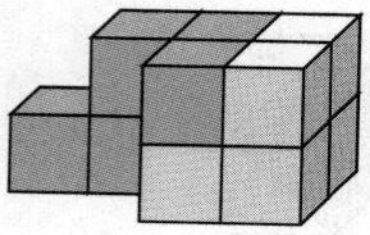
④
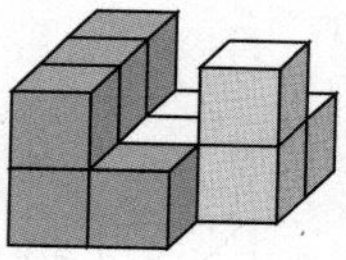

35 공간지각력 블록 개수 세기

| 정답 | ④

| 해설 | 블록의 개수는 총 14개이다.

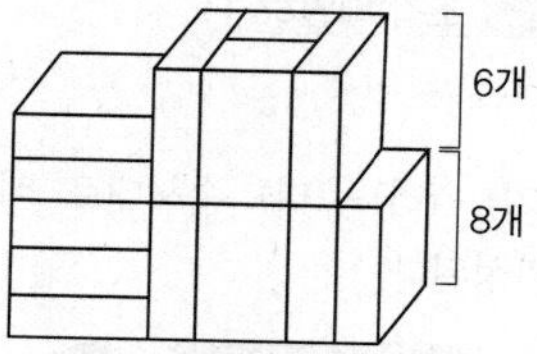

36 문제해결력 명제 판단하기

| 정답 | ③

| 해설 | 지아는 소설책과 시집을 많이 읽고, 소설책을 많이 읽는 사람은 글쓰기를 잘하므로 삼단논법에 따라 '지아는 글쓰기를 잘한다'가 성립한다.

37 문제해결력 명제 판단하기

| 정답 | ④

| 해설 | 각 명제를 'p : 요리를 잘한다', 'q : 청소를 잘한다', 'r : 키가 크다'라고 할 때 제시된 명제를 정리하면 다음과 같다.

- p → q
- q → r

이때 나는 요리를 잘하므로 마지막 명제는 p로 표현할 수 있으며, 'p → q'와 'q → r' 두 명제의 삼단논법에 의해 'p → r'도 참임을 알 수 있다. 따라서 ④는 항상 옳다.

| 오답풀이 |

①, ② 주어진 명제로는 알 수 없다.

③ 'q → r'이 참이므로 이 명제의 대우 명제인 '~r → ~q'도 참이 된다. 따라서 옳지 않은 설명이다.

38 문제해결력 조건을 바탕으로 추론하기

| 정답 | ①

| 해설 | 만약 A의 발언이 진실이라면 A는 어제와 오늘 이틀 연속으로 진실을 말한 것이고, A의 발언이 거짓이라면 A는 어제와 오늘 이틀 연속으로 거짓을 말한 것이다. 조건에 따르면 이틀 연속 거짓을 말하는 경우는 발생할 수 없으나 (토, 일) 또는 (일, 월)의 경우 이틀 연속 진실을 말하는 것이 가능하다. 따라서 A의 발언은 진실임을 알 수 있다.

이때 A가 거짓말을 하는 요일이 월, 수, 금요일이라면 제시된 발언은 일요일에 한 것이고, A가 거짓말을 하는 요일이 화, 목, 토요일이라면 제시된 발언은 월요일에 한 것이다. 따라서 오늘은 일요일 또는 월요일이며 두 경우 모두 B의 발언은 거짓임을 알 수 있다.

그런데 오늘이 만약 진실만을 말하는 일요일이라면 B의 발언이 거짓이라는 추론과 상충하므로 오늘은 월요일이 된다.

39 문제해결력 조건을 바탕으로 추론하기

| 정답 | ①

| 해설 | 학생처를 두 번째에 배치하면 학생처와 교무처 사이에 두 팀이 배치되므로 교무처는 다섯 번째에 배치된다. 교무처와 연구처는 연이어 배치되는데 연구처가 네 번째에 배치될 경우 사무국과 입학본부가 연이어 배치되지 못하므로 연구처는 여섯 번째 자리에 배치된다. 이에 따른 최종 배치는 다음과 같다.

기획협력처 – 학생처 – 사무국(입학본부) – 입학본부(사무국) – 교무처 – 연구처

40 문제해결력 명제 판단하기

| 정답 | ③

| 해설 | 각 명제를 'p : A 회사에 다닌다', 'q : 일본어에

능통하다', 's : B 대학교를 졸업했다', 'r : C 학원에 다닌다'라고 할 때 제시된 명제를 정리하면 다음과 같다.

• p → ~q • s → q

• ~r → s

이때 'B 대학교를 졸업한 사람은 C 학원에 다니지 않았다'는 세 번째 명제의 역에 해당하므로 이에 대한 참 · 거짓의 여부는 확실히 알 수 없다.

| 오답풀이 |

① 세 번째 명제의 대우(~s → r)에 해당하므로 참이다.

② 두 번째 명제의 대우(~q → ~s)와 세 번째 명제의 대우(~s → r)의 삼단논법을 통해 '~q → r'이 참임을 알 수 있다.

④ 첫 번째 명제와 두 번째 명제의 대우(~q → ~s)의 삼단논법을 통해 'p → ~s'도 참임을 알 수 있다.

41 문제해결력 조건을 바탕으로 추론하기

| 정답 | ③

| 해설 | 두 번째 조건에서 파란색 코트를 입는 A가 B의 아래층에 살고, 세 번째 조건에서 C가 보라색 코트를 입는 사람의 아래층에 산다고 했으므로, A, C는 1층, B, D는 2층에 산다는 것을 알 수 있다. 또한 다섯 번째 조건에서 노란색 코트를 입는 일본인이 1층에 산다고 했으므로 이 사람은 C가 되고, 네 번째 조건의 초록색 코트를 입는 중국인이 B가 되며, 그 옆에 사는 D가 영국인이 된다. 그러므로 파란색 코트를 입는 A가 한국인이 되고, 이 내용을 표로 정리하면 다음과 같다.

2층	B – 초록, 중국	D – 보라, 영국
1층	A – 파랑, 한국	C – 노랑, 일본

따라서 한국인과 같은 층에 사는 사람은 C이다.

42 문제해결력 조건을 바탕으로 추론하기

| 정답 | ②

| 해설 | 4명이 타는 차는 B가 운전을 하고 3명이 타는 차는 B와 같은 차를 타지 않는 C와 D 중 한 명이 운전을 한다. A와 G는 같은 차를 타고 가야 하는데, C와 D가 있는 차에는 이미 2명이 있으므로 탈 수가 없다. 그러므로 B가 운전하는 차를 타고 가는 사람은 A, E(혹은 F), G이다.

43 문제해결력 조건을 바탕으로 추론하기

| 정답 | ④

| 해설 | 서로 의견이 상충하는 G 사원과 L 사원의 말이 각각 거짓일 경우를 생각해 본다.

• G 사원이 참을 말하고 있을 경우 : L 사원을 제외한 나머지 사원들의 말이 모두 참이 된다. 따라서 안양천, 대곡천, 황구지천은 같은 결과를 받았다. 중랑천은 먹는 물 기준 적합 판정을 받았는데, J 사원의 발언에 의해 남은 세 하천 중 두 하천만이 먹는 물 기준 적합 판정을 받을 수 있게 된다. 따라서 조건과 상충한다.

• L 사원이 참을 말하고 있을 경우 : G 사원을 제외한 나머지 사원들의 말이 모두 참이 된다. 따라서 안양천과 대곡천은 같은 결과를, 대곡천과 황구지천은 다른 결과를 받았다. 중랑천은 먹는 물 기준 적합 판정을 받았는데, J 사원의 발언에 의해 남은 세 하천 중 두 하천만이 먹는 물 기준 적합 판정을 받을 수 있게 된다. 따라서 대곡천과 안양천은 부적합 판정, 황구지천과 중랑천은 적합 판정을 받았다.

44 문제해결력 조건을 바탕으로 추론하기

| 정답 | ②

| 해설 | 공동 순위 없이 제시된 사실을 정리하면 구름>하늘, 태양>반달, 보리>구름, 반달>보리이다. 따라서 태양>반달>보리>구름>하늘 순으로 들어왔으므로 3등으로 들어온 사람은 보리이다.

45 문제해결력 조건을 바탕으로 추론하기

| 정답 | ④

| 해설 | 먼저 네 번째 조건을 보면 E는 C와 성별이 같고, 세 번째 조건에 따라 D는 여자인데, 여자는 둘뿐이므로 C와 E는 남자임을 알 수 있다. 또한 E는 영국인 또는 프랑스인이라고 하였는데, 마지막 조건에 따라 프랑스인은 여자이므로 E는 영국인이 된다. 다섯 번째 조건과 마지막 조건을

살펴보면 F는 이탈리아인이 아니고, 남자이므로 프랑스인도 아니다. 그리고 두 번째 조건에 따라 A는 미국인이므로 F는 중국인 또는 일본인이며, C도 중국인 또는 일본인이므로 D는 이탈리아인임을 알 수 있다. 이를 표로 정리해 보면 다음과 같다.

구분	국적	성별
A	미국	남
B	프랑스	여
C	중국 or 일본	남
D	이탈리아	여
E	영국	남
F	중국 or 일본	남

따라서 B는 프랑스인이다.

46 이해력 집단윤리와 개인윤리의 관계 이해하기

| 정답 | ②

| 해설 | 사회 집단의 도덕성은 개인의 도덕성보다 현저히 떨어진다는 것이 A의 주장이므로, 개인과 집단의 양심에는 차이가 있을 수 있다는 을의 주장이 가장 유사하다.

47 이해력 상황에 맞는 행동 파악하기

| 정답 | ③

| 해설 | 업무를 신 사원에게 전적으로 맡겼지만, 결재를 올리기 전 최종 검토를 안 한 김 과장의 잘못도 있으므로 신 사원과 함께 잘못을 인정하는 것이 바람직하다.

48 이해력 출장비의 합 구하기

| 정답 | ③

| 해설 |
- 최○○ : 마산에서 1박을 하였으므로 숙박비는 13만 원이고, 개인차량을 이용하였으므로 교통비는 7만 원이다. 식비는 8+13=21(만 원)이므로, 총출장비 13+7+21=41(만 원)을 지급한다.
- 박○○ : 오송에서 2박을 하였으므로 숙박비는 20×2=40(만 원)이고, 고속버스를 이용하였으므로 교통비는 6만 원이다. 식비는 2일차의 경우 영수증을 미제출하여 5만 원만 지급하므로, 총 3+5+5=13(만 원)이다. 출장비는 총 40+6+13=59(만 원)을 지급한다.

따라서 최 씨와 박 씨의 출장비의 합계는 41+59=100(만 원)이다.

49 이해력 자료의 내용 이해하기

| 정답 | ④

| 해설 | 5-1.과 5-3. 항목에 기후 협상에 관한 효과적 대응과 개도국 협력 확대 및 내실 제고가 중점 과제로 명시되어 있다.

| 오답풀이 |

① 친환경적인 국토공간을 조성하는 것은 '라. 지속가능한 녹색사회 구현'을 위한 과제다.

② 에너지 분산형 시스템 구축은 '나. 지속가능한 에너지체계 구축'을 위한 과제다.

③ 녹색창조기술 개발은 '다. 녹색창조산업을 통한 생태계 조성'을 위한 과제다.

50 이해력 이동 방법의 개수 구하기

| 정답 | ④

| 해설 | 통제된 도로를 우회해서 회사까지 갈 수 있는 경로는 다음과 같다.

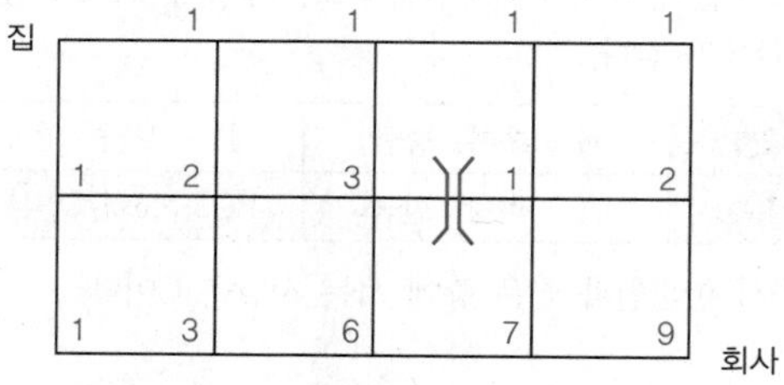

따라서 총 9가지이다.

8회 기출예상문제

문제 228쪽

01	①	02	③	03	①	04	④	05	③
06	①	07	④	08	④	09	①	10	②
11	③	12	③	13	④	14	④	15	③
16	③	17	①	18	③	19	④	20	④
21	④	22	④	23	③	24	②	25	④
26	④	27	③	28	④	29	①	30	②
31	①	32	①	33	④	34	②	35	④
36	②	37	①	38	④	39	①	40	②
41	①	42	④	43	③	44	③	45	②
46	③	47	③	48	③	49	②	50	③

01 언어논리력 다의어 파악하기

| 정답 | ①

| 해설 | 〈보기〉의 문장과 ①의 '어쩌다가'는 '뜻밖에 우연히'라는 뜻으로 사용되었다.

| 오답풀이 |

②, ④ '이따금 또는 가끔가다가'라는 뜻으로 사용되었다.

③ '어찌하다가'의 준말로 사용되었다.

02 언어논리력 유의어 파악하기

| 정답 | ③

| 해설 | '무릇'은 '대체로 생각해 보아'의 의미이며, 유의어로는 '대저', '대범', '대컨' 등이 있다.

| 오답풀이 |

① '언제나 변함없이 한 모양으로 줄곧'의 의미를 가진다.

② '생각보다 매우'의 의미를 가진다.

④ '부정하는 말 앞에서 다만, 오직의 뜻으로 쓰이는 말'의 의미를 가진다.

03 언어논리력 문맥상 적절한 단어 찾기

| 정답 | ①

| 해설 | 빈칸에 공통으로 들어갈 단어는 '참석'으로 '모임이나 회의 따위의 자리에 참여함'의 의미를 가진다.

| 오답풀이 |

② '새로운 영역, 운명, 진로 따위를 처음으로 열어 나감'의 의미를 가진다.

③ '이끌어 지도함'의 의미를 가진다.

④ '어떤 사실이나 내용을 분석하여 따짐'의 의미를 가진다.

04 언어논리력 어휘의 의미 파악하기

| 정답 | ④

| 해설 | '야기하다'는 '일이나 사건 따위를 끌어 일으키다'라는 의미로 사용된다. 이와 가장 관련없는 단어는 '조직이나 단체 따위를 짜서 만들다'는 의미를 가진 '결성하다'이다.

05 언어논리력 올바르게 띄어쓰기

| 정답 | ③

| 해설 | 단위를 나타내는 명사는 띄어 써야 하므로 '열 살'이라고 쓰는 것이 적절하다.

| 오답풀이 |

① '지내는지'의 '-ㄴ지'는 막연한 의문이 있는 채로 그것을 뒤 절의 사실이나 판단과 관련시키는 데 쓰는 연결어미로 앞말과 붙여 써야 한다.

② '다치기밖에'의 '밖에'는 '그것 말고는', '그것 이외에는' 등의 뜻을 나타내는 보조사로 앞말과 붙여 써야 한다.

④ '실시되는바'의 '-ㄴ바'는 뒤 절에서 어떤 사실을 말하기 위하여 그 사실이 있게 된 것과 관련된 상황을 제시할 때 쓰이는 연결 어미로 앞말과 붙여 써야 한다.

06 언어논리력 속담의 의미 파악하기

| 정답 | ①

| 해설 | • 개구리 올챙이 적 생각 못 한다 : 형편이나 사정이 전에 비하여 나아진 사람이 지난날의 미천하거나 어렵던

때의 일을 생각지 아니하고 처음부터 잘난 듯이 뽐냄을 비유적으로 이르는 말이다.

• 소 잃고 외양간 고친다 : 소를 도둑맞은 다음에서야 빈 외양간의 허물어진 데를 고치느라 수선을 떤다는 뜻으로, 일이 이미 잘못된 뒤에는 손을 써도 소용이 없음을 비꼬는 말이다.

• 등잔 밑이 어둡다 : 대상에서 가까이 있는 사람이 도리어 대상에 대하여 잘 알기 어려움을 이르는 말이다.

따라서 세 속담과 공통적으로 관련이 있는 단어는 슬기롭지 못하고 둔하다는 뜻인 '어리석음'이다.

07 언어논리력 글의 흐름에 맞게 문장 배열하기

| 정답 | ④

| 해설 | 먼저 제시된 문장에서 중심소재로 등장한 미세플라스틱의 유해한 점인 화학물질을 상세하게 설명하고 있는 (나)가 오고, 미세플라스틱에 노출된 것과 관련한 실험 결과로 (나)의 내용을 뒷받침하는 (마)가 이어져야 한다. 또한 '더불어'로 미세플라스틱의 유해한 영향을 말하며 (마)의 내용과 이어지는 (가)가 오고, 이러한 상황이 필연적임을 말하는 (라)가 그 다음에 위치한다. 마지막으로 '이처럼'으로 시작하여 내용을 정리하는 (다)가 위치하는 것이 적절하다. 따라서 (나)－(마)－(가)－(라)－(다) 순으로 배열해야 한다.

08 언어논리력 세부 내용 이해하기

| 정답 | ④

| 해설 | 마지막 문단의 '전문가들은 비타민 제품을 고를 때 자신에게 필요한 성분인지, 함량이 충분한지, 활성형 비타민이 맞는지 등을 충분히 살펴본 다음 선택하라고 권고한다'를 통해 시중에 있는 다양한 비타민 제품은 사람마다 다른 효과를 낼 수 있음을 알 수 있다.

| 오답풀이 |

① 과로로 인한 피로가 6개월 이상 지속되면 만성피로로 진단될 수 있다고 제시되어 있다. 따라서 피로가 1년 이상 지속된 철수는 만성피로로 진단될 수 있다.

② 만성피로를 내버려두면 면역력이 떨어져 감염병에도 취약해질 수 있다고 했으므로 피로는 독감과 같은 전염병에 걸리기 쉽게 만든다는 것을 알 수 있다.

③ 비타민 B군으로 대표되는 활성비타민은 스트레스 완화, 면역력 강화, 뇌신경 기능 유지, 피부와 모발 건강 등에도 도움을 준다고 하였다.

09 언어논리력 글에 맞는 한자성어 찾기

| 정답 | ①

| 해설 | 말라리아의 주요 증세가 고열이라는 점을 이용하여 병으로 병을 치료하였다. 따라서 '열은 열로 다스린다'는 의미의 '이열치열(以熱治熱)'이 가장 적합하다

| 오답풀이 |

② 입술이 없으면 이가 시리다는 뜻으로, 가까운 사이에 있는 하나가 망하면 다른 하나도 그 영향을 받아 온전하기 어려움을 비유적으로 이르는 말이다.

③ 여름의 벌레는 얼음을 안 믿는다는 뜻으로, 견식이 좁음을 비유해 이르는 말이다.

④ 나무에 올라 물고기를 구한다는 뜻으로, 불가능한 일을 무리해서 굳이 하려 함을 비유적으로 이르는 말이다.

10 언어논리력 결론 도출하기

| 정답 | ②

| 해설 | (가)는 저소득층 가정에 보급한 정보통신기기가 아이들의 성적향상에 별다른 영향을 미치지 못하거나, 오히려 부정적인 영향을 미친다는 것을 설명하고 있다. (나)는 정보통신기기의 활용에 대한 부모들의 관리와 통제가 학업성적에 영향을 준다는 것을 설명하고 있다. 따라서 아이들의 학업성적에는 정보통신기기의 보급보다 기기 활용에 대한 관리와 통제가 더 중요하다는 것을 결론으로 도출할 수 있다.

11 언어논리력 글의 주제 찾기

| 정답 | ③

| 해설 | '함께 추구한다'라는 경쟁의 어원처럼 본래의 경쟁은 사회의 여러 부문에서 상생 · 상보적인 요소로 작용하였으나, 오늘날의 경쟁은 지배 이데올로기로 자리잡아 어원과는 다른 의미로 사용되고 있음을 소개하고 있다. 따라서 '경쟁의 변모'가 주제로 가장 적절하다.

12 언어논리력 문맥에 맞는 어휘 고르기

| 정답 | ③

| 해설 | '불러일으키다'는 '사건을 일어나게 하다'라는 의미이므로 '야기(惹起)하다'와 의미가 유사하다

| 오답풀이 |

① 상기(想起)하다 : 지난 일을 돌이켜 생각하여 내다.

② 봉기(蜂起)하다 : 벌 떼처럼 떼 지어 세차게 일어나다.

④ 분기(奮起)하다 : 분발하여 일어나다.

13 수리력 일의 양 구하기

| 정답 | ④

| 해설 | 전체 일의 양을 1이라 하면 A는 1시간 동안 $\frac{1}{5}$만큼 일을 하고, B는 1시간 동안 $\frac{1}{7}$만큼 일을 한다.

따라서 두 사람이 함께 구슬을 꿰는 데 걸리는 시간은 $1\div\left(\frac{1}{5}+\frac{1}{7}\right)=1\times\frac{35}{12}=\frac{35}{12}$(시간), 즉 2시간 55분이다.

14 수리력 연립방정식 활용하기

| 정답 | ④

| 해설 | 구매할 초콜릿의 개수를 x개, 사탕의 개수를 y개로 두면 식은 다음과 같다.

$$\begin{cases}1,300x+700y=15,000\\x+y=12\end{cases}$$

두 식을 연립하여 풀면 $x=11$(개), $y=1$(개)이다.

따라서 구매할 수 있는 초콜릿의 개수는 11개이다.

15 수리력 저축 금액 계산하기

| 정답 | ③

| 해설 | x개월 후에 A가 모은 금액은 $(200+20x)$만 원이고 B가 모은 금액은 $(100+50x)$만 원이다. B가 모은 돈이 A가 모은 돈의 두 배가 넘는 시기를 구해야 하므로 식은 다음과 같다.

$2(200+20x)<100+50x$

$10x>300$

$\therefore x>30$

따라서 지금부터 31개월 후부터 B가 모은 돈이 A가 모은 돈의 두 배가 넘는다.

16 수리력 평균 계산하기

| 정답 | ③

| 해설 | 네 과목의 평균이 89.5점이라고 하였으므로 네 과목의 총점수는 89.5×4=358(점)이다. 다섯 과목의 평균 점수가 90점 이상이 되기 위해서는 총 점수가 90×5=450(점) 이상이어야 하므로 영어 점수를 x점이라 하면 다음과 같은 식이 성립한다.

$358+x\geq 450$ $\qquad\therefore x\geq 92$

따라서 받아야 할 최소 점수는 92점이다.

17 수리력 확률 계산하기

| 정답 | ①

| 해설 | A 대리가 정각에 출근하거나 지각할 확률은 $\frac{1}{4}+\frac{2}{5}=\frac{13}{20}$이므로, 정해진 출근 시간보다 일찍 출근할 확률은 $1-\frac{13}{20}=\frac{7}{20}$이다. 따라서 이틀 연속 제시간보다 일찍 출근할 확률은 $\frac{7}{20}\times\frac{7}{20}=\frac{49}{400}$가 된다.

18 수리력 부지의 넓이 구하기

| 정답 | ③

| 해설 | '부채꼴의 넓이$=\frac{1}{2}\times$반지름$\times$호의 길이'이므로 지방 영업소 건축 부지의 넓이는 $\frac{1}{2}\times 30\times 20=300(\text{m}^2)$이다.

19 수리력 자료의 수치 분석하기

| 정답 | ④

| 해설 | 대상분포를 고려하여 예체능, 취미, 교양 과목의 전국 월평균 사교육비를 구하면 (65,000×0.178)+(39,000×0.256)+(44,000×0.415)+(35,000×0.151)=45,099(원)이다.

| 오답풀이 |

① 서울특별시의 일반교과 월평균 사교육비는 읍면지역의 266,000÷156,000≒1.7(배)이다.

② 광역시의 전체 사교육비 중 취업 관련 사교육비가 차지하는 비율은 $\frac{19,000}{186,000+39,000+19,000}\times 100 \fallingdotseq 7.8$(%)이다.

③ 대상분포를 고려하지 않고 전국의 일반교과 월평균 사교육비를 구하면 (266,000+186,000+201,000+156,000)÷4=202,250(원)이 된다.

20 수리력 규칙을 파악하여 계산하기

| 정답 | ④

| 해설 | 3♤(6♤4)=3♤(6+4×2)=3♤14=3×14+2=44

21 수리력 방정식 활용하기

| 정답 | ④

| 해설 | 벽걸이 달력의 개수를 x개라 하면 탁상용 달력의 개수는 $(12-x)$개이므로 다음과 같은 식이 성립한다.

$7,500\times(12-x)+9,000x+3,000=105,000$

$(9,000-7,500)x+90,000+3,000=105,000$

$1,500x=12,000$

$\therefore x=8$(개)

따라서 A가 주문한 벽걸이 달력은 8개이다.

22 수리력 최대공약수 구하기

| 정답 | ④

| 해설 | 가로 42cm, 세로 60cm의 벽에 가장 적은 수의 정사각형 타일로 남는 부분 없이 붙이려면 가로, 세로 길이의 최대공약수에 해당하는 크기의 타일을 사용하면 된다.

```
2 ) 42  60
×
3 ) 21  30
‖
6    7  10
```

42와 60의 최대공약수는 2×3=6이므로 정사각형 타일의 한 변의 길이는 6cm이고, 벽의 가로에는 42÷6=7(개), 세로에는 60÷6=10(개) 붙일 수 있다. 따라서 필요한 타일의 최소 총 개수는 7×10=70(개)이다.

23 수리력 자료값의 비율 구하기

| 정답 | ③

| 해설 | A 유원지의 총매출액 중 소인 남자의 비율은 100−(19.2+23.5+17.8+21.4+12.3)=5.8(%)이다.

24 수리력 자료값의 비율 구하기

| 정답 | ②

| 해설 | D 유원지의 총 매출액 중 여학생이 차지하는 비율은 34.4%이다. 이 중 37%가 고등학생이므로 D 유원지의 총매출액 중 여자 고등학생이 차지하는 비율은 $100\times\frac{34.4}{100}\times\frac{37}{100}\fallingdotseq 12.7$(%)이다.

25 수리력 매출액 계산하기

| 정답 | ④

| 해설 | C 유원지와 D 유원지의 소인 남자 매출액을 각각 구하면 다음과 같다.

- C 유원지 : 3,284×0.207=679.788(만 원)
- D 유원지 : 1,819×0.072=130.968(만 원)

따라서 C 유원지의 소인 남자 총 매출액은 D 유원지의 소인 남자 총 매출액의 $\frac{679.788}{130.968}\fallingdotseq 5.2$(배)이다.

26 공간지각력 블록 개수 세기

| 정답 | ④

| 해설 | 1층에 7개, 2층에 4개, 3층에 1개로 블록은 총 12개이다.

27 공간지각력 세 면이 보이는 블록 찾기

| 정답 | ③

| 해설 | 세 면이 보이는 블록은 다음 색칠된 면으로 4개이다.

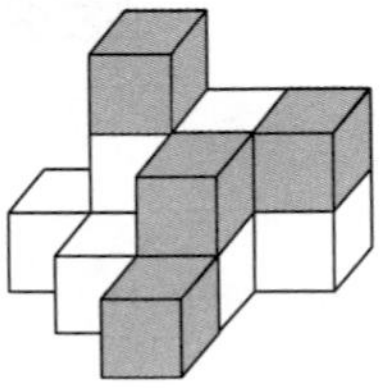

28 공간지각력 조각 배열하기

| 정답 | ④

| 해설 | 그림의 조각을 (라)－(다)－(나)－(가) 순으로 배열하면 다음과 같은 그림이 완성된다.

29 공간지각력 그림에 없는 도형 찾기

| 정답 | ①

| 해설 |

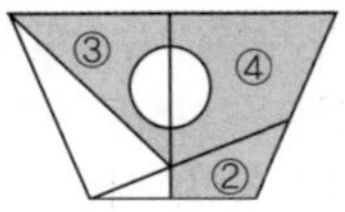

30 공간지각력 전개도 파악하기

| 정답 | ②

| 해설 | 전개도를 접었을 때 서로 만나게 되는 모서리를 표시하면 다음과 같다.

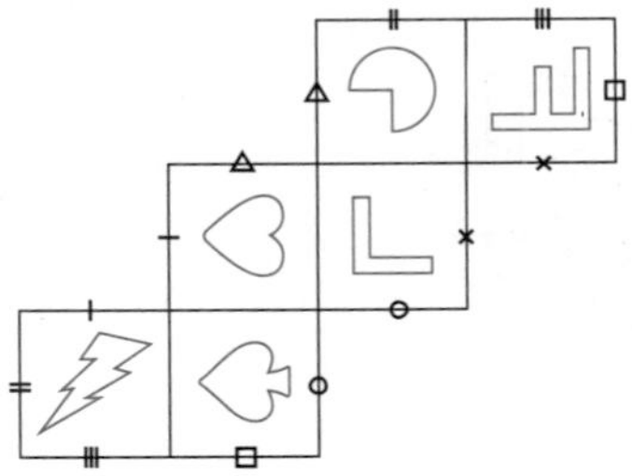

따라서 주사위 윗면의 모습은  이다.

31 공간지각력 동일한 도형 찾기

| 정답 | ①

| 해설 | 제시된 도형과 같은 것은 ①이다.

| 오답풀이 |

나머지 도형은 동그라미 친 부분이 다르다.

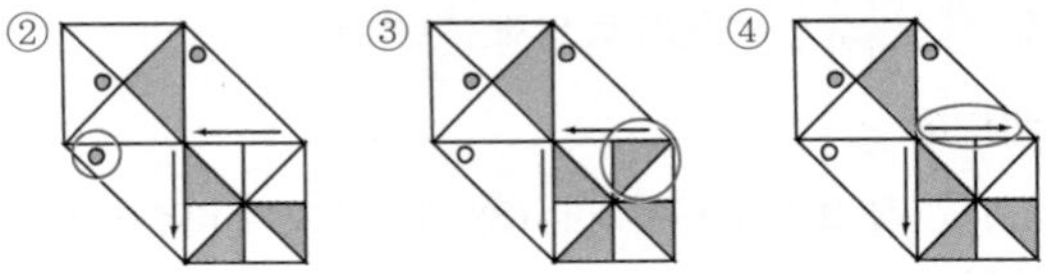

32 공간지각력 일치하는 입체도형 찾기

| 정답 | ①

| 해설 | ①은 제시된 입체도형을 다음과 같이 반시계방향으로 90° 회전시킨 것이다.

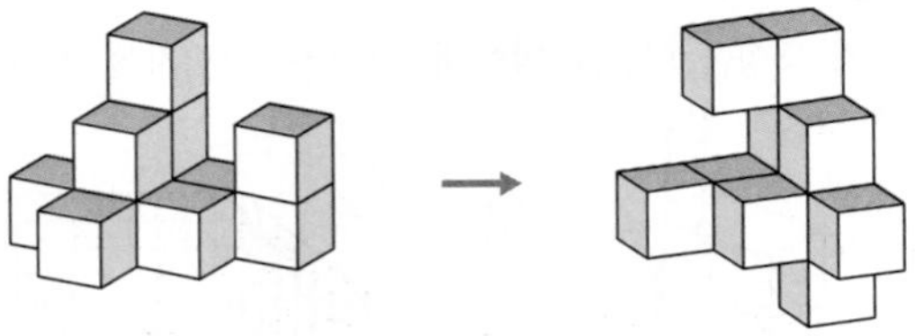

| 오답풀이 |

다른 입체도형은 점선 표시된 블록이 추가되거나 동그라미 친 블록이 제거되어야 한다.

②

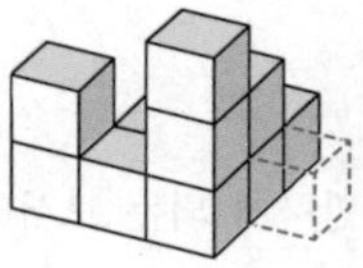

③

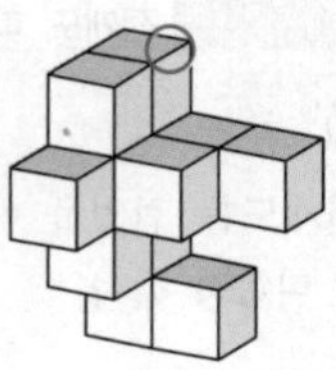

④

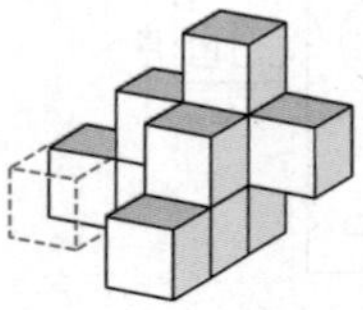

33 공간지각력 펼친 모양 찾기

| 정답 | ④

| 해설 | 접었던 선을 축으로 하여 역순으로 펼치면 다음과 같다.

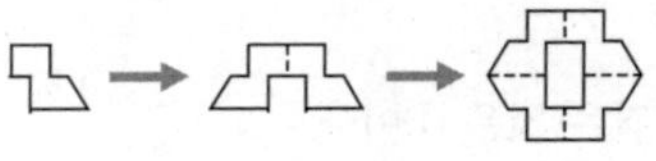

34 공간지각력 투상도로 입체도형 추론하기

| 정답 | ②

| 해설 | ②를 화살표 방향대로 (가)에 그림자를 비추어 보면 다음과 같이 나타난다.

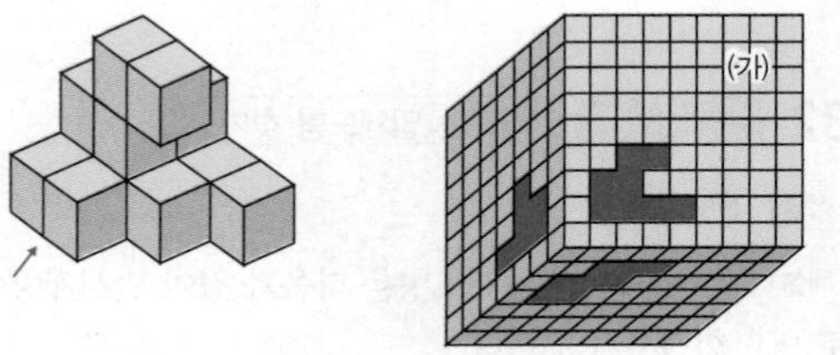

| 오답풀이 |

나머지 도형을 화살표 방향대로 (가)에 그림자를 비추어 보면 다음과 같다.

①

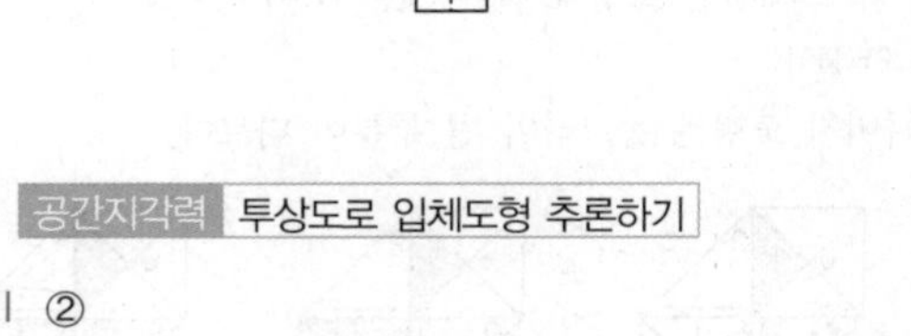

③

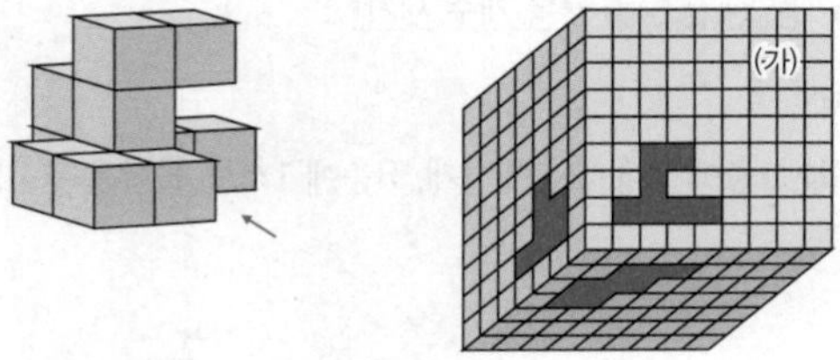

④

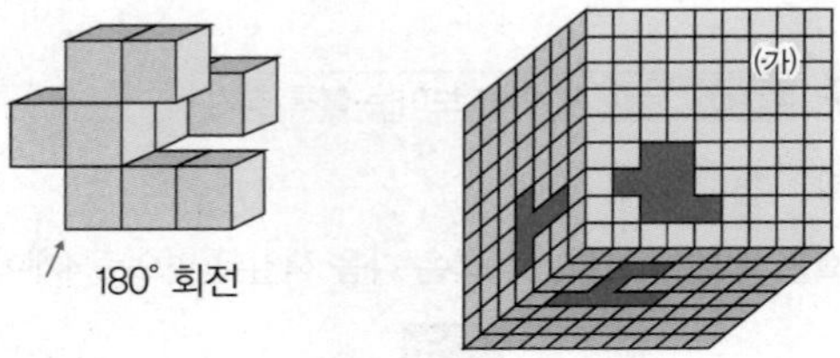

35 공간지각력 전개도 파악하기

| 정답 | ④

| 해설 | A는 다음과 같이 1과 마주 보므로 A에 들어갈 눈의 개수는 6개이다.

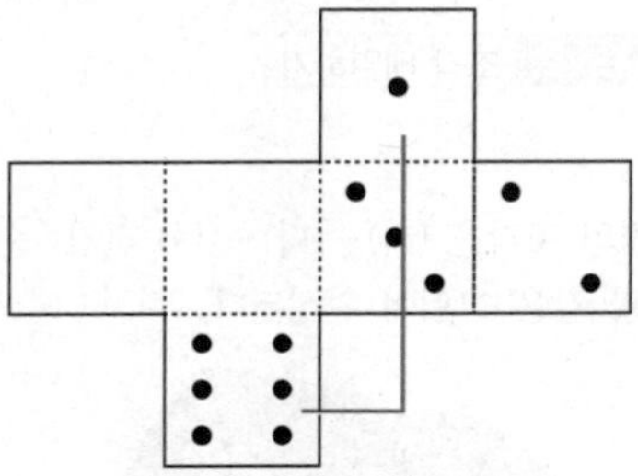

36 문제해결력 조건을 바탕으로 추론하기

| 정답 | ②

| 해설 | 먼저 다섯 번째 조건에 따라 희은과 찬빈은 시사토론 강의를 수강한다. 여섯 번째 조건에 따라 예림은 두 개의 강의를 수강하고 있는데, 마지막 조건에서 예림은 영어회화를 듣지 않는다 하였으므로 예림은 시사토론과 수영을 수강한다. 네 번째 조건에 따라 은희와 유민은 두 개의 같은 강의를 수강하는데, 시사토론의 경우 남은 자리가 하나이므로 은희와 유민은 영어회화와 수영을 수강한다. 여섯 번째와 일곱 번째 조건에 따라 영준은 시사토론과 영어회화를 수강하고, 해진은 자리가 남은 영어회화를 수강한다.

이를 표로 정리하면 다음과 같다.

구분	영어회화(4명)	시사토론(4명)	수영(3명)
희은	×	○	×
찬빈	×	○	×
은희	○	×	○
영준	○	○	×
유민	○	×	○
해진	○	×	×
예림	×	○	○

37 문제해결력 조건을 바탕으로 추론하기

| 정답 | ①

| 해설 | W와 Z의 주장이 모순되므로 둘 중 한 사람이 거짓을 말하는 경우를 확인해 본다.

- Z가 거짓말을 한 경우(W가 4위) : V는 2등이며, X와 연이어 들어왔으므로 X는 1등 혹은 3등이 된다. X가 1등일 경우 Y가 3등, X가 3등일 경우 Y가 1등이나 꼴등이 되는데 이 경우 Z가 1등도 5등도 아니라는 Y의 주장도 거짓이 되므로 적절하지 않다.
- W가 거짓말을 한 경우(W가 5위) : V, Z의 주장에 의해 2등과 5등은 각각 V와 W가 되며 W와 Y의 순위 차이가 가장 크다고 했으므로 Y는 1등이 된다. V와 연이어 있는 X는 3등, 1등도 5등도 아닌 Z는 4등이 된다. 이를 정리하면 다음과 같다.

1위	2위	3위	4위	5위
Y	V	X	Z	W

38 문제해결력 조건을 바탕으로 추론하기

| 정답 | ④

| 해설 | 해미는 부정청탁을 받은 사실이 없어 제외되므로 유결, 문영, 기현 중 부정청탁을 받은 사람이 있다. 만약 유결이 부정청탁을 받았다면, 문영이나 기현 중 한 명도 부정청탁을 받은 것이 되는데 이때 문영이 부정청탁을 받았다면 다른 두 명도 받은 것이므로 기현도 부정청탁을 받은 것이 된다. 만약 기현이 부정청탁을 받았다면 기현 이외에는 부정청탁을 받은 사람을 확실히 알 수 없다. 따라서 반드시 부정청탁을 받은 사람은 기현이다.

39 문제해결력 명제 판단하기

| 정답 | ①

| 해설 | 각 명제를 'a : 빨간색을 좋아한다', 'b : 사소한 일에 얽매인다', 'c : 분홍색을 좋아한다', 'd : 애정과 동정심이 많다', 'e : 파란색을 좋아한다', 'f : 내성적이다', 'g : 박애주의자이다'라고 할 때 주어진 명제를 정리하면 다음과 같다.

- a → ~b
- c → d
- ~f → ~e
- f → b
- d → g

(가) '~f → ~e' 명제가 참이라면 이 명제의 대우 명제인 'e → f'도 참이 된다. 또한 'a → ~b' 명제가 참이라면 이 명제의 대우 명제인 'b → ~a'도 참이 된다. 따라서 'e → f', 'f → b', 'b → ~a' 명제의 삼단논법을 이용해 'e → ~a'가 참임을 알 수 있다.

(나) 주어진 명제로는 '분홍색을 좋아하지 않는 사람'에 대한 정보를 확인할 수 없다.

따라서 (가)만 항상 옳은 설명이다.

40 문제해결력 명제 판단하기

| 정답 | ②

| 해설 | 각 명제를 'p : 에어로빅 강좌를 신청한다', 'q : 요리 강좌를 신청한다', 's : 영화감상 강좌를 신청한다', 'r : 우쿨렐레 강좌를 신청한다'라고 할 때 〈조건〉을 정리하면 다음과 같다.

- ~p → ~q
- ~s → ~p
- 일부 r → q

'~p → ~q' 명제가 참이라면 이 명제의 대우 명제인 'q → p'도 참이 된다. 또한 '~s → ~p' 명제가 참이라면 이 명제의 대우 명제인 'p → s'도 참이 된다. 따라서 '일부 r → q', 'q → p', 'p → s' 명제의 삼단논법을 통해 '일부 r → s'도 참이 되어 우쿨렐레 강좌 신청자 중 일부는 영화감상 강좌를 신청했음을 알 수 있다.

| 오답풀이 |

① 첫 번째 명제의 이에 해당하므로 반드시 참이라고 볼 수 없다.

③, ④ 주어진 명제로는 알 수 없다.

41 문제해결력 조건을 바탕으로 추론하기

| 정답 | ①

| 해설 | B와 C는 둘 다 ㉡ 실험에서 오류가 나지 않았다고 말하고 있으므로 둘은 진실을 말하고 있는 것이 되며 A와 D 둘 중 한 명이 거짓말을 하고 있음을 알 수 있다.

• A의 증언이 거짓말일 경우 : B, C, D의 증언이 진실이 되며 이들의 증언은 서로 상충하지 않는다. A의 증언이 거짓이므로 ㉢ 실험에서는 오류가 발생한 것이 아니게 되고 B, C, D의 증언에 따라 ㉡과 ㉣ 실험에도 오류가 발생하지 않았으므로 오류가 발생한 실험은 ㉠이다.

• D의 증언이 거짓말일 경우 : A, B, C의 증언이 진실이 된다. D의 증언이 거짓임에 따라 ㉣ 실험에서 오류가 발생한 것이 되는데, 이 경우 ㉢ 실험에서 오류가 있었다는 A의 진술에 의해 오류가 있는 실험이 2개가 되므로 조건에 상충한다. 그러므로 D는 거짓말을 하지 않았다.

따라서 거짓을 말한 사람은 A이고 오류가 발견된 실험은 ㉠이다.

42 문제해결력 논리적 오류 파악하기

| 정답 | ④

| 해설 | 제시된 내용은 한 사건이 다른 사건보다 먼저 발생하여 전자가 후자의 원인이라고 잘못 추론하는 잘못된 인과관계의 오류를 보인다. 이와 같은 오류를 보이는 것은 ④이다.

| 오답풀이 |

① 어떤 의도가 있다고 판단하여 생기는 의도 확대의 오류이다.

② 어떤 대상의 기원이 갖는 특성을 그 대상도 그대로 지니고 있다고 추리하여 발생하는 발생학적 오류이다.

③ 상대방의 인품, 행적을 토대로 트집 잡아 상대의 주장이 틀렸다고 비판하는 인신공격의 오류이다.

43 문제해결력 조건을 바탕으로 추론하기

| 정답 | ③

| 해설 | 키패드 내에서 가로 일직선상에 위치한 숫자 세 개를 모두 합한 값이 남은 한 자리 수가 되는 숫자군은 1, 2, 3이고 남은 한 자리 수는 6이다. 마지막 조건에서 첫 번째, 두 번째 자리의 수를 더하면 네 번째 자리의 수가 된다고 했으므로 네 번째 수로 가능한 수는 3이다. 첫 번째, 두 번째 자리에 오는 수는 1 또는 2인데 네 번째 조건에 따라 첫 번째 자리에 2, 두 번째 자리에 1이 온다. 따라서 비밀번호는 2163이다.

44 문제해결력 조건을 바탕으로 추론하기

| 정답 | ③

| 해설 | 가영이의 키는 170cm이고 라영이의 키는 155cm로, 가영이는 라영이보다 키가 크다. 그런데 라영이의 키가 마영이보다 크다고 했으므로, 가영>라영>마영이 성립되어 ③은 옳은 추론임을 알 수 있다.

45 문제해결력 명제 판단하기

| 정답 | ②

| 해설 | 제시된 명제를 p ~ r로 정리하면 다음과 같다.

p : 김 대리가 빨리 온다.

q : 박 차장이 빨리 온다.

r : 황 주임이 빨리 온다.

• $p \rightarrow \sim q$ or $\sim r$(q and $r \rightarrow \sim p$)

• $\sim q \rightarrow p$($\sim p \rightarrow q$)

• $\sim r \rightarrow \sim q$($q \rightarrow r$)

$q \rightarrow r$은 성립하나, 그 역인 $r \rightarrow q$가 반드시 성립한다고는 할 수 없다.

| 오답풀이 |

① $\sim p \rightarrow q$이므로 참이다.

③ $q \rightarrow r$에서 q와 r이 동시에 성립함을 알 수 있고, q and $r \rightarrow \sim p$이므로 참이다.

④ $\sim r \rightarrow \sim q \rightarrow p$이므로 참이다.

46 이해력 상황에 맞는 행동 파악하기

| 정답 | ③

| 해설 | 직장 내 성희롱에 대한 개인의 대처 방안은 다음과 같다.

- 직접적으로 거부 의사를 밝히고 중지하라고 항의한다.
- 증거 자료를 수집하고 공식적 처리를 준비한다.
- 상사나 노동조합 등의 내부 기관에 도움을 요청한다.
- 외부 단체 및 성폭력 상담 기관 등에 도움을 요청한다.

따라서 직장 내부의 고충 처리 상담 부서에 도움을 요청하는 것은 직장 내 성희롱의 대처 방안이 될 수 있다.

47 이해력 상황에 맞는 행동 파악하기

| 정답 | ③

| 해설 | 갈등을 해결하기 위해선 문제를 피하거나 넘기지 않고 맞서는 태도가 효과적이다.

48 이해력 이동 방법의 개수 구하기

| 정답 | ③

| 해설 | A 기업에서 B 기업까지 가는 길을 차례로 더해가며 구하면 다음과 같다.

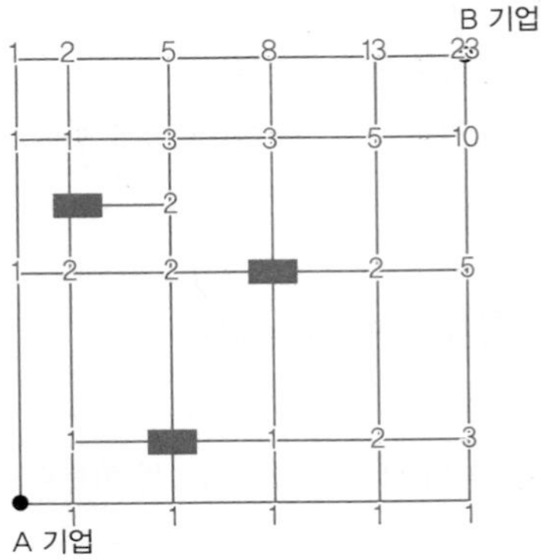

따라서 총 23가지이다.

49 이해력 자료의 내용 이해하기

| 정답 | ②

| 해설 | 우대용 교통카드의 장애인 대상자는 「장애인복지법」 제2조에 정한 장애인(지체, 청각, 언어, 정신지체 장애 등으로 신분확인 가능한 증명서를 발급받은 사람)과 장애등급 1 ~ 3급의 동승보호자 1인이다. 따라서 숙모는 장애등급 1급의 동승보호자에 해당되므로 적용 대상자이다.

50 이해력 회사 물품 선정하기

| 정답 | ③

| 해설 | 〈대화〉에서 김 사원은 비전공자들에게 적합한 모델로 동시발음수와 음색수 100 이하인 제품을 추천받았다. 또한 총 300만 원 이하, 즉 한 대에 100만 원 이하이며 블루투스 연결이 가능한 피아노를 구매하고자 한다. 따라서 SS-110이 가장 적합하다.

9회 기출예상문제

문제 254쪽

01	④	02	②	03	④	04	①	05	④
06	①	07	②	08	④	09	②	10	④
11	④	12	④	13	①	14	④	15	③
16	②	17	③	18	①	19	④	20	④
21	②	22	②	23	④	24	③	25	④
26	③	27	④	28	④	29	③	30	②
31	③	32	③	33	①	34	④	35	④
36	④	37	④	38	②	39	③	40	④
41	②	42	②	43	①	44	④	45	④
46	③	47	④	48	③	49	②	50	①

01 언어논리력 맞춤법에 맞게 쓰기

| 정답 | ④

| 해설 | '장쾌하다'는 '가슴이 벅차도록 장하고 통쾌하다'는 의미로 문맥상 적절한 표현이다.

| 오답풀이 |

① 문맥상 '몸의 살이 빠져 파리하게 된다'는 뜻의 '여위고'로 표기해야 한다.

② '넘어질 것같이'로 표기해야 한다.

③ 지위나 자격을 나타내는 격조사인 '－로서'를 사용하여 '준마로서'로 표기해야 한다.

02 언어논리력 속담 의미 파악하기

| 정답 | ②

| 해설 | '열의 한 술 밥'은 열 사람이 한 술씩 밥을 덜면 쉽게 밥 한 그릇을 만들 수 있다는 뜻으로, 여럿이 힘을 모으면 큰 힘이 됨을 비유적으로 이르는 말이다.

| 오답풀이 |

① 헤프게 쓰지 않고 아끼는 사람이 재산을 모으게 됨을 비유적으로 이르는 말이다.

③ 일을 열심히 하여서 돈은 많이 벌되 생활은 아껴서 검소하게 살라는 말이다.

④ 뭐든지 아무리 많아도 쓰면 줄어들기 마련이니 지금 풍부하다고 하여 함부로 헤프게 쓰지 말고 아끼라는 말이다.

03 언어논리력 단어 관계 파악하기

| 정답 | ④

| 해설 | '계산기'와 '계산'은 도구와 목적의 관계를 지닌다. '피아노'를 도구로 이룰 수 있는 목적은 '연주'이다.

04 언어논리력 올바르게 띄어쓰기

| 정답 | ①

| 해설 | 착하디 착한 → 착하디착한 : '－디'를 취하는 말은 첩어로 보고, 붙여 쓴다.

㉔ 흔하디흔한, 예쁘디예쁜, 곱디고운, 맑디맑은

05 언어논리력 유의어 파악하기

| 정답 | ④

| 해설 | 제시된 문장의 '맡기다'는 '어떤 일에 대한 책임을 지고 담당하게 하다'는 뜻이다. '주선하다'는 '일이 잘되도록 여러 가지 방법으로 힘쓰다'라는 뜻으로, '맡기다'의 의미와 문맥적으로 다소 차이가 있다.

| 오답풀이 |

① 일임하다 : 모두 다 맡기다.

② 내맡기다 : 아주 맡겨 버리다.

③ 기탁하다 : 어떤 일을 부탁하여 맡겨 두다.

06 언어논리력 동의어 파악하기

| 정답 | ①

| 해설 | 할아버지의 남자 형제를 종조라 하므로 큰할아버지는 백종조(伯從祖)이다.

| 오답풀이 |

③ 고조부는 할아버지의 할아버지를 이르는 말이다.

④ 가친은 남에게 자기 아버지를 높여 이르는 말이다.

07 언어논리력 글의 중심내용 찾기

| 정답 | ②

| 해설 | 제시된 글에서는 상품과 경제 법칙은 그것을 만든 인간의 손을 떠나는 순간 자립성을 띠게 되며, 인간이 오히려 이러한 상품과 경제 법칙에 지배받기 시작하면서 인간 소외 현상이 나타난다고 하였다.

08 언어논리력 단어 관계 파악하기

| 정답 | ④

| 해설 | 화폐를 얻기 위해 상품을 내놓고, 건강을 얻기 위해 운동을 한다.

09 언어논리력 세부 내용 이해하기

| 정답 | ②

| 해설 | 욜로 라이프는 현재의 삶이 행복해야 미래의 삶도 행복하다는 개념이 반영된 현상이지만 미래를 위한 투자에까지 중점을 둔다는 것은 아니다. 욜로족은 한 번뿐인 삶을 보다 즐겁고 아름답게 만들고자 현재의 여가와 건강, 자기 계발 등에 투자하는 소비 경향을 보인다.

10 언어논리력 글의 흐름에 맞는 접속 부사 고르기

| 정답 | ④

| 해설 | 빈칸의 앞 문장과 뒤 문장을 살펴보면 앞 문장에서는 ○○ 제작사의 변호사 A의 주장을, 뒤 문장에서는 △○ 제작사의 변호사 B의 주장을 말하고 있다. 각 변호사의 주장은 서로 상반되는 내용을 담고 있으므로, 빈칸에는 뒤의 내용이 앞의 내용과 상반됨을 나타내는 '반면'이 들어가야 한다.

11 언어논리력 문장 삽입하기

| 정답 | ④

| 해설 | 제시된 글의 앞부분에는 언어가 사고 능력을 결정한다는 언어결정론자들의 주장과 그 근거가, 뒷부분에는 그에 대한 반박과 그 근거가 제시되고 있다. 〈보기〉의 문장은 언어가 사고 능력을 결정하지 않는다는 근거로, 글의 흐름상 언어결정론자들의 주장을 반박하고 있는 부분인 (나) 이후의 위치에 놓여야 한다. 즉, (다)나 (라)에 들어가야 하는데, (다) 뒤의 문장은 그 앞의 문장을 부연 설명하는 문장이므로 다른 내용을 담은 문장이 중간에 끼어들 수 없다. 따라서 우리말이 다른 언어에 비해 풍부한 색 표현을 가진 것이 아니라는 내용에 이어, 언어가 사고 능력을 결정하지 않는다는 두 번째 근거로 제시될 수 있도록 (라)에 들어가야 한다.

12 언어논리력 다의어 파악하기

| 정답 | ④

| 해설 | 〈보기〉에 쓰인 '나누다'는 '여러 가지가 섞인 것을 구분하여 분류하다'의 의미이다. 그러므로 이와 유사한 것은 서울 사람과 서울 외 지역의 사람을 구분하여 분류한다는 의미로 사용된 ④이다.

| 오답풀이 |

① '하나를 둘 이상으로 가르다'의 의미로 쓰였다.

② '음식 따위를 함께 먹거나 갈라 먹다'의 의미로 쓰였다.

③ '말이나 이야기, 인사 따위를 주고받다'의 의미로 쓰였다.

13 수리력 연립방정식 활용하기

| 정답 | ①

| 해설 | 가위, 메모지, 형광펜 한 개의 가격을 각각 x원, y원, z원이라 하면 다음 식이 성립한다.

$$\begin{cases} 3x+5y+2z=25{,}000 & \cdots\cdots ㉠ \\ 5x+y+3z=23{,}000 & \cdots\cdots ㉡ \\ 6x+2y+z=27{,}000 & \cdots\cdots ㉢ \end{cases}$$

㉡×2−㉢을 하면,

$4x+5z=19{,}000$ …… ㉣

㉡×5−㉠을 하면,

$22x+13z=90{,}000$ …… ㉤

㉣×11−㉤×2를 하면,

$29z=29,000$

$\therefore z=1,000$(원)

따라서 형광펜의 가격은 1,000원이다.

14 수리력 일의 양 구하기

|정답| ④

|해설| 전체 일의 양을 1이라 하고 A, B, C가 1일 동안 하는 일의 양을 각각 a, b, c라 하면 다음과 같은 식이 성립한다.

$a+b=\frac{1}{5}$ ·················· ㉠

$b+c=\frac{1}{10}$ ·················· ㉡

$a+c=\frac{1}{8}$ ·················· ㉢

㉠~㉢의 식을 연립해서 풀면 다음과 같다.

$2a+2b+2c=\frac{17}{40}$

$a+b+c=\frac{17}{80}$

$c=\frac{1}{80}$

따라서 C 사원이 혼자 프로젝트를 진행한다면 완료하는 데 80일이 걸린다.

15 수리력 방정식 활용하기

|정답| ③

|해설| ○○사의 작년 채용인원을 x명이라 하면 다음과 같은 식이 성립한다.

$x\times(1-0.19)=162$

$0.81x=162$

$\therefore x=200$(명)

따라서 작년 채용인원은 200명이다.

16 수리력 이동한 거리 구하기

|정답| ②

|해설| '거리=속력×시간'이므로, 철수가 시속 6km로 30분, 즉 0.5시간 동안 달렸을 때 이동한 거리는 6×0.5=3(km)이다.

17 수리력 소금물의 농도 구하기

|정답| ③

|해설| '농도(%)$=\frac{\text{소금의 양}}{\text{소금물의 양}}\times100$'이므로, $\frac{75}{75+225}\times100=25$(%)이다.

18 수리력 나이 계산하기

|정답| ①

|해설| 채린이의 현재 나이를 x세라 하면 삼촌의 나이는 $(x+18)$세이다.

4년 후 삼촌의 나이가 채린이 나이의 2배가 되므로 다음 식이 성립한다.

$x+18+4=2(x+4)$

$x+22=2x+8$

$\therefore x=14$(세)

따라서 채린이는 현재 14세이다.

19 수리력 자료를 그래프로 변환하기

|정답| ④

|해설| 20X8년 소비자 피해 구제 접수의 총 건수(507건)에 대한 각 유형별 비율은 다음과 같다.

- 방문 · 전화 권유 판매 : $\frac{91}{507}\times100 \fallingdotseq 17.9$(%)
- 다단계 판매 : $\frac{51}{507}\times100 \fallingdotseq 10.1$(%)
- 사업 권유 거래 : $\frac{18}{507}\times100 \fallingdotseq 3.6$(%)

• 전자상거래 : $\frac{140}{507} \times 100 \fallingdotseq 27.6(\%)$

• 기타 : $\frac{207}{507} \times 100 \fallingdotseq 40.8(\%)$

따라서 그래프로 바르게 나타낸 것은 ④이다.

20 수리력 자료의 수치 분석하기

| 정답 | ④

| 해설 | 표에서 전체 학급당 학생 수가 우리나라 평균 학급당 학생 수와 같다고 볼 수 있다. 이때 울산의 중학교에서 학급당 학생 수는 27.1명으로 우리나라 평균인 27.4명보다 적다.

21 수리력 학급당 평균 학생 수 계산하기

| 정답 | ②

| 해설 | 시도별 학급 수는 동일하므로, 8개 지역의 각 학교급별 학급당 평균 학생 수는 다음과 같다.

• 초등학교 : $(23.4+22.0+22.6+23.0+22.4+21.7+22.8+21.6) \div 8 \fallingdotseq 22.4$(명)

• 중학교 : $(26.6+26.9+26.4+28.7+27.8+28.6+27.1+22.5) \div 8 \fallingdotseq 26.8$(명)

• 고등학교 : $(29.7+27.4+30.2+28.4+33.0+30.8+30.6+23.3) \div 8 \fallingdotseq 29.2$(명)

22 수리력 평균 점수 계산하기

| 정답 | ②

| 해설 | 나머지 한 명의 점수를 x점이라 하면 다음 식이 성립한다.

$$x = \frac{630+84\times 2+x}{12}+16$$

$12(x-16)=798+x$ $\quad$ $12x-192=798+x$

$11x=990$ $\quad$ $\therefore x=90$(점)

따라서 학생 12명의 평균 점수는 $\frac{630+168+90}{12}=74$(점)이다.

23 수리력 원가 계산하기

| 정답 | ④

| 해설 | 다음과 같이 4개의 항목으로 정리할 수 있다.

1. 구하고자 하는 원가를 x원으로 둔다. ⇨ 원가 x원
2. 정가=원가×(1+0.3)=x×1.3 ⇨ 정가 $1.3x$원
3. 판매가=정가×(1−0.2)=$1.3x$×0.8 ⇨ 판매가 $1.04x$원
4. 이익 2,000원

'판매가−원가=이익'이므로 다음과 같이 식을 세울 수 있다.

$1.04x-x=2,000$ $\quad$ $0.04x=2,000$

$\therefore x=50,000$(원)

따라서 원가는 50,000원이다.

24 수리력 비례식 활용하기

| 정답 | ③

| 해설 | 길이 비가 3 : 5이므로 면적 비는 $3^2 : 5^2$, 즉 9 : 25이다. 가로 길이가 3m일 때 투사하는 면적이 12m²였으므로, 가로 길이가 5m일 때 투사하는 화면의 면적을 xm²라 하면 다음과 같은 비례식이 성립한다.

$9 : 25=12 : x$

$9x=25\times 12=300$

$\therefore x \fallingdotseq 33(\text{m}^2)$

따라서 투사한 화면의 면적은 33m²이다.

25 수리력 자료의 수치 분석하기

| 정답 | ④

| 해설 | ㉡ 조사대상이 600명, 남녀 비율이 2 : 3이라면 조사대상 중 여성은 $600\times\frac{3}{5}=360$(명)이므로, 여성 중 전공과 직업이 일치한다고 응답한 사람은 $360\times 0.337 \fallingdotseq 121$(명)이다.

㉢ 조사대상이 1,000명이고 그중 서비스직에 종사하는 사람이 35%라면 서비스직에 종사하는 사람은 $1,000\times 0.35=350$(명)이므로, 서비스직에 종사하는 사람 중 전공과 직업이 일치하지 않는다고 응답한 사람은 $350\times 0.525 \fallingdotseq 184$(명)이다.

26 공간지각력 블록 개수 세기

| 정답 | ③

| 해설 | 1층에 위치한 블록의 개수는 13개, 2층에 위치한 블록의 개수는 10개, 3층에 위치한 블록의 개수는 8개이므로 총 31개이다.

27 공간지각력 두 면만 보이는 블록 찾기

| 정답 | ④

| 해설 | 두 면만 보이는 블록을 색칠하면 다음과 같다.

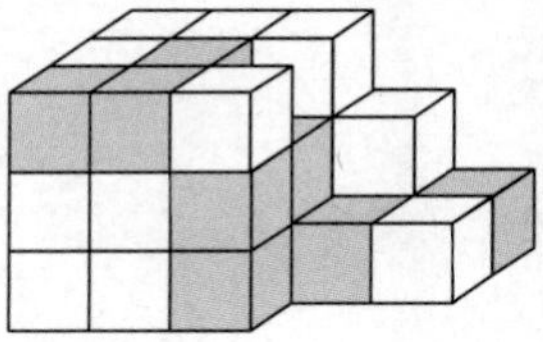

따라서 총 8개이다.

28 공간지각력 펼친 모양 찾기

| 정답 | ④

| 해설 | 접었던 선을 축으로 하여 역순으로 펼치면 다음과 같다.

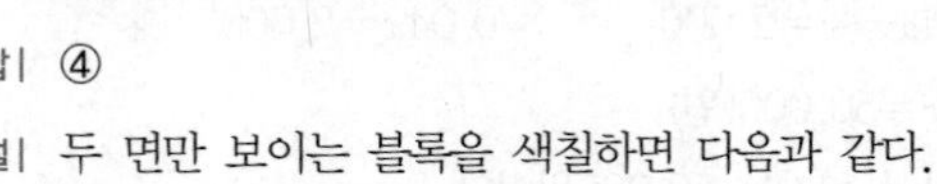

29 공간지각력 제시된 도형 합치기

| 정답 | ③

| 해설 | ③의 그림은 세 조각을 조합해 만들 수 없다.

| 오답풀이 |

①

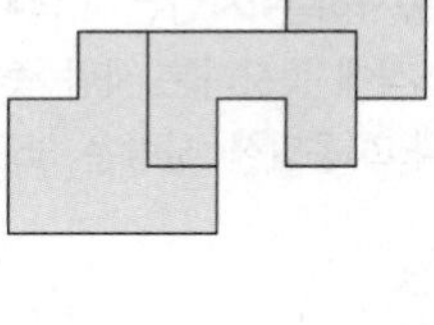

②

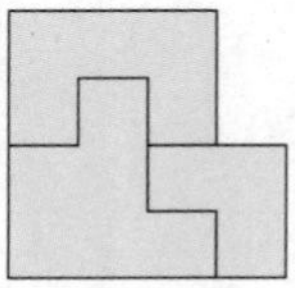

④

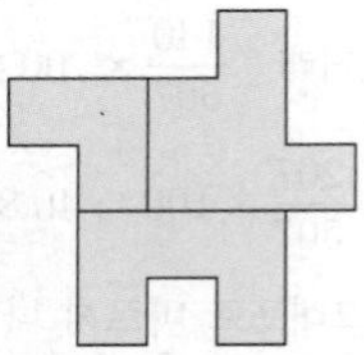

30 공간지각력 조각 배열하기

| 정답 | ②

| 해설 | 그림의 조각을 (가)−(다)−(나)−(라) 순으로 배열하면 다음과 같은 그림이 완성된다.

31 공간지각력 규칙 파악하여 도형 추론하기

| 정답 | ③

| 해설 | 오각형의 각 꼭짓점과 중점을 이은 4개의 선이 있고, 짧은 선은 시계방향으로 한 줄씩 이동한다. 또한 세 개의 굵은 선도 시계방향으로 한 줄씩 이동하고 있으며, 꼭짓점으로부터 뻗은 선 → 중점으로부터 뻗은 선 → 꼭짓점으로부터 뻗은 선으로 번갈아 바뀐다. 따라서 '?'에는 바로 전 도형에서 굵은 선 3줄, 짧은 선 1줄의 위치가 각각 시계방향으로 한 줄씩 이동하고, 굵은 선이 중점으로부터 뻗어 나간 도형이 와야 한다.

32 공간지각력 전개도 파악하기

| 정답 | ③

| 해설 | 전개도를 접었을 때 서로 만나는 변을 표시하면 다음과 같다.

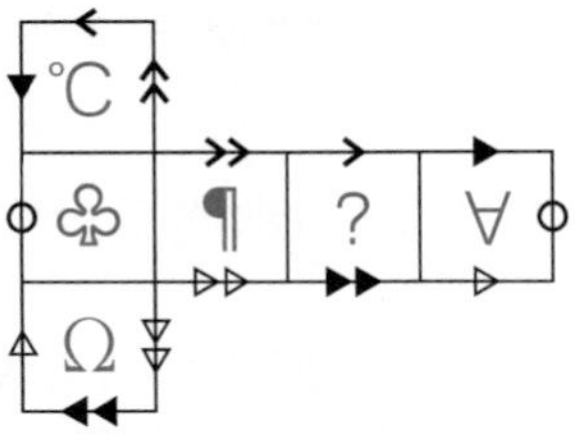

따라서 ③은 다음과 같이 바뀌어야 한다.

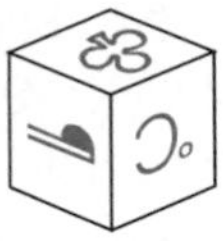

33 공간지각력 블록의 투상도 파악하기

| 정답 | ①

| 해설 | 제시된 모양을 위에서 바라보면 ①과 같은 모양이 나온다.

34 공간지각력 사각형 개수 구하기

| 정답 | ④

| 해설 | 사각형 1개로 만들 수 있는 사각형은 8개, 사각형 2개로 만들 수 있는 사각형은 5개, 사각형 3개로 만들 수 있는 사각형은 6개, 사각형 4개로 만들 수 있는 사각형은 3개, 사각형 6개로 만들 수 있는 사각형은 2개, 사각형 8개로 만들 수 있는 사각형은 1개이다. 따라서 그림에서 찾을 수 있는 크고 작은 사각형은 모두 25개이다.

35 공간지각력 제시된 블록 합치기

| 정답 | ④

| 해설 | ④는 다음과 같이 수정되어야 한다.

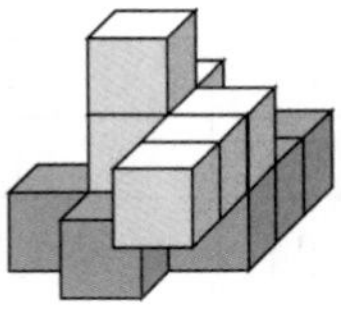

| 오답풀이 |

①

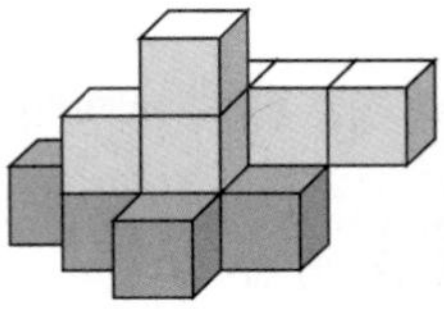

②

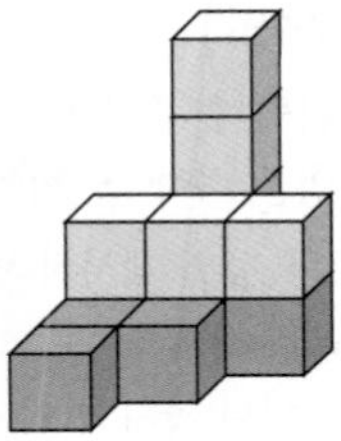

③

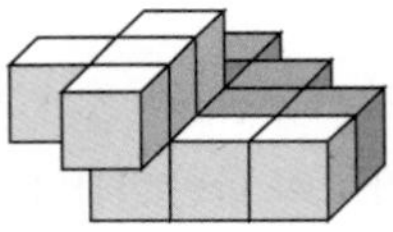

36 문제해결력 명제 판단하기

| 정답 | ④

| 해설 | 날씨는 제시된 경우만 고려하므로 흐리지 않다면 날이 맑은 경우와 비가 오는 경우가 있다. 이때 첫 번째, 세 번째 전제를 통해 두 경우의 다음 날은 흐리거나 맑음을 알 수 있다. 따라서 흐리지 않으면 다음 날은 비가 오지 않는다.

| 오답풀이 |

① 비가 오지 않는다면 날이 흐리거나 맑은 경우이므로 두 번째, 세 번째 전제를 통해 다음 날은 비가 오거나 흐리게 됨을 알 수 있다. 따라서 비가 오지 않은 다음 날에는 비가 올 수도, 흐릴 수도 있다.

② 첫 번째, 세 번째 전제를 보면 비가 오거나 맑은 경우 다음 날은 흐리므로 오늘 날이 흐렸다면 어제는 날씨가 맑았을 수도, 비가 왔을 수도 있다.

③ 날이 맑지 않으면 비가 오거나 흐린 경우이므로 첫 번째, 두 번째 전제를 통해 다음 날은 흐릴 수도, 맑을 수도, 비가 올 수도 있다.

37 문제해결력 명제 판단하기

| 정답 | ④

| 해설 | 제시된 명제와 그 대우 명제를 정리하면 다음과 같다.

- 학생 수 증가 ⇒ 학원 수 증가(학원 수 증가× ⇒ 학생 수 증가×)

• 학원 수 증가 ⇒ 학원비 하락(학원비 하락× ⇒ 학원 수 증가×)
• 학원 수 증가× ⇒ 학원 강사의 임금 하락×(학원 강사의 임금 하락 ⇒ 학원 수 증가)

④의 경우 제시된 명제를 통해서는 알 수 없다.

| 오답풀이 |

① '학원 강사의 임금 하락 ⇒ 학원 수 증가 ⇒ 학원비 하락'이므로 참이다.

② 첫 번째 명제의 대우 명제이므로 참이다.

③ '학원비 하락× ⇒ 학원 수 증가× ⇒ 학원 강사의 임금 하락×'이므로 참이다.

38 문제해결력 조건을 바탕으로 추론하기

| 정답 | ②

| 해설 | 모든 사원은 6개월에 1번씩 교육을 받으므로 우수사원도 6개월에 1번씩 교육을 받는다.

| 오답풀이 |

① 모든 사원에는 올해 입사한 신입사원도 포함되는데 신입사원에게는 승진 시험에 응시할 자격이 주어지지 않으므로 참이 아니다.

③ 우수사원에게 가산점이 주어지지만 그렇다고 해서 승진한다고 단정지을 수 없다.

④ 올해 사원증을 받지 못한 사원은 신입사원이 아니기 때문에 승진 시험에 응시할 수 있다.

39 문제해결력 조건을 바탕으로 추론하기

| 정답 | ③

| 해설 | 4층에는 회계팀만 있고 총무팀이 홍보팀의 바로 아래층에 있다면 홍보팀과 총무팀은 각각 3층과 2층에 있게 된다. 또한 마케팅팀과 기획관리팀은 같은 복사기를 사용하므로 5층에 위치하게 된다. 따라서 2층 총무팀, 3층 홍보팀, 4층 회계팀, 5층 마케팅팀과 기획관리팀이 된다.

회계팀만 타 층의 복사기를 사용하므로 총무팀은 2층 복사기를 사용한다.

40 문제해결력 조건을 바탕으로 추론하기

| 정답 | ④

| 해설 | A, B, C가 각각 회계팀에서 일하는 경우로 나누어 생각하면 다음과 같다.

• A가 회계팀에서 일하는 경우 : A의 말은 항상 진실이어야 하는데, 이 경우 A와 C 모두 회계팀에서 일하는 것이 되므로 상충한다.
• B가 회계팀에서 일하는 경우 : B의 말은 항상 진실이어야 하므로 C는 영업팀에서 일하는 것이 된다. 이때 총무팀에서 일하게 되는 A의 말도 거짓이므로 조건에 부합한다.
• C가 회계팀에서 일하는 경우 : C의 말은 항상 진실이어야 하는데, 이 경우 C의 발언은 거짓이 되므로 상충한다.

따라서 A는 총무팀, B는 회계팀, C는 영업팀에서 일한다.

41 문제해결력 조건을 바탕으로 추론하기

| 정답 | ②

| 해설 | 조건 ⓜ에 따라 B는 을 회의실을 사용하지 않으므로 B가 3시에 갑 또는 병 회의실을 사용할 경우로 나누어 생각해 본다.

• B가 3시에 갑 회의실을 사용할 경우 : 2가지

시간 \ 회의실	갑	을	병	정
1차(3시)	B	C	D	A
		D	C	
2차(4시)	C	D	A	B
		A	D	

• B가 3시에 병 회의실을 사용할 경우 : 2가지

시간 \ 회의실	갑	을	병	정
1차(3시)	D	C	B	A
	C	D		
2차(4시)	A	D	C	B
	D	A		

따라서 총 4가지의 경우가 가능하다.

42 문제해결력 조건을 바탕으로 추론하기

| 정답 | ②

| 해설 | A가 3시에 병 회의실을 사용한다면 을 회의실을 사용하지 않는 B는 3시에 갑 회의실 또는 정 회의실을 사용해야 한다. 두 경우로 나누어 생각해 보면 다음과 같다.

• B가 3시에 갑 회의실을 사용할 경우

시간 \ 회의실	갑	을	병	정
1차(3시)	B	C	A	D
		D		C
2차(4시)	C	D	B	A
		A		D

• B가 3시에 정 회의실을 사용할 경우

시간 \ 회의실	갑	을	병	정
1차(3시)	D	C	A	B
	C	D		
2차(4시)	A	D	B	C
	D	A		

따라서 A가 3시에 병 회의실을 사용할 경우 B는 4시에 병 회의실을 사용한다.

43 문제해결력 명제 판단하기

| 정답 | ①

| 해설 | 제시된 명제를 정리하면 다음과 같다.

• 고양이 → 호랑이
• 개 → ~호랑이
• 치타 → 고양이

세 번째 명제와 첫 번째 명제의 삼단논법에 의해 '치타 → 고양이 → 호랑이'가 성립하므로 대우인 '~호랑이 → ~고양이 → ~치타'도 성립한다. 따라서 호랑이를 키우지 않는다면 치타를 좋아하지 않음을 알 수 있다.

| 오답풀이 |

② 두 번째 명제의 대우를 통해 '호랑이 → ~개'가 성립하므로 호랑이를 키우면 개를 좋아하지 않는다.

③ 제시된 명제를 통해서는 알 수 없다.

④ 두 번째 명제와 첫 번째 명제의 대우의 삼단논법에 의해 '개 → ~호랑이 → ~고양이'가 성립하므로 개를 좋아하면 고양이를 좋아하지 않는다.

44 문제해결력 명제 판단하기

| 정답 | ④

| 해설 | 제시된 명제를 정리하면 다음과 같다.

• 땅콩 → ~아몬드
• 밤 → 아몬드
• ~호두 → 잣

첫 번째 명제와 두 번째 명제의 대우의 삼단논법을 통해 '땅콩 → ~아몬드 → ~밤'이 성립하므로 땅콩을 먹으면 밤을 먹지 않음을 알 수 있다.

| 오답풀이 |

①, ③ 제시된 명제를 통해서는 알 수 없다.

② 두 번째 명제의 대우를 통해 '~아몬드 → ~밤'이 성립하므로 아몬드를 먹지 않는 사람은 밤을 먹지 않는다.

45 문제해결력 조건을 바탕으로 추론하기

| 정답 | ④

| 해설 | A, B, E는 서로 상반된 진술을 하고 있으므로 셋 중 두 명은 거짓을 말하고 있다. 따라서 C와 D는 반드시 진실을 말하고 있는데, D의 말이 진실이므로 같은 내용을 말하는 A의 말도 진실이 된다. 따라서 거짓을 말하는 사람은 B와 E이다.

46 이해력 부정한 행동 분석하기

| 정답 | ③

| 해설 | 눈앞에 보이는 부정한 이득에 자신의 정직과 성실함을 지키지 못한 대표적인 사례이며, 이는 결국 더 큰 손해를 회사에 입히게 될 것이다. 최 대리를 믿고 지속적인 발주를 확신한 거래처는 좋은 품질을 유지함으로써 경쟁에서 이겨야 한다는 동기부여가 사라질 수밖에 없으므로 품질 유지에 노력할 것이라고 추론하기 어렵다.

47 이해력 상황에 맞는 행동 파악하기

| 정답 | ④

| 해설 | 신입사원들의 업무 능력과 실무 능력 향상을 위해 진행하는 업무로, 신입사원 평가에 반영되기 때문에 선배 및 지인의 도움을 받지 않고 신입사원 본인들의 역량을 기반으로 끝까지 최선을 다해 완성해야 하며, 결과물에 대한 긍정적 혹은 부정적 피드백을 적극 수용해 반영하는 것 또한 필요하다.

48 이해력 상황에 맞는 행동 파악하기

| 정답 | ③

| 해설 | 박규리 씨가 들은 것은 송 실장이 해당 용역 업체 사장과 친근하게 대화하는 내용뿐이므로, 아직 그들 간의 관계를 짐작하는 것은 섣부른 행동이다. 따라서 둘 사이의 관계를 확실하게 파악한 다음 행동하는 것이 적절하다.

49 이해력 자료의 내용 이해하기

| 정답 | ②

| 해설 | 보안 검색대의 내용과 상관없이 3명 이상의 보안검색요원이 특정 승객에게 수상한 낌새가 느껴지면 별도로 폭발물 흔적탐지기(ETD) 검색 및 소지품 정밀 검사를 요청할 수 있다.

| 오답풀이 |

① 손을 들기 어려운 승객(노인, 장애인, 유아 등)의 경우 검색대에 들어가지 않고 별도로 검사한다.

③ 3명 이상의 보안검색요원이 특정 승객에게 수상한 낌새가 느껴진다고 동의해야 한다.

④ 전자발찌를 한 경우 별도의 출국금지 요청이 없더라도 해당 기관과 연결 후 통과시킨다.

50 이해력 최소 비용 구하기

| 정답 | ①

| 해설 | 16페이지 팸플릿 1,500부 제작의 인쇄 단가는 588,000원이다. 또한 실외용 양면 배너 1개는 20,000+15,000=35,000(원)이며, 실내용 단면 배너 4개는 (15,000×4)+(10,000×4)=100,000(원)임을 알 수 있다. 따라서 배너와 팸플릿 제작비용은 723,000원이며, 이 금액에 부가세 10%를 더해야 하므로 총금액은 795,300원이다.

전라북도교육청

소양평가

최신기출유형 모의고사